Helmut Spitzer · Hubert Höllmüller · Barbara Hönig (Hrsg.)

Soziallandschaften

VS RESEARCH

Forschung, Innovation und Soziale Arbeit

Herausgegeben von
Bringfriede Scheu, Fachhochschule Kärnten
Otger Autrata, Forschungsinstitut RISS/Universität Osnabrück

Die Soziale Arbeit hat in den mehr als hundert Jahren ihres Bestehens Wichtiges erreicht. Weitere Forschung sowie Anstrengungen zur Innovation sind aber notwendig. In der Buchreihe „Forschung, Innovation und Soziale Arbeit" sollen solche Forschungs- und Innovationsbemühungen in und aus der Sozialen Arbeit dokumentiert werden. Die Debatte um eine paradigmatische Bestimmung Sozialer Arbeit und damit um eine grundlegende theoretische Orientierung wird aufgegriffen; ebenso werden auch theoretische und empirische Aufarbeitungen von wichtigen Einzelthemen der Sozialen Arbeit sowie innovative Praxisformen dargestellt. Die Buchreihe wird Monografien und Sammelbände von WissenschaftlerInnen, aber auch Arbeiten des wissenschaftlichen Nachwuchses beinhalten. Zielgruppe der Reihe sind Studierende, WissenschaftlerInnen und Professionelle aus der Sozialen Arbeit, aber auch andere Interessierte.

Helmut Spitzer
Hubert Höllmüller
Barbara Hönig (Hrsg.)

Sozial-
landschaften

Perspektiven Sozialer Arbeit
als Profession und Disziplin

Mit einem Geleitwort
von Prof. Dr. Bringfriede Scheu und Dr. Otger Autrata

 RESEARCH

Bibliografische Information der Deutschen Nationalbibliothek
Die Deutsche Nationalbibliothek verzeichnet diese Publikation in der
Deutschen Nationalbibliografie; detaillierte bibliografische Daten sind im Internet über
<http://dnb.d-nb.de> abrufbar.

1. Auflage 2011

Lektorat: Dorothee Koch / Anita Wilke

VS Verlag für Sozialwissenschaften ist eine Marke von Springer Fachmedien.
Springer Fachmedien ist Teil der Fachverlagsgruppe Springer Science+Business Media.
www.vs-verlag.de

Umschlaggestaltung: KünkelLopka Medienentwicklung, Heidelberg
Gedruckt auf säurefreiem und chlorfrei gebleichtem Papier
Printed in Germany

ISBN 978-3-531-17600-0

Inhaltsverzeichnis

Soziallandschaften und Soziale Arbeit: Einleitende Bemerkungen

Helmut Spitzer, Hubert Höllmüller und Barbara Hönig

1 Intro

Der vorliegende Band ist aus zwei unterschiedlichen Entstehungszusammenhängen hervorgegangen. Zum einen bezieht sich der Titel „Soziallandschaften" auf eine Fachveranstaltung, die vom Studienbereich Soziales der Fachhochschule Kärnten im Frühjahr 2010 durchgeführt wurde. Unter dem im Singular gehaltenen Slogan „Soziallandschaft Kärnten 2010" wurde unter Beteiligung von zahlreichen PraxispartnerInnen, Studierenden sowie regionalen Vereinen und Verbänden ein feierlicher Rahmen geschaffen, in dem die Soziale Arbeit in ihrer ganzen Breite der Öffentlichkeit vorgestellt und ihre gesellschaftliche Verankerung im regionalen Raum kommuniziert werden konnte.[1] Das buchstäbliche Hinaustreten unseres Studienbereichs in den *sozialen Raum* – auf den Hauptplatz, wo die Menschen ihren alltäglichen Verrichtungen nachgehen, am Samstag auf dem Markt einkaufen oder vielleicht im Vorbeigehen ihre Alltagsprobleme austauschen – steht symbolisch für den sowohl disziplinären als auch professionsbezogenen sozialräumlichen Bezug der Sozialen Arbeit (vgl. Kessl/ Maurer 2005).

Der zweite Entstehungskontext ist ebenfalls vom Standort unseres Studienbereichs aus nachzuvollziehen. Die Idee für dieses Buch resultiert aus der Wahrnehmung und dem gelegentlichen Missfallen darüber, dass im akademischen Milieu zwar viel gearbeitet und geforscht wird, allerdings – und das, obwohl man Tür an Tür arbeitet – zumeist im Alleingang und weniger in unmittelbarer Auseinandersetzung und Kooperation mit anderen KollegInnen. Von daher wurde im Sommer 2009 von den HerausgeberInnen der Vorschlag gemacht, als gesamtes Team des Studienbereichs Soziales an einer Publikation mitzuwirken. Die Kolleginnen und Kollegen wurden eingeladen, ihre Arbeits- und Forschungsschwerpunkte sowie aktuelle Projekte in einen Sammelband einzubringen, der von der Intention getragen ist, unterschiedliche Perspektiven Sozialer Arbeit als Profession und Disziplin aufzuzeigen sowie ihren spezifischen Beitrag

---

[1] „Soziallandschaft Kärnten 2010", am 28. Mai 2010. Link: http://www.fh-kaernten.at/aktuelles/ newsdetails/article/soziallandschaft-kaernten-mai-2010.html (Zugriff 25. 9. 2010).

in den *Soziallandschaften* zu verdeutlichen. Dementsprechend ist das inhaltliche Spektrum der Beiträge sehr breit ausgefallen. Darin zeigt sich die Komplexität und Vielgestaltigkeit des Gegenstandes der Sozialen Arbeit (vgl. Thole 2005). Ungeachtet der augenscheinlichen Diversität und Heterogenität in den inhaltlichen Bezügen und theoretischen Zugängen können die einzelnen Beiträge vor dem Hintergrund eines verbindenden Bemühens gelesen werden, das Profil Sozialer Arbeit zu schärfen und ihre Qualität in Lehre, Forschung, Theorieentwicklung und Praxis beständig weiterzuentwickeln.

Im Folgenden wird zunächst auf den titelgebenden Begriff der Soziallandschaften und den Bezug zur Sozialen Arbeit eingegangen. Danach werden die vier Teile des Buches mit kurzen Einführungskommentaren vorgestellt sowie eine Vorschau auf die einzelnen Fachbeiträge gegeben.

2   Zum Begriff der Soziallandschaften

Der Begriff der Sozialandschaft(en) ist im Diskurs der Sozialen Arbeit kaum anzutreffen. Er wird zwar hin und wieder verwendet, aber zumeist ohne genauere inhaltliche Präzisierung. Zuweilen wird er in einem Atemzug mit anderen *Landschaften* verwendet, z. B. wenn Hans Thiersch schreibt, dass die Soziale Arbeit als „eigensinniges Glied" dazu befähigt sei, „heikle Aufgaben in einer neu zu vernetzenden Bildungs- und Soziallandschaft wahrzunehmen ..." (Thiersch 2009, S. 293). In unserem Verständnis stehen die Soziallandschaften in einem breiten gesellschaftlichen Wechselverhältnis zu anderen Bereichen wie dem Gesundheitsbereich, der Wirtschaft, den Kulturlandschaften usw. Einige Beiträge in diesem Band widmen sich genau diesen Überschneidungssegmenten, z. B. zwischen Sozial- und Bildungslandschaft im Hinblick auf das Konzept der Ganztagsbildung und der Schulsozialarbeit (vgl. den Beitrag von Konstanze Wetzel), mit Bezug auf das Verhältnis von Jugendarbeit und Schule (Beitrag von Hendrik Reismann) oder das Zusammenwirken von Sozialem und Biologischem durch Biomedizin und Biotechnik (Beitrag von Susanne Dungs).

Am ehesten findet man ein Konzept von Soziallandschaften in der Sozialgeographie, die sich sowohl von der Soziologie wie auch der Geographie herleitet und auf das Verhältnis von Gesellschaft und (Erd-)Raum fokussiert. Die Sozialgeographie beschäftigt sich beispielsweise damit, wie Gesellschaften in räumlicher Hinsicht organisiert sind oder welche Bedeutung räumliche Bedingungen für das gesellschaftliche Zusammenleben der Menschen erlangen (vgl. Werlen/Reutlinger 2005, S. 49) – also durchaus Fragen, die auch für die Soziale Arbeit relevant sind. Schaller (1979, S. 7) beschreibt eine Soziallandschaft als „Raum, der geprägt wird durch die Aktivitäten des Menschen als gesellschaftli-

Geleitwort

In der Buchreihe „Forschung, Innovation und Soziale Arbeit" werden Forschungs- und Innovationsbemühungen in und aus der Sozialen Arbeit dokumentiert. Soziale Arbeit steht als Wissenschaft und Profession im Spannungsfeld der gesellschaftlichen Entwicklung. Sie muss sich damit permanent und laufend neu gegenüber Anforderungen von außen positionieren, ohne dabei eigene Ansprüche aufzugeben. Das verlangt wissenschaftliche Aufarbeitung und daraus abgeleitete Anregungen für eine Neugestaltung der professionellen Praxis, aber auch insgesamt für die Landschaft des Sozialen.

Der vorliegende Band „Soziallandschaften" ist der dritte Band, der in der Reihe erscheint. Er leistet einen wichtigen Beitrag dazu, das Anliegen der Reihe zu erfüllen. Der Titel signalisiert schon, dass sich das Buch auf die vielfältige Landschaft des sozialen Lebens bezieht. Es geht um Sozialräume, die durchaus nicht nur in Kärnten und in Österreich, wo die AutorInnen leben und arbeiten, zu finden sind: Es werden auch Kooperationen und Aktivitäten auf dem afrikanischen Kontinent beschrieben. In den „Soziallandschaften" werden theoretische und empirische Aufarbeitungen von wichtigen Einzelthemen der Sozialen Arbeit vorgenommen. Wichtige Impulse werden weiterhin durch die Diskussion von einzelnen Handlungsfeldern der Sozialen Arbeit sowie durch den Hinweis auf innovative Praxisformen gegeben. Der Band liefert in seiner Vielfältigkeit und thematischen Breite Anregungen dafür, die Komplexität Sozialer Arbeit in Theorie und Praxis zu erkennen. Ebenso werden auch Vorschläge gemacht, wie Innovationen der Sozialen Arbeit angestoßen werden können.

Besonders erfreulich ist, dass das Buch vom gesamten MitarbeiterInnenstab des Studienbereichs Soziales der Fachhochschule Kärnten gemeinsam gestaltet wurde. Das trägt dem Anliegen der Buchreihe Rechnung, dass in ihr eingeführte WissenschaftlerInnen, aber auch Arbeiten des wissenschaftlichen Nachwuchses vertreten sein sollen.

Als Herausgeberin und Herausgeber der Buchreihe wünschen wir dem Buch und seinen AutorInnen einen guten Erfolg im Allgemeinen. Viele LeserInnen mögen das Buch interessiert zur Kenntnis nehmen, um anschließend selbst die Innovation der Sozialen Arbeit voranzutreiben.

Bringfriede Scheu   *Otger Autrata*

ches Wesen, indem der Mensch … innerhalb bestimmter Reichweiten Prozesse in Gang setzt und Strukturen bewirkt, die mehr oder weniger im Raum sichtbar erscheinen." Dabei spielen sozialräumliche Differenzen (wie zum Beispiel ein Strukturgefälle zwischen städtischem und ländlichem Raum) ebenso eine Rolle wie der Umstand, dass sich politische Systeme und die jeweiligen Besitzverhältnisse auf die Sozialstrukturen auswirken, die ihrerseits die Lebensentwürfe und Lebensgestaltungsmöglichkeiten der Menschen direkt beeinflussen.

Im anglophonen Sprachraum bedient sich die Soziologie des Begriffs der *social landscape* in einer metaphorischen Weise (vgl. Ferguson 2010). Damit wird eine komplexe, in stetem Wandel befindliche soziale Welt umschrieben. Mit dem soziologischen Ansinnen *„Mapping the Social Landscape"* ist folgendes gemeint:

> „It means taking a closer look at a complex, ever-changing social world in which locations, pathways, and boundaries are not fixed." (Ferguson 2010, S. vii)

Nach diesem Verständnis wird die *social landscape* zur *shifting landscape* (ebd.), in der sich Prozesse von sozialem und strukturellem Wandel, von Auflösung und *Entgrenzung* abzeichnen. Wenn sich die Soziallandschaften als Hintergrundsicherheit verbürgende soziale Konfigurationen entgrenzen – z. B. im Bereich der Familie, der sozialstaatlichen Versorgung, der Arbeitswelt, aber auch der Lebensalter (vgl. Böhnisch/Schröer/Thiersch 2005) – dann wird ihr Bedeutungsgehalt gewissermaßen als postmoderner Begriff greifbar. Die Soziallandschaften, verstanden als der soziale Raum, in dem sich die Lebenswelten und Biographien der menschlichen Subjekte in einem Wechselverhältnis mit den gesellschaftlichen Strukturen, den kulturellen Sozialisationsbedingungen, den ökonomischen und politischen Macht- und Herrschaftsverhältnissen, den gegebenen sozialstaatlichen Unterstützungs- und Kontrollsystemen und der ökologischen Umwelt befinden und dynamisch entwickeln, sind im Umbruch und bedürfen der Reflexion. Diese Reflexion ist erforderlich im Hinblick auf soziale Gestaltungsprozesse, aber auch bezogen auf die Teilnahme- und Teilhabechancen von Individuen und Gruppen, die sich – topographisch gesprochen – in der Peripherie befinden, auf prekärem Terrain leben oder gar am Abgrund stehen.

Die Soziallandschaften stellen nach unserem Verständnis einen breiteren Kontext dar als die geläufigen Konzepte zum sozialen Raum oder zur Sozialraumorientierung der Sozialen Arbeit und verwandter Disziplinen. Mit unserer Begriffsstrategie wollen wir eine inzwischen beobachtbare Engführung auf institutionelle Gefüge des sozialen Raumes aufbrechen, wie sie sich in pragmatisch-operativen Konzepten und Anwendungsfeldern von Sozialplanung, Stadtentwicklung und Quartiersmanagement zeigt. Denn bei aller Notwendigkeit von

Praxisbezügen sind Soziallandschaften von einer prinzipiellen Offenheit geprägt, die der Sozialen Arbeit gerade in ihrem praktischen Alltagsgeschäft immer auch eine theoretische Durchdringung sozialer Probleme und Entwicklungen abverlangt. Dabei geht es nicht nur um die sozialwissenschaftliche Landvermessung des Existenten in seiner oft „pseudo-konkreten" Entäußerung, sondern um die Aufgabe der Sozialen Arbeit, auf die Soziallandschaften gestaltend und sich einmischend einzuwirken.

Die Möglichkeiten dazu sind allerdings begrenzt. Auf der einen Seite werden im Zuge der globalen und strukturellen Veränderungen Gestaltungsnotwendigkeiten sichtbar, die zusehends auf die Mitte der Gesellschaft verweisen (vgl. Sennett 1998). Auf der anderen Seite laufen gerade die ohnehin exponierten Ränder der Gesellschaft Gefahr, weiter zu zerbröckeln und abgekoppelt zu werden. Soziale Arbeit in den vielfältigen und zum Teil brüchigen Soziallandschaften bewegt sich in einem großen Spannungsraum von Ambivalenzen und Grenzen, von Hilfsansprüchen und Kontrollzumutungen, von menschlichen Bedürfnissen und sozialpolitisch begrenzten Möglichkeiten, von Inklusions- und Exklusionsprozessen.

Mit der Verzahnung Sozialer Arbeit mit der hier kurz skizzierten Konzeption der Soziallandschaften, die auch eine gewisse metaphorische Dimension aufweist, soll die Vielfalt und Breite der Kontextes angedeutet werden, in dem die verschiedenen wissenschaftlichen Positionen, theoretischen Standpunkte, gesellschaftspolitischen Perspektiven, professionellen Handlungsfelder und empirischen Forschungsbereiche Sozialer Arbeit eingebettet sind. Die Beiträge in diesem Buch bilden einen Teil der Vielfalt dieser Landschaften ab.

Eine wichtige Frage ist jene nach der professionellen und wissenschaftlichen Verortung und Selbstvergewisserung der Sozialen Arbeit. Auf diese wird im ersten Teil dieses Band eingegangen.

3 Diskussionsforum: Ist Soziale Arbeit eine Wissenschaft?

Wissenschaft lebt nicht nur vom Diskurs, sondern auch von der Diskussion. Wir haben deshalb einige KollegInnen gebeten, zu einer zentralen Frage der Sozialen Arbeit, nämlich der Frage: „Ist Soziale Arbeit eine Wissenschaft?", eine Stellungnahme abzugeben. Dabei haben wir es offen gelassen, inwieweit in den einzelnen Beiträgen auf spezielle Quellenangaben verwiesen wird; eine gemeinsame Literaturliste soll den Diskussionscharakter zu dieser Wissenschaftsfrage unterstreichen. Die Debatte darüber prägt seit drei Jahrzehnten nicht nur den deutschsprachigen Raum. Es lässt sich dazu aus unterschiedlichen Perspektiven diskutieren:

- Aus einer *wissenschaftstheoretischen*: Wodurch wird Theoriebildung wissenschaftlich?
- Aus einer *wissenschaftspolitischen:* Welchen Stellenwert soll Soziale Arbeit im Wissenschaftskontext haben?
- Aus einer *wissenschaftssoziologischen:* Was sind die institutionellen, sozialen und kognitiven Voraussetzungen der Entwicklung einer Wissenschaft? Und: Lässt die scientific community die Verselbständigung von WissenschaftlerInnen der Sozialen Arbeit überhaupt zu?
- Hinzu kommen noch *professionsbezogene* Argumente. Eine Aufwertung der Sozialen Arbeit als Wissenschaft würde auch die Profession aufwerten. Anderseits würde dies die Profession stärker an ihre Disziplin binden.

Die Diskussionsbeiträge thematisieren diese Bandbreite der Diskussion. Die inzwischen mehrheitlich vollzogene Zusammenführung von Sozialarbeit und Sozialpädagogik zum Begriff „Soziale Arbeit" lässt sich auch als Versuch zur Verselbständigung und damit zur Loslösung von der universitären Disziplin der Sozialpädagogik deuten. Wäre dann der Begriff der „Sozialarbeitswissenschaft" nicht ein Rückschritt? Und wäre das dann vielleicht wieder nur ein semantisches Problem, das sich mit der Formulierung „Wissenschaft der Sozialen Arbeit" lösen ließe?

Wenn die Wissenschaftspolitik beschlossen hat, Soziale Arbeit als Fachhochschulstudium bis zum Mastergrad zu akademisieren, ist dann der Auftrag zur Ausbildung einer eigenen Wissenschaft darin schon enthalten? Und wie weit ist die Profession damit einverstanden? Vielleicht genügt es, Soziale Arbeit als bloßen Mix aus bestehenden Wissenschaften zu betrachten. Gilt das zum Beispiel auch für die Medizin?

Soziale Arbeit als Profession hat in vielen Sozialstaatskonzepten einen definierten Platz. Um diesen absichern zu können, ist die Disziplinentwicklung notwendig. Allerdings könnten die Besonderheiten der Profession auch Besonderheiten in der Disziplin verlangen. Sollte die Soziale Arbeit nicht eine Praxiswissenschaft sein und das Vereinheitlichen, Kategorisieren und Standardisieren eher anderen überlassen? Ist also das Besondere an einer Wissenschaft Sozialer Arbeit, dass sie anders ist als andere Wissenschaften und in ihrer Andersartigkeit bereits längst besteht?

Das sind einige der durchaus recht unterschiedlichen Fragen und Positionen, die von *Helmut Arnold, Bringfriede Scheu, Hubert Höllmüller* und *Sandro Bliemetsrieder* in diesem Diskussionsforum behandelt werden.

4 Theoretische Diskurse, gesellschaftspolitische Perspektiven

Als Profession befindet sich die Soziale Arbeit in einem vielfältigen Spannungsverhältnis, in dem sie sowohl Ansprüchen auf die Produktion theoretischen Wissens als auch sozialpolitisch gestaltenden Aufträgen gerecht zu werden sucht.
Die Orientierung an gesellschaftlichen Problemlagen und den sozialreformerischen Impetus teilt die Soziale Arbeit mit anderen Sozialwissenschaften, doch
kommen ihr als Beruf professioneller Hilfe und Kontrolle auch spezielle Aufgaben und Ziele, Ressourcen und Kompetenzen zu, die sich von denen akademi-
scher Nachbardisziplinen unterscheiden. Im zweiten Teil des Buches werden die
gelegentlich unscharfen Grenzen Sozialer Arbeit zu ihren so genannten Bezugsdisziplinen verhandelt und auf mögliche Gemeinsamkeiten und notwendige Besonderheiten hin untersucht.

Den Beginn macht *Helmut Spitzer*, indem er *„Aktuelle Entwicklungen und
Herausforderungen Sozialer Arbeit in Österreich"* skizziert. Sein Beitrag geht
zunächst von der Analyse der Ausbildungslandschaft Sozialer Arbeit aus, die
sich in den letzten zehn Jahren im Zuge von Professionalisierungs- und Akade-
misierungsprozessen radikal verändert hat. Die gegenwärtige Heterogenität und
weitere Ausdifferenzierung des Ausbildungswesens führt sowohl zu einer diffusen Identitätsbestimmung der Profession als auch zu einer verzerrten Fremd-
wahrnehmung, die auch die Gefahr der Fremdbestimmung in sich trägt. Eine
deutlich ausgebildete professionelle Identität ist u. a. im Hinblick auf sich ab-
zeichnende Veränderungen am sozialberuflichen Arbeitsmarkt und als Gegenentwurf zur schleichenden Ökonomierung der Sozialen Arbeit bedeutsam. Um
Deprofessionalisierungstendenzen entgegenzuwirken und um den wachsenden
Herausforderungen in einer immer komplexer werdenden Gesellschaft gerecht zu
werden, plädiert Helmut Spitzer für einen Dialog und die Kooperation zwischen
relevanten AkteurInnen aus Theorie, Forschung, Praxis, Ausbildung, Politik und
Standesvertretung Sozialer Arbeit.

Hubert Höllmüller beschreibt und begründet in seinem Beitrag *„Wissenschaftstheorie und Soziale Arbeit"* den Zusammenhang von Disziplin und Profession Sozialer Arbeit aus wissenschaftstheoretischer Perspektive. Dabei unterscheidet er Soziale Arbeit als Praxis, Profession und Disziplin und hinterfragt so
den traditionell strapazierten Gegensatz von „Theorie und Praxis" Sozialer Arbeit. Stattdessen wird eine Unterscheidung von Alltagstheorien, Professionstheorien und wissenschaftlichen Theorien eingeführt, wobei jede dieser drei Kategorien Reflexion und Analyse (also Theoriebildung) und Handeln (also Praxis)
kennt.

Bringfriede Scheu liefert einen Überblick über vergangene und gegenwärtige *„Grundorientierungen der Sozialen Arbeit"* innerhalb der Professionsent-

wicklung und untersucht diese im Hinblick auf unterschiedliche Bedeutungen gegenwärtiger und zukünftiger Sozialer Arbeit. Daran schließt sich ihr Vorschlag an, eine paradigmatisch neue bzw. erweiterte Soziale Arbeit zu entwerfen, die über ein herkömmliches Verständnis Sozialer Arbeit als professioneller Hilfe hinausgeht und den gesellschaftsgestaltenden Auftrag der Profession in einem umfassenderen Sinn betont.

In dem von *Helmut Arnold* vorgelegten Beitrag *„Subsidiarität und Sozial-wirtschaft. Organisationen Sozialer Arbeit zwischen Gemeinnützigkeit und Markt"* wird zunächst am Beispiel des Rettungsdienstes die neo-korporatistische Verflechtungsstruktur zwischen Politik und Wohlfahrtsverbänden aufgezeigt und der Einfluss von macht- und ordnungspolitischen Motiven bei Vergabeentschei-dungen untersucht. Nach einer Erörterung zur Legitimität der Klassifizierung gemeinwohlbezogener sozialwirtschaftlicher Leistungen als besondere Güter der Daseinsvorsorge und einer Klärung des doppelten Verwendungskontextes des Privatisierungsbegriffs werden drei Spannungsfelder zum Problemfeld Subsidia-rität und Sozialwirtschaft skizziert und deren Einordnung in zeitgenössische Fachdiskurse und sozialpolitische Debatten vorgenommen. Im Kontext der Über-legungen zur Verwaltungsmodernisierung im öffentlichen Sektor wird das neue ordnungspolitische Leitbild des aktivierenden Staates in seinen Konturen und Zielstellungen verdeutlicht, das erhebliche Veränderungen im korporatistischen Gefüge der wohlfahrtspolitischen Akteure zeitigt, um schließlich mit einem Ausblick auf soziale Dienste als notwendiges Segment sozialer Infrastruktur auf Dunkelzonen des Wissens zu verweisen und zu deren Aufhellung insbesondere kleinräumlich-regionale Feldstudien begründet einzufordern.

Aus einer sozialphilosophischen Perspektive widmet sich *Susanne Dungs* in ihrem Beitrag *„,Menschenflüstern'. Über das Ethische in helfenden Beziehungen der Sozialen Arbeit"* den ethischen Implikationen Sozialer Arbeit unter Bezug-nahme auf das Werk Emmanuel Lévinas', aber auch den Ethiken der Alterität von Judith Butler und Slavoj Žižek. Ihre Absicht ist, dem „negativen" Charakter des Ethischen in helfenden Beziehungen näher zu kommen. Des Weiteren sollen die genannten Ethiken der Alterität als bedeutsame Knotenpunkte für eine Ethik Sozialer Arbeit und eine sozialphilosophische Schwerpunktsetzung innerhalb der Wissenschaft Sozialer Arbeit grundsätzlich zur Geltung gebracht werden.

Barbara Hönig befasst sich in ihrem Beitrag *„Soziologische Perspektiven auf Gender und Diversity in der Sozialen Arbeit"* sowohl mit theoretischen Kon-zepten und Strategien von Gender und Diversity als auch mit deren Relevanz in der Sozialen Arbeit. Sie diskutiert, welche Einsichten ein soziologischer Blick auf diese Dimensionen gesellschaftlicher Ungleichheit und soziokultureller Dif-ferenz zu leisten vermag. Dabei interessieren sowohl die sozialen Prozesse, in welchen Differenz und Hierarchie erzeugt, perpetuiert und modifiziert werden, als auch die historisch-gesellschaftliche Bedingtheit dieser Erfahrungen und ihrer Repräsentation in Institutionen gesellschaftlicher Strukturierung und Herrschaft.

In ihrem Beitrag *„Phantasmatische Verkoppelungen von Sozialem und Biologischem durch ‚Bio-Technik'"* untersucht *Susanne Dungs* in wissenschaftskritischer Perspektive Entwicklungen der Biomedizin und fragt nach deren individuellen und gesellschaftlichen Folgen, die auch für die Soziale Arbeit relevant sind. Durch den Wandel der Medizin zur Biomedizin werden die Einflussmöglichkeiten auf unser Leben grundlegend anders interpretiert. Menschsein ist zu einer verantwortungsvollen, selbstbestimmten und technikinformierten Gestaltungsaufgabe geworden. Welche neuen Aufgaben könnten der Sozialen Arbeit vor dem Hintergrund dieser neuen hybridizistischen Selbst- und Weltsicht zukommen?

Der letzte Beitrag in diesem Teil des Bandes geht von dem Befund aus, dass Mehrsprachigkeit in sozialarbeiterischen Settings in Zeiten der Globalisierung zunehmend unumgänglich wird. *Gregor Chudoba* untersucht in seinem Beitrag *„Verstehen Sie? – Lexikalische Überlegungen zur Fachsprache Sozialer Arbeit in mehrsprachigen Settings"*, welche linguistischen Aspekte dieser Mehrsprachigkeit hinsichtlich des Fachwortschatzes der Sozialen Arbeit (an Beispielen des Sprachenpaares Deutsch-Englisch) zu beachten sind. Nach einem Überblick und einer tentativen Systematisierung wird der Frage nachgegangen, welche Folgen sich aus der Multidimensionalität lexikalischer Phänomene für sozialarbeiterische Theorie und Praxis ergeben, auch in einsprachigen Kontexten. Zuletzt wird behandelt, wie Ausbildungsangebote in dieser Hinsicht adäquat auf die Praxis vorbereiten können.

5   Handlungsfelder, Professionsbezüge, Methodenfragen

Im dritten Teil befassen sich die AutorInnen mit so unterschiedlichen sozialpädagogischen Handlungsfeldern wie Schule und Bildung, Kindheit und Jugend, klinische Soziale Arbeit und soziale Altenarbeit. Zusätzlich werden für das professionelle Selbstverständnis der Sozialen Arbeit bedeutsame methodische Fragen der Selbstreflexion in der Ausbildung sowie rechtliche Rahmenbedingungen der Anerkennung als Beruf erörtert.

In dem Beitrag *„Schulversagen, Neue Mittelschule und Ganztagsbildung"* von *Konstanze Wetzel* werden zunächst die institutionellen Ursachen und intersubjektiven Gründe für Schulversagen bzw. Schulabsentismus herausgearbeitet, welche auch einen wesentlichen „Auslöser" für die Schulreformbestrebungen in Österreich und der EU darstellen. Daran anschließend wird das Pilotprojekt „Neue Mittelschule" als ein Versuch für eine nachhaltige demokratische „Schulreform als Sozialreform" vorgestellt. Welchen Beitrag das Konzept der Ganz-tagsbildung und Schulsozialarbeit – auch zur Bewältigung des Problems des Schulversagens – leisten kann, wird aufgezeigt, indem in Ausrichtung an den Sinndimensionen einer zeitgemäßen allgemeinen Bildung die schulische Tages-betreuung als „Zeitraum" für eine sozialpädagogische Profilbildung sowie an-hand zentraler Aufgabenbereiche von Schulsozialarbeit ihr Beitrag zur inneren Schulreform begründet wird.

In den letzten Jahren wurde immer deutlicher, dass Schulen, insbesondere wenn sie sich ganztägig organisieren, auf die Mitwirkung anderer Bildungspart-ner angewiesen sind. In seinem Beitrag *„‚Bildung' als Leitbegriff der konzept-theoretischen Begründung einer schulbezogenen Jugendarbeit"* geht *Hendrik Reismann* der Frage nach, wie sich die Zusammenarbeit von Jugendarbeit und Schule konzeptionell als Bildungsarbeit begründen lässt. Nach einer Gegenüber-stellung der beiden Handlungsfelder werden die spezifischen Bildungsziele und -ansätze von Jugendarbeit und Schule beschrieben und miteinander verglichen. Im Ergebnis zeigt sich, dass der Bildungsbezug ein gemeinsames, übergreifendes Anliegen darstellt. Auf diesem „konzeptionellen Sockel" lassen sich die unter-schiedlichen Formen und Ausprägungen der schulbezogenen Jugendarbeit be-gründen und entwickeln.

Sandro Bliemetsrieder und *Susanne Dungs* stellen in ihrem Beitrag *„Hand-lungsfelder der Kindheit im Diskurs mit theoretischen Ansätzen der Sozialen Arbeit. Irritationen und Korrelationen"* zum einen einige didaktische Konzepte vor, die in der direkten Arbeit mit Studierenden des Bacherlorstudiums Soziale Arbeit eingesetzt werden können. Zum anderen werden einige inhaltliche Para-doxien thematisiert, die sich bei dem Versuch, Theorie und Praxis in eine Korre-lation zu setzen, bemerkbar machen. Im Zentrum einer solchen doppelten Buch-führung steht somit eine oft im Widerspruch verbleibende Korrelation von Theo-rie und Praxis. Auf der didaktischen Ebene wird mit der Methode des Forschen-den Lernens der Wandel von vorwissenschaftlichen Eigentheorien über die Viel-falt pädagogischer Handlungsfelder bis hin zu einer qualifizierten Einbettung in Theoriebestände nachgezeichnet. Auf der inhaltlichen Ebene werden wissen-schaftliche Perspektiven und professionelle Expertisen zu Erziehung und Bil-dung im Kindes- und Jugendalter einerseits und zu einer Ethik und Sozialphilo-sophie Sozialer Arbeit andererseits zusammengeführt. Diese doppelte Buchfüh-rung ist bemüht, den Anforderungen der Disziplin der Sozialen Arbeit gerecht zu werden, die immer auch handlungsleitend und identitätskonstituierend sein muss.

Der Beitrag von *Bringfriede Scheu* widmet sich dem aktuellen Thema der „Jugendgewalt", das besonders in den Medien oft einseitig und sensationshei-schend dargestellt wird. Das Phänomen wird sowohl im Alltag als auch in der wissenschaftlichen Debatte recht kontrovers diskutiert. Die Autorin kritisiert, dass Fragen nach der Verbreitung, aber auch nach adäquaten Erklärungen und probaten Interventionsmöglichkeiten zur Jugendgewalt im Mittelpunkt stehen, ohne das Subjekt in seiner Gesamtheit und seinen gesellschaftlichen Bezügen zu betrachten. In dem Beitrag wird eine Kurzfassung des Erklärungsansatzes von Jugendgewalt unter Berücksichtigung des Subjektstandpunktes vorgestellt und darauf aufbauend eine Möglichkeit zur Prävention präsentiert.

Im Beitrag von *Hubert Höllmüller* wird auf den Bereich „*Klinische Soziale Arbeit*" als bisher einzige Fachsozialarbeit eingegangen, die sich sowohl auf der Ebene der Profession als auch auf der Ebene der Disziplin entwickelt hat. Zielgruppe sind mehrfach belastete Menschen, die von anderen Hilfssystemen (Bildung, Medizin, Psychotherapie) nicht erreicht werden. Anhand der theoretischen Figur der therapeutischen Arbeitsgemeinschaft wird aufgezeigt, wie diese Fachsozialarbeit in einer konkreten Einrichtung, der Jugendnotschlafstelle in Klagenfurt, umgesetzt wird.

Danach geht es um einen im Ausbildungsbereich, aber auch in der Praxis stark vernachlässigten, aber wichtigen Aspekt professioneller Sozialer Arbeit. *Helmut Spitzer* skizziert in seinem Beitrag „*Selbstreflexion in der Ausbildung der Sozialen Arbeit. Ein Beitrag zur Professionalisierungsdebatte*" zunächst die vielfältigen Verstrickungen, denen Akteurinnen und Akteure der Sozialen Arbeit in der beruflichen Praxis ausgesetzt sind. In der Folge wird die kritische Reflexion der subjektiven und biographischen Anteile der SozialpädagogInnen und SozialarbeiterInnen in Beziehungs-, Interaktions- und Organisationszusammenhängen als Voraussetzung herausgearbeitet, um die eigene Erkenntnis- und Handlungsfähigkeit der professionell Tätigen zu bewahren und zu erweitern. Damit dies möglich ist, sollten Selbstreflexion und Selbsterfahrung bereits in der Ausbildung der Sozialen Arbeit einen zentralen Stellenwert einnehmen. Der Autor liefert dazu einige Beispiele aus der Studienpraxis.

Daniela Neubert beschäftigt sich in ihrem Beitrag „*Soziale Altenarbeit – Theoretische Bezüge und Perspektiven*" mit einem ebenfalls vernachlässigten Thema der Sozialen Arbeit. Dabei rücken Fragen des Alters und Alterns zunehmend in den Blick wissenschaftlicher und politischer Diskussionen. Gegenwärtig erfährt das Alter einen Wandel hin zu einer Lebensphase, in der sowohl Gestaltungsoptionen als auch -notwendigkeiten präsent werden. Der Sozialen Arbeit ist es bislang allerdings nur unzureichend gelungen, sich im Feld der Altenarbeit zu positionieren und ihre eigene professionelle Expertise zu verdeutlichen. Es zeigt sich weiterhin ein Bild, in dem Medizin und Pflege dominieren und soziale Dimensionen nur randständig ihren Platz finden. Ausgehend von einem erweiterten Verständnis von Alter und Altern werden von der Autorin zentrale sozialpädagogische Dimensionen mit der Lebensphase Alter verknüpft und die Verortung Sozialer Arbeit in Handlungsfeld der Altenarbeit diskutiert.[2]

Im Rahmen der Professionalisierungsbestrebungen Sozialer Arbeit in Österreich wurde bereits vor einigen Jahren die Notwendigkeit eines Berufsgesetzes erkannt, dennoch gibt es dieses Gesetz trotz langjähriger Vorarbeiten bis dato noch nicht. *Bernd Suppan* stellt in seinem Aufsatz *„Berufsschutz in der Sozialen Arbeit – ist Soziale Arbeit ein Beruf?"* den aktuellen Stand der Vorbereitungsarbeiten dar und analysiert in einer kritischen Stellungnahme die möglichen Schwächen dieses Entwurfes. Dabei wird speziell darauf eingegangen, ob notwendige Abgrenzungen zu anderen Berufen hinreichend definiert wurden bzw. ein eigenes Tätigkeitsprofil umfassend und klar beschrieben wird. Insbesondere werden dann die Fragen erläutert, ob Soziale Arbeit ein Beruf ist, ob die theoretische und praktische Ausbildung den Anforderungen an einen Beruf gerecht werden und ob eine berufliche Identitätsstiftung durch Gesetz möglich ist. Abschließend werden einige Überlegungen erarbeitet, die gesetzliche Normierungsalternativen für die sozialberufliche Praxis darlegen.

Der nächste, von *Raphael Schmid* vorgelegte Beitrag beschäftigt sich mit der Frage: *„Professionelle Jugendkulturarbeit – ein Handlungsfeld der Sozialen Arbeit?"* Am Beispiel des Jugendkulturförderungsprojektes „Young City Recording" werden die breitgefächerten Kompetenzaneignungsbereiche dargestellt und diskutiert, welche als Ausgangspunkt und Bearbeitungsfeld einer professionellen Jugendkulturarbeit betrachtet werden können. Anstatt einer größtenteils auf Kultur- und Kunstförderung verkürzten Praxis sucht eine gelingende Jugendkulturarbeit einen breiten Kompetenzerwerb von Jugendlichen über jugendkulturelle Ausdrucksweisen (Musik, Graffiti, Theater, Tanz, Lyrik, Parcours, u. v. m.) zu ermöglichen und diese im Kontext der Sozialen Arbeit theoretisch zu verankern.

Der letzte Aufsatz in diesem Teil des Buches beschäftigt sich mit einem Thema, das eher am Rande der Sozialen Arbeit angesiedelt ist, allerdings vielfältige Anknüpfungspunkte eröffnet. *Martin Klemenjak* befasst sich in seinem Beitrag *„Die Lehrlingsausbildung (k)ein Zukunftsthema? – Historische, kritische und zukunftsweisende Anmerkungen zu einem bedeutenden österreichischen Berufsbildungssektor"* anhand eines regionalen Pilotprojektes mit der Frage der Zukunft der Lehrlingsausbildung und diskutiert u. a. den Wandel diesbezüglicher Kompetenzanforderungen. Ausgehend von den historischen Wurzeln der Lehrlingsausbildung im Mittelalter wird der Bogen bis in die heutige Zeit gespannt. War die ausschließlich fachliche Orientierung am „Lebensberuf" einst Erfolg versprechend, stellt sich diese vor dem Hintergrund häufig mehrmaliger Berufs-

---

[2] An dieser Stelle sei darauf hingewiesen, dass kürzlich mit dem Band „Altern, Gesellschaft und Soziale Arbeit" eine Publikation vorlegt wurde, die genau diese Verortung Sozialer Arbeit im breiten Feld der Altenarbeit und Altenhilfe verdeutlicht (vgl. Knapp/Spitzer 2010).

wechsel als Problem dar und erfordert vielmehr Flexibilität und die Kombination von Fach- und Sozialkompetenz. Dieser Wandel und seine Folgen für den Berufsbildungssektor werden anhand eines interkommunalen Ausbildungsverbundes in Kärnten erörtert.

6   Forschungsprojekte und internationale Wissenschaftskooperationen

Die empirische Forschung ist innerhalb der Sozialen Arbeit noch ein relativ junges und kaum entwickeltes Unterfangen, gewinnt aber in der wissenschaftlichen Diskussion zunehmend an Bedeutung (vgl. Otto/Oelerich/Micheel 2003). Mit Bezug auf die österreichische Forschungslandschaft kann dies vor dem Hintergrund zweier struktureller Aspekte festgehalten werden: Zum einen gibt es im ganzen Bundesgebiet nur zwei universitäre sozialpädagogische Abteilungen, zum anderen sind die Fachhochschulstudiengänge für Soziale Arbeit erst im Jahre 2001 ins Leben gerufen worden (für einen Überblick vgl. Popp/Posch/ Schwab 2005; Flaker/Schmid 2006; Knapp/Sting 2007).

Die Beiträge im vierten Teil des Bandes intendieren, einen Ausschnitt der am Studienbereich Soziales aktuell umgesetzten Forschungs- und Kooperationsprojekte in unterschiedlichen Feldern der Sozialen Arbeit sichtbar zu machen und zur Diskussion zu stellen. Dabei werden sowohl die regionale Verankerung des Berufsfeldes Sozialer Arbeit im österreichischen Bundesland Kärnten wie auch Kooperationen mit Institutionen in Ostafrika sowie Forschungen in Flüchtlingslagern der Westsahara dargestellt.

Mario Johannes Bokalič stellt in seinem Beitrag *„Berufsfeldforschung: Soziale Arbeit in Kärnten"* ein Forschungsprojekt im südlichsten Bundesland Österreichs vor. Gegenwärtig gibt es keine zufriedenstellende empirisch fundierte Datenlage zur Form, Größe und Beschaffenheit der regionalen Institutionslandschaft und der Beschäftigtensituation Sozialer Arbeit. Das hat wohl auch damit zu tun, dass Kärnten vor der Einführung des Fachhochschulstudienganges für Soziale Arbeit als einziges Bundesland (neben Burgenland) über keine Sozialakademie verfügte. In dem Beitrag wird nach einführenden Begriffsdefinitionen ein Überblick über ähnlich gelagerte Forschungsergebnisse gegeben sowie das Forschungsdesign des dem Projekt zugrundeliegenden Dissertationsvorhabens dargelegt.

Die letzten beiden Beiträge beschäftigen sich mit der internationalen Dimension Sozialer Arbeit im Kontext von Forschungskooperationen zwischen unserem Studienbereich und Partnereinrichtungen in Afrika. In dem Beitrag *„Internationale Kooperation und Forschung am Beispiel einer Hochschulpartnerschaft Österreich – Tansania"* von *Helmut Spitzer* wird ein Partnerschaftsprogramm vorgestellt, das sowohl den Austausch von Studierenden und Lehrenden als auch verschiedene Forschungsprojekte beinhaltet. Die dargestellten Aktivitäten sind in einen entwicklungspolitischen Diskurs über internationale Bildungs- und Wissenschaftskooperation zwischen österreichischen Hochschulen und Partnerinstitutionen in so genannten Entwicklungsländern eingebettet und im Kontext der sozialwissenschaftlichen Disziplin der Entwicklungsforschung zu lesen. Die vorgestellten Forschungsprojekte beschäftigen sich mit der Situation alter Menschen in Tansania sowie mit der Erforschung und institutionellen Stärkung Sozialer Arbeit in mehreren ostafrikanischen Ländern.

Auch der letzte Beitrag in diesem Buch führt auf den afrikanischen Kontinent. *Hubert Höllmüller* beschäftigt sich unter dem Titel *„Forschen in der Flüchtlingsgesellschaft der Saharawis"* mit einem international sehr kontrovers diskutierten und politisch umstrittenen Thema. Die Saharawis stellen die ursprüngliche Bevölkerung der Westsahara im Maghreb. 1976 wurde dieses Land von Marokko besetzt und ist seitdem nach UNO-Diktion die letzte Kolonie Afrikas. Ein Gutteil der Saharawis lebt seitdem in Flüchtlingslagern im angrenzenden Algerien. Obwohl seit 34 Jahren in der Wüste im erzwungenen Exil, entwickelte sich eine Flüchtlingsgesellschaft, die es – den Erwartungen entsprechend – so nicht geben dürfte: mit hoher sozialer Stabilität. In dem Beitrag wird die Frage gestellt, wie die Gründe für diese unter Extrembedingungen funktionierende Gesellschaftsordnung erforscht werden können, ohne die politische und globale Dimension zu ignorieren.

Literatur

Böhnisch, Lothar/ Schröer, Wolfgang/ Thiersch, Hans (2005): Sozialpädagogisches Denken. Wege zu einer Neubestimmung. Juventa, Weinheim/München.

Ferguson, Susan J. (2010): Mapping the Social Landscape. Readings in Sociology. McGraw-Hill, New York.

Flaker, Vito/ Schmid, Tom (Hg.) (2006): Von der Idee zur Forschungsarbeit. Forschen in Sozialarbeit und Sozialwissenschaft. Böhlau, Wien/Köln/Weimar.

Kessl, Fabian/ Maurer, Susanne (2005): Soziale Arbeit. In: Kessl, Fabian/ Reutlinger, Christian/ Maurer, Susanne/ Frey, Oliver (Hg.): Handbuch Sozialraum. VS, Wiesbaden. S. 111–128.

Knapp, Gerald/ Sting, Stephan (Hg.) (2007): Soziale Arbeit und Professionalität im Alpen-Adria-Raum. Hermagoras, Klagenfurt/Ljubljana/Wien.

Knapp, Gerald/ Spitzer, Helmut (Hg.) (2010): Altern, Gesellschaft und Soziale Arbeit. Lebenslagen und soziale Ungleichheit von alten Menschen in Österreich. Hermagoras, Klagenfurt/Ljubljana/Wien.

Otto, Hans-Uwe/ Oelerich, Gertrud/ Micheel, Heinz-Günter (2003): Mehr als ein Anfang. Empirische Forschung in der Sozialen Arbeit. In: Otto, Hans-Uwe/ Oelerich, Gertrud/ Micheel, Heinz-Günter (Hg.): Empirische Forschung und Soziale Arbeit. Ein Lehr- und Arbeitsbuch. Luchterhand, München/Unterschleißheim. S. 3–12.

Popp, Reinhold/ Posch, Klaus/ Schwab, Marianne (2005) (Hg.): Forschung & Soziale Arbeit an Österreichs Fachhochschulen. LIT Verlag, Wien.

Schaller, Friedbert (1979): Soziallandschaften. Sozialräumliche Strukturen und Prozesse in Stadt und Land. Ploetz, Freiburg/Würzburg.

Sennett, Richard (1998): Der flexible Mensch. Die Kultur des neuen Kapitalismus. Siedler, Berlin.

Thiersch, Hans (2009): Schwierige Balance: Über Grenzen, Gefühle und berufsbiografische Erfahrungen. Juventa, Weinheim/München.

Thole, Werner (2005): Soziale Arbeit als Profession und Disziplin. Das sozialpädagogische Projekt in Praxis, Theorie, Forschung und Ausbildung – Versuch einer Standortbestimmung. In: Ders. (Hg.): Grundriss Soziale Arbeit. Ein einführendes Handbuch. 2., überarb. und aktual. Auflage. VS, Wiesbaden. S. 15–60.

Werlen, Benno/ Reutlinger, Christian (2005): Sozialgeographie. In: Kessl, Fabian/ Reutlinger, Christian/ Maurer, Susanne/ Frey, Oliver (Hg.): Handbuch Sozialraum. VS, Wiesbaden. S. 49–66.

Teil 1

Diskussionsforum:
Ist Soziale Arbeit eine Wissenschaft?

Soziale Arbeit – eine Wissenschaft?

Helmut Arnold

Die einfache Antwort lautet: Ja, was denn sonst! Fächer, die auf einer anerkannten Hochschule gelehrt werden, sind Wissenschaft. Diese rasche Antwort führt bei näherer Betrachtung schon zur Skepsis. Fächer? Fächer gibt es an Schulen, Schulfächer – klar, aber kann dies als Wissenschaft gelten? Wir hoffen zwar, dass unsere LehrerInnen wissenschaftlich ausgebildet sind, aber dennoch ist nicht selbstredend, dass der Gegenstand ihres Unterrichts als Wissenschaft gelten kann. Nun gut, so werfen wir ein, an Hochschulen wird schließlich auch nicht unterrichtet, sondern gelehrt. Demzufolge ließe sich die Form der Vermittlung als wesentliches Kriterium für Wissenschaftlichkeit ausmachen. Wohl kaum. Ratlosigkeit bleibt, und in solcher Not nehmen wir die Suche nach einem sicheren Hafen auf, in dem wir den Anker der Selbstverortung werfen wollen.

Vergewisserung 1: Sozialarbeit + Sozialpädagogik = Soziale Arbeit

Soziale Arbeit als Disziplin und Profession – dazu finden wir umfänglich Leittexte, die in der Regel die Geschichte der Sozialen Arbeit in ihrer jeweils epochalen Gestalt und ihren Entwicklungsschüben bis hin zum etwas überschwänglich deklarierten „sozialpädagogischen Jahrhundert" rekonstruieren: Aufgehellt werden hierbei die wesensbestimmenden Traditionslinien

- einerseits im Professions- und Aufgabenfeld der Kinder- und Jugendfürsorge, hergeleitet über Pestalozzis Erziehungsgrundsätze zum Waisenkinderwesen bis zu modernen Formen der Erziehungshilfe, ergänzt um die offenen Formen der Jugendpflege/Jugendarbeit, worüber sich ein Selbstverständnis abzeichnet, das im Kern auf *Bildung und Erziehung*, also auf Pädagogik setzt und als dessen disziplinäre Heimat sich die Sozialpädagogik in den erziehungswissenschaftlichen Fachbereichen versteht.
- Die zweite Traditionslinie findet ihre Spur in der Armenfürsorge, der klassischen sozialen Hilfe in existenziellen Notlagen, deren systematische Anfänge mit der Ordnung des Bettelwesens im Mittelalter (regulating the poor), den dazu eingesetzten Armenpflegern, dem Spitalswesen, aber auch in den Arbeitshäusern lokalisiert werden. Hier geht es um Regulierung gesell-

schaftlicher Missstände, die Bearbeitung sozialer Probleme vor dem Hintergrund sozialer Gerechtigkeit bis hin zum Entwurf von Sozialer Arbeit als Menschenrechtsprofession, wie sie in den Positionierungen einer fachhochschuleigenen Sozialarbeitswissenschaft auftritt.

Diese Aufspaltung in einen sozialpädagogischen und sozialarbeiterischen Strang, die z. B. in unterschiedlichen Studienrichtungen und -abschlüssen noch bis vor wenigen Jahren zum Ausdruck kam, ist heute überwunden, die beiden Traditionslinien sind im *Leitbegriff Soziale Arbeit* zusammengeführt, der in doppeltem Bedeutungskontext sowohl für die Profession wie auch die Disziplin steht – so der weitgehende Konsens in der scientific community. Diese begriffliche Doppelung macht die Sache aufs Erste verwirrend: Der Arztberuf als Profession erfordert ein Medizinstudium als wissenschaftliche Disziplin, Rechtsanwälte und Richterinnen studieren Jus, PfarrerInnen Theologie – die Soziale Arbeit steht für Profession und Disziplin zugleich. Eine Unterscheidung lässt sich folgendermaßen fassen: Die Profession ist auf Wirksamkeit, auf Handeln ausgerichtet, dagegen ist die Disziplin vom Handlungsdruck in der Praxis entlastet, als handlungsorientierte Wissenschaft orientiert sie ihre Wissensbestände sehr wohl auf Praxis, auf Handlungsfelder Sozialer Arbeit, sie hat aber den Freiraum, sich auf Wahrheit, Richtigkeit und Angemessenheit von Erklärungen und Argumentationen zu konzentrieren und wird auch daran gemessen. Zu betonen ist weiterhin, dass kein Über-/Unterordnungsverhältnis besteht, denn jeder Bereich hat seine eigene Wertigkeit und Würde und die Verknüpfung beider Bereiche kann nicht eindimensional als Ableitung, sondern muss als anspruchsvolle Vermittlungs- und Übersetzungsaufgabe des Theorie-Praxis-Verhältnisses erfolgen.

Welches sind nun die Wissensbestände, welche es erlauben, Soziale Arbeit als Wissenschaft zu reklamieren? Können wir ein Wissensgebäude vorweisen, in dem sich Soziale Arbeit als Disziplin auszeichnen und legitimieren lässt?

Wissensgebäude bestehen aus Theorien, Erklärungsansätzen, Modellen, die Zugänge zu einem Untersuchungsgegenstand öffnen und substanzielle Aussagen über diesen treffen. Unter dieser Maßgabe können an Theorien – oder besser: an ein Theoriegebäude Sozialer Arbeit in Anlehnung an Rauschenbach/Züchner, Füssenhäuser/Thiersch und May – folgende Anforderungen gestellt werden:

- Soziale Arbeit braucht subjektbezogene Theorien, welche uns die Menschen verstehbar machen in ihrer Entwicklung, in ihrem Selbst- und Weltverständnis und ihrem Handeln in ihrer Lebenswelt;
- Soziale Arbeit braucht interaktionsbezogene Theorien, die uns Modelle zwischenmenschlichen Handelns bereitstellen, dazu zählen auch Beratungsmodelle und weiteres methodisches Handlungsrepertoire;

- Soziale Arbeit braucht organisationsbezogene Theorien, die es ermöglichen, Funktion, Stellenwert und Leistungskraft von Institutionen einschätzen und weiterentwickeln zu können;
- Soziale Arbeit braucht gesellschaftsbezogene Theorien, die Erklärungen zum Makrogefüge bereitstellen, um die Spielregeln, das Machtgefüge und strukturelle Benachteiligungen zu erkennen, denen Menschen ausgesetzt sind und mit denen sie zurande kommen müssen – aber ebenso, um die Reichweite und Grenzen eigenen Handelns richtig auszuloten.

Vergewisserung 2: Sozialarbeitswissenschaft?

Der aufgezeigte Zuschnitt des Gebäudes mit vier Etagen ist ebenfalls weitgehend unstrittig. Nun wird verschiedentlich gefordert, dieses Theoriegebäude solle den Namen Sozialarbeitswissenschaft bekommen, um die disziplinäre Eigenständigkeit der Sozialen Arbeit herzustellen. Denn, so die Ausgangsbehauptung, die Theoriebildung der Sozialen Arbeit stehe unter Bevormundung durch die *universitäre Sozialpädagogik*, die selbst nicht eigenständig sei, vielmehr eine „Bindestrich-Pädagogik" im Schleppnetz der Erziehungswissenschaft. Um sich aus deren einschnürender Umklammerung in Gestalt von „Zitationskartellen" u. a. zu lösen, haben VertreterInnen aus dem Fachhochschulspektrum zur Ausarbeitung der Sozialarbeitswissenschaft und einer strikten Durchsetzung dieses Programms im eigen-emanzipativen Interesse der Fachhochschulen aufgerufen. Die Kernpunkte lauten: strikte Konzentration auf genuin sozialarbeiterische Gegenstände und Themen, Anschluss an die internationale social work, deshalb keine (Über-) Pädagogisierung sozialer und sozialpolitisch zu fassender Aufgabenbereiche, Etablierung als *Fachwissenschaft Soziale Arbeit*, Selbstrekrutierung der Lehrenden, eigenes Promotionsrecht an Fachhochschulen.

Dass exzellenten FH-AbsolventInnen Zugänge zum Doktorat möglich sein müssen, ist selbstredend. Dass sie sich dabei unter das Joch eines „Doktorvaters" oder einer „Doktormutter" beugen müssen, dessen bzw. deren Anwandlungen und Animositäten sie je nach Persönlichkeit mehr oder weniger ausgeliefert sind, ist keine Besonderheit und Bürde, die etwa nur FH-AbsolventInnen zu tragen hätten, sondern Kennzeichen der akademischen Herrlichkeit oder auch Selbstherrlichkeit im deutschsprachigen Raum. Die Forderung der FH-VertreterInnen nach eigenem Promotionsrecht widerspricht jedenfalls bisherigem Grundverständnis, dass der/die Höherqualifizierte die Promotion abnimmt, so wie der Meister im Handwerk den Gesellen freispricht. Freilich ist niemandem untersagt, sich in unsinnige Forderungen zu verbeißen, unsinnig auch insofern, als das Promotionsrecht eine der letzten Bastionen universitärer Alleinstellung nach

Bologna bildet, und allein schon deshalb – und auch im Hinblick auf internationale Gepflogenheiten, auf die sich FH-VertreterInnen in anderen Belangen gerne berufen – nicht freigegeben werden kann.

Der Streit nimmt mitunter groteske, aber durchaus unterhaltsame Formen an und bringt Dogmen und Dogmatiker auf beiden Seiten hervor. Im Kern, und darüber ist man sich erstaunlicherweise sogar einig, geht es weniger um Wissenschaft, sondern um Standespolitik qua Wissenschaftspolitik. Die einen monieren wenig profunde, einseitige Darstellungen und schiefe Sachverhalte in Lehrbüchern, die zudem den aktuellen Stand der Fachdiskussion ignorierten usw. (derart gutachterliche Rezensionen sind teilweise in der Sozialwissenschaftlichen Literatur Rundschau zu finden). Bei allem Vorbehalt gegen überzogene oder auch als diskreditierend empfindbare Kritik ist doch einzuräumen, dass die gängigen Lehrbücher „unserer" Disziplin von universitär beheimateten AutorInnen stammen, sicher mit vielen Beiträgen von FH-RepräsentantInnen in den Übersichtswerken, aber hier das Motiv Zitierkartelle zu unterstellen, ist schlicht abwegig.

Abwegig auch, wenn Inhaber von Professuren an Fachhochschulen auf ihre Qualifikation überprüft werden und mit großem Lamento Fehlbesetzungsquoten von bis zu 90 Prozent bilanziert werden.[1] Wieder andere fordern Mitsprache bei der Genehmigung von Studiengangs-Curricula und eine rigide handzuhabende Lehrerlaubniserteilung.[2] Schließlich – und das scheint der allerletzte Schrei – sollen in bestimmten Professionsgebieten Eintrittskarten an allgemein ausgebildete SozialarbeiterInnen nicht mehr ausgegeben werden, stattdessen werden „Sozialwirte" für Steuerungsaufgaben im Jugendamt angefordert oder DGCC[3]-zertifizierte „CasemanagerInnen" für die Jobcenter, was im Hinblick auf die Initiative für Bildungsgutscheine der deutschen Arbeitsministerin („Leistungen müssen bei den Kindern ankommen!") sicherlich einen weiteren Schub erhalten wird. Die treffsichere Handhabung der Ausgabe von Bildungsgutscheinen an Sozialhilfe- bzw. Arbeitslosengeld-II-Empfänger nur mit DGCC-zertifiziertem Zusatzstudium? Ganz andere Zustände in Österreich: Hier sind die Sozialämter weitgehend frei von SozialarbeiterInnen.

Noch einmal Standespolitik qua Wissenschaftspolitik: Da im Zuge der Bologna-Reformen nunmehr an Universität und Fachhochschule sowohl Bachelor- wie auch Masterstudiengänge durchgeführt werden, erscheint der Streit um

---

[1] Fehlbesetzungen liegen nach dieser Lesart vor, wenn StelleninhaberInnen kein originäres Fachhochschulstudium der Sozialarbeit vorzuweisen haben. Um diese Groteske der „Selbstrekrutierung" weiterzutreiben, könnte man auch fordern, dass etwa Lehrende an bayrischen FHs nur in Bayern geborene Landeskinder sein dürfen, die selbst an einer bayrischen FH studiert haben.
[2] Dürfen „sozialarbeiterische Methodenfächer von Nicht-SozialarbeiterInnen unterrichtet werden?"– fragt etwa der Bundesgeschäftsführer des österreichischen Berufsverbands, SiO 1/2010.
[3] Deutsche Gesellschaft für Care und Case Management.

Fachhochschule versus Universität ziemlich antiquiert. Letztlich teile ich die Zukunftsschau von Franz Hamburger (Sozial Extra 4/2004), der im Zuge der Durchsetzung des Bologna-Prozesses und der Flankierung durch nationale Qualitäts- und Exzellenzprogramme letztlich eine Aufspaltung sieht. Einerseits gibt es gut exponierte und deshalb auch immer wieder gratifizierte und Drittmittel-starke Standorte, was zu einer weiteren Exponierung eben dieser beiträgt und ihnen qua Reputation den Zugang zu weiteren Spielfeldern auf nationaler und europäischer Ebene öffnet. Auf der anderen Seite ist das Gros der – ja nun, was ist das Pendant zu „exzellent" und „exponiert"? – durchschnittlichen Standorte auszumachen, in denen die Nachwuchsausbildung und damit die Lehre mit einem weitgehend regionalen Versorgungsauftrag dominieren, wobei Hamburger nicht behauptet, dass der erste, doch eher exklusive Typus ausschließlich den universitären Standorten zufallen muss, noch umgekehrt alle Fachhochschulen sich mit dem Durchschnitt begnügen müssen, wohl aber die Strukturen (Lehrbeanspruchung u. a.) durchaus diese Deutung zulassen. Interessant ist in diesem Kontext das Modell der Forschungsprofessuren an den Fachhochschulen der Schweiz, wobei sich hier vermutlich die Reputationsunterschiede innerinstitutionell abbilden. Nicht wegzudiskutieren bleibt auf der anderen Seite der wesentlich bessere Betreuungsschlüssel an den Fachhochschulen.

Vergewisserung 3: Soziale Arbeit = Mix aus Bezugswissenschaften

Nach diesem Exkurs zur Kontroverse um die Sozialarbeitswissenschaft, die über weite Strecken wie ein unappetitlicher Familienzwist innerhalb der Zunft um Deutungshoheit anmutet, konzentrieren wir uns wieder auf das oben skizzierte *Wissensgebäude* und behaupten: Bei Besetzung der vier Etagen mit erklärungs-starken Theorien können wir der Sozialen Arbeit Wissenschaftscharakter zusprechen.

Nun melden sich weitere Nörgler zu Wort. So wird der Vorwurf erhoben, in diesem *Wissensgebäude* befänden sich letztlich nur Versatzstücke aus anderen Wissenschaften, aus den Bezugsdisziplinen, und zwar weitgehend jenen, die im Kern an der FH vertreten sind und gelehrt werden. Also sei Soziale Arbeit letztlich ein Konglomerat, zusammengesetzt aus anderen Wissenschaften, wobei Umfang und Art der Bezugnahme zudem noch relativ beliebig erscheinen bzw. nach Belieben der jeweiligen Professur-InhaberInnen und ihrer Spezialkenntnisse oder Vorlieben ausfallen, so dass man eher von zusammengewürfelt als von zusammengesetzt sprechen sollte.

Um diesem oft – und auch aus eigener Zunft – vernommenen Vorhalt zu entgegnen, werfen wir einen kurzen Seitenblick auf andere Disziplinen, die mit

klassischen Professionen verbunden sind. Noch nie war zu vernehmen, dass etwa
der Medizin ein eigenständiger Wissenschaftscharakter abzusprechen sei, begründet durch die Tatsache, dass die Grundlagenfächer des ersten Teils des Me-
dizinstudiums Biologie, Anatomie, Chemie, Biochemie, Physiologie bis hin zu
Psychologie und Soziologie darstellen, die ja dann auch im gefürchteten Physi-
kum geprüft werden. Die Medizin, ein Konglomerat aus Bezugsdisziplinen? Nie
gehört. Die Proportionierung der Lehrinhalte nach Belieben der jeweiligen Professur-InhaberInnen und ihrer Spezialkenntnisse? Ja, aber nicht als Vorwurf
sondern als Vorteil, denn bei dem Herzchirurgen X oder dem Tumorspezialisten
Y studiert zu haben, gilt in der Medizin als Auszeichnung. Selbstverständlich
rücken die Spezialisten ihr Spezialwissen und ihre Spezialkompetenzen samt der
dazu erforderlichen Bezüge aus den entsprechenden Forschungs- und Wissen-
schaftsgebieten in den Mittelpunkt, so etwa der Tumorspezialist die Krebs-
Pharmakologie.

Zudem ist es doch gerade auch ein Unterscheidungskriterium zwischen
Schulunterricht und Studium, dass bei letzterem eben nicht ein Lehrbuch Kapitel
für Kapitel durchgenommen wird, sondern die Lehre selbst auch als „Kunst" –
und nicht nur der Didaktik, sondern eben auch der inhaltlichen Schwerpunktset-
zungen zum jeweiligen Themengebiet – zu sehen ist, so zumindest meine These,
mit der kein Freibrief verbunden ist, alles und jedes nach Belieben zu lehren,
wobei gerade für die Grundlagenbereiche eine Abstimmung in groben Linien
sinnvoll ist.

Sozialpolitische Vergewisserung: Die funktionale Verortung der Sozialen Arbeit

Zum Schluss will ich die Sorge um den prekären Status der Sozialen Arbeit aufnehmen. Wo die einen ein „sozialpädagogisches Jahrhundert" ausmachen, wit-
tern die anderen „Sozialgedöns" einer Profession, die sich in der goldenen Zeit
der wirtschaftlichen Prosperität und des Sozialstaatsausbaus breit etabliert und
seither mit zunehmend wissenschaftlich-akademischem Anspruch selbst perpetuiert hat, auf deren Leistungen man heute aber gesellschaftlich vielleicht zu großen Teilen auch wieder verzichten kann („sozialer Luxus") oder aus Spargründen
(„Ökonomisierung") sogar muss, sofern es gelingt, die Menschen wieder mehr
an Eigenverantwortung zu erinnern. Um diesem kurzschlüssigen und ahistori-
schen Gesellschaftsverständnis zu entgegnen, bedarf es in der Tat einer wissenschaftlich fundierten Vergewisserung über den gesellschaftlichen Stellenwert der
Sozialen Arbeit, ihrer funktionalen Verortung. Mit eben diesem Schritt einer
sozialpolitischen Vergewisserung kann gezeigt werden, dass die Soziale Arbeit
nicht aus Jux und Tollerei überdrehter Gutmenschen entstanden und etabliert ist,

als überzogene Betreuung von Menschen mit eben nicht eigenverantwortlicher Lebensführung in unverantwortlichen Lebensarrangements, sondern als systemische Notwendigkeit der Moderne.

Soziale Arbeit gilt als *Mittel der Wahl* des Sozialstaats, demzufolge gibt es auch andere Mittel, und diese können wir in der Tat z. B. in der US-amerikanischen Gesellschaft besichtigen, deren afro-amerikanische Jugend zu einem Viertel im Gefängnis einsitzt. Im Amerika der „mitfühlenden Konservativen" gilt Hilfe rasch als Verstoß gegen die Menschenwürde, da das Sichverlassen auf Fremdhilfe die Eigeninitiative lähmt und die Armen somit ihrer Chance beraubt werden, sich aus eigener Kraft und mit Stolz dem Schicksal entgegen zu stellen – in den Augen der Neocons gilt bereits eine Krankenversicherung als Sozialismus. Ist nun die in europäischen Gesellschaften vorgenommene „Wahl", also die Vorrichtung des Sozialstaats, unumkehrbar?

Der Sozialstaat ist systemisch notwendig als Modernisierungsergebnis und zur Flankierung der fortschreitenden Modernisierung. Diese Einsicht kommt schon in den sozialpolitischen Debatten der 20er Jahre des letzten Jahrhunderts trefflich zum Ausdruck: Ein Auto mit Bremsen lässt sich schneller fahren als ohne! Eine dynamische Wirtschaft geht einher mit Umbrüchen, soziale Schutzvorkehrungen verhindern bei Eintritt typischer Lebensrisiken einen Absturz ins Bodenlose. Während die (Arbeiter-)Sozialversicherung gegen die typischen Lebensrisiken des durchschnittlichen Arbeitslebens vor allem monetäre Leistungen bereitstellt, dient die Soziale Arbeit zur Bearbeitung psychosozialer Krisen, die mit der Lebensführung in der Moderne zunehmend verbunden sind. Soziale Arbeit operiert als personenbezogene soziale Dienstleistung mit Priorität auf jenen, die den Anker für eine auskömmliche Lebensführung verloren haben. Bei Eintritt kritischer Lebensereignisse im Einzelfall oder auch bei Marginalisierung von ganzen Gruppen innerhalb der Gesellschaft bedarf es einer Agentur, die ein weiteres Abdriften auffängt oder Abweichung bereits präventiv begegnet, kurz und systemtheoretisch gefasst: die auf Herstellung und Aufrechterhaltung gesellschaftlicher Normalzustände programmiert ist. Soziale Arbeit ist dabei zu verstehen als der der Lebenswelt zugewandte Arm der Sozialpolitik.

Nun ist nicht ausgemacht, dass die Soziale Arbeit hier allein gefragt ist. Sie ist, wie ausgeführt, Mittel der Wahl. Und zudem gibt es weitere Professionen mit anderem disziplinären Hintergrund, die sich ebenfalls für Menschen in kritischen Lebensereignissen zuständig erklären: Ärzte, Psychologen, Therapeuten.[4] Professionen befinden sich letztlich im Wettstreit um Claims. Länderspezifische sowie pfadtypische Unterschiede lassen sich empirisch feststellen: So fällt etwa auf, dass in Österreich die *Schuldnerberatung* eine von JuristInnen beanspruchte

---

[4] Dazu kommen die „alltäglichen Helfer", z. B. Friseure, Gastwirte, Taxifahrer als Lebensberater, bis hin zu Meditationsgurus, Geistheilern und Wahrsagern.

und von diesen auch weitgehend besetzte Domäne ist, während in der deutschsprachigen Fachliteratur zur Schuldnerberatung diese als originäres Handlungsfeld der Sozialen Arbeit – wenn nicht sogar mit Rekurs auf die Armenfürsorge
als ihr ältestes – ausgewiesen wird. Was die Pfadabhängigkeit im Sinne der
wohlfahrtspolitischen Regimes nach Esping-Andersen anbelangt, so zeigt sich
deren Bedeutung etwa in dem von C. W. Müller vorgebrachten Hinweis, das
Bemühen bis hin zum verbissenen Streit um Grenzlinienziehung zwischen Beratung und Therapie sei nur aus Ländern mit Bismarck-Pfad und dadurch strikter
Abgrenzung zwischen beitragsfinanzierter nationaler Versicherungs- und steuer-
finanzierter kommunaler/kantonaler Fürsorgeleistung bekannt, in Großbritannien
etwa ist mit dem Beveridge-System das gesamte öffentliche Gesundheitswesen
steuerfinanziert und ein entsprechender Verschiebebahnhof wie bei uns unnötig.

Unter dem Strich lässt sich konstatieren, dass – bei aller notwendiger Mühe
um wissenschaftlich ausgewiesene Verortung und disziplinäre Konsistenz einer
reflektierten professionellen Praxis – die Zuständigkeiten und damit auch die
Zukunftsaussichten der Sozialen Arbeit und deren durch uns ausgebildeten
Fachkräfte weniger am grünen Tisch als durch Leistung und Erfolge in der Praxis entschieden werden. Sich in der Praxis im Wettstreit mit den jeweils anderen
Professionen zu behaupten, verlangt aber als Grundlage ein Standing, eine
Standfestigkeit, wie sie bei aller Beschwörung interdisziplinärer Zusammenarbeit nur ein breites eigenständiges *Wissensfundament* bieten kann. Nicht zuletzt
geht es gerade in Österreich mit seiner großen Freudianischen Tradition auch
darum, die der Praxis angemessenen und aus der Sozialen Arbeit generierten
Erklärungen und Begriffsstrategien durchzusetzen und damit verbundene Handlungsformen zu initialisieren.

Dies kann an einem weiteren Beispiel in ganz einfacher Weise verdeutlicht
werden: dem Alterssuizid. Sucht man nach Ursachen und demzufolge auch nach
(Be-)Handlungsmöglichkeiten für Alterssuizid, so sieht die medizinisch-neuro-
psychiatrische Erklärung eine psychische Erkrankung, oftmals herrührend aus
einer schlummernden, nicht erkannten, in jedem Fall aber nicht behandelten
Depression. Wer also die laut Berichten zunehmenden Suizidraten im Alter senken will, muss die „Krankheit" frühzeitig behandeln (präventiv hört sich immer
gut an) und das ärztlich-psychiatrische Behandlungsnetz ausbauen – so auch die
aktuelle Forderung des Obmanns für Psychiatrie der Kärntner Ärztekammer am
9. 4. 2010 in der Kleinen Zeitung.

Eine im Vergleich dazu schlichte, wenn nicht geradezu naiv anmutende Erklärung für Selbstmord im Alter hat die Soziale Arbeit vorzubringen: Ursache ist
die zunehmende Vereinsamung alter Menschen, deren Kinder und Enkel in unserer modernen, dynamischen und mobilen Gesellschaft in alle Winde verstreut
sind, denen sie auch keinesfalls zur Last fallen wollen, wobei die mangelnde

Ansprache verbunden mit der Angst vor Pflegebedürftigkeit und damit doch wieder auf Fremdhilfe angewiesen zu sein, letztlich ein Räderwerk in Gang setzt, das im Selbstmord als Verzweiflungstat oder aber letzter heroischer Autonomiebeweis im Hemingwayschen Sinne mündet. Die (Be-)Handlungsmethode heißt bei dieser Erklärung nicht Depressionstherapie, sondern Ansprache und Aktivierung im Alltag, wie es etwa die soziale Altenarbeit leistet. Hier folgt die Soziale Arbeit nicht Freud, sondern Durkheim, der fordert, Soziales mit Sozialem zu erklären[5].

Mit dieser Maxime können nun Anforderungen an das Wissensgebäude auf den oben genannten vier Etagen formuliert werden und diese mit den Handlungsfeldern in unterschiedlichen Lebensaltern verschränkt werden, wobei im Brennglas Soziale Arbeit als handlungsorientierte Sozialwissenschaft aufscheint. Ein Brennglas ist doppelfunktional: es bündelt und streut. Bonität und Brauchbarkeit der Wissensbestände in den jeweiligen Etagen des Wissensgebäudes zeigen sich darin, wie es gelingt, die einzelnen Erklärungsstränge zum Begreifen der Situation zu verdichten und darauf bezogen die zur Verfügung stehenden Handlungsfacetten aufscheinen zu lassen, aber dann letztlich auch zu einer handlungspraktisch beschreitbaren Route zu bündeln.

Das Wissensgebäude ist mehrdimensional angelegt: Soziale Arbeit konzentriert sich eben nicht allein auf die Person und ihre innerpsychischen Repräsentanzen und Deformationen (Störung, Krankheit) oder die gesellschaftlichen Bedingungen und deren Niederschlag in unterschiedlichen Lebenslagen und Lebenswelten, sondern sucht auf jeder Ebene nach Erklärungen und fragt danach, wie Menschen in den ihnen vorgegebenen Bedingungen ihr Leben führen und bewältigen und wie sie Unterstützung finden, wenn sie Unterstützung brauchen.

---

[5] Es soll hier nicht einer generellen Verharmlosung von Krankheiten das Wort geredet werden. Erschütternd ist aus meiner Beobachtung aber schon die definitorische Übermacht von „Krankheit" und „Störung" im Lande Freuds, was sich darin zeigt, dass die Jugendwohlfahrt vielerorts selbst die Psychiatrie als ihre Königsdisziplin und die Neuropsychiatrie als Letztinstanz anerkennt und beansprucht, so etwa wenn Kinder oder Pubertierende im Heim- bzw. Wohngruppenerziehung „durchdrehen" und man sich als sozialpädagogische Fachkraft nicht anders zu helfen weiß, als die Rettung zu rufen und das Kind in die „Neuropsych" einweisen zu lassen. Von hier kehrt es in der Regel nach drei Tagen mit einem Gutachten zurück, und alle sind sehr froh, weil man nun endlich weiß, was Sache ist.

Sozialarbeitswissenschaft?

Bringfriede Scheu

In den 80er und vor allem in den 90er Jahren des letzten Jahrhunderts betrat der sperrige Begriff der Sozialarbeitswissenschaft die Bühne der wissenschaftlichen Reflexion. AutorInnen wie Staub-Bernasconi, Mühlum, Wendt, Lüssi oder Engelke und viele andere mehr zählten sich zu den unversehens und neu formierten SozialarbeitswissenschaftlerInnen. Überraschend war die Begriffsbildung: Gerade war es gelungen, Sozialarbeit und Sozialpädagogik zur Sozialen Arbeit zu einen, da wurde wieder auf den Vorläuferbegriff der „Sozialarbeit" rekurriert, diesmal mit der Erweiterung als „Wissenschaft" (zur Entfaltung der Sozialarbeit, Sozialpädagogik und Sozialen Arbeit vgl. Scheu in diesem Band). Um die Spaltung in Sozialarbeit, die hauptsächlich an Fachhochschulen gelehrt wurde, und Sozialpädagogik, die meist an den Universitäten vertreten war, aufzuheben, wurde ja der neue Begriff der „Sozialen Arbeit" geprägt und implementiert; der Begriff Soziale Arbeit bezeichnet auch explizit die Zweiseitigkeit von Disziplin und Profession. „Sozialarbeitswissenschaft" fällt damit einmal auf die alte Bezeichnung der Sozialarbeit zurück und schließt so Leitthemen der Sozialpädagogik wie Erziehung und Bildung aus. Sozialarbeitswissenschaft spaltet weiterhin begrifflich die Felder der Disziplin und der Profession: Aus der von der Bezeichnung der Wissenschaft abzuleitenden Profession Sozialarbeit wurde die Idee einer von Theorien geleiteten Praxis extrahiert: Sozialarbeit hat zumindest begrifflich nichts mehr mit Wissenschaft zu tun und wird so dequalifiziert. Ein letzter Graben ist noch zu erwähnen, den die Sozialarbeitswissenschaft aufgerissen hat: Es gibt an deutschsprachigen Hochschulen kaum mehr Studiengänge, bei denen ein Abschluss in Sozialarbeit erworben werden kann. Sozialarbeitswissenschaft und hochschulische Lehre sind also erst einmal nicht kompatibel. Die Formulierung der Sozialarbeitswissenschaft bringt in der Summe viele neue Friktionen, Lösungen dafür liefert sie nicht.

Die Sozialarbeitswissenschaft reklamiert für sich, den Status einer eigenen Disziplin einzunehmen, die außerhalb des gebräuchlichen Kanons der wissenschaftlichen Disziplinen angesiedelt ist. Aufgabe der Sozialarbeitswissenschaft ist es, multireferentiell zwischen verschiedenen anderen Disziplinen – wie Pädagogik, Psychologie, Jura, Soziologie, Theologie u. a. m – zu vermitteln. Ihr Proprium sei es, dass sie und nur sie die Lage und die Interessen ihrer KlientInnen kennt, und auf dieser Basis die Vermittlung der disziplinären Einsichten vornehmen kann. Freilich bleibt das unüberprüfbar und verschließt sich damit der wissenschaftlichen Diskussion, da die Sozialarbeitswissenschaft kaum Hinweise liefert, wie sie denn tatsächlich die Belange der KlientInnen in einem über den Einzelfall hinaus reichenden Horizont feststellt und wie sie dann ihre Multireferentialität gegenüber anderen Disziplinen realisiert. Dass disziplinäre Einteilungen in der Wissenschaft nicht für alle Zeiten fixiert sind und auch neue Disziplinen sich entfalten können, ist zu konzedieren. Ob allerdings lediglich die Anwendung von Erkenntnissen aus verschiedenen Disziplinen auf Einzelfälle eine neue Disziplin entstehen lassen kann, scheint doch fraglich: Da fehlt die Eigenständigkeit der wissenschaftlichen Entwicklung.

Die Sozialarbeitswissenschaft will zwar eine neue Disziplin begründen, orientiert sich dabei aber an den schon geläufigen Paradigmen. Diese Paradigmen werden von der Sozialarbeitswissenschaft multireferentiell miteinander verknüpft, bleiben aber unhinterfragt. Um Impulse geben zu können, die über die herrschende Situation grundsätzlich hinaus weisen, müsste die Sozialarbeitswissenschaft eigene und vor allem originäre Theorien entwickeln.

Soziale Arbeit, um diesen von der Sozialarbeitswissenschaft eher aufgegebenen Begriff wieder zu benutzen, hat klare und feststellbare Schwächen in der Formulierung einer konsistenten und tragfähigen Theorie. Daran gilt es zu arbeiten, eine Etablierung der Sozialen Arbeit „auf Augenhöhe" mit anderen Disziplinen ist ein wichtiges Ziel. Die Sozialarbeitswissenschaft, die wie der sagenhafte Phönix aus der – vermeintlichen – Asche der Sozialen Arbeit empor gestiegen ist, wird dabei allerdings nicht helfen können. Ziel einer zu entwickelnden Theorie der Sozialen Arbeit muss es sein, eine Grundlegung zu entwickeln, auf deren Basis Disziplin und Profession eine standfeste Position einnehmen können. Gegenstand dieser Theorie muss das soziale Leben insgesamt sein, nicht nur das Segment der „sozialen Probleme": Eine tragfähige Perspektive für die Soziale Arbeit ergibt sich nicht aus der Negativbestimmung, soziale Problemen reduzieren zu wollen; notwendig ist auch die Positivdefinition, wohin sich das Soziale insgesamt orientieren kann und soll. Dabei ist nicht an vordergründige Leerformeln zu denken, sondern an eine wissenschaftlich hergeleitete Richtungsbestimmung.

Ist Soziale Arbeit eine Wissenschaft?

Hubert Höllmüller

Vorweg ein paar Anmerkungen aus wissenschaftstheoretischer Sicht. Die Frage, ob Soziale Arbeit eine Wissenschaft ist, sollte zumindest auch aus wissenschafts-theoretischer Perspektive behandelt werden. Im laufenden Diskurs gibt es zwar zahlreiche unterscheidbare Blickwinkel, den wissenschaftspolitischen, den wissenschaftssoziologischen, den standespolitischen, den sozialpolitischen, den wissenschaftspsychologischen, den ethischen und einige mehr. Die Frage aber, wie denn Wissenschaft definiert wird und ob dann Soziale Arbeit diesen Definitionen genügt, findet sich kaum in den Ausführungen zur Wissenschaftlichkeit oder Nichtwissenschaftlichkeit der Sozialen Arbeit. Dazu meine erste These:

These 1:
Die derzeitigen Befürwortungen für eine eigene Disziplin Sozialer Arbeit behaupten zwar die Wissenschaftlichkeit entsprechender Theoriemodelle, machen sich aber kaum die Mühe, diese an Kriterien für Wissenschaftlichkeit rückzubinden.

Das Ergebnis sind Professionstheorien bzw. Praxeologien, die einem wissenschaftlichen Diskurs nicht standhalten können. Erstaunlich ist, wie wenig sich VertreterInnen einer Sozialarbeitswissenschaft mit den geltenden Kriterien für eine wissenschaftliche Disziplin auseinandersetzen. Die sogenannten „Klassiker der Sozialen Arbeit" sind keine wissenschaftlichen Werke. Es sind Erfahrungsberichte kombiniert mit moralischen Konzepten, eben Professionstheorien. Best Practice Beispiele können Theorien illustrieren, bestätigen oder widerlegen, aber sie können sie nicht ersetzen. Die Haltung „wahr ist, was wirkt" ist dem Handlungsdruck einer Profession geschuldet, aber nicht dem Reflexionsdruck einer Disziplin. Auch die universitäre Sozialpädagogik bedient sich dieser „Klassiker". Der Unterschied zwischen Hochschul- und Fachhochschuldiskurs sind also nicht so sehr die Bezugstexte. Die Universität garantiert durch ihre organisationale Einbettung, dass sich die Sozialpädagogik dem wissenschaftstheoretischen Diskurs als anschlussfähig (und sei es durch systematische Negation) erweist. Während die Fachhochschulen dem – durch die organisationale Entkopplung bedingten – höheren Bedarf an Anschlussfähigkeit Rechnung tragen müssten, um Wissenschaftlichkeit zugesprochen zu bekommen.[1]

Die institutionelle Verortung der Sozialen Arbeit an Fachhochschulen, die von den Universitäten tendenziell als minderwertige Hochschulen angesehen werden, hat neben der höheren Schwelle für Wissenschaftlichkeit den Effekt, dass hier Professionstheorien besonders gut gedeihen. In diesen haben derzeit bloße Leerformeln Saison.[2]

These 2:
Wer Wissenschaftlichkeit in die Soziale Arbeit bringen möchte, muss die Entwicklung einer eigenen Wissenschaft Sozialer Arbeit fördern.

Soziale Arbeit ist Ausdruck eines grundlegenden gesellschaftlichen Bedarfs, Fehlentwicklungen und Probleme zu bearbeiten, die als Ergebnis einer laufenden Komplexitätssteigerung der Gesellschaft auftreten. Darauf reagierte die Gesellschaft mit dem Aufbau der Profession Sozialer Arbeit. Auch wenn die Ursprünge in polizeilichen und kontrollierenden Aufgaben lagen. Mit dem Konzept der sozialen Befriedung und dem Wohlfahrtsstaat wurde daraus eine unterstützende Grundorientierung. Anfangs ließ sich diese mit bereits bestehenden „Bezugs"-Disziplinen unterlegen. Für eine nachhaltige Absicherung der Profession reicht es aber nicht aus, Nachbardisziplinen zu kombinieren. Diese Kombinationen müssen wissenschaftlich weiterentwickelt werden, und das ist nur in Form einer eigenen Disziplin möglich. Solange aber die AkteurInnen in Lehre und Forschung professionspolitisch (also in reiner Berufsperspektive) bzw. als VertreterInnen anderer Disziplinen disziplinpolitisch (also als PädagogInnen, PsychologInnen etc.) agieren, ist eine eigene Wissenschaftsentwicklung unwahrscheinlich.

Die mögliche Stärke der Sozialen Arbeit ist ihre Professionsbezogenheit und damit die fruchtbare Verknüpfung von Handlungsanleitung und theoretischer Begründung. Dafür ist aber eine selbständige wissenschaftliche Position

---

[1] Die Universität Ljubljana verfügt seit kurzem über eine eigene Fakultät Soziale Arbeit. Das zeigt, wie bedeutsam eine organisationale Einbettung sein kann.

[2] Als Beispiel sei hier der Begriff „systemisch" erwähnt. Statt damit etikettierte Konzepte an eine wissenschaftliche Theorie – wie zum Beispiel die soziologische Systemtheorie – rückzubinden, wird damit die durchaus kluge Absicht beschrieben, Phänomene nicht isoliert und losgelöst zu betrachten, sondern immer einen Zusammenhang, ein System zu vermuten, in das diese Phänomene eingebettet sind. Damit alleine aber den Bezug zu wissenschaftlichen Theoriediskursen zu behaupten, ist das Gegenteil von klug. Ein weiteres Beispiel ist der immer noch rein professionsbezogene Umgang mit dem Konstruktivismus in der Sozialen Arbeit. Aktuell hier Kleve und sein Buch „Konstruktivismus und Soziale Arbeit".

notwendig, weil auch die Nachbardisziplinen wie Pädagogik und Psychologie sich auf eigene und deshalb konkurrierende Professionen beziehen können beziehungsweise diese selbst produzieren.

These 3:
Bleibt der wissenschaftliche Diskurs der Sozialen Arbeit auf der Ebene der Bezugsdisziplinen stehen, ist die Konsequenz die latente Entkopplung von Profession und Disziplin.

Meines Erachtens kann sich eine Profession nur nachhaltig etablieren, wenn sie auf eine eigene Disziplin verweisen kann. Sonst steht sie unter ständigem Legitimations- und Konkurrenzdruck. Dies bedingt schlechte berufsrechtliche Rahmenbedingungen, geringe soziale Stellung und Unterordnung unter andere, etablierte Professionen. Solange es keine klar konturierte Disziplin gibt, müssen die Profession Soziale Arbeit und die Disziplinbemühungen bzw. Disziplinierungsversuche durch benachbarte Disziplinen voneinander entkoppelt sein. Ein Gutteil dessen, was derzeit unter dem Theorie-Praxisdiskurs läuft, gibt diese latente Entkopplung wider. Wenn Soziale Arbeit zwar eine eigene Lehre und Forschung entwickelt, aber sich einer eigenen Disziplinbildung entsagt, prolongiert sie damit die Theorieskepsis der Profession. Diese ist damit weit ausgeprägter als bei Professionen der Bezugsdisziplinen. Professionstheorien und Praxeologien haben zwar auf den ersten Blick eine engere Bindung an die Profession, aber sie sind weder einheitsstiftend noch haben sie die Qualität für die Ausbildung einer wissenschaftlichen Schule, wie dies in den Bezugsdisziplinen passiert.

These 4:
Die meist undiskutierte Übernahme der vorherrschenden Wissenschaftsstruktur, also des Gegensatzes zwischen Naturwissenschaften und Geisteswissenschaften, verstärkt die Schwierigkeiten einer eigenen Disziplinentwicklung.

Gerade die Soziale Arbeit könnte mit ihrem handlungsorientierten Gesellschaftsbezug von einem möglichen wissenschaftstheoretischen Paradigmenwechsel profitieren. Wenn die Grundprinzipien der Emergenz, Kreativität und Selbsterzeugung die Kategorien Natur/Geist, Materie/Soziales zu überbrücken beginnen (Vec/Hütt/Freund 2006), könnte sich eine sich ausbildende neue Disziplin mit einem neuen Technologieverständnis von ihren Bezugsdisziplinen emanzipieren.

Die Antwort auf die Eingangsfrage lautet: Nein, Soziale Arbeit ist noch keine Wissenschaft. Einer der ersten Schritte dazu, nämlich es schlicht und einfach zu behaupten, ist zwar getan, aber es fehlt an disziplinspezifischer Theoriebildung. Alleine um die Theorie-Praxisspannung zu entschärfen und die Profession langfristig abzusichern, sollte sie aber eine Wissenschaft sein. Wissenschaftstheoretisch argumentiert, muss sich Soziale Arbeit als Disziplin an den Kriterien für Wissenschaftlichkeit orientieren und die Praxeologien dort belassen, wo sie hingehören: in die notwendigen Reflexionsschleifen der Profession.

Wann Soziale Arbeit als wissenschaftliche Disziplin gelten kann, ist keine Frage eines bestimmten Zeitpunkts. Publikationen wie die vorliegende können eine Tendenz markieren und so den Grad der Wissenschaftlichkeit erhöhen.

Plädoyer für eine sozial-anthropologisch inspirierte Praxiswissenschaft der Sozialen Arbeit

Sandro Bliemetsrieder

Ob die Soziale Arbeit eine eigenständige Disziplin ist, kann derzeit nicht abschließend beantwortet werden. Die Frage ist einerseits, ob sie als eine *Summenkonstruktion* die ambivalente Integration von Subjekt und Welt leisten kann. Die Soziale Arbeit kann aber auch andererseits keiner eindeutigen Zentralwissenschaft wie der Sozial- oder der Erziehungswissenschaft zugeordnet werden. Auch hier zeigt sie sich ambivalent: Sie braucht sowohl die Sozialwissenschaften, um einen Handlungsanlass zu erkennen, als auch die Erziehungswissenschaften, um ihre Handlungsmotive und Handlungskonzepte zu generieren. Sie fragt nach behindernden und ermöglichenden Strukturen gesellschaftlicher Verhältnisse genauso wie nach dem Initiieren von darin liegenden, wachstumsfördernden Erziehungs- und Bildungsprozessen und dem darin innewohnenden Autonomiepotential der AdressatInnen. Und die Soziale Arbeit bewegt sich auf einem extrem dynamischen gesellschaftlichen Boden und hat demnach in ihrer Theoriebildung ein unauflösliches Zeitproblem, um das sie wissen muss. In diesen ambivalenten Fragen um den Stand der Disziplinentwicklung geht es meines Erachtens in ihrer Tiefendimension – neben einem disziplinpolitischen Streit – häufig um die Definitionsmacht der anthropologischen Frage: Was denn der (soziale, postmoderne) Mensch sei, und ob er von Systemen, seiner lebensweltlichen Erfahrung, seiner neuronalen und genetischen Ausstattung und Beschaffenheit und/oder seinem Unbewussten mehr oder weniger determiniert sei. Aus diesem Dilemma heraus zeigen sich einige Lösungsversuche, von denen ich kurz einige skizzieren möchte.

Ein erster Lösungsweg zeigt sich in einer Vereinseitigung und Idealisierung von Bildung. Dieser ist beispielsweise gefährdet, eine zweifelhafte Analyse und Strategienbildung in der Frage der Armutsbekämpfung, gerade in Kontext der Armutslagen von Kindern, zu entwickeln. Butterwegge stellt beispielsweise dazu fest, dass die Pädagogik keinen monokausalen Begründungszusammenhang mit *(selbstverschuldeten) Bildungsdefiziten* herstellen sollte, um zu einer verbesserten sozialen Teilhabe beizutragen, denn ein solcher Zugang schleppe eine einseitige Anthropologisierung (einhergehend mit einer Individualisierung von Problemlagen) mit sich (vgl. Butterwegge 2009, S. 255–263). Darin liegt meines

Erachtens auch die Gefahr einer rein pädagogischen Kasuistik, die zudem mit einem häufig unreflektierten Vorrang diagnostischer Verfahren eine Anschluss-fähigkeit an das gelingende Handeln verpassen kann und tendenziell gefährdet ist, wie Zink dies ausdrückt, gestaltungsbedürftige soziale Situationen als punk-tuelle und statische Ereignisse zu sehen (vgl. Zink 2001, S. 12).

Der zweite Lösungsversuch kann als die Negation oder Banalisierung des Diskurses der Disziplinentwicklung der Sozialen Arbeit bezeichnet werden. Hierbei darf aber nicht übersehen werden, dass die Soziale Arbeit schon immer in der Gefahr stand und steht, disziplinär enteignet zu werden. Dies wäre beson-ders fraglich, wenn nur jene Theorien an soziale Sachverhalte herangetragen würden, denen größtmögliche Evidenz unterstellt wird. Die Soziale Arbeit ist dann in diesem Sinne auch immer in Gefahr, zu einer „gesellschaftlichen Auf-tragsveranstaltung" mit einer faktischen Abhängigkeit von impliziten gesell-schaftlichen Intentionen von Hilfs- und Ordnungsmaßnahmen zu werden (vgl. Zink 1988, S. 46).

Ein dritter Lösungsweg wird in einem übergreifenden Theoriemodell, bei-spielsweise wie der Systemtheorie, gesehen. Würde man dies jedoch orthodox sehen, könnte dabei die Widersprüchlichkeit der „Einmaligkeit der Subjektivität" und der „Wiederkehr des Gleichen" (Callo 2008, S. 2) in der Welt in Frage ge-stellt werden. Ich teile die Haltung, dass der Gegenstand der Sozialen Arbeit aufgrund der Individualität und Selbstbestimmung der AdressatInnen nicht prin-zipiell in schematisierbare, abstrakte und klinische Verwertungszusammenhänge gegossen werden kann (vgl. ebd.).

Aber auch eine alleinige Forderung nach einem reinen intersubjektiven Denken zwischen Sozialwissenschaft und Erziehungswissenschaft und Natur-wissenschaften (als vierter Lösungsversuch) erscheint ebenfalls als kein ange-messener Ausweg aus dem Dilemma.

„Empirische Intersubjektivität ist logische Allgemeinheit. Geisteswissenschaftlich bedeutet Intersubjektivität hingegen allgemeine Teilhabe an einer semantischen Vielfalt." (ebd., S. 12)

In diesem Sinne wird immer wieder versucht, psychosoziale Probleme mit Hilfe psychologischer, soziologischer, ökonomischer, pädagogischer und neurobiolo-gischer Erklärungsmodelle zu vereinheitlichen. Hierbei wird jedoch im Zweifels-fall die Polarität von Wissen und Verstehen vernachlässigt. Eine Synthese mit bestehenden Wissensbeständen, von Subjekt und Objekt wäre sicherlich vielver-sprechend, die entsprechenden Ergebnisdarstellungen bleiben jedoch meist Aus-druck einer Richtung. Beispielsweise wird den Naturwissenschaften tendenziell mehr Reichweite, mehr Exaktheit und Plausibilität unterstellt. Hierbei besteht die

Gefahr, dass im Vorzug eines neuen Materialismus vor dem Idealismus die gestaltungsbedürftigen Bereiche der Lebenspraxis mit ihren kulturellen und sozialen Ausdrucksgestalten tendenziell entwertet werden und naturalistisch erklärt werden (vgl. Callo 2000, S. 10). In empirischen Bildungstheorien beispielsweise werden in die standardisierten Kompetenzmessungen und Neurodidaktiken große Hoffnungen gesetzt. Dabei wird allerdings häufig übersehen, dass Bildung in erster Linie ein intersubjektives Geschehen zwischen (mindestens) zwei Menschen ist. Durch die so genannte reine Empirie kann zunächst über den Ist-Zustand hinaus auf keinen ethischen und humanitären Sollzustand hin antizipiert werden (vgl. Callo 2009, S. 10). In der Verhandlung von Natur- und Geisteswissenschaft zeigt sich auch ein Praxisdilemma, denn die Praxis kann zumeist nicht empirisch forschen, sie muss ihre Maßnahmen und Entscheidungen vor allem in einem qualitativen Handlungskontext reflektiert und methodologisch (diagnostisch und katamnestisch) abgesichert begründen. Nicht nur hier wird deutlich, dass eine strikte Trennung von Disziplin und Profession hinderlich sein kann. Aber auch ein radikaler Dekonstruktivismus – in dessen Gefahr ich mich an diesem Punkt der Analyse auch gerade befinde – bedauert die Situation mehr, als diskursive Lösungen weiter zu verhandeln. So verlangt die Diskussion an diesem Punkt nach einer konstruktiven Wende.

Die Disziplin der Sozialen Arbeit ist, solange es in Gesellschaften soziale Probleme einhergehend mit Destabilisierung, Desintegration, Deautonomisierung gibt, als solche nicht in Frage zu stellen. Sie analysiert gesellschaftliche Fehlentwicklungen und entwickelt für sozial marginalisierte oder von sozialer Marginalisierung bedrohte Menschen und Gruppen einen inklusiven Gegenentwurf und eine Identitäts-, Emanzipations- und Enkulturationshilfe als Bildungsgeschehen, oder wie Callo dies ausdrückt:

„Als Wissenschaft von der Integrationshilfe und der Beziehungshilfe versucht sie, den Symptomen und Ursachen von Armut, Verwahrlosung und Isolation zu begegnen, ebenso wie dem Leid, der Krankheit und der Stigmatisierung." (Callo 2002, S. 59)

Sie erkennt dabei die gesellschaftliche Kontextualität von Mechanismen und versucht diese zu verändern. Daraus notwendige Formen der Unterstützung werden in der Profession von Fachkräften in einer Dienstleistung durch „eine personennahe Gestaltung sozialer Situationen" (Zink 2001, S. 18) einhergehend mit einer individuellen und kollektiven Identitätsentwicklung geleistet. In diesem Sinne muss die Frage nach einer *Professionalisierungstheorie der Sozialen Arbeit* diskursiv verhandelt werden. Interessant hierfür erscheint das Leitmotiv von Becker-Lenz u. a. (2009), dass die professionelle Qualität der Sozialen Arbeit nicht allein subsumtionslogisch oder aus theoretisch generierten Standards her-

aus beantwortbar ist, sondern für die Praxis eine praktische und für WissenschaftlerInnen eine empirische Aufgabe darstellt:

> „Praktisches Handeln hat sich nicht primär an theoretisch abgeleiteten Standards zu
> bewähren, vielmehr müssen die Standards aus den Anforderungen der Praxis entwi-
> ckelt werden." (Becker-Lenz u. a. 2009, S. 10)

Auch Callo diskutiert mit seinem handlungstheoretischen Zugang einen ähnlichen Gegenentwurf: Die Soziale Arbeit ist für ihn eine *theoretisch fundierte
Praxis,* die durch vorbeugendes und/oder intervenierendes professionelles Handeln gekennzeichnet ist. Und die Soziale Arbeit zeigt eine der Ethik grundlegend
verpflichtete Dialektik: Als Praxis ist die Soziale Arbeit angewandte Theorie, als
Theorie liefert sie der Praxis anwendungsbezogenes Wissen (vgl. Callo 2005, S.
V/19). Somit wird sie zu einer angewandten Wissenschaft.

> „Die Verbindung beider Teile macht sie zu einer 'Praxiswissenschaft', deren beson-
> deres Augenmerk dem 'Handeln' in seiner Schnittstellenfunktion zwischen Theorie
> und Praxis gilt." (ebd., S. 1)

Nach Callo ist das Hauptstandbein der Sozialen Arbeit die Praxis, aus der ihre
Theorien induktiv abgeleitet würden (vgl. ebd., S. 19). Praxis versteht er über das
soziale Tun hinaus als das allgemeine professionelle Handlungsgeschehen mit
den Aspekten Dienstleistung, Interaktion, Feld und Kontext, Erfahrungswissen,
beruflicher Alltag und professioneller Dialog (vgl. ebd., S. 20). In der Problematik intersubjektiven Denkens wirbt er im Sinne Staub-Bernasconis für einen
wissenschaftlichen Mittelweg, in dem ideologische Anteile reiner Aufklärung
auf der einen Seite und reine Technologie auf der anderen Seite ausgeklammert
werden müssten (vgl. Callo 2009, S. 15). Hierbei zeigt sich wiederum die ambivalente Aufgabe der Sozialen Arbeit, einer Entpersonalisierung und Objektivie-
rung der Subjekte durch Technologien entgegenzuwirken und personenübergrei-
fende qualitätsvolle Prozesse zu formulieren, deren Wirksamkeit aber auf der
anderen Seite auch ausgewiesen werden müssen (vgl. Callo 2005, S. 34). Einem
solchen handlungstheoretischen Konzept versucht sich meines Erachtens eine
rekonstruktive Soziale Arbeit anzunähern, und zwar (1) in einer hermeneutischen
Verknüpfung von propädeutischen Aspekten (Fallstudien) mit entsprechenden
wissenschaftlichen Erkenntnissen, (2) in dem dialektisch-kritischen Infragestellen und Dekonstruieren von unreflektierten Technologien und Standardisie-
rungen, sowie (3) in der phänomenologischen Darstellung von gelungenen
Handlungsentwürfen (vgl. ebd., S. VIf). Die hermeneutische Verknüpfungsleis-
tung erschöpft sich aber nicht in einem intersubjektiven Verstehen, sondern in
einem vernetzten Denken. Einerseits leben Menschen in spannungsreichen Pola-

ritäten mit ihren rationalen und emotionalen Anteilen, die sich systematisch und situativ miteinander vernetzen (vgl. Bäuml-Roßnagl 2010, S. 5), andererseits zeigt sich eine zunehmend funktional differenzierte Gesellschaft mit ihren Schlüsselproblemen, wie z. B. „der menschlichen Entfremdung durch unmenschliche Wirtschafts- und Lebensverhältnisse mit globalen Dimensionen" (ebd., S. 8), einhergehend mit beispielsweise generationalen und wirtschaftlichen Dualitäten. Dies bedeutet aber auch, dass die Soziale Arbeit eine Dialektik von System und Lebenswelt − auch methodisch − einlösen muss, was sie bisher meines Erachtens nur ansatzweise realisiert hat. Sie verbietet sich tendenziell vielerorts selbst den Diskurs durch die Kampfmetapher des „Grabenkrieges". Für die Phänomene, die sich in einer steigenden Kinderarmut zeigen − um noch einmal das Ausgangsbeispiel aufzugreifen − bedeutet dies zunächst über eine Aufklärung über das quantitative Ausmaß von Kinderarmut hinaus, ihre qualitative Bedeutungen in exemplarischen „wissenschaftlichen Nahaufnahmen" (Bäuml-Roßnagl 2005, S. 11) zu rekonstruieren. Dazu bedarf es einer grundlegenden Befreiung von Kindern in Armuts- und Ausgrenzungssituationen von einer (bildungs-) politischen Instrumentalisierung. Hierbei muss das dialektische Verhältnis von objektivierbar-eingeschränkter Lebenslage sowie die subjektiven Empfindlichkeiten und Selbstbeurteilungen der Kinder ernst genommen werden. Der Blick der Sozialen Arbeit richtet sich aber auch auf die deprivationsauslösenden Aspekte der kindlichen Lebenslagen und bedenkt die Gefahren der Exklusion aus Systemzusammenhängen. Erkannt werden hierbei aus einer ökologisch-entwicklungspsychologischen Betrachtungsweise heraus jene behindernden Faktoren eines Zuwachses an Autonomie und Entscheidungsraum in eine offene Zukunft (vgl. Bliemetsrieder 2010, S. 238f.). Auf Grundlage dieser Rekonstruktionsleistung kann die Soziale Arbeit anschließend − auch/oder gerade in Verhandlung mit ihren Nachbardisziplinen − einen eigenen sozialökologischen Erziehungs- und Bildungsauftrag formulieren. Ein solches sozialökologisches Erziehungs- und Bildungsverständnis weiß um die Notwendigkeit günstiger affektiver Ausgangsbedingungen und partizipativer Orientierung (vgl. ebd., S. 241f.).

„Die basalen, befähigenden Implikate partizipativ sozialpädagogischer Arbeitsansätze intendieren die Ausbildung von sensorischen Fähigkeiten, körperlichen Konstitutionen, von grundlegenden Kulturtechniken und Reflexionsvermögen, die Vermeidung von unnötigem Schmerz, die Gewährleistung von Gesundheit, Ernährung und Schutz, die Möglichkeit und Fähigkeit zur Geselligkeit bzw. zu Bindungen zu anderen Menschen und zur Natur und schließlich zur praktischen Vernunft und zur Ausbildung von Autonomie und Subjektivität." (Stumpf 2010, S. 83)

In diesem Sinne versteht sich das Leitmotiv für das informelle Forschungsanliegen „*Bildungskultur und Soziale Arbeit*", an dem sich WissenschaftlerInnen aus

Kärnten und Bayern diskursiv mit Fragen einer gerechten und *menschenwürdi-gen Bildungskultur* auseinandersetzen. In diesem Zusammenhang schließt die These an, dass sozialethische Humanwissenschaften wie die Soziale Arbeit nur grundsätzlich über die handelnden Subjekte in ihren sozialen Systemen *sozial-anthropologisch* begründet werden können, damit sie nicht von einem unreflek-tierten Pragmatismus und der Ökonomie tendenziell enteignet werden (vgl. Bäuml-Roßnagl 2010, S. 6). Die grundsätzliche These von Bäuml-Roßnagl ist hierbei ein *vernetztes Denken* von Anthropologie und Soziologie. Für die Soziale Arbeit fordert auch Zink, den Gegenstand der Sozialen Arbeit und ihre berufs-ethische Begründung aus der philosophischen Anthropologie abzuleiten und aus einer Reflexion ihres gesellschaftlichen Kontextes heraus zu bestimmen (vgl. Zink 1988, S. 45). Er verweist in diesem Sinne auf ein anthropologisches Kon-zept des Menschen mit den Dimensionen von *Personalität* und *Solidarität* (vgl. Zink 1988, S. 6f.; 1994, S. 87; 2001, S. 19). Die Personalität komme in der *Wür-de des Personseins* zum Ausdruck, dem ein *dreifacher Lebensauftrag* innewoh-ne: (1) im Aktualisieren von Freiheit, (2) in der einzigartigen Rolle des Men-schen im Bezug zu seinen Mitmenschen, sowie (3) zur Möglichkeit eines kon-struktiven und lebendigen Beitrags zur Welt (vgl. Zink 1994, S. 87). Der Mensch ist aber auch darauf angewiesen, durch eigene Tätigkeit (z. B. durch Erwerbsar-beit) sein Leben zu sichern und in einer reflexiven Bezugnahme zur Welt hof-fende und liebende Zuwendung zu erfahren (vgl. Zink 1988, S. 45). Hierbei muss die *Doppelnatur* des Menschen begriffen werden: in seinen „zentralen Bedürfnissen nach Lebenssicherung und Lebensorientierung" (ebd., S. 46). Eine solche anthropologische Begründetheit der Sozialen Arbeit, die sowohl das Ma-terielle als auch das Ideelle in den Blick nimmt, sei ein Weg aus dem permanen-ten Konflikt der sozial Arbeitenden in dem Spannungsfeld von Anwaltschaft-lichkeit und Verwaltung gesellschaftlicher Ressourcen. Aufbauend auf dieses logische Vorauseilen des Wertes der Personalität sieht Zink den Mitmenschen als Voraussetzung, damit Menschen Menschen werden und bleiben können.

> „In der Solidarität hat demnach auch die Selbstverpflichtung einer Gesellschaft ihren Grund, im Notfall öffentliche und berufliche Hilfe zu leisten." (Zink 1994, S. 87)

Dafür bedarf es grundlegend einer immer wieder neu aktualisierten Diskussion von Chancengerechtigkeit und Abwesenheit von direkter und struktureller Ge-walt.

Was ist nun zu tun: Die Disziplinentwicklung muss meines Erachtens da-hingehend weiter diskutiert werden, dass der Gegenstand der Sozialen Arbeit aus einer sozial-anthropologischen Begründetheit, mit regelgeleiteten, vernetzten Verstehensinstrumentarien und einem sozial-ökologischen Erziehungs- und Bildungsverständnis induktiv-reflexive und für die AdressatInnen partizipative Handlungsoptionen eröffnet und somit Professionswissen mitgeneriert, das sowohl einer ökonomischen als auch einer ökonomiekritischen Vernunft standhält. Die Aufgabe der Disziplin hierbei ist, zu begründen bzw. dafür zu werben, dass das *Soziale* vor diesen Begrifflichkeiten kein einfaches Wortspiel bleibt oder wird. Damit ist die Frage nach dem Stand der Disziplinentwicklung der Sozialen Arbeit nicht beantwortet, sondern lediglich, der Kürze des Beitrags geschuldet, ein zugegebenermaßen recht komplexer und etwas appellativer Diskurs aufgegriffen.

Diskussionsforum: Literatur

Bäuml-Roßnagl, Maria-Anna (2005): Bildungsparameter aus soziologischer Perspektive. Books on Demand, Hamburg.

Bäuml-Roßnagl, Maria-Anna (2010): Prolog. In: Bliemetsrieder, Sandro-Thomas/ Boenisch, Bianca/ Stumpf, Hildegard (Hg.): Bildungskultur und Soziale Arbeit. Vom stellvertretenden Verstehen zum gelingenden Handeln. Herbert Utz Verlag, München. S. 5–12.

Becker-Lenz, Roland/ Busse, Stefan/ Ehlert, Gudrun/ Müller, Silke (Hg.) (2009): Professionalität in der Sozialen Arbeit. Standpunkte, Kontroversen, Perspektiven. VS, Wiesbaden.

Bliemetsrieder, Sandro (2010): Aspekte einer menschenwürdigen Bildungskultur. Ein anthropologisch inspirierter Gegenentwurf zu deduktionslogischen Bildungsstandards. In: Klein, Regina/ Dungs, Susanne (Hg.): Standardisierung der Bildung. Zwischen Subjekt und Kultur. VS, Wiesbaden. S. 237–253.

Böhnisch, Lothar/ Arnold, Helmut/ Schröer, Wolfgang (1999): Sozialpolitik. Eine sozialwissenschaftliche Einführung. Juventa, Weinheim/München.

Böhnisch, Lothar/ Schröer, Wolfang/ Thiersch, Hans (2005): Sozialpädagogisches Denken. Wege zu einer Neubestimmung. Juventa, Weinheim/München.

Butterwegge, Christoph (2009): Armut in einem reichen Land. Wie das Problem verharmlost und verdrängt wird. Campus Verlag, Frankfurt/New York.

Callo, Christian (2002): Modelle des Erziehungsbegriffs: Einführung in pädagogisches Denken. Oldenbourg Wissenschaftsverlag, München.

Callo, Christian (2005): Handlungstheorie in der Sozialen Arbeit. Oldenbourg Wissenschaftsverlag, München.

Callo, Christian (2008): Das bewegte Denken. Geisteswissenschaftliche Grundlagen der Sozialen Arbeit. Oldenbourg Wissenschaftsverlag, München.

Esping-Andersen, Gösta (1998): Die drei Welten des Wohlfahrtskapitalismus. Zur Politischen Ökonomie des Wohlfahrtsstaates. In: Lessenich, Stephan/ Ostner, Ilona (Hg.): Welten des Wohlfahrtskapitalismus. Campus, Frankfurt/New York. S. 19–56.

Füssenhäuser, Cornelia/ Thiersch, Hans (2005): Theorien der Soziale Arbeit. In: Otto, Hans-Uwe/ Thiersch, Hans (Hg.): Handbuch Sozialarbeit/Sozialpädagogik. Ernst Reinhardt Verlag, München/Basel. S. 1876–1900.

Gängler, Hans (2005): Klassiker der Sozialen Arbeit. In: Otto, Hans-Uwe/ Thiersch, Hans (Hg.): Handbuch Sozialarbeit/Sozialpädagogik. Ernst Reinhardt Verlag, München/Basel. S. 1044–1057.

Grunwald, Klaus/ Thiersch, Hans (2005): Lebensweltorientierung. In: Otto, Hans-Uwe/ Thiersch, Hans (Hg.): Handbuch Sozialarbeit/Sozialpädagogik. Ernst Reinhardt Verlag, München/Basel. S. 1136–1148.

Hering, Sabine/ Münchmeier, Richard (2007): Geschichte der Sozialen Arbeit. Eine Einführung. Juventa, Weinheim/München.

Kleve, Heiko (2009): Konstruktivismus und Soziale Arbeit. VS, Wiesbaden.

Müller, Carl Wolfang (2006): Wie Helfen zum Beruf wurde. Eine Methodengeschichte Sozialer Arbeit. Juventa, Weinheim/München.

Luhmann, Niklas (1973): Formen des Helfens im Wandel gesellschaftlicher Bedingungen. In: Otto, Hans-Uwe/ Schneider, Siegfried (Hg.): Gesellschaftliche Perspektiven der Sozialarbeit, Bd. 1. Luchterhand, Neuwied/Berlin. S. 21–43.

Maurer, Susanne (2009): Soziale Arbeit als Gedächtnis gesellschaftlicher Konflikte oder: das heterogene Kollektiv. In: Kessl, Fabian/ Otto, Hans-Uwe (Hg.): Soziale Arbeit ohne Wohlfahrtsstaat? Zeitdiagnosen, Problematisierungen und Perspektiven. Juventa, Weinheim/München. S. 165–172.

Mühlum, Albert (2004): Zur Entstehungsgeschichte und Entwicklungsdynamik der Sozialarbeitswissenschaft. Eine Einleitung. In: Ders. (Hg.): Sozialarbeitswissenschaft. Wissenschaft der Sozialen Arbeit. Lambertus, Freiburg. S. 9–26.

Niemeyer, Christian (2005): Klassiker der Sozialpädagogik. In: Otto, Hans-Uwe/ Thiersch, Hans (Hg.): Handbuch Sozialarbeit/Sozialpädagogik. Ernst Reinhardt Verlag, München/Basel. S. 1058–1067.

Niemeyer, Christian (2003): Sozialpädagogik als Wissenschaft und Profession. Grundlagen, Konzeptionen, Perspektiven. Juventa, Weinheim/München.

Pantucek, Peter (2010): Ilse Arlt – das Erbe? In: SiO Heft 2/2010. S. 8–11.

Pantucek, Peter (2005): Soziale Arbeit in Österreich. In: Kreft, Dieter/ Mielenz, Ingrid: (Hg.): Wörterbuch Soziale Arbeit. Juventa, Weinheim/München. S. 796–801.

Rauschenbach, Thomas/ Züchner, Ivo (2005): Theorie der Sozialen Arbeit. In: Thole, Werner: (Hg.): Grundriss Soziale Arbeit. Ein einführendes Handbuch. VS, Wiesbaden. S. 139–160.

Scheipl, Josef (2010): Soziale Arbeit in Österreich – Stand in Theorie und Praxis. In: Thole, Werner: (Hg.): Grundriss Soziale Arbeit. Ein einführendes Handbuch. VS, Wiesbaden. S. 425–434.

Scherr, Albert (2005): Sozialarbeitswissenschaft. In: Thole, Werner: (Hg.): Grundriss Soziale Arbeit. Ein einführendes Handbuch. VS, Wiesbaden. S. 259–271.

Sidler, Nikolaus (2004): Sinn und Nutzen einer Sozialarbeitswissenschaft. Eine Streitschrift. Lambertus, Freiburg.

Stumpf, Hildegard (2010): Wann ist Bildung gerecht und gut? In: Bäuml-Roßnagl, Maria-Anna: Bildungsethik als Bildungskunst. Herbert Utz Verlag, München. S. 78–83.

Thole, Werner (2005): Soziale Arbeit als Profession und Disziplin. In: Thole, Werner (Hg.): Grundriss Soziale Arbeit. Ein einführendes Handbuch. VS, Wiesbaden. S. 15–60.

Thole, Werner (Hg.) (1998): KlassikerInnen der sozialen Arbeit. Sozialpädagogische Texte aus zwei Jahrhunderten – ein Lesebuch. Luchterhand, Neuwied.

Vec, Miloš/ Hütt, Marc-Thorsten/ Freund, Alexandra M. (2006): Selbstorganisation – Ein Denksystem für Natur und Gesellschaft. Böhlau, Köln.

Wendt, Wolf Rainer (2008): Geschichte der Sozialen Arbeit. UTB, Stuttgart.

Zink, Dionys (1988): Aufforderung zur Konstruktion von Sozialarbeitswissenschaft an Fachhochschulen. In: Ulke, Karl-Dieter (Hg.): Ist Sozialarbeit lehrbar? Zum wechselseitigen Nutzen von Wissenschaft und Praxis. Lambertus-Verlag, Freiburg im Breisgau. S. 40–54.

Zink, Dionys (1988): Personalität und Solidarität: Grundlagen einer sozialpädagogischen Berufsethik. In: Sozial, 2/88. S. 3–8.

Zink, Dionys (1994): Impulse zur Weiterentwicklung einer sozialpädagogischen Berufs-
ethik. In: Sozial 3/94. S. 87–90.
Zink, Dionys (2001): Beiträge zum sozialpädagogischen Berufswissen. Rechenschaft und
Perspektiven. Abschiedsvorlesung von Prof. Dr. Dionys Zink am 28. 6. 2001 an der
Katholischen Stiftungsfachhochschule München. Hrsg. vom Präsidenten der Katho-
lischen Stiftungsfachhochschule München, München.

Teil 2

Theoretische Diskurse, gesellschaftspolitische Perspektiven

Aktuelle Entwicklungen und Herausforderungen Sozialer Arbeit in Österreich

Helmut Spitzer

1 Einleitung

Soziale Arbeit in Österreich kann auf eine lange Tradition und eine wechselvolle Geschichte zurückblicken (vgl. Scheipl 2003). Gegenwärtig befindet sich die Profession und Disziplin in einer Umbruchsituation und steht vor großen Herausforderungen. Prozesse der Akademisierung und Professionalisierung haben in den letzten zehn Jahren die Ausbildungslandschaft völlig verändert. Dies soll in diesem Beitrag nachgezeichnet werden (Kap. 2). Dabei rückt der Begriff „Soziale Arbeit" selbst ins Blickfeld; dieser ist in Österreich noch weniger geläufig als im Nachbarland Deutschland. Der gegenwärtige Wissenschaftsdiskurs konstituiert sich im Spannungsfeld der Traditionslinien von Sozialarbeit und Sozialpädagogik, wobei auch die Frage nach einer eigenständigen „Sozialarbeitswissenschaft" zur Diskussion steht (Kap. 3). Neben den Veränderungsprozessen im Ausbildungs- und Wissenschaftsbereich gibt es am sozialberuflichen Arbeitsmarkt markante Entwicklungen, die es aufzugreifen und zu analysieren gilt (Kap. 4). Nicht zuletzt sollen in diesem Beitrag auch einige sozialpolitische Aspekte skizziert werden. Dabei geht es vor allem um die Auswirkungen wohlfahrtsstaatlicher Um- bzw. Rückbauprozesse, die auch für die Soziale Arbeit nicht folgenlos bleiben (Kap. 5).

2 Eine radikal veränderte Ausbildungslandschaft

Es kann ohne Zweifel festgestellt werden, dass der österreichische Ausbildungssektor für Soziale Arbeit in weniger als einer Dekade völlig auf den Kopf gestellt wurde (vgl. Spitzer 2010). Vor der Einführung der ersten Fachhochschulstudiengänge gab es eine ausgeprägte Trennschärfe zwischen den Traditionslinien der Sozialarbeit einerseits und der Sozialpädagogik andererseits. Die Ausbildung für „DiplomsozialarbeiterInnen" – ihr identitätsstiftendes Akronym lautet DSA – vollzog sich bis dahin in einer postsekundären Form der so genannten Sozialakademien, die bis 1986 zweijährig, danach dreijährig geführt wurden. Mit dem

Fachhochschulstudiengesetz wurde die Ausbildungsform im Jahr 2001 – im Vergleich zu anderen europäischen Ländern ausgesprochen spät – auf eine tertiäre Bildungsebene gehoben, womit nicht nur eine wissenschaftliche Verankerung gefordert war, sondern auch der Begriff *Soziale Arbeit* verstärkt in den Fachdiskurs Einzug fand und die Sozialarbeit abzulösen oder zumindest in Frage zu stellen begann. Je nach Lesart steht der Terminus der Sozialen Arbeit im Sinne eines Subsumptionstheorems (vgl. Scheipl 2003, S. 12) oder der so genannten Konvergenzperspektive (vgl. Schilling/Zeller 2007, S. 137; Pfaffenberger 2009, S. 21) als zusammenführender Oberbegriff für Sozialarbeit und Sozialpädagogik. Während der Begriff im Wissenschaftsdiskurs zunehmend zur Anwendung kommt, wird in der Praxis noch weitläufig von Sozialarbeit oder Sozialpädagogik gesprochen, je nach der historischen Entwicklung eines Handlungsfeldes. Der Österreichische Berufsverband der SozialarbeiterInnen (OBDS) verwendet nach wie vor ausdrücklich den Begriff Sozialarbeit. Der Berufsverband kritisiert auch die Umgestaltung der achtsemestrigen FH-Diplomstudiengänge in das neue, durch den Bologna-Prozess geforderte Bachelor- und Mastersystem, insbesondere die Rückführung der Basisausbildung auf das ursprüngliche Ausmaß der Sozialakademien von drei Jahren (vgl. OBDS 2006). Verwirrung stiften im gegenwärtigen Diskurs auch die akademischen Abschlussbezeichnungen: So betreten die FH-AbsolventInnen den Arbeitsmarkt nicht als „SozialarbeiterInnen", sondern mit dem akademischen Titel „Magister bzw. Magistra bzw. Bachelor bzw. Master für sozialwissenschaftliche Berufe". Dies kann einerseits für eine gleichberechtigte Abbildung der akademischen Qualifikation Sozialer Arbeit neben anderen Studienrichtungen als bedeutsam und sinnvoll erachtet werden. Andererseits wäre aber auch durchaus anzudenken gewesen, die neuen Hochschulqualifikationen international mit einem BSW (Bachelor of Social Work) und MSW (Master of Social Work) anschlussfähig zu machen.

Im Bereich der Sozialpädagogik sind zwei sehr unterschiedliche Qualifikationsformen anzutreffen. Zum einen gibt es auf sekundärer Bildungsebene die Bildungsanstalten bzw. Kollegs für Sozialpädagogik (früher Bildungsanstalten für Erzieher), die auf Reifeprüfungsniveau[1] bzw. in viersemestrigen Lehrgängen zum (gesetzlich nicht geschützten) Berufstitel „SozialpädagogInnen" qualifizieren (vgl. Gnant 2003). Während die postsekundären Ausbildungsgänge für PflichtschullehrerInnen (vormals Pädagogische Akademien) im Zuge der Hochschulreform 2007 auf eine tertiäres Niveau gehoben wurden (sie heißen jetzt

---

[1] Diese Ausbildungsform entspricht einer berufsbildenden höheren Schule. Interessanterweise wird auch aus dieser Perspektive im Hinblick auf Berufschancen von „Sozialer Arbeit" gesprochen. So findet sich auf der Homepage einer dieser Schulen unter der Rubrik „Berufsfelder" folgende Verheißung: „Die Berufsausbildung eröffnet den Zugang zu sozialpädagogischen Tätigkeiten im Berufsfeld der Sozialen Arbeit." (http://195.202.152.99/bisop/, Zugriff 15. 8. 2010)

Pädagogische Hochschulen), wartet die sozialpädagogische Ausbildungsschiene noch auf eine akademische Höherqualifizierung und verharrt weiterhin auf der Ebene eines ErzieherInnenberufes.

Zum anderen ist die *wissenschaftliche* Sozialpädagogik an den Universitäten zu nennen. Allerdings gibt es sozialpädagogisch ausgerichtete Studienmöglichkeiten nur an der Universität in Graz (in Form eines Arbeitsbereiches für Sozialpädagogik am Institut für Erziehungs- und Bildungswissenschaften) sowie an der Alpen-Adria-Universität in Klagenfurt (Abteilung für Sozial- und Integrationspädagogik am Institut für Erziehungswissenschaft und Bildungsforschung). Alle anderen österreichischen Universitäten verfügen weder über eigene Organisationseinheiten noch über eigene Studienabschlüsse für Sozialpädagogik bzw. Soziale Arbeit[2] (vgl. Scheipl 2003, S. 35). Im Studium der Pädagogik stellen sozialpädagogische Theorien und Methoden nur einen Teil des Curriculums dar, so dass bei den AbsolventInnen eher von einer erziehungswissenschaftlichen als von einer professionellen sozialpädagogischen Identität ausgegangen werden kann.

Die Identitätsfrage stellt denn auch einen Knackpunkt im österreichischen Diskurs der Sozialen Arbeit dar. Die gegenwärtige Heterogenität und weitere Dynamisierung im Ausbildungsbereich trägt zu einer verzerrten Selbstwahrnehmung und diffusen Identitätsbestimmung in der Ausbildung und Praxis bei. Gleichzeitig droht die Soziale Arbeit, von außen völlig einseitig oder falsch interpretiert bzw. fremddefiniert zu werden und an Diskurshoheit auf eigenem Terrain einzubüßen (vgl. Spitzer 2008). Besonderes Augenmerk verdient in diesem Zusammenhang das neue Qualifizierungsmodell in Bachelor-, Master- und PhD[3]-Studien. Mit dem Bologna-System ist eine neue Durchlässigkeit im österreichischen Bildungssystem gegeben, die – aus der Sicht der FH-Studiengänge für Soziale Arbeit – insofern begrüßenswert ist, als es AbsolventInnen die Promotionsmöglichkeit an einer Universität eröffnet. Somit stellt sich das Studium der Sozialen Arbeit nicht mehr als Bildungssackgasse heraus. Andererseits sind damit auch völlig neue Herausforderungen verbunden. So ermöglicht das neue System, dass Fachfremde mit einem Bachelorabschluss, in dem sie von sozialpädagogischen Fragestellungen noch nie etwas gehört haben, in ein Master-Studium der Sozialen Arbeit einsteigen können. Was bedeutet es für die professionelle Identität, wenn jemand, der zuerst Publizistik oder Betriebswirtschaftslehre studiert hat, jetzt auf Master-Niveau für Soziale Arbeit qualifiziert wird? Die Master-Studiengänge sind in der Regel Spezialisierungsmöglichkeiten (z. B.

---

[2] In Graz gibt es ein Masterstudium Sozialpädagogik, in Klagenfurt heißt der Master Sozial- und Integrationspädagogik. Für das Wintersemester 2010/11 ist an der Donau-Universität Krems erstmals ein Fernstudium in „Social Work" angekündigt.
[3] Doctor of Philosophy.

für Sozialmanagement oder Klinische Soziale Arbeit) – den QuereinsteigerInnen fehlen aber das entsprechende, unumgängliche professionelle und theoretische Basiswissen und die grundlegenden Handlungskompetenzen, die gerade eine generalistisch ausgerichtete Ausbildung der Sozialen Arbeit bis dato ausgezeichnet haben.[4] Es kann angenommen werden, dass diese Entwicklung zu einer weiteren Verwässerung der Konturen Sozialer Arbeit führen und den Diskurs zusätzlich erschweren wird. Es steht auch zu befürchten, dass (sozial)politische Einflussmöglichkeiten, z. B. im Hinblick auf die Etablierung eines Berufsgesetzes, das in Österreich immer noch auf seine Umsetzung wartet (vgl. den Beitrag von Bernd Suppan in diesem Band), nicht gerade begünstigt werden.[5]

3   Herausforderungen im Bereich Wissenschaft und Forschung

Mit der Etablierung von Fachhochschul-Studiengängen der Sozialen Arbeit wurde Soziale Arbeit vermehrt in einem wissenschaftlichen Diskurs verortet. Damit wurde auch das Monopol der universitären Sozialpädagogik mit seinem erziehungswissenschaftlich ausgerichteten Wissenschaftsanspruch herausgefordert. Zum Teil gibt es an den FHs Bestrebungen – angelehnt an die Entwicklungen in Deutschland – eine eigene Sozialarbeitswissenschaft zu etablieren[6] (vgl. als Überblick das diesbezügliche Schwerpunktheft der Zeitschrift „Sozialarbeit in Österreich", Ausgabe 2/2007). Peter Pantucek begründet dies für Österreich insofern mit historischen Argumenten, als dass die mangelnde Verankerung der universitären Sozialpädagogik es bis dato nicht geschafft hat, maßgebliche Impulse für die Entwicklung einer Disziplin der Sozialen Arbeit zu geben. Debatten um die Berechtigung einer Sozialarbeitswissenschaft sind seines Erachtens ohne diesen Hintergrund kaum zu verstehen (Pantucek 2006, S. 30).

   Dennoch kann nicht so einfach von einer Spaltung zwischen den Fachhochschulen als Proponenten einer Sozialarbeitswissenschaft einerseits und den Uni-

---

[4] Um dieses Problem zumindest ansatzweise aufzufangen, werden an einigen Standorten (z. B. St. Pölten) im Master-Studium für AbsolventInnen fachferner Studien so genannte „Niveauausgleichende Module" angeboten, in denen z. B. die Geschichte oder die Grundlagen der Methodik der Sozialen Arbeit vermittelt werden.

[5] Weder Sozialarbeit noch Sozialpädagogik verfügen in Österreich über berufsgesetzliche Grundlagen. Dafür gibt es in den neun Bundesländern seit kurzem ein „Sozialbetreuungsberufegesetz", in dem die auf mittlerer Bildungsebene angesiedelten Berufsbilder Diplom-SozialbetreuerInnen, Fach-SozialbetreuerInnen und HeimhelferInnen in den Bereichen Alten- Familien- und Behindertenarbeit gesetzlich geregelt sind. Dies ist ein weiteres Indiz dafür, dass die Professionalisierungsbestrebungen der Sozialen Arbeit unterminiert und der Profession der Eintritt in bestimmte Handlungsfelder, z. B. der sozialen Altenarbeit, erschwert werden.

[6] Freilich wurde die Frage nach einer Sozialarbeitswissenschaft in Österreich bereits vor der Einführung der FH-Studiengänge für Soziale Arbeit diskutiert (vgl. z. B. Vyslouzil 1995).

versitäten als Vertreter der Sozialpädagogik als wissenschaftliche Leitdisziplin andererseits ausgegangen werden. Die beiden oben genannten universitären Standorte der Sozialpädagogik scheinen sich am übergreifenden Konzept der Sozialen Arbeit zu orientieren (vgl. Knapp 2004; Sting 2007, S. 204). Scheipl (2003, S. 12) spricht in Anlehnung an den deutschen Diskurs von einer „Wissenschaft der Sozialen Arbeit" und postuliert damit die Zusammenführung der sozialpädagogischen und sozialarbeiterischen Theorietraditionen, die er für die weiterführende Diskussion in Österreich als hilfreich erachtet.

An den Fachhochschulen wiederum gibt es eine große Bandbreite an Theorieansätzen und Wissenschaftsorientierungen. Die Palette reicht von der Rückbesinnung auf eine Pionierin der österreichischen Sozialarbeit durch das „Ilse Arlt Institut für Soziale Inklusionsforschung" am niederösterreichischen Standort St. Pölten[7] (vgl. Pantucek/Maiss 2009) bis zur Ausrufung einer neuen paradigmatischen Bestimmung der Sozialen Arbeit durch die „Gestaltung des Sozialen" im südlichsten Bundesland Kärnten (vgl. Autrata/Scheu 2008). Dabei scheinen die jeweiligen Positionierungen stark mit den individuellen Berufs- und Bildungsbiographien der an den Fachhochschulen Lehrenden und Forschenden zu korrespondieren. Eine genauere Analyse der Studien- und Promotionsrichtungen des wissenschaftlichen Personals würde vermutlich eine relativ eindeutige Festlegung ergeben, inwieweit sich jemand mit bestimmten theoretischen Positionen, mit bezugsdisziplinären Ansätzen oder der Forderung nach einer eigenen Fachwissenschaft für Soziale Arbeit identifiziert.[8]

Reinhold Popp (2004) analysiert Österreichs Soziale Arbeit dahingehend, dass sie sich in einer Theorie-Krise befindet. Diese Krise präsentiere sich vor allem „als eine Krise der theoriegeleiteten Klärung wesentlicher Fragen des Selbst-Verständnisses dieser Berufsgruppe und dieser Disziplin" (ebd., S. 169). Eine wesentliche – theoretische, praxisrelevante und gesellschaftspolitisch bedeutsame – Frage zielt auf den zentralen Gegenstandsbereich Sozialer Arbeit ab, nämlich auf die wissenschaftliche wie professionelle Erfassung und Bearbeitung sozialer Probleme in ihrem Wechselverhältnis zwischen den Bewältigungsmöglichkeiten der Menschen und den strukturellen Rahmenbedingungen der Gesellschaft. Die gegenwärtigen Gesellschaftsentwicklungen haben für die Profession und die sich herausbildende Disziplin der Sozialen Arbeit große Aufgaben und Herausforderungen parat. Hans Thiersch hat einmal gemeint, dass Soziale Arbeit

---

[7] Ilse Arlt (1876-1960) hat mit ihren bedürfnistheoretischen Ansätzen durch die Etablierung der „Vereinigten Fachkurse für Volkspflege" in Wien (1912) den historischen Grundstein für die Sozialarbeitsausbildung in Österreich gelegt.

[8] Die Beiträge in Teil 1 dieses Bandes, in dem einige KollegInnen der Frage nachgehen, ob Soziale Arbeit eine Wissenschaft ist, sind ein Indiz für die heterogenen Zugänge und die theoretische Vielfalt im Diskurs.

in Bezug auf die gesellschaftlichen und sozialpolitischen Verhältnisse und Rahmenbedingungen „im Prinzip der Einmischung" engagiert sei (Thiersch 2004, S. 151). Dabei kann konzediert werden, dass die Praxis zweifelsohne einen größeren und unmittelbareren Handlungsdruck bzw. Einmischungsdruck hat als die Wissenschaft. Doch ist gerade die Soziale Arbeit eine Wissenschaft, die aus ihrer Entstehungsgeschichte heraus stark auf Handlungspraxis verweist (wie z. B. auch die Medizin). Bei aller notwendigen Distanz, die ein wissenschaftliches Theoretisieren von den Zwängen und Notwendigkeiten der Praxiszusammenhänge braucht, ist immer auch das dialektische Verhältnis von Theorie und Praxis (und letztlich auch von Disziplin und Profession) im Auge zu behalten. Soziale Arbeit als eine *Handlungswissenschaft* (vgl. z. B. Staub-Bernasconi 2007) ist herausgefordert, theoretische und professionelle Antwortmöglichkeiten auf die großen sozialen Fragen unserer Zeit zu diskutieren und letztlich auch bereitzustellen; Antwortmöglichkeiten, die im Austausch mit den anderen Disziplinen verhandelt werden und die letztlich für die sozialpädagogische und sozialpolitische Praxis auch relevant sein sollen. Für Österreich bietet sich hier die Chance, institutionelle Differenzen sowie professions- und hochschulpolitische Fragen hintanzustellen und einen Rahmen zu schaffen, in dem hinreichend Zeit und Platz für „Diskurs, Kooperation und Dialog" (Spitzer 2010) zur Verfügung stehen und in dem interdisziplinär und mitunter auch visionär[9] Wissenschaft, Praxis und Politik gemeinsam an innovativen Lösungen für gesellschaftliche Probleme und für mehr soziale Gerechtigkeit arbeiten können. (Im österreichischen Politikjargon würde man das einen „Schulterschluss" nennen). Gleichzeitig kann dadurch das Projekt einer fundierten und anerkannten Profession und Disziplin Sozialer Arbeit vorangetrieben werden.

Dabei spielt auch die wissenschaftliche Forschung eine entscheidende Rolle. Wissenschaftliche Theorien und deren Entwicklung benötigen empirische Forschungsergebnisse, auf die sie aufbauen können. Leider muss für Österreich festgehalten werden, dass sowohl im Bereich der universitären Sozialpädagogik als auch an den Fachhochschulstudiengängen für Soziale Arbeit die Lage nicht sehr rosig aussieht. Forschungshemmende institutionelle Rahmenbedingungen, fehlende Personal- und Zeitressourcen sowie ein Mangel an disponiblen Forschungsgeldern sind dazu nur einige Stichwörter (vgl. Amann/Knapp/Spitzer 2010). Obwohl seit dem kurzen Bestehen der österreichischen Fachhochschulen im Bereich der Sozialen Arbeit durchaus schon veritable Forschungsleistungen zu verzeichnen sind (vgl. als Überblick Popp/Posch/Schwab 2005), sind gerade dort wenig förderliche Strukturen anzutreffen, allen voran ein hohes Lehrdeputat

---

[9] Josef Scheipl hat perspektivisch für die Soziale Arbeit in Österreich auch einmal von einer Vision gesprochen: „Ich habe eine Vision. Sie wissen: Visionen in unserem Land zu haben, könnte gefährlich werden." (Scheipl 2000, S. 9)

(sechzehn Semesterstunden und mehr), das Forschung eher in den Bereich von unbezahlten Überstunden oder intrinsisch motivierter Mehrarbeit verweist. Es ist Reinhold Popp zuzustimmen, wenn er meint, dass Forschung und Entwicklung der Sozialen Arbeit in möglichst enger Kooperation zwischen den Fachhoch-schul-Studiengängen und den in Frage kommenden Universitätsabteilungen sowie in enger Vernetzung mit modellhaften Praxiseinrichtungen und den maß-geblichen Sozialplanungsinstanzen, insbesondere auf Länderebene, am besten gelingen kann (vgl. Popp 2004, S. 204).

4   Prekäre Arbeits(markt)verhältnisse und Praxisbezüge

Bei der Durchsicht der inhaltlichen Beschreibungen der weiter oben angeführten Ausbildungsrichtungen Sozialer Arbeit fällt auf: Alle versprechen mehr oder weniger dieselben Berufsaussichten, benennen dieselben Aufgabenbereiche und Handlungsfelder, in denen die AbsolventInnen tätig werden können. Das erzeugt Konkurrenz. Diese Konkurrenz wird durch weitere ArbeitsmarktteilnehmerInnen noch verschärft, z. B. PädagogInnen, PsychologInnen, Lebens- und Sozialberate-rInnen, usw. Das in Österreich 2004 eingeführte kollektivvertragliche Regelwerk für Gesundheits- und Sozialberufe (der so genannte BAGS-KV[10]) trägt hierzu auch bei. Kernstück dieses Kollektivvertrages ist ein neunstufiges Modell von „Verwendungsgruppen", in dem mehr oder weniger klar umrissene Tätigkeitsbe-reiche definiert werden. Jede Verwendungsgruppe korrespondiert mit einer be-stimmten Gehaltsstufe. Während sich einige Berufsgruppen relativ eindeutig in einer Verwendungsgruppe wiederfinden (z. B. Pflege- und Gesundheitsberufe, PsychotherapeutInnen), ist diese Einstufung für andere – z. B. sozialpädagogi-sche – nicht so eindeutig. So kann es beispielsweise sein, dass für eine Jugend-wohngruppe ein „Fachbetreuer" in der Verwendungsgruppe 6 ausgeschrieben ist – für diese Stelle bewerben sich dann SozialpädagogInnen auf Maturaniveau, FH-AbsolventInnen der Sozialen Arbeit, Menschen mit einem Universitätsab-schluss in Pädagogik, QuereinsteigerInnen mit einer auf dem privaten Ausbil-dungsmarkt erworbenen psychosozialen Zusatzqualifikation usw.

Dabei muss für Österreich festgestellt werden, dass der sozialberufliche Ar-beitsmarkt allgemein stagniert. Die Auswirkungen der Finanz- und Wirtschafts-krise machen sich auch durch Einsparungen im sozialen Personalbereich be-merkbar. Als genauer Beobachter des regionalen Arbeitsmarktes im Bundesland Kärnten muss ich feststellen, dass manchmal Monate vergehen, bis man in den Printmedien einmal eine Ausschreibung im Bereich der Sozialen Arbeit findet.

---

[10] BAGS steht für Berufsvereinigung von Arbeitgebern für Gesundheits- und Sozialberufe, KV für Kollektivvertrag.

Praxisorganisationen sind zunehmend mit einem engen Finanzrahmen konfrontiert. Dennoch – so Josef Scheipl (2010) – ist bei entsprechendem Bedarf mit einem weiteren Ausbau differenzierter Hilfsangebote in Österreich zu rechnen. Prognostisch könnte das bedeuten, dass die öffentliche Hand bei ihrer unermüdlichen Suche nach Einsparungspotenzialen einen sich bereits in der Vergangenheit abzeichnenden Trend weiterverfolgen wird: Das Angebotsspektrum wird zwar ausgebaut, favorisiert werden aber letztlich Anbieter, die kostengünstige Konzepte vorlegen und weniger Wert auf Professionalität und ethische Standards legen. Das hat auch Auswirkungen auf die personelle Situation: Weniger qualifiziertes Personal kostet weniger Geld. Die Qualität der sozialen Dienstleistung hat bei solchen Kosten-Nutzen-Rechnungen nur eine nachrangige Bedeutung. Das mag mit ein Grund dafür sein, dass in manchen Wohlfahrtseinrichtungen eine große Personalfluktuation vorherrscht.

Ein weiterer Trend, der Grund zur Besorgnis liefert, ist die schleichende Veränderung der Angestelltenverhältnisse am sozialberuflichen Arbeitsmarkt. So findet sich eine zunehmende Zahl von SozialpädagogInnen und SozialarbeiterInnen in „atypischen" Arbeitsverhältnissen wieder. Sie arbeiten auf Werkvertragsbasis, müssen sich selbst versichern und haben oft mehrere Teilzeitjobs in unterschiedlichen Sparten des Metiers (z. B. jobbt der halbtags beim Amt für Jugend und Familie angestellte Sozialarbeiter nebenbei bei einem freien Jugendwohlfahrtsträger). Bei einem Gehaltsniveau, das im Vergleich zu anderen Berufssparten ohnehin zu wünschen übrig lässt, bedeuten diese Verhältnisse zusätzlich finanzielle Einbußen sowie ein Zerbröckeln der sozialen Sicherheit der professionell Tätigen. Wenn sich diese Tendenz noch weiter verschärft, werden die *working poor* nicht mehr nur auf der KlientInnenseite der Sozialen Arbeit anzutreffen sein, sondern auch vermehrt in den eigenen Reihen.

Letztlich muss die weiter oben diskutierte Frage der professionellen Identität auch im Zusammenhang mit der sozialberuflichen Praxis aufgegriffen werden: SozialarbeiterInnen und SozialpädagogInnen sind herausgefordert, sich im sozialen und gesundheitsbezogenen Dienstleistungssystem in multiprofessionellen Settings zu bewegen und sich mit eigenständigen Expertisen zu positionieren. Im Zusammenwirken mit anderen Berufsgruppen und mit berufsfremden Vorgesetzten (z. B. JuristInnen im Bereich der öffentlichen Jugendwohlfahrt) ist eine deutlich ausgebildete professionelle Identität von entscheidender Bedeutung, um die eigene fachliche Meinung klar vertreten zu können. Das „doppelte Mandat" Sozialer Arbeit bringt es mit sich, dass sich die VertreterInnen der Profession für die Interessen ihrer KlientInnen unterstützend einsetzen, sehr oft gegen die Interessen des Staates, der subventionierend im Hintergrund steht (im Spannungsfeld von Hilfe und Kontrolle bzw. Emanzipierung und Normierung), manchmal auch explizit gegen anderslautende Fachmeinungen (z. B. im Disput zwischen öffentlicher und freier Jugendwohlfahrt um Interessenslagen der Kinder oder beim Zusammenprall zwischen medizinischer oder klinisch-psychologischer und sozialpädagogischer Sichtweise). Die Reflexion dieser Ambivalenz in der beruflichen Rolle ist eine tagtäglich zu bewältigende Herausforderung im Alltagsgeschäft der Sozialen Arbeit.

Bei aller angebrachten Skepsis noch ein letzter Punkt, der auf ein weiteres, letztlich existenzsicherndes Strukturmerkmal Sozialer Arbeit abzielt: Soziale Arbeit verdankt ihre Legitimation den negativen Randerscheinungen der gesellschaftlichen Modernisierung. Angesichts umwälzender Prozesse von Globalisierung, Strukturwandel, sozialer Desintegration, verbreiteter Armut und sozialstaatlichem Rückzug wird es für die Profession auch weiterhin viel zu tun geben. In der Tageszeitung „Österreich" wurde bei einer Analyse der aktuellen Arbeitsmarktsituation und der Krisensicherheit von insgesamt 100 Jobs der Berufssparte „Sozialarbeiter" zynisch folgende Zukunftsperspektive attestiert: „Eher krisensicher, gesellschaftliche Probleme bleiben."[11]

5   Privatisierung von sozialen Risiken und Ökonomisierung der Sozialen Arbeit

Die Probleme bleiben, aber das sozialpolitische Handling verändert sich. Laut Albert Scherr (2008) stellt die Auseinandersetzung mit zwei gegenwärtig zu verzeichnenden, ineinander verwobenen sozialpolitischen Tendenzen eine entscheidende Herausforderung für die Soziale Arbeit dar: Einerseits geht es um den Abbau sozialstaatlicher Leistungen und sozialarbeiterischer Hilfen, zum anderen um den Ausbau sozialer Kontrolle und Sanktionen. Deren gemeinsames ideologisches Fundament sei „das Postulat des für seinen Erfolg und sein Scheitern selbst verantwortlichen Individuums" (Scherr 2008, S. 117). Am deutlichsten wird die Rhetorik des neoliberalen Staatsmodells im Zusammenhang mit der Auslegung von Arbeitslosigkeit: Diese wird als Individualschuld interpretiert, die sich aus fehlender Marktfähigkeit, unredlichem Verhalten und mangelnder Motivation ergibt (vgl. Stelzer-Orthofer 2008, S. 16). Strukturelle Ursachen von massenhafter Erwerbslosigkeit, der globale Wandel des Arbeitsmarktes und die „Nebenwirkungen" eines brutalen Kapitalismusprinzips werden schlichtweg ausgeblendet. Der Mensch wird zum „Mitproduzenten" seiner Leiden stilisiert, die er selbst zu verantworten hat (vgl. Böhnisch/Schröer/Thiersch 2005, S. 235). In Österreich sind trotz eines breit ausgebauten Netzes sozialstaatlicher Siche-

---

[11] Ausgabe vom 15. Dezember 2008 (http://www.oe24.at/wirtschaft/So-sicher-ist-Ihr-Job-noch/ 439827, Zugriff 20. 9. 2010).

rung, das das Armutsrisiko durchaus merkbar abzuschwächen vermag, aktuell etwa eine Million Menschen (12,3 % der Gesamtbevölkerung) armutsgefährdet (vgl. Tálos 2008) – eine Armee von Modernisierungsverlierern, die an ihrem Schicksal selbst schuld sind? Bei mangelnder Funktions-, Leistungs- und Integrationsfähigkeit (die nicht selten als mangelnde Bereitschaft interpretiert wird) drohen von den Funktionsgehilfen des Staates (die nicht selten Akteure der Sozialen Arbeit sind) Sanktionsmaßnahmen und soziale Kontrollmechanismen. SozialhilfeempfängerInnen, Langzeitarbeitslose und Asyl suchende Menschen werden politisch und öffentlich als „Sozialschmarotzer" verunglimpft und hätten demnach nichts anderes zu tun, als die Errungenschaften des Wohlfahrtsstaates in der „sozialen Hängematte" parasitär auszunutzen.[12] Dabei zeigt die empirische Datenlage in Österreich deutlich, dass trotz des zu verzeichnenden tendenziellen Rückzugs der öffentlichen Hand aus der Verantwortlichkeit für soziale Problemfelder (nach der Devise „Mehr privat – weniger Staat") nach wie vor eine breite öffentliche Akzeptanz für die Zuständigkeit des Sozial- und Wohlfahrtsstaats vorliegt (vgl. Grausgruber 2005).

Seit einiger Zeit geistert das Schlagwort von einer „Ökonomisierung der Sozialen Arbeit" durch den Fachdiskurs, das hier abschließend aufgegriffen werden soll. Mit dem Begriff ist die Vereinnahmung der Sozialen Arbeit in den neoliberalen Kurs sozialstaatlicher Interventionen gemeint. Dabei gerät die Profession in einen Konflikt zwischen der Einhaltung fachlicher Standards und berufsethischer Prinzipien und der Übernahme bürokratischer und betriebswirtschaftlich ausgerichteter Handlungslogiken (vgl. Bakic/Diebäcker/Hammer 2008). Diese Tendenz stellt sich als Gegenpol zu den Professionalisierungsbestrebungen der letzten Jahre dar.

> „Die … Ökonomisierungsprozesse und das neoliberale Sozialmodell wurden zwar von oben durchgesetzt, doch unter partieller Mitwirkung der Betroffenen – in diesem Fall der SozialarbeiterInnen – umgesetzt. Insgesamt gesehen müssen diese Entwicklungen als größter Deprofessionalisierungsschub für die Soziale Arbeit nach dem 2. Weltkrieg bezeichnet werden." (Bakic/Diebäcker/Hammer 2008, S. 53)

Die Folgen dieses „Deprofessionalisierungsschubes" – wenn ihm nichts Substanzielles entgegengehalten wird – würden letztlich die Unterordnung fachlicher

---

[12] Jüngstes Beispiel ist die Forderung einer Spitzenkandidatin der Österreichischen Volkspartei im Wiener Wahlkampf, BezieherInnen der „bedarfsorientierten Mindestsicherung", die gerade erst vor kurzem (Anfang September 2010) in einigen Bundesländern eingeführt wurde, sollen nach sechs Monaten im Zuge einer „Arbeitspflicht" und als „Keule gegen den sozialen Missbrauch" zu gemeinnütziger Arbeit wie Rasenmähen oder Straßenkehren verpflichtet werden (vgl. Der Standard sowie Kleine Zeitung vom 15. September 2010).

Ansprüche unter ein allgemein akzeptiertes ökonomisches Diktat und damit Fremdbestimmung und Dequalifizierung in der Sozialen Arbeit bedeuten (vgl. Bakic/Diebäcker/Hammer 2007). Nikolaus Dimmel drückt es noch etwas drastischer aus. Seiner Ansicht nach

> „verwandelt sich Soziale Arbeit tendenziell in ein willfähriges Instrument defensiver, den Markt als Sachzwang akzeptierender Elendsverwaltung, die der sozialpolitischen Kosmetik dienlich ist, ob sie das will oder nicht" (Dimmel 2007, S. 18).

PraktikerInnen können ein Lied davon singen: Neue Instrumentarien der Dokumentation und Evaluation im Sozialbereich werden unter dem Deckmantel der Effizienz und Effektivität und unter Vorhaltung der Rechenschaftspflicht gegenüber dem öffentlichen Geldgeber nicht selten zum Selbstzweck und dienen nicht immer der Qualitätsentwicklung. Die fachliche Arbeit, der lebensweltliche und biographische Bezug der professionellen Praxis, die Beziehungsebene, die größtmögliche Offenheit und methodische Flexibilität im Alltagsgeschäft Sozialer Arbeit erfordert – also zusammengenommen jene Faktoren, die sich letztlich ausschließlich quantitativen Messinstrumentarien entziehen – treten immer mehr in den Hintergrund. Stattdessen dominieren Berichterstattungsmodelle, bei denen KlientInnenkontakte numerisch aufgelistet und in Verlaufskurven in bestimmten Vergleichszeiträumen graphisch gegenübergestellt werden. Die Anzahl der betreuten KlientInnen wird somit zur entscheidenden Messzahl, die nicht selten über eine weitere Subventionswürdigkeit bestimmt bzw. Spekulationsraum für etwaige finanzielle Einsparungsmöglichkeiten eröffnet. Die eigentliche Qualität sozialarbeiterischer bzw. sozialpädagogischer Praxis droht auf der Strecke zu bleiben.

Die Soziale Arbeit ist herausgefordert, dieser Entwicklung beharrlich das eigene Professionalitätsprofil gegenüberzustellen. Zur argumentativen Begründung gehören u. a. wissenschaftlich abgesicherte, empirisch generierte Erkenntnisse, die sich aus einem methodologischen Rahmen speisen, der neben Quantität vor allem auf qualitative Aspekte der Praxis Bezug nimmt. Es sind auch innovative Wege der Dokumentation, Qualitätssicherung und Evaluation gefragt, denn der Forderung nach Transparenz und damit der Kostenfrage wird sich die Profession nicht entziehen können. An dieser Stelle wird noch einmal klar, dass sich die Soziale Arbeit nur in einem dialogischen Prozess zwischen allen relevanten AkteurInnen aus Theorie, Forschung, Ausbildung, Praxis, Berufsvertretung und (verantwortlicher) Politik weiterentwickeln und gegenüber widrigen Umständen positionieren kann. Man kann sagen: Das hat sie in den letzten hundert Jahren – allerdings mit dramatischen historischen Zäsuren – recht passabel geschafft. Auch im 21. Jahrhundert wird die Bearbeitung gesellschaftlicher Problemlagen ohne die Soziale Arbeit nicht denkbar sein. Das ist kein Grund sich zurückzulehnen. Letztlich geht es um das Wohl der Menschen und der Gesellschaft.

Literatur

Amann, Anton/ Knapp, Gerald/ Spitzer, Helmut (2010): Alternsforschung und Soziale Arbeit in Österreich. In: Knapp, Gerald/ Spitzer, Helmut (Hg.): Altern, Gesellschaft und Soziale Arbeit. Lebenslagen und soziale Ungleichheit von alten Menschen in Österreich. Hermagoras, Klagenfurt/Ljubljana/Wien. S. 553–566.

Autrata, Otger/ Scheu, Bringfriede (2008): Soziale Arbeit: Eine paradigmatische Bestimmung. VS, Wiesbaden.

Bakic, Josef/ Diebäcker, Marc/ Hammer, Elisabeth (2007): Wer *Qualität* sagt, muss auch *Ideologie* sagen: Eine Kritik managerialer und technokratischer Optimierungsversuche Sozialer Arbeit. In: EntwicklungspartnerInnenschaft Donau – Quality in Inclusion (Hg.): Sozialer Sektor im Wandel. Zur Qualitätsdebatte und Beauftragung von Sozialer Arbeit. edition pro mente, Linz. S. 107–114.

Bakic, Josef/ Diebäcker, Marc/ Hammer, Elisabeth (2008): Die Ökonomisierung Sozialer Arbeit in Österreich. Eine fachlich-kritische Herausforderung. In: Sozial Extra 1/2. S. 52–55.

Böhnisch, Lothar/ Schröer, Wolfgang/ Thiersch, Hans (2005): Sozialpädagogisches Denken. Wege zu einer Neubestimmung. Juventa, Weinheim/München.

Dimmel, Nikolaus (2007): Ökonomisierung und Sozialbedarfsmärkte. Faktoren des Strukturwandels Sozialer Arbeit. In: EntwicklungspartnerInnenschaft Donau – Quality in Inclusion (Hg.): Sozialer Sektor im Wandel. Zur Qualitätsdebatte und Beauftragung von Sozialer Arbeit. edition pro mente, Linz. S. 17–41.

Gnant, Inge (2003): Die geschichtliche Entwicklung der sozialpädagogischen Berufsbildung in Österreich: In: Lauermann, Karin/ Knapp, Gerald (Hg.): Sozialpädagogik in Österreich. Perspektiven in Theorie und Praxis. Hermagoras, Klagenfurt/Ljubljana/ Wien. S. 460–479.

Grausgruber, Alfred (2005): „Mehr privat – weniger Staat?" Zur Akzeptanz des Wohlfahrtsstaats in Österreich. In: Schulz, Wolfgang/ Haller, Max/ Grausgruber, Alfred (Hg.): Österreich zur Jahrhundertwende. Gesellschaftliche Werthaltungen und Lebensqualität 1986 – 2004. VS, Wiesbaden. S. 461–486.

Knapp, Gerald (2004): Einleitung. In: Ders. (Hg.): Soziale Arbeit und Gesellschaft. Entwicklungen und Perspektiven in Österreich. Hermagoras, Klagenfurt/Ljubljana/ Wien. S. 7–9.

Österreichische Berufsverband der SozialarbeiterInnen (OBDS) (2006): Positionspapier des OBDS zur Berufsidentität und Ausbildung für Sozialarbeit. http://www. pantucek.com/texte/2006bachelor/Positionspapier_obds.pdf, Zugriff 1. 9. 2010.

Pantucek, Peter (2006): Sozialarbeitswissenschaft und die Praxis der Sozialarbeit. Ein Überblick über Fragen und Probleme. In: Flaker, Vito/ Schmid, Tom (Hg.): Von der

Idee zur Forschungsarbeit. Forschen in Sozialarbeit und Sozialwissenschaft. Böhlau, Wien/Köln/Weimar. S. 23–36.

Pantucek, Peter/ Maiss, Maria (Hg.) (2009): Die Aktualität des Denkens von Ilse Arlt. VS, Wiesbaden.

Pfaffenberger, Hans (2009): Gibt es eine Sozialarbeitswissenschaft? In: Birgmeier, Bernd/ Mührel, Eric (Hg.): Die Sozialarbeitswissenschaft und ihre Theorie(n). Positionen, Kontroversen, Perspektiven. VS, Wiesbaden. S. 17–26.

Popp, Reinhold (2004): Österreichs Soziale Arbeit in der Theorie-Krise! Krise als Chance? In: Knapp, Gerald (Hg.): Soziale Arbeit und Gesellschaft. Entwicklungen und Perspektiven in Österreich. Hermagoras, Klagenfurt/Ljubljana/Wien. S. 169–212.

Popp, Reinhold; Posch, Klaus; Schwab, Marianne (Hg.) (2005): Forschung & Soziale Arbeit an Österreichs Fachhochschulen. LIT Verlag, Wien.

Scheipl, Josef (2000): Entwicklungslinien und Perspektiven der Sozialen Arbeit. In: Bundesinstitut für Sozialpädagogik (Hg.): Sozialpädagogik im Gespräch. Fachtagung November 2000. Baden. S. 4–10.

Scheipl, Josef (2003): Soziale Arbeit in Österreich – ein Torso? Brüchige Entwicklungen, angedeutete Perspektiven. In: Lauermann, Karin/ Knapp, Gerald (Hg.): Sozialpädagogik in Österreich. Perspektiven in Theorie und Praxis. Hermagoras, Klagenfurt/Ljubljana/Wien. S. 10–42.

Scheipl. Josef (2010): Sozialpädagogik in der Krise – in der Krise? In: Sozialpädagogische Impulse 1/2010. S. 4–7.

Scherr, Albert (2008): Ideologiekritik und Theoriebildung. In: Bakic, Josef/ Diebäcker, Marc/ Hammer, Elisabeth (Hg.): Aktuelle Leitbegriffe der Sozialen Arbeit. Ein kritisches Handbuch. Löcker, Wien. S. 106–119.

Schilling, Johannes/ Zeller, Susanne (2007): Soziale Arbeit. Geschichte – Theorie – Profession. 3., überarb. Auflage. Ernst Reinhard Verlag, München.

Spitzer, Helmut (2008): Soziale Arbeit in Österreich. Anmerkungen zum Verhältnis von Sozialarbeit und Sozialpädagogik. In: Gstettner, Peter /Haupt, Gernot (Hg.): menschenwürde statt almosen. Sozialarbeit – Schule – Gesellschaft. Studienverlag, Innsbruck/Wien/Bozen. S. 18–30.

Spitzer, Helmut (2010): Soziale Arbeit in Österreich – eine Profession im Aufbruch. In: neue praxis 3. S. 321–330.

Staub-Bernasconi, Silvia (2007): Soziale Arbeit als Handlungswissenschaft. Systemtheoretische Grundlagen und professionelle Praxis – Ein Lehrbuch. Haupt Verlag, Bern.

Sting, Stephan (2007): Soziale Arbeit im Alpen-Adria-Raum: Schnittmengen und Bruchstellen. In: Knapp, Gerald/ Sting, Stephan (Hg.): Soziale Arbeit und Professionalität im Alpen-Adria-Raum. Hermagoras, Klagenfurt/Ljubljana/Wien. S. 202–211.

Stelzer-Orthofer, Christine (2008): Aktivierung und soziale Kontrolle. In: Bakic, Josef/ Diebäcker, Marc/ Hammer, Elisabeth (Hg.): Aktuelle Leitbegriffe der Sozialen Arbeit. Ein kritisches Handbuch. Löcker, Wien. S. 11–24.

Tálos, Emmerich (2008): Aktuelle Armutspolitik in Österreich. In: Knapp, Gerald/ Pichler, Heinz (Hg.): Armut, Gesellschaft und Soziale Arbeit. Perspektiven gegen Armut und soziale Ausgrenzung in Österreich. Hermagoras, Klagenfurt/Ljubljana/ Wien. S. 586–195.

Thiersch, Hans (2004): Sozialpädagogik und Sozialarbeit. Notizen zu Definitionsdiskursen, historisch-sozialen Konstellationen und Funktionen der Sozialen Arbeit. In: Knapp, Gerald (Hg.): Soziale Arbeit und Gesellschaft. Entwicklungen und Perspektiven in Österreich. Hermagoras, Klagenfurt/Ljubljana/Wien. 146–153.

Vyslouzil, Monika (1995): Geschichte hätten wir ja! Sozialarbeitswissenschaft in Österreich. In: Sozialarbeit. Zeitschrift für Soziale Arbeit, Bildung und Politik in Österreich. Nr. 109. S. 15–16.

Wissenschaftstheorie und Soziale Arbeit

Hubert Höllmüller

Der Anspruch auf Wissenschaftlichkeit der Sozialen Arbeit hat in Österreich durch die Umwandlung der Sozialakademien in Fachhochschulstudiengänge an Eindeutigkeit zugenommen. Wenn auch die Fachhochschulen innerhalb der scientific community keinen besonders guten Stand haben, so führen sie bei aller Professionsorientierung doch den Hochschulbegriff mit sich.[1] Ein Grund für diesen nicht besonders guten Stand ist die Freizügigkeit des zuständigen Ministeriums, wie weit sich Fachhochschulen und ihre Studiengänge einer Wissenschaftlichkeit verschreiben müssen. Das Auflisten zahlreicher wissenschaftlicher Bezugsdisziplinen plus enger Verzahnung mit den jeweiligen Anwendungsbereichen genügt als Grundformel für eine Akkredidierung.[2] Wichtiger erscheint der durch externe ExpertInnen zu erbringende Nachweis, dass in der Arbeitswelt ein Bedarf für die Ausgebildeten vorliegt.

Soziale Arbeit versteht sich in ihrer akademischen Ausprägung als eine Art Mischdisziplin, die sich – mit unterschiedlichen Schwerpunkten – aus anderen Disziplinen, den sogenannten Bezugsdisziplinen, zusammensetzt. Ob dadurch etwas Eigenes, also eine eigenständige Disziplin entsteht bzw. entstanden ist, ist Gegenstand eines über die letzten Jahrzehnte im deutschsprachigen Raum geführtes Diskurses, auf den wir mit einem eigenen Beitrag eingehen wollen.

Die Begründung, wieso sich Soziale Arbeit – unabhängig von der Frage, ob sie eine eigene Wissenschaft ist oder nicht – mit Wissenschaftstheorie beschäftigen soll, möchte ich mit einem Bild liefern:

Soziale Arbeit ist eine Profession. Sie muss sich deshalb auf wissenschaftliche Theoriebildung beziehen.[3] Soziale Arbeit verwendet mehrere Bezugsdisziplinen. *„Wer aus mehreren Flüssen fischt, sollte etwas Grundlegendes über Flüs-*

---

[1] Die Bezeichnung „Universität" ist den Fachhochschulen bisher verwehrt. Wie sich hier Begriffe bildungspolitisch aufladen lassen, zeigt die englische Bezeichnung für eben diese Fachhochschulen: *„University* of Applied Sciences".
[2] Was die Universitäten – systemgemäß – ebenfalls stört, ist der im Vergleich voraussetzungsgeringe Zugang zur hauptberuflichen Lehre: Verlangen Universitäten im deutschsprachigen Raum eine Habilitation, reicht an vielen FHs ein Magisterium für einen Professorentitel, „Prof. (FH)" versteht sich. Dass außerhalb des deutschsprachigen Raumes ein Doktorat für eine Professur an Universitäten ausreicht, ist maximal ein halbes Gegenargument.
[3] Welche Profession würde das nicht.

se wissen. " Ich möchte hier ein generelles Verständnis für den Zusammenhang von wissenschaftlicher Disziplin und deren Anwendungsbereichen herstellen.

1   Die Problematik der Theorie-Praxis-Unterscheidung

Ausgangspunkt für die Frage des Zusammenhangs zwischen Disziplin und Profession jeglicher Wissenschaft ist die Unterscheidung zwischen Theorie und Praxis. Eine Spielform dieser Unterscheidung ist ein dialektisches Verständnis, also die Vorstellung, dass Theorie und Praxis ein genereller Gegensatz wären, den es zu überwinden gelte.

Wenn in akademischen Diskursen zum Thema diese Unterscheidung verwendet wird, wird damit in der Regel *wissenschaftliche* Theorie und *berufliche (professionelle)* Praxis gemeint. Das Problem, das die Theorie/Praxisunterscheidung mit sich bringt, zeigt sich in diesem Untertext. Sie ist zu allgemein bzw. auf allen Ebenen anwendbar.

Wissenschaftliche Disziplin ist zwar Theoriebildung, aber in dieser Theoriebildung (und noch viel mehr in der Theorievermittlung) wird ebenfalls (beruflich) gehandelt, also gibt es eine Praxis der wissenschaftlichen Theorie.[4] Genauso wird in den Anwendungsbereichen nicht nur „bloß" gehandelt (wie sollte das auch gehen), sondern darüber theoretisiert. Also gibt es eine Theorie der Praxis. Tauschen sich ProfessionistInnen über ihre Theoretisierungen aus, ist das dann Praxis der Theorie der Praxis. Und gibt es für diesen Austausch eigene Konzepte, hätten wir Theorien der Praxis der Theorie der Praxis. Damit wird unklar, wann von welcher Praxis und welcher Theorie die Rede ist.

Ich schlage deshalb vor, die Theorie/Praxisunterscheidung in ihrer Allgemeinheit zu belassen und für die Frage nach dem Zusammenhang von Wissenschaft und Sozialer Arbeit als Profession mit etwas abgewandelten Unterscheidungen zu arbeiten.

Statt einer zweiteiligen (oder dialektischen) Unterscheidung schlage ich vor, von einer Dreiteilung auszugehen: Disziplin, Profession und Praxis. Hier ist der Praxisbegriff anders zu verstehen: er bedeutet Handeln ohne systematisierte, mit den Kriterien für Wissenschaftlichkeit abgestimmte Reflexion. Oder anders erklärt: alles außerhalb von Disziplin und Profession bezogene Handeln, das aber dieselben Inhalte besitzt.

Aus wissenschaftstheoretischer Sicht lassen sie die drei Dimensionen wie in der folgenden Abbildung definieren.

---

[4] Wissenschaftsdidaktik wieder wäre mit der Ausgangsunterscheidung eine Theorie der Praxis der Theorie.

Abbildung 1: Wissenschaftstheoretischer Dreischritt

Zum Beispiel gibt es die Disziplin mit Namen „Erziehungswissenschaft" mit WissenschaftlerInnen als Lehrende und Forschende, es gibt die Profession mit Namen „Pädagogik" mit PädagogInnen und SozialpädagogInnen, und es gibt die Praxis der Pädagogik, nämlich das, was darüber hinaus – erfreulicherweise – an Erziehung von Eltern, Verwandten, Gleichaltrigen etc. erbracht wird. Die Pädagogik, also die Lehre von der Erziehung, haben weder die Wissenschaft noch die Profession gepachtet und das meiste, was als Pädagogik passiert, passiert außerhalb von Disziplin und Profession.

Konkret lässt sich das Zusammenspiel an der sogenannten „g'sund'n Watsch'n" illustrieren. In den 60er Jahren des letzten Jahrhunderts hat sich in der Disziplin der Erziehungswissenschaften die Position durchgesetzt, dass es so etwas wie eine „gesunde Ohrfeige" nicht gibt, dass also körperliche Gewalt auch in Ausnahmefällen keine adäquate Erziehungsmethode darstellt. Diese Position ist, wie es sich für eine Disziplin gehört, nach bestimmten Kriterien begründet. Bis zu diesem Positionswandel waren körperliche Gewaltmaßnahmen in der pädagogischen Profession erlaubt oder zumindest geduldet. Zuerst musste die Disziplin mit Expertisen die Gesetzgebung entsprechend beeinflussen. (Die Beeinflussung von Rechtssprechung und Exekutive ist diesbezüglich noch lange nicht abgeschlossen.)

Die Profession hatte dieses generelle körperliche Gewaltverbot dann nicht nur aus fachlichen, sondern auch aus rechtlichen Gründen zu übernehmen. (Inwieweit das tatsächlich geschehen ist, entzieht sich meist dem Diskurs. Immer wieder werden Fälle in die Öffentlichkeit gebracht, die das Gegenteil beweisen, und das bei weitem nicht nur bei religiösen Trägern.)

In der Unterstützung von Eltern in Erziehungsfragen bekam die Profession darüber hinaus die Aufgabe übertragen, auch die Praxis der Erziehung dahingehend zu verändern.

Im günstigen Fall ist so ein Prozess keine Einbahnstraße, sondern lebt vom gegenseitigen Austausch. Fragen aus Praxis und Profession können von der Disziplin nur behandelt werden, wenn sie auch an sie gestellt werden. Handlungsvorschläge an die Profession müssen von dieser ausgewertet und bewertet werden, um der Disziplin eine Weiterentwicklung zu ermöglichen. Wenn sich eine der drei Dimensionen der Theorieentwicklung von den anderen abschottet, bleiben Fragen unbehandelt und Probleme ungelöst.

2   Der reale Gegensatz von Reflexion und Handeln

Welche Funktion erfüllt dann aber die immer wiederkehrende Unterscheidung von Theorie und Praxis?

Der vermeintliche Gegensatz von Theorie und Praxis überlagert den tatsächlichen Gegensatz von Reflexion und Handeln, mit anderen Begriffen, den Gegensatz von Beobachtung zweiter Ordnung und Beobachtung erster Ordnung. Handeln wäre demnach ein Beobachten erster Ordnung, wo eine Unterscheidung verwendet wird, indem eine ihrer beiden Seiten bezeichnet wird. Reflektieren wäre dann das Beobachten dieses Beobachtens, also das Beobachten zweiter Ordnung. Dafür ist Zeit nötig, die unter Handlungsdruck vielleicht nicht verfügbar scheint (vgl. Luhmann 1992, S 75ff.).

Immer wenn hohe Handlungserwartung und hohe Motivation zu handeln zusammenkommen, ist Reflexion in der Tendenz störend.[5] Es ist einfacher, den Gegensatz von Praxis und Theorie zu behaupten. Und immer wenn hohe Reflexionserwartung und hohe Motivation zu reflektieren zusammenkommen, ist Handeln in der Tendenz störend. Auch hier ist es einfacher, den Gegensatz von Theorie und Praxis zu behaupten.

In beiden Perspektiven ist allerdings weder bloßes Handeln noch bloßes Theoretisieren möglich. Auch unter extremem Handlungsdruck kann Handeln nur auf der Basis von (Alltags-)Theorien passieren und auch das abstrakteste

---

[5] Der Spruch „Das Gegenteil von gut ist gut gemeint" beschreibt die Folgen von hoher Handlungsmotivation.

Theoretisieren lässt sich nicht von Handlungsbezügen abkoppeln. In beiden Beobachtungsrollen entsteht das Problem dadurch, dass theoretische Grundlagen bzw. Handlungsbezüge nicht ausreichend reflektiert werden.

Die Theoriebildung, die ständig in der Profession mitläuft, wird dabei entweder zu wenig als Theoriebildung gewürdigt oder zu stark als bereits wissenschaftliche Theoriebildung überhöht. Der immer wieder artikulierte Gegensatz zwischen Theorie und Praxis wird so selber zu einer alltagstheoretischen Position.

3 Die drei Arten von Theorie

Jedes Theoretisieren lässt sich in zwei Aspekte aufschlüsseln: in eine Wirkungsperspektive und eine Begründungsperspektive.

Einerseits formulieren wir im Theoretisieren – also im wiederholenden Verknüpfen von Erfahrungen (oder, etwas abstrakter: von Informationen im Sinne von Gregory Bateson 1981, S. 582) Prognosen, also in die Zukunft gerichtete Erwartungen, die wir je nach eigener Flexibilität entweder mit Wahrscheinlichkeiten ausstatten oder ontologisieren. In der Sprache lassen sich diese beiden Formen leicht identifizieren: Wahrscheinlichkeiten neigen zur Möglichkeitsform. Ontologisierungen sind festgelegte Sachverhalte: so ist es, so wird es sein. Für Wahrscheinlichkeiten ist eine höhere Flexibilität erforderlich, während festgelegte Sachverhalte größere Sicherheit geben, die Zukunft wird einfach kalkulierbar, man muss sich keine Gedanken mehr machen, wie es anders sein könnte. Und wenn es dann doch anders kommt, kann man ja am Sachverhalt festhalten und einfach ignorieren, dass es anders kam (oder jemand anders die Schuld geben, dass es anders kam).

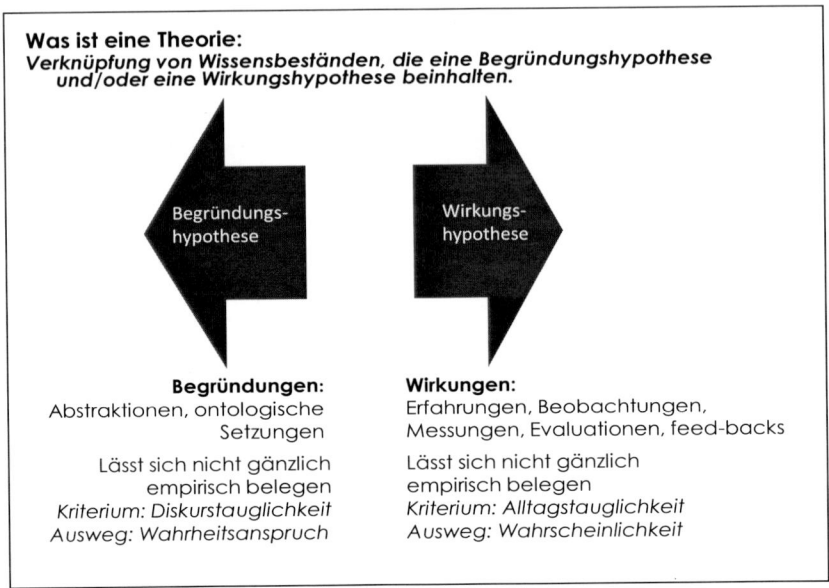

Abbildung 2: Theorie als Verknüpfung von Begründungs- und Wirkungshypothese

Anderseits versuchen wir diese verknüpften Informationen zu erklären, wir versuchen Gründe zu benennen, wie es zu eben diesen Erfahrungen kommen konnte. Auch hier formulieren wir je nach eigener Flexibilität Möglichkeiten oder Ontologien. Entweder lassen wir Begründungen als vorläufige zu, oder wir schreiben sie als existente fest. Auch hier ist der Entlastungseffekt von Ontologien nicht zu unterschätzen.

Daraus ergeben sich wissenschaftstheoretisch gesehen drei Theorietypen, je nachdem, worauf der Schwerpunkt gelegt wird und wie die jeweiligen Hypothesen formuliert sind.

3.1 Alltagstheorien

Alltagstheorien zeichnen sich dadurch aus, dass Begründungen und Wirkungen in der Tendenz auseinanderlaufen. Gewinnen wir durch Begründungen (deshalb ist das so) Handlungssicherheit, so ist diese wichtiger als die Wirkungen, auf die wir zwar abzielen, aber deren Eintreffen wir nicht ausreichend evaluieren können oder wollen. „Wie man in den Wald hineinruft, so kommt es zurück!" garantiert uns nicht, dass Menschen sich so zu uns verhalten wie wir uns ihnen gegenüber.

Alltagstheorien sind nicht deshalb so erfolgreich, weil sie die gewünschten Wirkungen ermöglichen, sondern weil sie uns Handlungssicherheit gewährleisten. Das bedeutet nicht, dass Alltagstheorien nicht hartnäckig behaupten, die gewünschten Wirkungen zu erzielen. Die tatsächlichen Wirkungen haben aber wenig Einfluss, sei es, weil sie kaum erhoben werden, sei es, weil sie beschönigt, ausgeklammert oder umgedeutet werden.

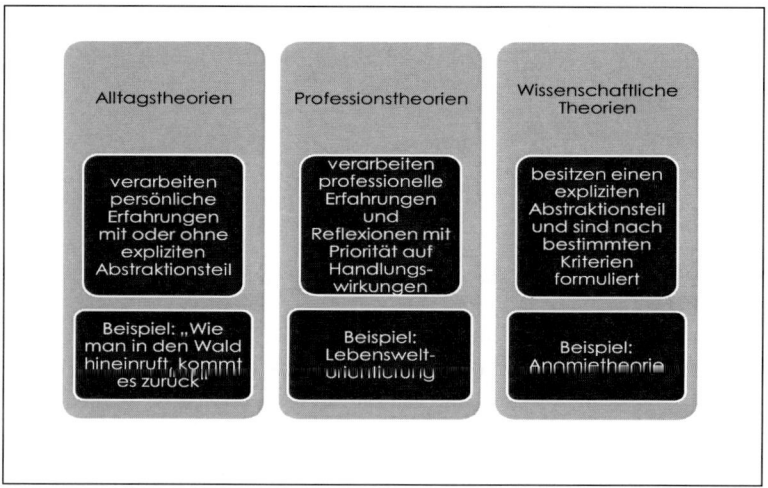

Abbildung 3: Alltagstheorien, Professionstheorien, wissenschaftliche Theorien

3.2 Professionstheorien

Professionstheorien entstehen aus der Vorstellung heraus, das Handeln durch die erzielten Wirkungen zu begründen. Der Handlungsdruck, der Professionen grundsätzlich auszeichnet, lässt die Begründungsorientierung jedes Theoretisierens überflüssig – weil zeitraubend – erscheinen. Die Formel „ich mache das, weil es wirkt" zeigt die durchaus lebenspraktische Problematik, die dahinter steckt: Professionstheorien sind dann erfolgreich, wenn sie durch die erzielten Wirkungen die Handlungsunsicherheit überspielen können. „Überspielen" deshalb, weil die Grundstruktur problematisch ist: Etwas deshalb zu tun, *weil* es wirkt, ohne zu wissen, *warum* es wirkt, kann keine dauerhafte Handlungssicherheit herstellen. Im Zweifel wird allerdings eher auf Alltagstheorien denn auf wissenschaftliche Theorien zurückgegriffen.

Die Reflexionskonzepte der Profession, ob „best-practice", „evidence-based" oder mit empirischer Forschung begründet, können aus Sozialer Arbeit alleine keine Disziplin werden lassen, weil die ausschließliche Wirkungsorientierung das Grundprinzip der Begründungsorientierung außer Acht lässt. Als Beispiel verspricht die Lebensweltorientierung zu allererst wirkungsvollere Intervention. Als Professionstheorie im besten Sinne wird sie nicht dadurch zu einer wissenschaftlichen Theorie, indem sie versucht, an eine bestehende – teils wissenschaftliche – Disziplin anzuknüpfen.

3.3 Wissenschaftliche Theorien

Wissenschaftliche Theorien verfügen über einen Begründungsteil, der an die geltenden Kriterien der scientific community anschlussfähig[6] ist.

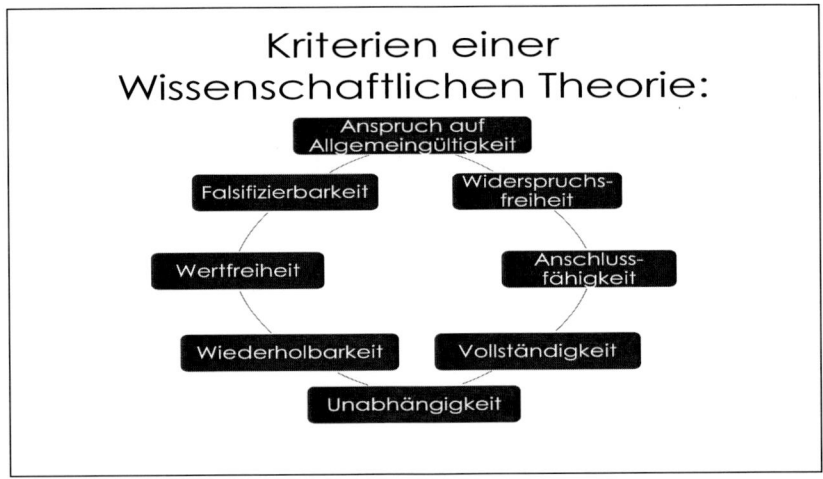

Abbildung 4: Kriterien einer wissenschaftlichen Theorie

Die „Anomietheorie" soll als Beispiel die Geschichtlichkeit wissenschaftlicher Theorien illustrieren. Sie zeigt auch die Dehnbarkeit der Kriterien für Wissen-

---

[6] Der Begriff „Anschlussfähigkeit" bezieht die Dimensionen der Wissenschaftssoziologie mit den Fragen nach den Regeln der „scientific community" mit ein.

schaftlichkeit: ihr Anspruch auf Allgemeingültigkeit widerspricht den durchgeführten Falsifizierungen. Trotzdem ist sie als Vertreterin eines soziologischen Paradigmas (vgl. Kuhn 1970, S. 33) weiterhin anschlussfähig.

Der Wirkungsteil einer wissenschaftlichen Theorie mag vor lauter Reflexionserwartung manchmal verkümmert sein oder ausdrücklich ausgespart werden. Wirkungshypothese und Handlungsorientierung lassen sich aber aus einer wissenschaftlichen Theorie nicht aussparen.[7]

Was beide Orientierungen gemeinsam haben ist, dass sie nicht gänzlich empirisch belegbar sind. Die Antwort im Begründungsbereich ist der Wahrheitsanspruch. Dieser hat dann die Funktion einer Stoppregel: ab hier wird nicht mehr diskutiert.

In der Wirkungsorientierung liegt die Antwort auf die unmögliche empirische Beweisführung in der Wahrscheinlichkeit. So lassen sich bestätigende und widersprechende Sachverhalte ordnen, um Handlungssicherheit zu gewährleisten. Die Diskurstauglichkeit einer wissenschaftlichen Theorie ist ein wesentliches Element für deren Anschlussfähigkeit. Lässt sie sich in der scientific community als Thema kommunizieren, können andere Kriterien für Wissenschaftlichkeit weniger erfüllt sein. Ludwik Fleck spricht hier von Denkstilen und Denkkollektiven, die wissenschaftliche Erkenntnis ermöglichen (vgl. Fleck 1980, S. xxivff.).

Die Alltagstauglichkeit von Wirkungshypothesen hat, wie schon erwähnt, nur bedingt mit der nachgewiesenen Wirkung zu tun. In der Welt des Handlungsdrucks und des Handlungswunsches – also in unser aller (Berufs-)Alltag – sichern die Wirkungshypothesen unser Handeln. Lassen sich diesbezügliche Konzepte in der *professional community* als Thema kommunizieren, genügt das. Die Frage nach nachweisbaren Wirkungen kann auf viele Arten unbeantwortet bleiben: sei es durch eine Wahrscheinlichkeitsbehauptung, den Hinweis auf mangelnde Ressourcen oder fehlende Langzeitinstrumente, oder die Schutzbehauptung, es ließen sich keine kausalen Wirkungen nachweisen.

---

[7] Die Unterscheidung von Grundlagenforschung und angewandter Forschung versucht dem Rechnung zu tragen. So ließe sich Grundlagenforschung als wissenschaftliche Theoriebildung und angewandte Forschung als Dialog mit der Profession über Handlungswirksamkeit verstehen.

Literatur

Bateson, Gregory (1981): Ökologie des Geistes. Suhrkamp, Frankfurt am Main.

Fleck, Ludwik (1980): Entstehung und Entwicklung einer wissenschaftlichen Tatsache, Suhrkamp, Frankfurt am Main.

Kuhn, Thomas (1970): Die Struktur wissenschaftlicher Revolutionen, Suhrkamp, Frankfurt am Main.

Luhmann, Niklas (1992): Die Wissenschaft der Gesellschaft, Suhrkamp, Frankfurt am Main.

Vogel, Matthias/ Wingert, Lutz (2003): Wissen zwischen Entdeckung und Konstruktion, Suhrkamp, Frankfurt am Main.

Grundorientierungen der Sozialen Arbeit

Bringfriede Scheu

Die Soziale Arbeit hat in den 150 Jahren ihres Bestehens, wenn man bei dieser Betrachtung ihre begrifflichen und institutionellen Vorläufer einbezieht, sehr verschiedene Grundorientierungen inne gehabt. Dass und welche Grundorientierungen hinter Theoriebildungen oder auch Ausprägungen von Praxisformen stehen, ist nicht immer offensichtlich. Vor allem scheint auch die gegenwärtige Situation der Sozialen Arbeit in Theorie und Praxis ein Primat des Faktischen zu schaffen: Dass es im Prozess der Entfaltung der heute vorfindbaren Sozialen Arbeit auch schon andere Grundorientierungen gegeben hat und auch andere Grundorientierungen möglich sind, rückt in den Hintergrund. Die bislang eingeführten Grundorientierungen werden in einem (kurzen) Überblick rekapituliert. Daran schließt sich der Vorschlag an, eine neue, erweiternde Grundorientierung anzudenken.

1 Rückblick: Sozialarbeit und Sozialpädagogik

Soziale Arbeit wird aktuell in der Regel als kumulierender Begriff verwendet, der die früher differenzierenden Felder der Sozialarbeit und der Sozialpädagogik zusammenführt. Sozialarbeit stand für das System der unmittelbaren sozialen Hilfeleistungen in einem sich institutionalisierenden gesellschaftlich-staatlichen Kontext:

> „Die Geschichte der Sozialarbeit beginnt mit der Geschichte der Vergesellschaftung der sozialen Frage und der Herausbildung des sogenannten ‚sozialen Sektors'. Damit ist zugleich behauptet, dass in diesem Vergesellschaftungsprozess Sozialarbeit als etwas qualitativ Neues entsteht, das deutlich von vorausgehenden Strukturmustern der Armut und Hilfe zu unterscheiden ist (…).“ (Münchmeier 1981, S. 18)

Zeitlich setzt diese Entwicklung in der zweiten Hälfte des 19. Jahrhunderts ein. Vorerst ist damit als sehr allgemeine Charakterisierung von Sozialarbeit festzuhalten, dass sie ein bestimmtes System von Hilfeleistungen darstellt, das sich einerseits gegenüber den sich verändernden und entfaltenden individuellen und sozialen Problemlagen des frühen Kapitalismus und andererseits gegenüber einer sich institutionalisierenden staatlichen Sozialpolitik etabliert. Die Hilfen, die die Sozialarbeit anbot und anbietet, umfassen materielle, aber auch psycho-soziale Dimensionen.

Der Begriff der „Social-Pädagogik" findet sich zum ersten Mal bei Mager 1844: Er meinte damit „eine Gesellschaftserziehung, durch die Erwachsene zur Teilnahme am öffentlichen Leben gebracht und von ihm bildend in Anspruch genommen werden." (Wendt 2008, S. 15; vgl. auch: Mager 1984ff.). Die Sozialpädagogik setzte damit von Anfang an den Akzent stärker auf den Aspekt der Erziehung, weniger auf den Bereich der (auch materiellen) Hilfe. Geschlossener wird eine Vorstellung von dem, was Sozialpädagogik ausmachen könnte, erstmals von Natorp 1899 vorgetragen. Er versteht unter Sozialpädagogik

> „nicht einen abtrennbaren Teil der Erziehungslehre etwa neben der individuellen, sondern die konkrete Fassung der Aufgabe der Pädagogik überhaupt und besonders der Pädagogik des Willens. Die bloß individuale Betrachtung der Erziehung ist eine Abstraktion, die ihren begrenzten Wert hat, aber schließlich überwunden werden muss." (Natorp 1974, S. 98)

Auch in diesen frühen Fassungen von Sozialpädagogik finden sich Hinweise auf gesellschaftliche und individuelle Probleme, auf die mit den Mitteln der Erziehung eingegangen werden soll. Sozialpädagogik hat bereits in ihren Anfängen die erklärte Orientierung zur Erziehung und Erziehungswissenschaft eingenommen. Sie hatte damit schon in frühen Phasen eine wissenschaftlich-universitäre Präsenz und ist bis heute Bestandteil des erziehungswissenschaftlichen Diskurses.

Über Jahrzehnte, bis nach dem Zweiten Weltkrieg, hielt sich diese Differenzierung zwischen Sozialarbeit und Sozialpädagogik. Es zeigte sich aber, dass in professionellen Arbeitsfeldern die Unterscheidung in dieser Eindeutigkeit schwerlich durchzuhalten war: So wurden zum Beispiel gleiche oder vergleichbare berufliche Positionen von Personen mit sozialarbeiterischer und sozialpädagogischer Ausbildung eingenommen. Auch die Sichtweisen auf Lebenslagen und Lebensumstände von KlientInnen sowie mögliche professionelle Strategien dazu waren nicht stringent in Sozialarbeit und Sozialpädagogik geschieden. Angesichts dieser schwerlich auszumachenden und manchmal bloß künstlichen Differenzierung findet sich ab den 80er Jahren des letzten Jahrhunderts der deutliche Trend, die strikte Trennung zwischen Sozialarbeit und Sozialpädagogik zu überdenken und aufzuheben. Im Ergebnis, so formuliert Thole,

„codieren die Begriffe Sozialpädagogik und Sozialarbeit zu Beginn des 21. Jahrhunderts keine verschiedenartigen wissenschaftlichen Fächer, keine deutlich voneinander differenzierenden Praxisfelder und auch kein divergenten Ausbildungswege und -inhalte mehr. Der Begriff Soziale Arbeit spiegelt diese Entwicklung wider und steht in der Regel für die Einheit von Sozialpädagogik und Sozialarbeit" (Thole 2002, S. 14).

Wenn man diesen (einstweilen) sehr knappen Überblick über die geschichtliche Entwicklung zusammen fasst, lässt sich das so sagen: Im 19. Jahrhundert entwickelten sich die Begriffe Sozialarbeit und Sozialpädagogik und bezeichneten verschiedene Formen und Dimensionen des Umgangs mit dem Sozialen. Sozialarbeit und Sozialpädagogik begründeten jeweils Formen des wissenschaftlichen, aber auch professionellen Handelns. Wurden anfänglich die Unterschiede zwischen Sozialarbeit und Sozialpädagogik betont, setzte sich gegen Ende des letzten Jahrhunderts die Auffassung durch, – in Anerkennung der unterschiedlichen historischen Wurzeln – sich unter dem neuen, gemeinsamen Begriff der Sozialen Arbeit zu subsumieren. Wenig geklärt sind dabei aber die theoretischen Implikationen dieser Zusammenführung geblieben. Es stellen sich die Fragen, welche theoretische Grundlage die (neue) Soziale Arbeit hat, welche Grundlagen Sozialarbeit und Sozialpädagogik hatten, und wie sie in die Soziale Arbeit überführt werden sollen.

2   Theoriebildung zu Sozialer Arbeit

Ab dem Zeitpunkt der Verständigung auf den neuen Begriff *Soziale Arbeit* leitet dieser auch die Diskussion um die Theoriebildung. Trotz der Verwendung des vereinheitlichenden Begriffs ist es damit immer noch nicht gelungen, diesem Begriff eine geklärte theoretische Grundlage zu verleihen. Zwar finden sich vor allem seit den 90er Jahren des letzten Jahrhunderts Hinwendungen zur Frage der Theoriebildung der Sozialen Arbeit, aber bei diesen Versuchen zu einer Theoretisierung werden wiederum sehr unterschiedliche und untereinander schwer vergleichbare Wege eingeschlagen. Thiersch/Rauschenbach haben in einer schon etwas älteren Veröffentlichung darauf hingewiesen, dass die Debatte um die Theoriebildung der Sozialen Arbeit „vor dem Hintergrund einer skeptisch gleichgültigen Öffentlichkeit, einer unwillig abweisenden Praxis und kritisch konkurrierender Nachbardisziplinen stattfindet und in sich unbefriedigend, in vielfältige, miteinander wenig korrespondierende Fragerichtungen zersplittert" (Thiersch/Rauschenbach 1984, S. 985f.) ist. Thiersch/Rauschenbach weisen damit auf die doppelte Problematik der Theoriebildung der Sozialen Arbeit hin:

Erstens ist ihre Rezeptionssituation keineswegs günstig; der Versuch einer Theoriebildung der Sozialen Arbeit wird von außen mit distanzierter Zurückhaltung verfolgt. Wenn dann zweitens eine Theoriebildung vorgelegt wird, geschieht das durchaus nicht immer in überzeugender Manier, werden eher Teilgebiete bearbeitet und Fragmente präsentiert, die schwerlich auf eine geklärte Theoriebasis zurückzuführen sind.

Dass die Theoriebildung zur Sozialen Arbeit bruchstückhaft bleibt und einzelne Theorieansätze sich kaum mit anderen vergleichen lassen, muss als systematische Problemlage festgehalten werden. Hinzu kommt allerdings noch eine weitere Problemlage, die eine theoretische Grundlegung der Sozialen Arbeit zusätzlich erschwert:

> „Ungeklärt ist, ja noch nicht einmal kontrovers verhandelt wird zudem, was Theorien der Sozialen Arbeit eigentlich enthalten müssen … Der Stand des Wissens und der Forschung über Theorie ist demnach ausgesprochen unbefriedigend und unzulänglich." (Rauschenbach/Züchner 2002, S. 141)

Es bleibt also auch auf der Meta-Ebene unklar, was eine Theorie Sozialer Arbeit eigentlich ist und leisten sollte. Auch von dieser Seite fehlen wissenschaftliche Klärungen und Vorgaben, die eine weitere Theoriebildung bzw. theoretische Grundlegung leiten könnten.

Die Debatte um eine theoretische Grundlegung der Sozialarbeit, der Sozialpädagogik und später der Sozialen Arbeit wurde schon an verschiedenen Stellen aufgegriffen und leidenschaftlich geführt; sie kann dahingehend zusammengefasst werden, dass eben keine befriedigende theoretische Grundlegung vorzufinden ist (vgl. bspw. Schmidt 1981; Winkler 1988; Engelke 1999; Füssenhäuser/ Thiersch 2005; May 2009). Das ist allerdings ein problematischer Sachverhalt: Eine Wissenschaft und eine Profession, die trotz einer mittlerweile schon 150 Jahre währenden geschichtlichen Entwicklung sich schwer damit tut, ihre theoretische Grundlage zu benennen, bleibt in sich unklar. Der Verweis auf den noch zu führenden Diskurs zwischen einzelnen Theorielinien und ihren VertreterInnen ist da auch nur teilweise hilfreich. Die notwendige inhaltliche Ausgestaltung eines solchen Diskurses ist damit immer noch nicht geklärt: Was ist überhaupt in einen solchen Diskurs aufzunehmen?

Eine annähernde Antwort auf diese Fragen wird hier vorgestellt: Ausgangspunkt einer theoretischen Grundlegung der Sozialen Arbeit ist die Frage, was genau denn ihr Gegenstand ist. Der zu erklärende Gegenstand muss festgestellt werden. Dann ist fortzufahren und zu ermitteln, mit welchen theoretischen Verfahren und Mitteln der zu erklärende Gegenstand bearbeitet werden soll. Eine

Theoriebildung muss sich auf einen Gegenstand beziehen, der durch sie erklärt wird. Die Frage der Gegenstandsbestimmung ist allerdings in der bisherigen Theoriebildung zu Sozialer Arbeit und ihren Vorläufern, Sozialarbeit und Sozialpädagogik, ausgesprochen umstritten. So beschreibt Reyer als zentrale Fragestellung der Sozialpädagogik für die Zeit des endenden 19. Jahrhunderts bis in das 20. Jahrhundert hinein, „wie Individuelles und Soziales, Individuum und Gesellschaft in der pädagogischen Theorie zusammengebracht werden können" (Reyer 2009, S. 256).

Der Gegenstand der Sozialen Arbeit ist die Beziehung von Menschen zu ihrer Umwelt in ihrer sozialen Dimension. Eine solche breite Auffassung des Gegenstandes Sozialer Arbeit findet sich im Sozialpädagogik-Verständnis von Natorp, der ja den Gegenstand der Sozialpädagogik breit als die „Bildungsbedingungen des sozialen Lebens und den sozialen Bildungsbedingungen" fasste. Bei vielen späteren AutorInnen verengt sich der Gegenstand entsprechend der sich entfaltenden Professionalisierung: In den zwanziger und dreißiger Jahren des letzten Jahrhunderts wurde unter anderem von Gertrud Bäumer ein neues Grundverständnis formuliert. Sozialpädagogik

> „bezeichnet nicht ein Prinzip, dem die gesamte Pädagogik, sowohl ihre Theorie wie ihre Methoden, wie ihre Anstalten und Werke – also vor allem die Schule – unterstellt ist, sondern einen Ausschnitt: alles was Erziehung, aber nicht Schule und nicht Familie ist. Sozialpädagogik bedeutet hier den Inbegriff der gesellschaftlichen und staatlichen Erziehungsfürsorge, sofern sie außerhalb der Schule liegt." (Bäumer 1929, S. 3)

Für Bäumer ist die Sozialpädagogik also ein Arbeitsbereich der Pädagogik, der sich über Ausschlüsse – nicht Familie, nicht Schule – definiert: Das, was Schule und Familie an Erziehung nicht erbringen können oder wollen, wird der Sozialpädagogik zuteil. Was die Sozialpädagogik allerdings dann in ihrem Segment der Erziehung tut, bleibt ungeklärt. So resultiert aus dem paradigmatischen Verständnis der Sozialpädagogik bei Bäumer eine institutionell-organisatorische Bestimmung, die aber kein theoriegeleitetes Grundverständnis impliziert. Gegenstand der Sozialen Arbeit ist dann nur noch das, was sie in ihrer professionellen Tätigkeit bearbeitet, also beispielsweise Jugendwohlfahrt bzw. Jugendhilfe (in Österreich und Deutschland gibt es unterschiedliche Benennungen des gleichen Arbeitsfeldes) oder Hilfen für Drogenabhängige.

3   Soziale Arbeit als Disziplin

Für die Soziale Arbeit nimmt Wendt eine Gegenstandsbestimmung vor:

> „Im Unterschied etwa zur Medizin und zur Psychologie wird nicht im disziplinären
> Rahmen der Sozialen Arbeit ausgemacht, welche Probleme generell Gegenstand der
> Bearbeitung sind. Ob sie in der Praxis fallweise vorliegen und dringend zu behan-
> deln sind, obliegt der sozialprofessionellen Prüfung; ihr kategorialer Zuschnitt aber
> erfolgt in einer fortwährenden gesellschaftlichen und sozialpolitischen Diskussion."
> (Wendt 2009, S. 221)

Zuzustimmen ist Wendt insoweit, als in die Bestimmung der Aufgaben Sozialer
Arbeit gesellschaftliche und sozialpolitische Zuschreibungen eingehen: So wird
„Jugendgewalt" dann zum Tätigkeitsbereich Sozialer Arbeit, wenn sich die ge-
sellschaftliche und politische Aufmerksamkeit darauf fokussiert. Soziale Arbeit
ist damit eher der Erreichung von Zielstellungen zugeordnet und an die Definiti-
on von Sachverhalten gebunden, die von anderen Stellen vorgenommen werden.
Das ist eine Schwierigkeit der disziplinären und professionellen Entwicklung
Sozialer Arbeit.

Auf der anderen Seite ist die Vermutung von Wendt, Medizin und Psychologie könnten allein im disziplinären Rahmen diskutieren und festlegen, welche
Probleme sie wie bearbeiten, in ihrer Ausschließlichkeit befragbar. Medizin und
Psychologie haben eine längere disziplinäre Tradition als die Soziale Arbeit und
im Zuge dieser Entwicklungen auch Positionen einnehmen und behaupten können; dazu gehört auch in bestimmtem Umfang die ‚Deutungshoheit' über ihren
jeweiligen Gegenstand. Aber schon im Binnenverhältnis zwischen diesen beiden
Disziplinen zeigen sich Konflikte und Fragen der Zuständigkeit ab: Die Frage
der psychischen Störungen und Erkrankungen ist nicht zweifelsfrei und trenn-
scharf einer der beiden Disziplinen zugeordnet. Weiter sind auch Medizin und
Psychologie in den gesellschaftlichen Kontext eingeordnet, was über die Frage
der Finanzierung und Finanzierbarkeit ihrer jeweiligen Leistungen auch Einfluss
auf die Bestimmung ihres Gegenstandes hat. Vor allem für die Medizin als Disziplin wird – unter ethischen Gesichtspunkten und meist von Nicht-Zugehörigen
der Disziplin der Medizin – kritisch die Frage aufgeworfen, ob sie beispielsweise
in der Gentechnik alles das tun soll und darf, was sie tun kann.

Die Debatte um den Gegenstand der Medizin und Psychologie soll damit
wieder verlassen werden. Als Ergebnis ist festzuhalten, dass die Frage, welchen
Gegenstand eine Disziplin und die zugehörige Profession haben, vielschichtig ist
und durchaus der laufenden Reflexion bedarf. Es ist bei Disziplinen mit großer

Tradition aber keineswegs so, dass sie allein und unbeeinflusst ihren Gegenstand festlegen können. Deutlich wird aber im Blick auf die Arbeit anderer Disziplinen, dass die Gegenstandsbestimmung von zentraler Bedeutung ist. Sie ist nicht allein im Diskurs der Disziplin angesiedelt, sondern steht auch im Spannungsfeld äußerer Einflussnahme. Es wäre aber sicher fatal, wenn die Bestimmung des Gegenstands einer Disziplin allein von den Wechselfällen gesellschaftlicher und staatlicher Willensbildung geprägt wäre: Die Möglichkeit einer vertiefenden, analytischen Gegenstandsauffassung durch Wissenschaft würde damit entfallen.

Es reicht also nicht, lediglich zu postulieren, der Gegenstand Sozialer Arbeit seien soziale Probleme oder die soziale Situation schlechthin. Aufzuklären ist über die wissenschaftliche Debatte auch, wie es zu dieser Gegenstandsbestimmung kommt und was sie beinhaltet. Dazu ist als nächster Schritt die Betrachtung wissenschaftstheoretischer Überlegungen notwendig: Wie kann die Bestimmung des Gegenstands *Soziale Arbeit* wissenschaftstheoretisch präzisiert werden? In die Bestimmung des Gegenstands muss auch seine kategoriale Aufschlüsselung eingehen: Wie wird der Gegenstand kategorial gefasst? Das ist noch nicht die Stufe einer Gegenstandserfassung über empirische Studien oder Fallanalysen. Im Sinne eines Aufstiegs vom Abstrakten zum Konkreten müssen dazu erst Vorarbeiten geleistet werden, die die Annäherung an die Komplexität der Konkretion der einzelnen Lebenssituation gestatten.

Für die Soziale Arbeit ergibt sich noch der Sonderfall, dass ihre disziplinäre Zuordnung unterschiedlich vorgenommen wird: Über die Entwicklungslinie der Sozialpädagogik ist sie der Pädagogik verbunden; die universitäre Debatte zur Sozialen Arbeit sieht sich durchgehend in der Tradition der Sozialpädagogik und damit als Teil der Disziplin Pädagogik. AutorInnen, die eine eigene Sozialarbeitswissenschaft und damit eine disziplinäre Neugründung favorisieren, sind meist an Fachhochschulen zu finden. Sie setzen sich von der primären pädagogischen Bestimmung Sozialer Arbeit ab und betonen die wissenschaftliche Multireferentialität der Sozialen Arbeit: Soziale Arbeit sei auf der einen Seite in ihrer Bezugnahme auf verschiedene Sozialwissenschaften, die Pädagogik, sozialpolitische und rechtliche Vorgaben sowie auf der anderen Seite in ihrer Bezugnahme als ‚Handlungswissenschaft' auf die Belange von KlientInnen so einzigartig, dass ihr ein eigener disziplinärer Status zukomme (vgl. Obrecht 2009, S. 113ff.). Die theoretische Multireferentialität wird in der Sozialarbeitswissenschaft als Stärke gesehen und setzt sich ab "von einer integralistischen Theoriebildung, die vage Begrifflichkeiten entwickelt und daraus einen Alleinvertretungsanspruch" (Erath 1998, S. 36) ableitet.

Die Kritik der Sozialarbeitswissenschaft an vorhandenen Theoretisierungen Sozialer Arbeit ist scharf: Sie seien zu vage, um für eine professionelle Praxis tatsächlich handlungsrelevant sein zu können. Es bleibt aber auch festzuhalten, dass die Sozialarbeitswissenschaft auf der einen Seite eine Absichtserklärung bleibt, die nicht eingelöst wurde; auf der anderen Seite ist die Aufgabe der Sozialarbeitswissenschaft nach eigenem Selbstverständnis eine verwertende. Die Sozialarbeitswissenschaft ist in ihrer Anlage – der Anwendung von Wissen anderer Disziplinen und die geschulte Verwendung von institutionellen Vorgaben – darauf verwiesen, das anzuwenden und zu verwerten, was an anderer Stelle entwickelt wird. Die Bildung einer Utopie ist kein Bestandteil der Sozialarbeitswissenschaft. Folgt man der Grundorientierung der Sozialarbeitswissenschaft, kann sich Soziale Arbeit im ihr zugemessenen Rahmen zwar weiterentwickeln. Die Herausbildung eines darüber hinausreichenden Verständnisses ist aber schon systematisch nicht möglich und auch nicht im Konzept der Sozialarbeitswissenschaft angelegt.

4   Paradigmatische Erweiterung der Sozialen Arbeit: Gestaltung des Sozialen

Die bislang festzustellende theoretische Entwicklung der Sozialen Arbeit hat einen bedeutsamen Bestand an Wissen und wissenschaftlichem Denken erbracht. Es gibt allerdings auch Anlass, den erreichten Sachstand für erneuerungs- und erweiterungsbedürftig zu halten: Das betrifft vor allem die Engführung der Sozialen Arbeit in Theorie und Praxis auf die ihr zugeschriebenen Aufgabenstellungen. Eine Hilfestellung in sozialen Notlagen ist, vor allem für die Betroffenen, sehr bedeutsam. Der vorausschauende, nicht nur reaktive Bezug auf die soziale Situation ist dabei aber nicht mitgedacht. Durch den Hinweis auf eine mögliche erweiterte Grundorientierung der Sozialen Arbeit soll die Debatte um die ‚angemessene' Grundorientierung Sozialer Arbeit forciert werden.

In Anlehnung an Kuhn soll die erreichte Entwicklung eines wissenschaftlichen Wissensgebiets mit dem Begriff des „Paradigmas" gefasst werden (vgl. Kuhn 1976). Ein Paradigma lässt sich als wissenschaftliches Weltbild fassen, das zu einem bestimmten historischen Zeitpunkt das wissenschaftliche Denken in einer Disziplin oder in einem wissenschaftlichen Bereich leitet. Wissenschaftliche Entwicklung verläuft, so hat Kuhn in wissenschaftsgeschichtlichen Analysen herausgearbeitet, über längere Phasen kontinuierlich und folgt einem bestimmten Paradigma. Eine Veränderung der wissenschaftlichen Landschaft wird eingeleitet durch die Formulierung eines neuen Paradigmas, das dann die weitere wissenschaftliche Entwicklung strukturiert (vgl. Chalmers 2007, S. 89ff.). Ein neues Paradigma leitet eine wissenschaftliche Umorientierung ein, muss dann aber noch in entsprechender Forschung und Theoriebildung weiter begründet und fixiert werden.

Derzeit geläufige Paradigmen bieten keine Perspektive an, wie sich die Soziale Arbeit wesentlich über den Status Quo, den sie erreicht hat, hinaus entwickeln kann. Vor allem findet das noch bei Natorp zu findende Grundverständnis, Sozialpädagogik – der eingeführte Vorläuferbegriff zur Sozialen Arbeit – sei für die gesamte Breite des Sozialen zuständig, nicht nur für die Arbeit in bestimmten Institutionen, keinen Eingang mehr in die aktuell benutzten Paradigmen. Auch scheint die Vorstellung nicht auf, Soziale Arbeit könnte in das Gefüge zwischen Gesellschaft und Individuen gestaltend eingreifen. Soziale Arbeit wird – in Disziplin und Profession – so verstanden, dass sie sich mit sozialen Problemen von Menschen in eng definierten Korridoren zu beschäftigen hat.

Auf diesem Hintergrund wurde schon in früheren Veröffentlichungen der Autorin eine paradigmatisch erweiterte Orientierung Sozialer Arbeit vorgeschlagen: Soziale Arbeit soll sich nicht mehr nur mit der Lösung sozialer Problemlagen beschäftigen, sie soll sich vielmehr um die Gestaltung des Sozialen insgesamt bemühen und damit Problemlagen gar nicht erst entstehen lassen (vgl. Autrata/Scheu 2006; Autrata/Scheu 2008). Damit ist eine Richtungsbestimmung für eine mögliche paradigmatische Innovation der Sozialen Arbeit vorgenommen. Anhand zweier sich ergänzender Merkmale kann Soziale Arbeit ihre Grundorientierung und Position grundlegend erweitern. Einmal ist das eine sozialräumliche Gestaltung und zweitens ist das die Förderung von verallgemeinerter Partizipation.

Der erste Ansatzpunkt dabei ist die Gestaltung des Sozialen im sozialräumlichen Horizont. Soziale Arbeit beschäftigt sich aus dieser Warte nicht mit dem Ergebnis von Fehlentwicklungen des Sozialraums, sondern wirkt auf die Entwicklungen selbst korrigierend, aber auch antizipierend ein. Nicht individuelles Abweichen vom Gesellschaftlich-Normalen und die Re-Integration von solchen Abweichenden in die gesellschaftliche Situation bildet den Gegenstand Sozialer Arbeit, vielmehr ist die gesellschaftliche Situiertheit und ihre Auswirkungen auf individuelles Leben das Thema: Die Frage ist dabei, ob und inwieweit die gesellschaftlich-soziale Situation angemessene Lebensmöglichkeiten bietet, und wo das verbessert werden kann oder muss. Dies wird im Horizont des überschaubaren Sozialraums angegangen, ohne natürlich den Blick auf größere Zusammenhänge zu verlieren.

Der zweite Ansatzpunkt ist der über die Förderung von verallgemeinerter Partizipation. Das geht wiederum davon aus, dass menschliches Handeln als sozial und gesellschaftlich zu verstehen ist. Wenn wiederum Teilhabe und Teilnahme für Menschen nicht möglich ist oder Teilhabemöglichkeiten nicht erkannt werden, führt das zu Einbußen an Lebensqualität, häufig auch zu problematischen Reaktionen der Betroffenen. Die Förderung von Partizipation setzt damit an der grundsätzlichen Konstituiertheit individuellen und gesellschaftlichen Lebens an: Wo dieser Zusammenhang unzureichend ist, eine produktive Bezugnahme von Subjekten auf die Gesellschaft nicht möglich ist, treten Ausschlussprozesse und Probleme auf. Partizipation wird dabei – unter Bezugnahme auf die Subjektwissenschaft – in der theoretischen Form der verallgemeinerten, damit solidarischen Partizipation gemeint (vgl. Autrata/Scheu 2006, S. 174ff.; Holzkamp 1985). Nicht eine partikularisierte Partizipationsförderung ist damit intendiert, sondern eine Partizipation, die eine gemeinsame Verbesserung von Lebensqualität anstrebt, wird dabei verfolgt.

Damit ist eine erweiterte Grundorientierung Sozialer Arbeit als Paradigma formuliert. Eine solche Grundorientierung muss aber auch noch, wie schon bei Kuhn postuliert, weiter entfaltet und in einen theoretisch hergeleiteten Begründungszusammenhang eingebettet werden. Das bleibt einer künftigen Veröffentlichung vorbehalten (Scheu/Autrata 2011 i. Vorb.).

Literatur

Autrata, Otger/ Scheu, Bringfriede (Hg.) (2006): Gestaltung des Sozialen. Eine Aufgabe der Sozialen Arbeit. Hermagoras, Klagenfurt/Ljubljana/Wien.

Autrata, Otger/Scheu, Bringfriede (2008): Soziale Arbeit. Eine paradigmatische Bestimmung. VS, Wiesbaden.

Bäumer, Gertrud (1929): Die historischen und sozialen Voraussetzungen der Sozialpädagogik und die Entwicklung ihrer Theorie. In: Nohl, Herman/ Pallat, Ludwig. (Hg.): Handbuch der Pädagogik. Bd. V. Beltz, Langensalza. S. 3–17.

Chalmers, Alan F. (2007): Wege der Wissenschaft. Einführung in die Wissenschaftstheorie. 6., verb. Aufl. Springer, Berlin u. a.

Erath, Peter (1998): Ökonomisierung der Sozialarbeit als Folge von Globalisierungsprozessen? Plädoyer für eine eigenständige und multireferentielle Sozialarbeitswissenschaft, In: Göppner, Hans-Jürgen/ Oxenknecht-Witzsch, Renate (Hg.): Soziale Arbeit und Sozialarbeitswissenschaft in einem sich wandelnden Europa. Lambertus, Freiburg. S. 25–39.

Füssenhäuser, Cornelia/ Thiersch, Hans (2005): Theorien der Sozialen Arbeit, In: Otto, Hans-Uwe/ Thiersch, Hans (Hg.): Handbuch Sozialarbeit Sozialpädagogik. Reinhardt, Neuwied/Kriftel. S. 1876–1900.

Holzkamp, Klaus (1985): Grundlegung der Psychologie. Campus, Frankfurt am Main/ New York (Studienausgabe).

Kuhn, Thomas S. (1976): Die Struktur wissenschaftlicher Revolutionen (mit Postskriptum 1969). Suhrkamp, Frankfurt am Main.

Mager, Karl Wilhem Eduard (1984ff.): Gesammelte Werke in zehn Bänden. Hrsg. und kommentiert von Heinrich Kronen. Hohengehren, Baltmannsweiler.

May, Michael (2009): Aktuelle Theoriediskurse Sozialer Arbeit. Eine Einführung. VS, Wiesbaden.

Münchmeier, Richard (1981): Zugänge zur Geschichte der Sozialarbeit. Juventa, München.

Natorp, Paul (1974): Sozialpädagogik. Theorie der Willensbildung auf der Grundlage der Gemeinschaft. Schöningh, Paderborn.

Obrecht, Werner (2009): Probleme der Sozialen Arbeit als Handlungswissenschaft und Bedingungen ihrer kumulativen Entwicklung. In: Birgmeier, Bernd/ Mührel, Eric: Die Sozialarbeitswissenschaft und ihre Theorie(n). VS, Wiesbaden. S. 113–129.

Rauschenbach, Thomas/ Züchner, Ivo (2002): Theorie der Sozialen Arbeit. In: Thole, Werner (Hg.): Grundriss Soziale Arbeit. Leske + Budrich, Opladen. S. 139–160.

Reyer, Jürgen (2009): Sozialpädagogik. Plädoyer zur Historisierung eines Inszenierungs-dilemmas. In: Mührel, Eric/ Birgmeier, Bernd: Theorien der Sozialpädagogik – ein Theorie-Dilemma? VS, Wiesbaden. S. 255–272.

Scheu, Bringfriede/ Autrata, Otger (2011): Gestaltung des Sozialen. Eine Grundlegung. VS, Wiesbaden (i. Vorb.).

Schmidt, Hans-Ludwig (1981): Theorien der Sozialpädagogik. Schindele, Rheinstetten.

Thiersch, Hans/ Rauschenbach, Thomas (1984): Sozialpädagogik: Theorie und Entwick-lung, In: Eyferth, Hanns/ Otto, Hans-Uwe/ Thiersch, Hans (Hg.): Handbuch zur So-zialpädagogik/Sozialarbeit. Reinhardt, Neuwied/Kriftel. S. 984–1016.

Thole, Werner (2002): Soziale Arbeit als Profession und Disziplin. In: Thole, Werner (Hg.): Grundriss Soziale Arbeit. Leske + Budrich, Opladen. S. 13–59.

Wendt, Wolf Rainer (2008): Geschichte der Sozialen Arbeit 2. Lucius + Lucius, Stuttgart.

Wendt, Wolf Rainer (2009): Handlungstheorie der Profession oder Theorie der Wohl-fahrt? In: Birgmeier, Bernd/ Mührel, Eric: Die Sozialarbeitswissenschaft und ihre Theorie(n). VS, Wiesbaden. S. 219–230.

Subsidiarität und Sozialwirtschaft – Organisationen Sozialer Arbeit zwischen Gemeinnützigkeit und Markt

Helmut Arnold

Im Juni 2009 entschloss sich der Tiroler Landesrat für Gesundheit zu einer europaweiten Ausschreibung des „bodengebundenen Rettungswesens". Die Rettungsdienste, die bislang weitgehend vom ÖRK wahrgenommen wurden, sollten schlanker, billiger und zugleich professioneller werden. Neben dem Kostenaspekt spielten auch machtpolitische Motive und ordnungspolitische Überlegungen eine Rolle. So wird kolportiert, dass das Rote Kreuz als quasi-Monopolist im Rettungswesen und dessen Funktionäre als selbsternannte Sprecher aller Ehrenamtlichen einigen Landespolitikern in Tirol zu mächtig geworden waren. Zum anderen fürchtete die Landesregierung den Ausgang einer beim Europäischen Gerichtshof (EuGH) anhängigen Klage, eingereicht von der EU-Kommission selbst und gegen die Bundesrepublik Deutschland gerichtet mit dem Vorwurf, dass die von Ländern und Kommunen in Deutschland geübte Praxis der Auftragserteilung an die etablierten Rettungsdienste wie DRK oder Samariterbund die gewerblichen Anbieter europaweit benachteilige und somit durch fehlende Ausschreibungen gegen die *Niederlassungs- und Dienstleistungsfreiheit* verstoße sowie das *EU-Vergaberecht* unterlaufe. Seit bekannt wurde, dass die europaweit agierende dänische Falck-Gruppe als günstigster Anbieter die Nase vorn hat, tobt in Tirol – folgt man der Berichterstattung in der ZEIT Nr. 11 vom 11. 03. 2010 – eine Art Kulturkampf zwischen Verwaltungsmodernisierern und Subsidiaritäts-Traditionalisten, wie ich das hier einmal zugespitzt für mein Untersuchungsthema polarisieren und von diesem Beispiel ausgehend generalisieren will.

Die Vertreter des traditionellen Wohlfahrtswesens und ihrer Organisationen – und hier kann die Argumentation hin zu den Aufgabenfeldern der Sozialen Arbeit erweitert werden – tragen im Kern (wenn man das Lamento über den Undank für über Jahrzehnte, ja Jahrhunderte aufgebrachte Aufopferung und ehrenamtliches Engagement einmal beiseite lässt) zwei systematische Argumente vor:

Zum einen werden Aufgaben und Leistungen, die im Bereich der Daseinsvorsorge wahrgenommen und erbracht werden, als *besondere Güter* gesehen (vgl. Bellermann 2004; Arnold 2003). Hierüber besteht nach den Lehrmeinungen der Nationalökonomie und heutigen Volkswirtschaftslehre weitgehend Konsens. Was aber zählt zur Daseinsvorsorge und ist demzufolge als besonderes Gut zu betrachten, das wegen seines Gemeinwohlbezugs nicht umstandslos dem Markt überantwortet werden kann? Hier herrscht keinesfalls Einigkeit. Bis zum Ausgang des letzten Jahrhunderts glaubte man, dass z. B. das Briefgeheimnis ein solches öffentliches Gut darstellt, das deshalb nicht allein durch staatliche Gesetze zwingend und strafbewährt geschützt werden muss, sondern dass auch die Briefbeförderung selbst nur in staatlicher Regie erfolgen darf. Aber eben an Letzterem scheiden sich die Geister, oder genauer gesagt: die ordnungspolitischen Leitmodelle: Die Forderung nach „mehr Markt" oder „stärkere Regulierung" (= mehr Staat) unterliegt wechselnden Großwetterlagen. Stärkere Regulierung des Bankensektors bis hin zur Verstaatlichung wurde unter dem Eindruck der Finanzkrise gefordert, außer im politischen Spektrum ganz links und ganz rechts („raffendes Kapital") ist davon keine Rede mehr. Mehr Markt: Wir haben inzwischen in Deutschland mehrere private Postdienstleister, in Österreich scheint die Debatte um die Teilprivatisierung der Postämter abgeschlossen. Und selbstverständlich gilt für die Greisler, Trafikanten und Gastwirte, die auf den Dörfern Postdienste übernommen haben, das Briefgeheimnis.

Sind Rettungsdienste nun ein Gut der öffentlichen Daseinsvorsorge, die man nicht „eiskalten Profis, die nur an Gewinn interessiert sind", überlassen darf? Und wie verhält es sich mit weiteren Aufgabenfeldern? Lässt sich eine Liste solcher Güter mit explizitem Gemeinwohlbezug erstellen, wobei wir dann alle Güter mit ‚sozial-versorgerischem' Gemeinwohlbezug (in Abgrenzung zur Versorgung der Bevölkerung mit Strom, Gas, sauberem Wasser, der Bereitstellung einer Verkehrsinfrastruktur) dem Sozialwesen zuordnen und deren Leistungserbringer der Branche der Sozialwirtschaft zurechnen können. Macht das Sinn? Eine solche Typologie sozialwirtschaftlicher Aufgabenfelder macht sehr wohl Sinn, weniger Sinn macht allerdings die Forderung, dass die Erbringung gemeinwohlbezogener Aufgaben nur gemeinnützigen Organisationen vorbehalten sein soll, weil sich dies kaum begründen lässt. Denn empirisch unhaltbar ist die Behauptung, dass z. B. ein Jugendzentrum dann besser funktioniere, wenn die MitarbeiterInnen Kommunalbedienstete sind – ebenso unhaltbar ist auch die gegenläufige Behauptung, wie sie etwa in der Dauerbeschwörung des FDP-Vorsitzenden Westerwelle vorgetragen wird, nämlich dass alles, was in der Privatwirtschaft stattfindet, allemal besser und effizienter sei, als wenn es der Staat macht. Ob eine Aufgabe durch staatliche, marktliche oder intermediäre Träger wahrgenommen wird, besagt per se wenig über Qualität und Effizienz. Dass Leistungen nach dem Prinzip der Subsidiarität durch frei-gemeinnützige Träger kleinräumlich, alltags- und milieunah erbracht werden und eben deshalb auch besser für die Betroffenen seien, darf keine ideologische Setzung, sondern muss eine immer wieder empirisch zu prüfende Fragestellung und Zielkategorie sein.

Ein zweites Argument verweist auf Besonderheiten in der Art der Dienstleistungserbringung bei gemeinnützigen Organisationen. Hier handelt es sich im Personalstock in der Regel um einen Mix von Professionisten, ergänzt um Laien, wobei Haupt-, Nebenberufliche und Ehrenamtliche, teilweise auch Angehörige (z. B. in der Kinderbetreuung, in der Pflege) und direkt Betroffene (Selbsthilfe) bei entsprechender Aufgaben- und Verantwortungsteilung miteinander arbeiten.[1] Die Protagonisten des traditionellen Wohlfahrtswesens führen nun ins Feld, dass nur in gemeinnützigen Organisationen Ehrenamtlichkeit generiert und gebunden werden kann – denn niemand arbeitet ehrenamtlich in einem privatwirtschaftlichen Betrieb oder staatlichen Amt, das leuchtet also ein. Weniger einleuchtend ist, dass nunmehr, wie am Beispiel der Ausschreibung der Tiroler Rettungsdienste deutlich wurde, das ÖRK als gemeinnützige Organisation sein Angebot mit preislich höheren Kosten kalkuliert, obwohl doch „unbezahlte Helfer" exklusiv verfügbar sind.

Ein damit in Verbindung stehendes Argument fokussiert ebenfalls auf die Ehrenamtlichen und betont unter dem Stichwort „Sozialkapital" den Gesamtnutzen für die Gesellschaft, der durch die Einbindung Ehrenamtlicher entsteht. Denn bürger- bzw. zivilgesellschaftliches Engagement zu aktivieren und in sinnvollen, weil gesellschaftlich nützlichen und zu der Motivlage der Freiwilligen passfähigen Projekten wirksam werden zu lassen, kann nur in nicht-marktlichen Settings gelingen (vgl. Immerfall 1999; Heinze/Olk 1999). So propagiert etwa auch Beck (1999) den „Gemeinwohlunternehmer" als Projekteschmied, um die nachlassende Bindekraft (soziale Kohäsion) einer zunehmend „schönen neuen Arbeitswelt" zu kompensieren.

1 Privatisierung?

Nimmt man das Heft 3/2009 der Sozialarbeit in Österreich (SiO) als der führenden österreichischen Fachzeitschrift zur Hand, so sind dort zum Schwerpunktthema „Privatisierung in der Sozialarbeit" Statements von PolitikerInnen zu finden. Zur Stellungnahme aufgefordert wurden Nationalratsabgeordnete, Mitglieder des Bundesvorstands bzw. sozialpolitische SprecherInnen ihrer Parteien. Konsistent fällt die Stellungnahme der ÖVP aus, die – ihrer christlichen Tradition folgend – auf das Subsidiaritätsprinzip setzt und dies auch in sich schlüssig

---

[1] Die unterschiedliche Produktivität und Reichweite der jeweiligen wohlfahrtspolitischen Akteure wird im Konzept des Welfare-Mix (vgl. Evers/Olk 1996; Böhnisch/Arnold/Schröer 1999) systematisch erörtert.

ausbuchstabiert. Einer anderen Positionierung zufolge komme „eine Privatisierung der psycho-sozialen Daseinsvorsorge und der psychosozialen Einrichtungen
sowie der Sozialarbeit insgesamt (...) nicht in Frage." Deshalb wird auch „ein
klares Bekenntnis zu einem staatlichen Monopol, selbstverständlich in Zusammenarbeit mit privaten Trägerorganisationen" abgelegt. Ein staatliches Monopol
in Zusammenarbeit mit privaten Trägerorganisationen? Begegnet uns hier eine
bloße Unschärfe der Formulierung oder eine grundsätzliche Begriffsverwirrung,
die im Übrigen auch einige der Fachbeiträge durchzieht? Eine Begriffsklärung
zur Privatisierung scheint angebracht.

Privatisierung wird in einem doppelten Bedeutungskontext verwendet, der
jedoch auf jeweils völlig unterschiedliche Sachverhalte bezogen ist. Zunächst
geht es um das *Verhältnis von Individuum und Gesellschaft* unter folgender Fragestellung: Welche Aufgabenbereiche werden in die Zuständigkeit und Verantwortung des Individuums gestellt bzw. diesem belassen oder auch zugemutet?
Was aber überfordert andererseits den Einzelnen oder dessen Familie und wird
deshalb gemeinschaftlich geregelt bzw. in moderner Sprache „vergesellschaftet"? Was jeweils wie geregelt ist, wird nicht jeden Tag neu entschieden, sondern
beruht auf ländertypischen Traditionen – Esping-Andersen (1998) spricht von
wohlfahrtspolitischen Pfaden, in denen sich weithin geteilte gesellschaftliche
Übereinkünfte verdichten und die ebenso Lebensentwürfe mit Verhaltenserwartungen für ihre Mitglieder bereithalten, nach denen ihre Haltungen und Handlungen als situationsangemessen und rechtschaffen gelten. So galt in Österreich wie
in Deutschland – bis zur Einführung des Pflegegeldes nach Pflegestufen vor
nunmehr erst wenigen Jahren – das Pflegerisiko als Privatangelegenheit, für das
Familienangehörige in direkter Generationenfolge gegenseitig einzustehen hatten
– anders als etwa das Risiko Krankheit oder Unfall, deren Folgen und Behand-
lungskosten seit Einführung der Sozialversicherungen in den 80er Jahren des 19.
Jahrhunderts vergesellschaftet sind. Vorkehrungen gegen die elementaren Lebensrisiken sind in den europäischen Ländern[2] weitgehend hoheitlich geregelt,
also über den Staat, der so zum Sozialstaat wird. Diese Regelungen werden von
einem breiten gesellschaftlichen Konsens getragen, was wiederum für die USA
nicht gilt, wie die jüngsten Auseinandersetzungen um die Einführung einer staatlichen Krankenversicherung zeigen. Wird nun eine bislang von der Allgemeinheit der Steuerzahler oder der Versichertengemeinschaft getragene Leistung im
Zuge der „Ausgabenkonsolidierung" und „Kostenbegrenzung" aus dem Leis-
tungskatalog gestrichen, so handelt es sich um *Privatisierung* oder genauer um
Reprivatisierung. Bekannte Beispiele hierfür sind Sehhilfen, Zahnersatz oder

---

[2] Siehe dazu Böhnisch/Arnold/Schröer 1999; Talos 2005; Aiginger 2009; Pfau-Effinger 2009.

auch die Debatte um die (Wieder-)Heranziehung von Angehörigen zu den Pfle-
gekosten in Österreich.

Im zweiten Bedeutungskontext geht es um die *Zuständigkeit für die Leistungserbringung* z. B. von Leistungen der Sozialen Arbeit oder auch der Krankenbehandlung, der Arbeitsvermittlung, der beruflichen Rehabilitation u. v. m.
Sollen nun Staat bzw. Land, Bezirke/Landkreise und Kommunen eigene Kran-
kenhäuser betreiben, oder sollen diese von gemeinnützigen Trägern wie der
Diakonie oder von Privatunternehmen wie z. B. der Marseille-Aktiengesellschaft
geführt werden? Verspricht womöglich ein Trägermix Effizienzgewinne durch
Wettbewerb und Spezialisierung, oder führt das Nebeneinander zu Doppelstrukturen und vermeidbaren Mehrkosten? Soll die Arbeitsvermittlung wie bis vor
zehn Jahren eine Monopolaufgabe des Arbeitsamtes sein oder sollen auch private
Vermittler zugelassen werden und womöglich sogar staatliche Zuschüsse für
Vermittlungsleistungen erhalten? Hier ist zu beachten, dass die *hoheitliche Zuständigkeit* für Hilfen nicht infrage gestellt wird, dem verschuldeten Armen also
gerade nicht gesagt wird, er solle die für seine Situation notwendige Dienstleistung Schuldnerberatung am Markt einkaufen und bezahlen. Es geht „lediglich"
darum, ob diese Hilfe von einer staatlichen/kommunalen Stelle (zum Beispiel im
Sozialamt einer Bezirkshauptmannschaft) erbracht wird, oder von einem frei-
gemeinnützigen Träger auf „neutralem Boden" angeboten wird (der dafür nach
einem in der Regel vorab vereinbarten Modus eine Förderung oder ein Leis-
tungsentgelt erhält) oder ob der Hilfebedürftige zum Kunden (v-)erklärt wird,
indem ihm beispielsweise ein Gutschein für zehn Beratungsstunden ausgehän-
digt wird, den er bei einem Anbieter seiner Wahl einlösen kann, wobei explizit
auch privatgewerbliche Träger zugelassen sind, so wie die ambulante Pflege oder
die Betreibung von Pflegeheimen seit der „Marktöffnung" ja auch nicht länger
eine exklusive Domäne der Wohlfahrtsverbände ist.

Privatisierung in diesem Kontext bedeutet also, dass die öffentliche Zuständigkeit für die Leistungsgewährung unbestritten fortbesteht (rechtliche Gewährleistungsverantwortung), dass aber die Form bzw. die Akteure der praktischen
Leistungserbringung durchaus von staatlichen Stellen wegverlagert werden kann
und nach dem Subsidiaritätsprinzip sogar auch soll. Hier geht es dann um Durch-
führungsverantwortung (siehe Abbildung 1) und um die spannende Frage, wie
Effizienz, Effektivität und Qualität gefordert, gefördert und geprüft werden können und über welche Steuerungsmedien die Akteure im sozialrechtlichen Leis-
tungsdreieck kooperieren, das sich vom üblichen Marktgeschehen dadurch unterscheidet, dass der Kunde als Endverbraucher der Beratungsleistung – anders als

beim Friseur oder einer Taxifahrt – eben nicht für seine erhaltene Leistung bezahlt und auch wenig Möglichkeiten zur Reklamation hat.[3]

Abbildung 1: Akteure im „sozialrechtlichen Dreieck"

2   Soziale Arbeit und Soziale Dienste – unzulänglich, intransparent, ausufernd, kostentreibend?

Mit der Einforderung eines Beschwerde-Managements ist der Finger in eine offene Wunde gelegt: Sind Mitsprachemöglichkeiten für KlientInnen vorgesehen? Sind die angebotenen und durchgeführten Leistungen die richtigen, sind sie bedarfsgerecht? Wer entscheidet darüber? Drei Spannungsfelder, innerhalb derer sich die Diskurse um Qualität, Effizienz und Steuerung bewegen, lassen sich nachzeichnen.

---

[3] Kritisiert wird die Anbieter-Dominanz, der durch eine Stärkung der „Kunden"-Souveränität gegengesteuert werden soll, wobei in einem verbindlichen Beschwerde-Management (vgl. Schaarschuch 2003) der wichtigste Schritt gesehen wird.

2.1 Die Selbsthilfebewegung

1979 erschien eine kleine Publikation von Ivan Illich mit dem Titel *Entmündigung durch Experten*, deren scharf formulierte Thesen in den Folgejahren zu einer Art Glaubensbekenntnis oder in managerieller Sprache „Leitbild" der Selbsthilfebewegung avancierten. War die Kritik der Dienstleistungsberufe – so der Untertitel – im Kern gegen das medizinische Versorgungssystem und dessen seelenlose „Apparatemedizin" gerichtet, so wurde die Stoßrichtung der Entmündigungsthese bald auf weitere Handlungsfelder ausgedehnt. Die Sozialen Dienste rückten unter Fragen von Erreichbarkeit und Teilhabechancen für Betroffene in den Blickpunkt (vgl. stellvertretend, weil scharf und punktgenau Badura 1980). Und damit hatte sich auch die Soziale Arbeit in ihrer Zwittergestalt des Doppelmandats zu fragen, inwieweit sie nicht selbst die „Kolonialisierung von Lebenswelten" (Habermas) betrieb, ob SozialarbeiterInnen nicht selbst stärker auf Seiten des Systems – als dessen weichen Kontrolleure – auftraten und mit dem Auftrag der Normalisierungsarbeit die systemischen Imperative vertraten und vorantrieben – ganz so, wie dies bereits Rosa Luxemburg als Überlebensstrategie des Kapitalismus beschrieben hatte, nämlich als „Vertiefung", als innere Kolonisation, bei der vormals lebensweltlich organisierte Bereiche für einen Markt – in unserem Falle einen Dienstleistungsmarkt – erschlossen werden.

Neben der Selbsthilfebewegung artikulierten auch andere soziale Bewegungen Missbehagen an der Funktionsweise und technokratischen Verfasstheit des Systems, eine Grundskepsis gegen die „Megamaschine", wie dies im Sprachgebrauch der Alternativ- und entstehenden Umweltbewegung der 80er Jahre hieß. Als eine Art negative Offenbarung ereignete sich die Havarie von Tschernobyl, ein Fanal, in dem die Zukunftsskepsis ihren Kulminationspunkt und Wahrheitsbeweis fand. Risikogesellschaftliche Analysen und deren Publikation wurden zu Bestsellern.

So galt denn auch im Bereich der Sozialen Arbeit Hilfe fortan nicht länger als das unhinterfragt Gute: die Selbsthilfe-, die alternativ-ökonomische und die Frauenbewegung machten auf Unzulänglichkeiten und Lücken im verrechtlichtinstitutionalisierten Hilfesystem aufmerksam; gleichzeitig rückten sie die „vergessene Seite des Sozialstaates" (Kaufmann 1997) ins Licht, forderten eine Anerkennung der Frauenarbeit oder der Selbsthilfegruppen, wobei letztere oftmals in scharfer Anklage gegen das formelle Hilfesystem auftraten und von dessen funktionalen Repräsentanten auch weithin als lästige Laien aufgefasst wurden, bevor die produktive Seite informeller Unterstützungsnetze anerkannt und systemisch integriert wurde. Im Konzept der gemischten Wohlfahrtsproduktion (vgl. Evers/Olk 1996) wurde schließlich versucht, die Stärken und Reichweite des jeweiligen Sektors, aber auch dessen Grenzen systematisch zu fassen.

2.2 Stimmt der Preis? Das „Wohlfahrtskartell"

Während die eigene Zunft das Wachstum sozialer Dienste[4] als gesellschaftliche Bedarfsnotwendigkeit und Erfolgsbeweis der Profession sieht und postum auf ein „sozialpädagogisches Jahrhundert" zurückblickt, wird diese Erfolgsgeschichte von ganz anderer Seite, nämlich aus fiskalischer Sicht, mit harter Kritik und Vorwürfen überzogen und kontrastiert. Sieht man die sozialen Bewegungen als Protest „von unten", so agierte und agiert bis heute die andere Spielart der Kritik gleichsam „von oben" und beansprucht, auf systemische Verwerfungen aufmerksam zu machen. Für die 1980er Jahre lässt sich ihre Stoßrichtung unter dem Etikett „Unregierbarkeit" komprimieren: Das politische System steht ohnmächtig den ständig wachsenden Wünschen der Bevölkerung gegenüber, was nicht zuletzt dem Parlamentarismus und dessen (unfähigen) VertreterInnen selbst geschuldet ist, die im Interesse ihrer Wiederwahl der Bevölkerung unvernünftige bis unhaltbare Versprechungen machen, die wiederum neue Wünsche und Begehrlichkeiten evozieren. Daher gilt: „Eine einmal gewährte Wohlfahrt bekommt man nur durch einen Krieg wieder weg", so der Ausspruch eines christlich-sozialen Politikers, der den Zeitgeist dieser Jahre trefflich überzogen abbildet, abgesehen davon, dass gerade der

---

Vergabepraxis und Subsidiarität

2006 bestellte das *DIAKONISCHE WERK* ein Rechtgutachten zur Vergabepraxis durch das dortige Jobcenter.

„Qualität und Preis ganz unten"
Rechtsgutachten des Diakonischen Werks Hamburg kritisiert Kostendumping bei Vergabe von Ein-Euro-Jobs. (...) ‚Rechtlich nicht haltbar und wirtschaftlich fragwürdig' nennt Gabi Brasch, Vorstand der Diakonie, die Vergabepraxis. (...) Das gesetzlich vorgeschriebene *DREIECKSVERHÄLTNIS* zwischen Arge, Leistungserbringern und Arbeitslosen sei nicht gegeben. Die Leistungsträger, die nicht ausgewählt wurden, könnten deshalb jederzeit vor den Gerichten klagen." (Bericht taz Nord vom 14.7.2006, S. 24, Nele Leubner)

Auszug aus dem Gutachten:
„Die Angebotssteuerung durch Sozialleistungsträger berührt das Grundrecht der Berufsfreiheit und die Dienstleistungsfreiheit potentieller Anbieter. Als *EINGRIFF IN DIE BERUFSFREIHEIT* bedarf sie einer gesetzlichen Grundlage. Da § 17 Abs. 2 SGB II keine Ermächtigung zur Bedarfsprüfung enthält, verstößt eine Angebotssteuerung durch die Leistungsträger nach SGB II bereits gegen den Gesetzesvorbehalt. Den Trägern der Grundsicherung ist der Abschluss exklusiver Verträge mit einzelnen Leistungserbringern nicht gestattet." (S. 37)

Dieselbe Argumentation kann prinzipiell auch auf die Vergabepraxis bzw. Auftragsübertragung im Jugendwohlfahrtsbereich (JWG/KJHG) bezogen werden, wo die „soziale Schließung von Sozialmärkten" (Langer 2010) durch exklusive Privilegierung singulärer (Monopol) oder oligopol (Oligopol) ausgewählter Träger stattfindet und z. B. nach dem Konzept der Sozialraumorientierung mit *SOZIAL-RAUMBUDGETS* explizit vorgesehen ist. Hier bleibt es auch spannend, den weiteren Fortgang in *GRAZ* zu verfolgen.

Internationaler *REHA-KONGRESS 2010 in LINZ* zum Thema „Herausforderungen in der Beruflichen Rehabilitation": als Arbeitsgruppen-Ergebnis wurde die Forderung erhoben, zukünftig „keine Ausschreibung von Rehab-Leistungen" durch AMS oder AUVA durchzuführen.

---

[4] Zur funktionalen Bestimmung der Dienstleistungsarbeit vgl. Offe 1984.

Erste Weltkrieg als „Motor der Sozialpolitik" gilt. Es ging in dieser nunmehr ordnungspolitisch interessierten Debatte um die Grenzen des Sozialstaats und die Finanzierbarkeit von verteilender Gerechtigkeit; leere Kassen und Staatsverschuldung sind also kein neues Thema.

Neben der sozialmoralischen Kampagne in Gestalt der neokonservativen Kritik an einem falschen Menschenbild, das den Einzelnen mit sozialstaatlicher Wohlfahrt überversorgt und so dessen Selbsthilfekräfte lähmt, erhielt die fiskalische Kritik an den scheinbar ausufernd-kostentreibenden Auswüchsen des Sozialstaats und der damit verursachten „Fehlallokation volkswirtschaftlicher Ressourcen" einen gewaltigen Schub durch die Stärke der neoliberalen Positionen und der mit Vehemenz vorangetriebenen Sozialstaatskritik auf Ebene der Europäischen Union, auf deren Agenda die Aufspürung *wettbewerbsfreier* Zonen im Kontext einer forcierten Liberalisierungspolitik ganz vorne rangierte. So wurde die bislang „bewährte" und in enger Verschränkung mit der Politik agierende neo-korporatistische Verbändewohlfahrt nunmehr als „Wohlfahrtskartell" gebrandmarkt.[5] Die Kernvorwürfe können dabei wie folgt aufsummiert werden: Die sozialen Dienste der Wohlfahrtsverbände verursachen unangemessen hohe Kosten. Die Fehlentwicklungen zeigen sich

- in einer bürokratisch-ineffizienten Dienstleistungserstellung,
- in einer Überversorgung vor allem durch vorgehaltene Doppelstrukturen aufgrund der „heiligen Kuh" Trägerpluralität,
- in der freien Fahrt bei der Überantwortung dieser Kosten auf die öffentliche Hand,
- in einer unzureichenden Kontrolle der Wirtschaftlichkeit der Mittelverwendung,
- in einer verdeckten Rücklagenbildung,
- in den Vorteilen durch Steuervergünstigungen und im Privileg des Sammlungsrechts
- sowie schließlich in erfolgreichen Strategien, den Wettbewerb durch Diskriminierung vor allem gewerblicher Anbieter, aber auch konkurrierender kleiner Vereine auf lokaler Ebene auszuschalten.

---

[5] Dabei galten Deutschland und vielleicht noch stärker Österreich als Prototypen der Verbändewohlfahrt und der über Jahrzehnte eingeübten korporatistischen Politikverflechtung. Die deutschen Wohlfahrtsverbände („die Großen 5") unterhalten nach dem Vorbild der Wirtschaftsverbände eine Lobbydependance in Brüssel, deren Hauptaufgabe in der „Öffnung" europäischer Förderschienen für gemeinnützige drittsektorale Akteure und gleichgerichtet einer Verhinderung zu stark etatistisch ausgerichteter Programme (hier geht es vor allem gegen Frankreich) bzw. zu starker Marktliberalisierung im Sozial- und Gesundheitssektor und der Durchsetzung besonderer Regeln für Güter der Daseinsvorsorge (hier geht es vor allem gegen Großbrittanien) besteht.

Die Hauptursache all dieser Fehlentwicklungen ist im fehlenden wettbewerblichen Ordnungsrahmen zu sehen, so argumentierte etwa Dirk Meyer, Professor
für Volkswirtschaftslehre an der Universität der Bundeswehr in Hamburg in
einem Beitrag für die FAZ vom 30. 12. 1995. Das Subsidiaritätsprinzip erlaube
eben exklusiv den Wohlfahrtsverbänden den Aufstieg zu „marktmächtigen
Dienstleistungsmultis", in weiteren Quellen ist auch vom „Sündenfall Gemeinnützigkeit" die Rede.

2.3 Von der Subsidiarität zum aktivierenden Staat

Hilfegewährung und Risikoabsicherung folgen der gesellschaftlichen Erwartung,
dass der einzelne Bedürftige zunächst sich selbst hilft oder die Unterstützung
seiner Familienangehörigen in Anspruch nimmt, um Notsituationen zu überwinden. Alltägliche und gleichsam ganz selbstverständlich stattfindende Unterstützung ist dabei die häufigste Form der Hilfe. Eigenvorsorge und Rückgriff auf
informell verfügbare Unterstützungsressourcen in kleinen Gemeinschaften –
Selbsthilfe vor Fremdhilfe, nachbarschaftliche Hilfe vor staatlicher Hilfe – orientieren sich an der sozialethischen und sozialordnenden Leitvorstellung des Subsidiaritätsprinzips, das aus dem klassischen Liberalismus und der katholischen
Soziallehre begründet wurde (vgl. Sachße 1994). Subsidiarität betont also den
Vorrang der jeweils kleineren Lebenskreise.

Das *Subsidiaritätsprinzip* wird von der Politik mitunter bemüht, um sich sozialstaatlicher Leistungsverpflichtungen zu entziehen, indem auf die Selbstverantwortung verwiesen wird. Was an der Basis von der kleinen Einheit geleistet
werden könne, dürfe ihr von der größeren Einheit nicht abgenommen werden, so
der Tenor. Allerdings wird dabei eine wesentliche Prämisse der katholischen
Soziallehre übersehen:

> „Das Subsidiaritätsprinzip besagt nicht, das Glied (der einzelne) habe vorzuleisten
> und erst dann, wenn seine eigene Kraft erschöpft sei und sich eine ergänzende Leis
> tung von dritter Seite als erforderlich erweise, habe die Gesellschaft einzuspringen.
> Es verhält sich nahezu umgekehrt. Der gesellschaftliche Verband, sei es die Familie,
> sei es der Staat, hat ‚vorzuleisten', nämlich die Bedingungen und Voraussetzungen
> zu schaffen, unter denen das Glied, im Falle der Familie das Kind, im Falle des Staa
> tes die einzelnen Staatsbürger, aber auch die Familien überhaupt erst imstande sind,
> ihre Leistungen einzusetzen." (Nell-Breuning 1956, zit. n. Nissen 1990, S. 239)

Die kleinen Netze stoßen jedoch heutzutage in einer modernen, mobilen und
individualisierten Gesellschaft an die Grenzen ihrer Leistungsfähigkeit.

So soll auch im Verhältnis von öffentlichen und freien Trägern – von Staat und Verbänden – letzteren bei der Erbringung von Leistungen eine *vorrangige* Stellung eingeräumt werden: So in Deutschland nach § 4 SGB VIII; in Österreich sollen sie z. B. nach dem Kärntner JWG nur dann „herange-

DAS KAISERLICHE PATENT VON 1860

Aus dem „Reichs-Gesetz-Blatt für das Kaiserthum Österreich" mit dem Verordnungstext des Staatsministeriums vom 8.12.1860:

„Die Aufgabe der Staatsbauorgane ist überhaupt auf das streng Notwendige und auf dasjenige zu beschränken, was den Staat unmittelbar berührt und nur unter seiner directen Einwirkung vollkommen verlässlich ausgeführt werden kann. Für die Besorgung der sonstigen in das technische Fach einschlägigen Angelegenheiten der Gemeinden, Corporationen und des Publikums u.s.s. sind unabhängig vom Staatsdienste Zivilingenieure zu bestellen, welche nötigenfalls auch für Staatsbaugeschäfte gegen besonderes Entgelt in Anspruch genommen werden können. Das Institut der Zivilingenieure ist durch eine besondere Vorschrift zu regeln."

zogen werden, wenn unter Berücksichtigung ihrer Ausstattung und sonstiger Leistungen dadurch das Wohl der Minderjährigen *besser und wirtschaftlicher* gewährleistet wird" (§ 11, Hervorhebung HA). Bei allen Unterschieden steht jedoch die Erwartung im Vordergrund, dass freie Träger stärker lebensweltnah, alltags- und milieubezogener agieren können als hoheitliche Instanzen.

Im Zuge der generellen Debatte um *Verwaltungsmodernisierung* im öffentlichen Sektor (vgl. Naschold 1995; Abb. 2 ebd. S. 43) wurde auch das Subsidiaritätsprinzip als ordnungspolitisches Leitmodell auf den Prüfstand gestellt. Dabei wurden bislang eher pauschale Vorwürfe gegen das „Wohlfahrtskartell" konkreter gefasst. In den Mittelpunkt der kritischen Bestandsaufnahme geriet zum einen die Vorrangstellung der freien Wohlfahrtspflege, wie sie im deutschen Sozialgesetzbuch verankert und sogar vom Bundesverfassungsgericht bestätigt war. Mit der Öffnungsklausel für privat-gewerbliche Anbieter wurden erstmals im Pflegegesetz und danach auch in weiteren Bereichen des Sozialgesetzbuches die Spielregeln neu arrangiert (vgl. Dahme/Schütter/Wohlfahrt 2008). Zum anderen stand neben undurchsichtigen Verfahren der Preisfindung insbesondere das sog. „Rosinenpicken" der frei-gemeinnützigen Anbieter bei deren gleichzeitigem Insistieren auf Begrenzung staatlicher Initiative in der Kritik. Öffentlichen Trägern wurde die Überlassung der Durchführung all jener Aufgaben abverlangt, die im jeweiligen weltanschaulichen Traditionsbestand der Wohlfahrtsverbände standen, in deren Portfolio vorgehalten wurden und eine attraktive Vergütung versprachen – mit dem bereits bekannten Evergreen, dass im Gegensatz zu staatlichen Instanzen nur freie Träger lebensweltnahe, wertegebundene und unbürokratische Hilfen zu erbringen vermögen. Um den unattraktiven Rest „ohne Rosinen" hatten sich die Ämter selbst zu kümmern.

New public management und *Neue Steuerung* forcierten nunmehr ein neues ordnungspolitisches Leitbild, in dessen Zentrum eine transparente Verantwortungsteilung zwischen Staat und Leistungserbringern stand. Im Gegensatz zu einer vielfach vorgetragenen, aber uninformierten Kritik ist nach diesem Konzept gerade kein Rückzug auf einen Minimal- oder passiven Nachtwächterstaat vorgesehen, vielmehr bleibt der Staat Träger der Gesamtverantwortung, konzentriert sich dabei allerdings auf der Politikebene auf Vorgaben und Leitziele hinsichtlich politisch festzulegender „Kernaufgaben", beschränkt sich auf der administrativen Ebene auf die Rolle hoheitlicher Aufgabenwahrnehmung und setzt auf Koproduktion von Leistungen über ein transparentes Kontraktmanagement, das bedarfsgerechte zeitnahe Flexibilität ermöglichen soll.

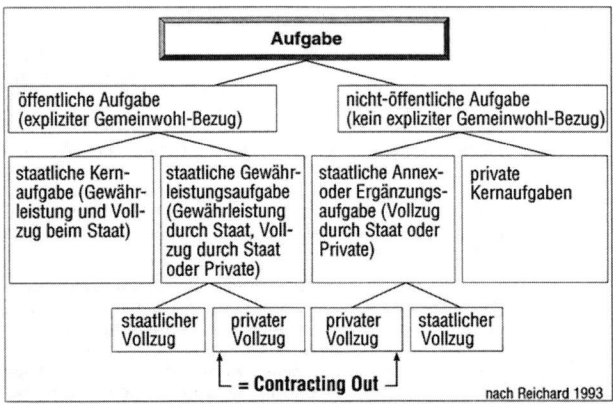

Abbildung 2: Kernaufgabenkonzept

Ziel ist die Leistungsaktivierung aller Beteiligten über die gesamte „Wertschöpfungskette" nach der Leitmaxime des *Fördern & Fordern* unter Einschluss der Endverbraucher. Es geht also um die Erhöhung der Selbststeuerungspotentiale des Staates und seiner föderalen Glieder. Der *aktivierende Staat* will die „Funktionssperre" nach dem Subsidiaritätsprinzip aufsprengen und durch Marktöffnung und Anbieterpluralität eine gestaltende Position erlangen. Dazu werden Verfahren und Instrumente eingesetzt wie Qualitätsmanagement, die Durchführung von Benchmarking mit der Auszeichnung von best practice, die Inszenierung eines Leistungs-, Qualitäts- und Kostenwettbewerbs zwischen den Leistungserbringern. Ebenso gilt dies nach innen, indem zwischen den Verwaltungsbereichen selbst ein interner Quasi-Wettbewerb stattfinden soll bzw. interkommunale Vergleiche durchgeführt werden, wobei vor allem letztere zu einem großen Geschäftsfeld der Wirtschaftsberatungsfirmen avancieren, allen voran die Bertelsmann-Stiftung. Im Mittelpunkt aber stehe der Kunde, so das Credo, und für diesen sei es unerheblich, ob soziale Dienste öffentlich, wohlfahrtsverbandlich oder privat organisiert sind und erbracht werden (vgl. v. Bandemer/Hilbert 2000).

Kritische Positionen sehen im Konzept des aktivierenden Staats eine gouvernementale Vereinnahmungsstrategie gegenüber freien Trägern und Selbsthilfeorganisationen, bei deren Einbindung in die Wertschöpfungsketten eine Verwischung von Zuständigkeiten in der Gewährleistungsverantwortung immanent ist. Diese Warnung ist gerade gegenüber dem Konzept von Sozialraumbudgets durchaus berechtigt – trotz vehementer Entgegnung seiner Verfechter (vgl. Hinte et al. 2003). Wohl aber bleibt festzuhalten, dass mit den Reformbestrebungen im konzeptionellen Kontext des aktivierenden Staates durchaus sinnvolle Impulse für eine Gesamtarchitektur des sozialen Feldes und einer fallübergreifenden Sozialraumverantwortung angestoßen wurden; Transparenz und Zurechenbarkeit wurden durch Differenzierung der Verantwortungsebenen erhöht; die Zusammenlegung von Fallführung und Fallbearbeitung mit Ressourcen- und Ergebnisverantwortung wurde zumindest eingefordert, wenngleich wiederum Kritiker in dieser Stärkung der Fachverantwortung eine Überforderung der Fachkraftebene erkennen.

3   Ausblick: Soziale Dienste als soziale Infrastruktur

Die intermediäre Stellung der Sozialen Arbeit und ihrer Organisationen zwischen Markt und Staat provoziert stets zur kritischen Anfrage, der sich die Vertreter der „Gemeinwohlwirtschaft" auch zu stellen haben. Die Zeiten scheinen passé, in denen kritische Anfragen mit allgemeinen Verweisen auf die Gutmenschlichkeit des Helfens, auf die große Tradition der jeweiligen Verbände und mit der Betonung von Leitsprüchen („Keiner darf verloren gehen"; „Helfen macht Freude"; „Dienst am Nächsten" usw.) begleitet von einem Generallamento über knappe Finanzmittel ausgekontert werden konnten. Stattdessen wird verlangt, stichhaltige Verfahren der Nachweisführung zu implementieren und diese auch kontinuierlich weiterzuentwickeln, wie dies mit der Forcierung einer fachlich untersetzten Qualitätssicherung, der Einführung von Qualitätszirkeln und Wirksamkeitsdialogen usw. auch geschieht (vgl. Merchel 2009). Dabei haben intermediäre Organisationen durchaus im Interesse ihrer Selbsterhaltung auch konfligierende Positionen zu artikulieren und an sie gerichtete widersprüchliche Anforderungen auszubalancieren (s. u.).

Eingangs wurde in diesem Beitrag gefordert, die Qualität, Bedarfsgerechtigkeit und Zielgenauigkeit von Leistungen nicht nur jeweils zu behaupten oder zu bestreiten, sondern empirisch zu beobachten und dabei den Einfluss des jeweils gewählten Arrangements der Akteure, ihrer „Aufstellung" (in der Fußballsprache) herauszuarbeiten. Dazu sind neben der Heranziehung vorliegender Studien, die auch internationale Erfahrungen aufarbeiten, insbesondere kleinräumliche und lokale Studien erforderlich. Gerade hier besteht allerdings ein erhebliches Wissens-, weil Forschungsdefizit, das behelfsweise immer wieder durch unzulängliche Ableitungen von Großstudien zu überbrücken versucht wird, wobei es wissenschaftlich weit seriöser wäre, auf solider empirischer Basis zu verallgemeinernden Schlüssen zu gelangen, als vice versa die regionale Wirklichkeit mangels konkreter Feldrecherche einfach deduktiv zu subsumieren. Denn lägen solche kleinräumlichen Feldstudien vor, könnten diese in einem zweiten Schritt in einer Synopse quergelesen werden mit dem Ziel, bewährte Handlungskonzepte und Umsetzungspraxen – ganz im Sinne der wettbewerblichen Maxime aktivierender Steuerung – herauszufiltern und diese Ansätze „guter Praxis" dann auch modellhaft herauszustellen.

Ein großes Dunkelfeld und somit aufzuhellendes Forschungsfeld bildet der *ländliche Raum*, der gerade in den Ballungsgebiet-abgewandten Regionen jenseits der Achse Salzburg – Wels – Linz – Wien gleichsam als Juwel und Charakteristikum Österreichs gilt und von der Tourismuswerbung entsprechend besungen wird. Welche Konzepte Sozialer Arbeit haben wir hier verfügbar – oder braucht es in der heilen ländlichen Welt keine Unterstützungsstrukturen?[6] Und falls doch, wie sind die Akteure aufgestellt, wie operieren sie? In Kärnten etwa haben die meisten sozialwirtschaftlich tätigen Träger ihren Sitz[7] in einer der beiden großen Städte, einige unterhalten Dependancen in Spittal, Brückl, Feldkirchen. Sprechstunden etwa zur Schuldnerberatung oder zur Sucht- oder Partnerschaftskonfliktberatung finden in den Bezirksstädten statt. Eine Komm-Struktur scheint gleichsam naturgegeben und selbstverständlich vorausgesetzt, wobei wir eben wenig darüber wissen, wie und ob überhaupt die Bevölkerung im ländlichen Raum erreicht wird. Vorbild für effiziente Betreuungs- und Beratungsstrukturen könnte hier etwa die mobile Jugendarbeit sein, die Treffpunkte und Clubs „in der Prärie" regelmäßig aufsucht und nicht im Jugendzentrum der

---

[6] Man braucht nur die Polizeiberichte in der Lokalpresse zu lesen: z. B. Bauer flüchtet wegen Schulden vor „Cobra" mit seinem Traktor und begeht letztlich Selbstmord; oder die unzähligen Gewalttaten gegen die eigene Familie, die überwiegend von nicht erfüllten Selbstansprüchen eines antiquierten Männlichkeitsideals herrühren – soziale Auffälligkeit und Abweichung, was wiederum nicht in die Zuständigkeit einer aufklärenden und alltagsnah unterstützenden und zudem kostengünstig operierenden Sozialen Arbeit gestellt wird, sondern von der alles dominierenden (Neuro-)Psychiatrie zur psychischen Krankheit umdefiniert wird, leider „unentdeckt", deshalb auch die Forderung nach dem Ausbau „präventiver Psychiatrie" …
[7] So begründete die Leitung eines Beratungsvereins die ausschließliche Konzentration all ihrer Mitarbeiterinnen in der Landeshauptstadt mit dem Argument, es sei wichtiger, dass alle an kollegialem Austausch, Teambesprechungen und Supervision teilnehmen, als dass man sich organisatorisch über das Land verstreue – wohlgemerkt, bei dezidiert ausgewiesener Niederschwelligkeit im Trägerkonzept.

Bezirksstadt nur wartet, ob die Jugendlichen mal vorbeischauen, bevor der Bus fährt.

Feld- und Regionalstudien mit Fokus auf die Arrangements lokaler bzw. regionaler Wohlfahrtsproduktion sollten Leitfragen folgen, bei denen förderliche Rahmenbedingungen ebenso im Blick sind wie etwa die Rolle der seitens Beck (1999) eingeforderten Gemeinwohl-Unternehmerpersönlichkeit. Ist denn belegbar, dass neben konzeptionell-methodischen Strategien und somit fachlicher Professionalität ein bestimmter Typus von Schlüsselpersonen notwendig ist? – Macher und Unterstützer, die als „Zugpferde" Leitprojekte initiieren oder durchsetzen und somit eine bedeutsame Einflussgröße in der Gestaltung des sozialwirtschaftlichen Feldes ausmachen?

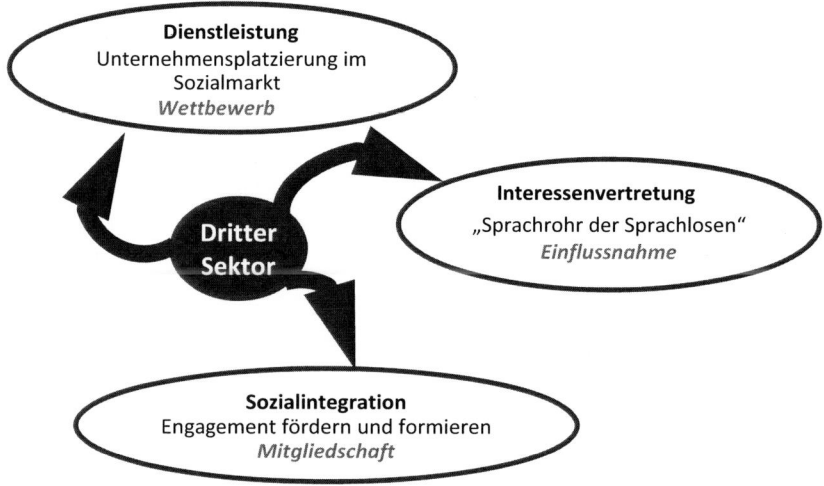

Abbildung 3: Funktionsmix von Dritte-Sektor-Organisationen

Die Dritte-Sektor-Forschung hat auf theoretischer Ebene Untersuchungsdesigns entwickelt, nach denen sich gemeinnützige Organisationen[8] durch einen Funktionsmix auszeichnen, was gleichsam ihr Alleinstellungsmerkmal darstellt. Sie sind demnach intermediär zwischen gewinn-gewerblicher Marktlogik, hoheitlich-verrechtlichter Staatslogik und dem auf Zugehörigkeit und Gegenseitigkeit fußenden, partikularistischen Handlungsmodus von Familien und Nachbarschaf-

---

[8] Um zu klären, welche Bereiche und Organisationsformen dem Dritten Sektor zuzurechnen sind, wird stets auf die *International Classification of Nonprofit Organizations* des Johns Hopkins Comparative Nonprofit Sector Project zurückgegriffen und diese Typologie nach länderspezifischen Besonderheiten modifiziert (vgl. Zimmer/Priller 2004).

ten zu verorten und können gleichzeitig – eben als Intermediäre – zwischen diesen Sphären vermitteln. Als wirtschaftliche Organisationen aber müssen sie in ihrer Funktion als Dienstleister sich am Markt behaupten, zweitens Einfluss-Netzwerke in den Staatssektor hinein unterhalten, um stellvertretend-advokatorische Interessenvertretung wahrnehmen zu können und drittens partizipative Identifikationsangebote für ihre Mitglieder unterbreiten und somit sozial-integrativ wirksam sein. Wenn sich gemeinnützige Organisationen einem dieser Pole zu stark zuneigen, gerät die Multifunktionalität außer Balance und sie büßen damit ihr „Proprium" ein. Nach dem Dauerbeschuss der Liberalisierungsfraktion gegen zu große Staatsnähe[9] und volkswirtschaftsschädigender Kartellbildung scheint die derzeitige Gefahr des Abkippens eher zur Schlagseite des „Managerialismus" hin zu neigen.

Für die hier anempfohlenen Feldstudien wird demzufolge auch die Frage nach dem Selbstverständnis der sozialwirtschaftlich tätigen Organisationen und ihrer Akteure relevant, wobei ggf. auch Divergenzen zwischen der Management- und der Fachebene festzustellen und deren Ursachen und Auswirkungen einzuschätzen sind (vgl. Langer 2010). Zu fragen wäre demnach also, ob seitens der an der Steuerung und Herstellung sozialer Güter beteiligten Akteure ein am Gemeinwohl orientiertes Grundverständnis besteht, und falls ja: worin sich dieses zeigt und wie es wirksam wird. Dass sozialwirtschaftliche Organisationen in der Öffentlichkeit wie auch von Politik und Verwaltung weithin als „Subventionsempfänger" wahrgenommen werden, muss doch stark verwundern.[10] Andererseits ist ebenso verwunderlich, wenn sich gemeinnützige Vereine selbst vorrangig als Wirtschaftsbetriebe verstehen und sich gegenseitig durch Erwirtschaftungs- und Erlösquoten zu übertrumpfen versuchen, ganz abgesehen von der irrigen Wahlkampfidee einiger Politiker, man könne auch den Staat selbst wie ein Unternehmen führen und somit die Staatsverschuldung abschaffen. Es geht also um die Rollen und das Selbstverständnis *aller* im Bereich der Sozialwirtschaft tätigen Akteure und um deren Beiträge zur Ausgestaltung einer belastbaren, bedarfsadäquaten sozialen Infrastruktur, die ihre Wirksamkeit in der Regel auf kommunaler Ebene unter Beweis stellen muss.

Eine systematische Bestandsaufnahme der bestehenden Praxis und deren kritische Bewertung ist die Grundlage einer möglichen Neuorientierung. Reorganisationsprozesse in der Soziallandschaft und die Einleitung von Innovationen sollten auf ein planungsstrategisches Fundament gestellt werden, wie dies etwa

---

[9] Die Kritik seitens der alternativen Basisbewegungen und kleinen Vereinen schoss sich hier ebenfalls auf das Ziel Staatsnähe der „Wohlfahrtskonzerne" ein, wenngleich in gänzlich anderer Absicht.
[10] Verwundern insofern, als z. B. Straßenbau-Unternehmen, die zu 97 % von Staatsaufträgen und 3 % vom Teeren privater Hofeinfahrten leben, als hochseriöse Marktbetriebe gelten und keineswegs dem Makel des Subventionsempfangs ausgesetzt sind.

im deutschen Sozialrecht mit der gesetzlichen Verpflichtung zur kommunalen Sozialplanung in mittelfristigem Zyklus gegeben ist. Rechtsvorschriften können allerdings so oder auch anders erfüllt werden, insofern ist noch entscheidender, wie es gelingt, ein *veränderungsoffenes interessiertes Klima* unter allen Beteiligten zu fördern. Zur Einlösung dieser Zielperspektive bedarf es auf organisatorischer Ebene geeigneter Strategieforen, die vom Willen zur Gestaltung der regionalen Landschaft getragen werden. Dazu muss es gelingen, die Existenzängste von beteiligten Leistungserbringern zu dämpfen und partikulare Trägeregoismen zurückzudrängen. Die Steuerung muss in hoheitlicher Hand liegen, die zur Durchführung auch Planer/Gestalter als Experten beauftragen kann, wobei letztere nicht nur moderieren, sondern auch Fach- und Sachverstand vorweisen sollten. Als wichtigster Grundvoraussetzung bedarf es aber der Wahrnehmung gegebener oder zu schaffender Handlungsspielräume auf kommunaler und regionaler Ebene anstelle der kontraproduktiven Pauschalbehauptung, man verfüge vor Ort ohnehin über keinerlei Handlungsspielräume, alles sei durch übergeordnete Vorgaben[11] geregelt usw.

Projekte prägen das regionale Sozialklima und sind Bausteine der sozialen Infrastruktur. Damit die Bausteine ein Gesamtwerk bilden, bedarf es spezifischer und unterscheidbarer Kompetenzportfolios unter den Leistungsanbietern und sinnvoller Abstimmung. Wie aber können unterschiedlich profilierte Einrichtungen auf lokaler bzw. regionaler Ebene zu einer belastbaren und entwicklungsstarken Infrastruktur zusammenwachsen? Bei allen legitimen Eigeninteressen ist es erforderlich, über den Horizont des eigenen „Sozialunternehmens" hinauszublicken, das Gemeinwesens in den Blick zu nehmen und auch als Initiator von sozialraumbezogenen Aktivitäten aufzutreten bzw. mitzuwirken. In ganz entscheidender Weise ist hier auch das Engagement der kommunalpolitischen Entscheidungsträger gefragt, deren entwicklungsorientierte Sozialplanung dabei den Korridor für eine aufgabenbezogene Kooperation zur Gestaltung der regionalen Soziallandschaft öffnen kann.

---

[11] Besonders beliebt sind in diesem Kontext die Verweise auf die demütigende Bevormundung durch die EU und die Selbstinszenierung als deren ‚gekreuzigtes' Opfer, wobei gerne verschwiegen wird, dass den Agenden der Kommission in der Regel ein langer Sondierungsprozess auf Experten- und Referentenebene vorausgeht und schließlich alle Mitgliedsstaaten rechtssetzenden Rahmenverordnungen mit einer Einspruchsfrist von sechs Monaten zustimmen müssen, ansonsten diese für den ablehnenden Staat keine Rechtsbindung erlangen. Diese Belehrung sei hier mit Nachsicht aufgenommen, da zu diesem Sachverhalt und Procedere auch in der eigenen Zunft erhebliche Unkenntnis besteht.

Literatur

Aiginger, Karl (2009): Europäische Sozialmodelle: Erfahrungen und Reformperspektiven. In: Soziale Sicherheit. Fachzeitschrift der österreichischen Sozialversicherung, Heft 4. S. 178–195.

Arnold, Helmut (1997): Neues Steuerungsmodell und Steuerungspraxis der Jugendhilfe in Ostdeutschland. In: Wolff, Mechthild/ Schröer, Wolfgang/ Möser, Sigrid (Hg.): Lebensweltorientierung konkret. Jugendhilfe auf dem Weg zu einer veränderten Praxis. IGfH-Eigenverlag, Frankfurt am Main. S. 247–262.

Arnold, Ulli (2003): Besonderheiten der Dienstleistungsproduktion. In: Arnold, Ulli/ Maelicke, Bernd (Hg.): Lehrbuch der Sozialwirtschaft. Nomos, Baden-Baden. S. 438–457.

Badura, Bernhard (1980 [1929]: Heimanns demokratischer Sozialismus, eine Provokation moderner Sozialpolitik (Vorwort). In: Heimann, Eduard: Soziale Theorie des Kapitalismus. Theorie der Sozialpolitik. Suhrkamp, Frankfurt am Main.

Bandemer, Stefan von/ Hilbert, Josef (2000): Vom expandierenden zum aktivierenden Staat. In: Blanke, Bernhard/ u. a. (Hg.): Handbuch zur Verwaltungsreform. Leske + Budrich, Opladen.

Beck, Ulrich (1999): Schöne neue Arbeitswelt. Vision Weltbürgergesellschaft. Campus Frankfurt/New York.

Bellermann, Martin (2004): Sozialökonomie. Soziale Güter und Organisationen zwischen Ökonomie und Politik. Lambertus, Freiburg.

Böhnisch, Lothar/ Arnold, Helmut/ Schröer, Wolfgang (1999): Sozialpolitik – Eine sozialwissenschaftliche Einführung. Juventa, Weinheim/München.

Budäus, Dietrich/ Reichard, Christoph/ Schauer, Reinhart (Hg.) (2005): Public und Nonprofit Management. Aktuelle Forschungsergebnisse aus Deutschland und Österreich. Trauner Verlag, Potsdam/Linz.

Dahme, Heinz-Jürgen/ Schütter, Silke/ Wohlfahrt, Norbert (2008): Lehrbuch Kommunale Sozialverwaltung und Soziale Dienste. Juventa, Weinheim/München.

Dahme, Heinz-Jürgen/ u. a. (2005): Zwischen Wettbewerb und Subsidiarität. Wohlfahrtsverbände unterwegs in die Sozialwirtschaft. edition sigma, Berlin.

Esping-Andersen, Gösta (1998): Die drei Welten des Wohlfahrtskapitalismus. Zur Politischen Ökonomie des Wohlfahrtsstaates. In: Lessenich, Stephan/ Ostner, Ilona (Hg.): Welten des Wohlfahrtskapitalismus. Campus, Frankfurt/New York. S. 19–56.

Evers, Adalbert/ Olk, Thomas (1996): Wohlfahrtspluralismus – Analytische und normativ-politische Dimensionen eines Leitbegriffs. In: Evers, Adalbert/ Olk, Thomas (Hg.): Wohlfahrtspluralismus. Vom Wohlfahrtsstaat zur Wohlfahrtsgesellschaft. Westdeutscher Verlag, Opladen. S. 9–60.

Heinze, Rolf G./ Olk, Thomas (1999): Vom Ehrenamt zum bürgergesellschaftlichen Engagement. In: Kistler, Ernst/ Noll, Heinz-Herbert/ Priller, Eckhard (Hg.): Perspektiven gesellschaftlichen Zusammenhalts. edition sigma, Berlin.

Hinte, Wolfgang/ u. a. (2003): Sozialräumliche Finanzierungsmodelle. Qualifizierte Jugendhilfe auch in Zeiten knapper Kassen. edition sigma, Berlin.

Höpfl, Thomas (2009): Die öffentliche Vergabe von sozialen Dienstleistungen – Wie sozial dürfen soziale Dienste sein? In: Dimmel, Nikolaus/ Heitzmann, Karin/ Schenk, Martin (Hg.): Handbuch Armut in Österreich. Studien-Verlag, Innsbruck/ Wien/Bozen. S. 626–645.

Illich, Ivan/ u. a. (1979): Entmündigung durch Experten. Zur Kritik der Dienstleistungsberufe. Rowohlt, Reinbek.

Immerfall, Stefan (1999): Sozialkapital in der Bundesrepublik. In: Kistler, Ernst/ Noll, Heinz-Herbert/ Priller, Eckhard (Hg.): Perspektiven gesellschaftlichen Zusammenhalts. edition sigma, Berlin.

Kaufmann, Franz-Xaver (1997): Herausforderungen des Sozialstaates. Suhrkamp, Frankfurt am Main.

Langer, Andreas (2010): Auswirkungen und Wechselwirkungen der Verwaltungsreform in der Jugendhilfe. In: Zeitschrift für Sozialpädagogik, Heft 3. S. 232–260.

Luhmann, Niklas (1973): Formen des Helfens im Wandel gesellschaftlicher Bedingungen. In: Otto, Hans-Uwe/ Schneider, Siegfried (Hg.): Gesellschaftliche Perspektiven der Sozialarbeit, Bd. 1. Luchterhand, Neuwied/Berlin. S. 21–43.

Merchel, Joachim (2009): Sozialmanagement – eine Einführung in Hintergründe, Anforderungen und Gestaltungsperspektiven des Managements in Einrichtungen der sozialen Arbeit. Juventa, Weinheim/München.

Naschold, Frieder/ u. a. (Hg.) (1996): Leistungstiefe im öffentlichen Sektor – Erfahrungen, Konzepte, Methoden. edition sigma, Berlin.

Naschold, Frieder (1995): Modernisierung des Staates. Zur Ordnungs- und Innovationspolitik des öffentlichen Sektors. edition sigma, Berlin.

Nissen, Silke (1990): Zwischen lohnarbeitszentrierter Sozialpolitik und sozialer Grundsicherung – sozialpolitische Reformvorschläge in der parteipolitischen Diskussion. In: Vobruba, Georg (Hg.): Strukturwandel der Sozialpolitik. Suhrkamp, Frankfurt am Main.

Norekian, Anne (2005): Gutscheinsysteme als alternatives institutionelles Arrangement zur Finanzierung und Steuerung öffentlicher Aufgabenwahrnehmung. In: Budäus, Dietrich/ Reichard, Christoph/ Schauer, Reinhart (Hg.): Public und Nonprofit Management. Aktuelle Forschungsergebnisse aus Deutschland und Österreich. Trauner Verlag, Potsdam/Linz. S. 153–171.

Offe, Claus (1984): Das Wachstum der Dienstleistungsarbeit – Vier soziologische Erklärungsansätze. In: Ders.: „Arbeitsgesellschaft": Strukturprobleme und Zukunftsperspektiven. Campus, Frankfurt/New York.

Otto, Hans-Uwe (2007): What works? Zum aktuellen Diskurs um Ergebnisse und Wirkungen im Feld der Sozialpädagogik und Sozialarbeit – Literaturvergleich nationaler und internationaler Diskussion. Hrsg. v. Arbeitsgemeinschaft für Kinder- und Jugendhilfe (AGJ). Berlin.

Otto, Hans-Uwe/ Olk, Thomas (Hg.) (2003): Soziale Arbeit als Dienstleistung. Luchterhand, Neuwied.

Pankoke, Eckart (1995): Subsidäre Solidarität und freies Engagement – Zur „anderen" Modernität der Wohlfahrtsverbände. In: Rauschenbach, Thomas/ Sachße, Christoph/ Olk, Thomas (Hg.): Von der Wertegemeinschaft zum Dienstleistungsunternehmen. Jugend- und Wohlfahrtsverbände im Umbruch. Suhrkamp. Frankfurt am Main.

Pfau-Effinger, Birgit (2009): Wohlfahrtsstaatliche Politiken und ihre kulturellen Grundlagen. In: Österreichische Zeitschrift für Soziologie. Vierteljahresschrift der Österreichischen Gesellschaft für Soziologie, Heft 3. S. 3–21.

Sachße, Christoph (1994): Subsidiarität – Zur Karriere eines sozialpolitischen Ordnungs-
begriffes. In: Zeitschrift für Sozialreform, Heft 1. S. 717–731.

Schmid, Josef (2002): Wohlfahrtsstaaten im Vergleich. Leske + Budrich, Opladen.

Tálos, Emmerich (2005): Vom Siegeszug zum Rückzug: Sozialstaat Österreich 1945-
2005. Studien-Verlag, Innsbruck/Wien/Bozen.

Zimmer, Annette/ Priller, Eckhard (2004): Gemeinnützige Organisationen im gesellschaftlichen Wandel. Ergebnisse der Dritte-Sektor-Forschung. VS, Wiesbaden.

„Menschenflüstern". Über das Ethische in helfenden Beziehungen der Sozialen Arbeit

Susanne Dungs

„Das Gesicht als die äußerste Gefährdetheit des Anderen. Frieden als Erwachen für die Gefährdetheit des Anderen." (Emmanuel Lévinas)

Lévinas macht auf eine paradoxale ethische Struktur aufmerksam, in der sich die asymmetrische Ebene der Fürsorge für den Anderen chiastisch mit der symmetrischen Ebene gesellschaftlicher Gerechtigkeit kreuzt. Daraus resultierend sind der besondere Schutz und die exklusive Unterstützung, deren besonders vulnerable Menschen bedürfen, immer wieder einer zweifachen Gefahr ausgesetzt. Entweder bleibt die professionelle Arbeitsbeziehung einer „dyadischen Idylle" (Studierende kommen nicht selten mit diesem idealistischen Helfermotiv in das Studium der Sozialen Arbeit hinein) allzu sehr verhaftet. Oder die Beziehung droht neutralisiert zu werden und in einen gefährlichen Totalitarismus umzuschlagen, der vom Antlitz des notleidenden Menschen abstrahiert. In diesem Sinne können beide Ebenen, wenn sie sich voneinander lossagen, ins Fatale umschlagen, gleichwohl lassen sie sich nicht *feststellen* und einer eindeutigen moralischen *Fundierung* zuführen. Sie bleiben fragil und paradoxal ineinander verstrickt, was weiter zur Folge hat, dass das Nähe-Distanz-Problem nicht abschließend theoretisch geklärt und professionell moderiert werden kann. Ebenso wie die Asymmetrie der Verantwortung für den Anderen nicht über eine *Wertbindung* (einem Bauchladen gleich) verordnet werden kann, so ist auch die Ebene der Gerechtigkeit von einer „Negativität" durchzogen, die allenfalls eine Korrektur der idyllischen Nähe ins Werk setzen kann, sie aber in keinem Fall überwindet. Obwohl die Soziale Arbeit inzwischen hoch professionalisiert ist und sich mithin eine gewisse *Distanz* zur Klientel erarbeitet hat (z. B. Dienstleistungsorientierung), kommt sie nicht umhin, sich einzugestehen, dass sie den alltäglichen Formen des Umgangs zwischen Menschen immer sehr *nahe* ist. Die These des Beitrags lautet, dass in diesem Chiasmus von Nähe und Distanz, Fürsorge und Gerechtigkeit, Hilfe und Kontrolle, Freilassen und Stigmatisieren, etc., von dem die Arbeitsbeziehungen der Sozialen Arbeit gekennzeichnet sind, das Ethische zu suchen ist. Es soll vorab als „Menschenflüstern" bezeichnet sein.

Im Folgenden möchte ich das Spannungsverhältnis zwischen asymmetrischer[1] Fürsorge und symmetrischer Gerechtigkeit eingehender bestimmen. Dazu führe ich unter (1) in einige Probleme einer zeitgenössischen Ethik ein. Unter (2) werden drei Ethiken der Alterität dargestellt: 2.1 Judith Butler, 2.2 Emmanuel Lévinas, 2.3 Slavoj Žižek. Die drei Anläufe dienen dazu, dem *negativen* Charakter des Ethischen in helfenden Beziehungen näher zu kommen, der unter (3) zusammenfassend herausgearbeitet wird. Unter Umständen gehen aus dieser Annäherung bedeutsame Knotenpunkte hervor, die für eine Ethik Sozialer Arbeit und eine sozialphilosophische Schwerpunktsetzung innerhalb der Wissenschaft der Sozialen Arbeit grundsätzlich zur Geltung gebracht werden könnten.

1   Mobilisierung der Ethik zur Bekämpfung gesellschaftlicher Hyperkomplexität

Der Begriff der Ethik ist von Aristoteles (384–322 v. Chr.) in die Philosophie eingeführt worden. Er unterschied diese in die Teildisziplinen der theoretischen und praktischen Philosophie. Zur theoretischen Philosophie rechnete er Logik, Physik, Mathematik, Metaphysik. Zur praktischen Philosophie zählte er Ethik, Ökonomie, Politik. Das von ihm verwendete Adjektiv „ethicos" (ethisch) leitet sich von dem Substantiv „Ethos" ab. Ethos bedeutet gemeinschaftlicher Gebrauch, Sitte, Gewohnheit, aber auch individuelle Gesinnung, Haltung, Einstellung. Durch diese zweifache etymologische Bedeutung hat Ethik seither eine doppelte Ausrichtung: (1) Zum einen verweist sie auf das Miteinander der Menschen und betrachtet den Menschen als Gemeinschaftswesen und Staatsbürger/in. (2) Zum anderen reflektiert sie auf die individuelle Sinnesart, Haltung und Gesinnung der Einzelnen. Diese doppelte Ausrichtung ist für die Geschichte der Ethik maßgeblich geworden, so dass Ethik seit Aristoteles von der Frage geleitet ist, wodurch ein gelingendes Leben der Einzelnen und ein gutes Zusammenleben gekennzeichnet sind. Zentrale Probleme der Ethik betreffen daher die *Motive*, *Methoden* und *Folgen* menschlichen Handelns, bezogen auf die Einzelnen und die Gemeinschaft. Je nachdem, wie diese Aspekte gewichtet sind, und was als Quelle ethischer Normen und Werte verstanden wird, findet sich heute eine Reihe unterschiedlicher Ethiktypen. Diese Tatsache „lässt vermuten, dass ein Ansatz allein keine befriedigende Antwort auf die ethische Fragestellung bietet. Die alles umfassende ethische Formel gibt es offensichtlich nicht." (Berkel 1998, S. 119)

---

[1] Mit „asymmetrisch" ist im Weiteren nicht ein hierarchisches Verhältnis gemeint, sondern die Grenze des Wissens in der Beziehung zum Anderen.

In der Zeit des Aristoteles verstand sich vieles nicht mehr von selbst. Die Auffassung über das Gute und Gelingende konnte nicht mehr zweifelsfrei vertreten werden. Unter Ethos kann daher zum einen das verstanden werden, was Menschen tun, weil sie es als das *Gewohnte* ansehen. Zugleich kann angesichts gesellschaftlicher Erfordernisse eine *Unsicherheit* entstehen, ob das Übliche noch das Richtige ist.

> „Es ist anscheinend diese grundlegende Unsicherheit über die menschliche Handlungsweise, die wiederum den Hintergrund für die Ethik als theoretisches, philosophisches Unternehmen bildet. (…) Ethik ist die kritische Reflexion über unsere Vorstellungen von der richtigen und guten menschlichen Handlungsweise bzw. Lebensführung. Eine solche Reflexion liegt (...) besonders nahe, wenn nicht mehr selbstverständlich ist, was gut ist." (Andersen 2005, S. 2)

Heute befinden wir uns in einer vergleichbar fraglichen Situation. Die Hyperkomplexität gesellschaftlicher Gegenwart lässt die Frage, wie sich individuelles und gemeinschaftliches Leben gelingend gestalten könnten, nicht mehr eindeutig beantworten. Ethik ist gerade dort gefordert, wo Vertrauen in Bewährtes riskant wird. Angesichts der Vielfalt moralischer Aspekte, die in der Auseinandersetzung mit komplexen Problemfeldern, wie Strukturwandel des Sozialstaats, globale Wirtschaftsentwicklung, biowissenschaftlicher Fortschritt, zutage tritt, fällt es schwer, die „richtigen" Maßstäbe für die Beurteilung von Handlungsalternativen zu finden. Die Verflüssigung der Grenzen zwischen Natur – Kultur, Mensch – Maschine, lokal – global hat dazu geführt, dass die Handlungsketten fortlaufend länger und die Folgen von Entscheidungen undurchsichtiger werden. Wir leben in einer „*perplex organisierten Gesellschaft*", die aufgrund ihrer „*reflexiven* Organisationsform einen Teil ihrer Rat- und Planlosigkeit, ihrer Begriffs- und Verständnislosigkeit selbst erzeugt" (Gamm 2006a, S. 18f.). Die heutige Ethikkonjunktur erweist sich als der Preis, „der für die transzendentale Obdachlosigkeit der Moderne und ihre Entgründung der Moral, zu zahlen ist" (Gamm 2003, S. 36). Ethische Kontrollansprüche bieten sich dort besonders an, wo eine Ratlosigkeit eingetreten ist, wie die technisch-ökonomische Übermobilisation noch zu stoppen sein könnte (vgl. Gamm 1992, S. 36). Bei der Darstellung der drei Ethiken der Alterität ist es mir folglich auch um eine Ethikkritik zu tun, da eine als Notprogramm herbeizitierte Ethik zur Abschließung der Spätmoderne beiträgt.

2   Drei Ethiken der Alterität

„Ob ein Leben gelingt oder die Erziehung zum Besten ausschlägt, bleibt ewig
ungewiss." (Gamm 2006b, S. 46) Um diesem Entzogenen, in dem jedes ethische
und pädagogische Geschehen gründet, im Weiteren einen Stellenwert einzuräumen, werden die drei Ethiken nicht zunächst *grundgelegt*, um sie dann auf das
Anwendungsfeld Sozialer Arbeit *umzulegen* (analog der sogenannten angewandten Ethiken). Vielmehr möchte ich drei Lichter entzünden, die sukzessive erhel-
len sollen, worin das *negativ Ethische* in helfenden Beziehungen liegen könnte.
„Wie geht das, jemanden auf den Weg zu bringen?" „Wie sehen die Handlungen
aus, denen dieses Kunststück gelingt?" (ebd.). Kommen sie einem Positivier-
baren gleich, so dass sie sich, wie in anderen Wissenschaften auch, evidenz-
basieren lassen müssten, oder verweisen sie auf eine andere, flüsternde Welt?

2.1   *Gefährdetes Leben (Butler)*

Die als Theoretikerin der Gender-Studies (Gender Trouble, 1990) bekannt ge-
wordene amerikanische Philosophin Judith Butler (*1956, Cleveland/Ohio) verknüpft theoretisch und praktisch philosophische Perspektiven mit Politik. Sie
beschreibt den Krieg als eine Situation, in der wir das Angesprochenwerden
durch einen verletzlichen Anderen fundamental verfehlen. Frieden stelle demgegenüber ein Erwachen für dessen Gefährdetheit dar, der mir zuflüstert, dass er
sich in Not befinde. Mit Lévinas verweist Butler auf das Gesicht als die äußerste
Gefährdetheit des Anderen. In der nationalen Selbstkritik von Barack Obama, für
die er mutmaßlich den Friedensnobelpreis erhalten hat, klingt ein solches Erwachen an, in den „Entschuldigungen für Arroganz, Missachtung und Hohn (gegenüber Europa), für die Misshandlung von Eingeborenen, für Folter, für Hiros-
hima, für Guantánamo (…), für mangelnde Achtung vor der muslimischen Welt"
(Jan Ross 2009).
    In *Gefährdetes Leben* (2005) sucht Butler den Grundriss einer jüdischen
Ethik der Gewaltlosigkeit auf. Vom Gesicht des von Lévinas so genannten Anderen geht eine ethische Forderung aus, die mir sagt: „Du sollst nicht töten." Der
Imperativ, den das Gesicht übermittelt, ist nicht in eine ethische Vorschrift übersetzbar, sondern lässt das Gesicht zur Sphäre der Ethik *gehören*. Es ist die *Erscheinung* der Merkwürdigkeit, die mir sagt, dass sich im Gesicht seine Mensch-
lichkeit ausdrückt. Die Metapher der Gefährdetheit sensibilisiert für gesellschaftliche Problemlagen und Bedrohungen verletzlicher Einzelner. Zwar stehen in
unserer Wahl- und Gestaltungsgesellschaft vielfältige Möglichkeiten für eine
gelingende Lebensführung offen, zugleich können die Anstrengungen, den un-

zähligen Anforderungen zu genügen, jederzeit fehlgehen. Die neoliberale Herr-schaftstechnik nötigt die BürgerInnen zu „Exerzitien der Selbstbefragung:»Bin ich erfolgreich? Bin ich effizient?«" (Assheuer 2010, S. 55) Martin Dornes nennt es eine „Selbstformierungs(über)anstrengung", deren Lasten zu Ungunsten sozial Benachteiligter verteilt werden. Psychisch-körperliche Erschöpfung und gesell-schaftlicher Ausschluss nehmen zu (vgl. Dornes 2009, S. 633).

Mit *Gefährdetes Leben* tritt Butler in einen „Kampf um Anerkennung" der unausweichlichen Verwundbarkeit ein. Das Gesicht *spricht* von einer Verwund-barkeit, die die Versuchung zu töten ist, und zugleich der unbedingte Anruf zum Frieden. In dieser paradoxen Doppelung des Gesichts verkörpert sich ein un-überwindbares Dilemma, das konstitutiv für die ethische Sorge überhaupt ist: „Da ist die Angst um das eigene Überleben, und da ist die Furcht, den Anderen zu verletzen." (ebd., S. 163) Butlers Ethik setzt sich zusammen aus der Angst verletzt zu werden und der Sorge um den Anderen. Die Gesichter, die durch die Medien eingefangen werden, vermögen dieses Gefühl für die Gefährdetheit nicht *offen* zu halten. Wir können beobachten, dass „ein gewisser Verlust des Mensch-lichen stattfindet, wenn es von dem Bild 'eingefangen' wird" (ebd., S. 171).

„Menschlichkeit ist ein Bruch des Seins." (Lévinas zit. n. Butler 2005, S. 160) Eine zeitgenössische Ethik hat nach Butler die Aufgabe, „ein Verständnis davon aufzubauen, wie leicht ein Menschenleben ausgelöscht werden kann" (ebd., S. 13). Butler stellt sich eine Welt vor, in der Gewalt minimiert und „eine unausweichliche wechselseitige Abhängigkeit als Basis für die politische Welt-gesellschaft anerkannt werden würde. Ich gestehe, dass ich nicht weiß, wie diese wechselseitige Abhängigkeit theoretisch beschreibbar ist." (ebd., S. 8) Mensch-lichkeit zeige sich in ihrer Fragilität und ihren Grenzen, verständlich zu sein, indem sie *ganze Bereiche des Unaussprechlichen mit sich führt*. Die ethische Vorstellung, die mich hindert, den Anderen zu verletzen, gebe ich mir nicht selbst; „sie entspringt nicht meiner Autonomie oder meiner Reflexivität. Sie fällt mir von anderswo zu, unerbeten, unerwartet und ungeplant." (ebd., S. 156)

Nach Butler wurzelt die individual- und sozialethische Verantwortung in einer grundlegenden Abhängigkeit von Anderen.

> „Sie ist keine Bedingung, die ich willentlich abschaffen kann. Keinerlei Sicher-heitsmaßnahme wird dieser Abhängigkeit ein Ende machen, kein kriegerischer Akt (…) wird diese Tatsache aus der Welt schaffen." (ebd., S. 7f.)

Sie lasse sich nicht in eine Berechtigung zu militärischer Gewalt ummünzen. Vielmehr würde jene ungezügelte Souveränität – wie sie die USA nach dem 11. September 2001 an den Tag legten – unweigerlich von dieser anthropologischen Grundtatsache eingeholt. Dadurch besteht nach Butler die Chance der Einsicht in unsere genuine Abhängigkeit, aber auch die Gefahr, sie mit gewaltförmigen Aktionen zu eskamotieren, wie es im politischen Klima der Angst der USA, das selbst geisteswissenschaftliche Kritik unterdrückte, zum Ausdruck gekommen sei (vgl. ebd.).

2.2 *Die Unmöglichkeit zu töten (Lévinas)*

Die Erfahrungen des Holocaust prägen das Werk des jüdischen Religionsphilosophen Emmanuel Lévinas (*1905, Kaunas/Litauen, +1995, Paris). Er schreibt: „Elle [la biographie] est dominée par le pressentiment et le souvenir de l 'horreur nazie." (Lévinas 1976, S. 374) Enttäuscht von den politischen Irrwegen Martin Heideggers, will er dessen noch von Ontologie und Egologie geprägte Philosophie einer Selbstentmächtigung durch den Anderen aussetzen, wodurch die Ethik erst ins Spiel kommt. Die Beziehung zum Anderen beschreibt Lévinas als in unendlichem Sinn *ethisch*. Zum zentralen Thema seiner Philosophie wird die schonungslose Ausgesetztheit des Einen an das Verletztwerden durch die Transzendenz des Anderen, und zwar als ein Empfangen, das *passiver* ist als irgendeine Rezeptivität oder Reflexivität, so dass sich keinerlei *immanentes* Wissen daraus ableiten lässt. Sie führt zu einer Verantwortung, in der ich mich ebenso wenig vertreten lassen kann wie im eigenen Sterben (vgl. Lévinas 1998, S. 19). Diese Bestimmung des Menschen sei von anderen Gesetzen bestimmt als die des Seins und habe ihren Nicht-Ort *jenseits des Seins*. Sie verweise auf eine Unabgeschlossenheit der zeitlichen Folge. Die Zeit hat das Subjekt zerrissen, da ihm weder sein Anfang zugänglich ist, noch kann es sich vom Ende her fundieren.

Auch Lévinas stellt keine Ethik der Gewaltlosigkeit vor. Er führt die Möglichkeit und Unmöglichkeit zu töten chiastisch ineinander. Es ist der „Schwindel des Unendlichen", die unfassliche Andersheit des Anderen, die „den Mord möglich und unmöglich macht. (...) Die Blöße des Gesichts ist Exposition und Widerstand in einem." (Lévinas 1987, S. 244) Zwar kann der Andere, wie die Geschichte gezeigt hat, nicht abwenden, dass das

> „*Nein*, das er entgegensetzt, erlischt, wenn das Schwert oder die Kugel die Herzkammern oder den Herzvorhof getroffen hat. (...) Aber er kann sich mir kämpfend entgegenstellen, d. h. er kann der Kraft, die ihn trifft, nicht eine Widerstandskraft entgegensetzen, sondern gerade die *Unvorhersehbarkeit* seiner Reaktion." (ebd., S. 285)

Der Andere pariert den Angriff nicht, indem er gleichfalls zur Waffe greift, sondern er kämpft mit dem Widersacher, indem er mit seiner Spontaneität reagiert und so das Bestreben zu töten ins Unrecht versetzt. Im Antlitz konkretisiert sich ein „ethischer Widerstand", der im Moment des Tötungsversuchs erst hervortritt, der Möglichkeit des Mordes „aber sachlich vorausliegt und sie begründet – aus den Angeln gehoben wird" (Plüss 2001, S. 267). Auf diese Weise setzt mir der Andere eine größere Kraft entgegen:

> „Diese Unendlichkeit, die stärker als der Mord, widersteht uns schon in seinem Antlitz, ist sein Antlitz, ist der ursprüngliche *Ausdruck*, ist das erste Wort: 'Du wirst keinen Mord begehen'. Das Unendliche paralysiert das Vermögen durch seinen unendlichen Widerstand gegen den Mord. Der Widerstand, hart und unüberwindbar, leuchtet im Antlitz des Anderen, in der vollständigen Blöße seiner Augen, in der Blöße der absoluten Offenheit des Transzendenten."
> (Lévinas 1987, S. 285f.)

Lévinas sieht im Krieg nicht das primäre Geschehen der Begegnung. Das ursprüngliche Bedeuten des Antlitzes, das sich im ganzen Leib, einer Hand oder der Rundung einer Schulter ausdrückt, ist der Widerstand gegen den Mord des Anderen. „Es ereignet sich in dem harten Widerstand dieser schutzlosen Augen" (ebd., S. 383). Der Widerstand ist *ethisch*. Wäre er real, so wäre er noch in den *Idealismus des Kampfes* verstrickt und hätte nicht das Potential, mit einem Kampf zu drohen, der die Transzendenz des Ausdrucks bereits *voraus*setzt. Eric Mührel hat während seiner sozialen Arbeit in Kinderheimen beobachtet, dass Kinder diese Kraft des Widerstands wahrnehmen. Sie riefen sich während verbaler Auseinandersetzungen zu:

> „'Mach Dein Gesicht zu!' als ein ‚Ich will dein Gesicht weder sehen noch erahnen'. Der Andere, das Gegenüber soll ‚ohne Gesicht' sein. Bewirkt nicht das offene Gesicht des Anderen (…) eine Hemmung beim Aggressor in einer verbalen Auseinandersetzung, die sich an der Grenze zu einer tätlichen befindet? Es fällt offensichtlich nicht leicht, einem anderen Menschen ins Gesicht zu schlagen. Diese Hemmung konnte ich bei den Kindern und Jugendlichen beobachten. Und zielt nicht Lévinas in seinen phänomenologischen Beschreibungen des Antlitzes auf diese Hemmung, die letztlich in ihrer tiefsten Bedeutung das Gebot ‚Du sollst mich nicht töten' widerspiegelt (…)? Gebot, welches aus der Höhe kommt, die die Erhabenheit des Anderen in der asymmetrischen Beziehung des Von-Angesicht-zu-Angesicht ausdrückt."
> (Mührel 1997, S. 87)

Nach Zygmunt Bauman hat der Holocaust in der *Neutralisierung* der ethischen Einstellung zum Anderen seinen Ausgang genommen, indem die Nähe der Bevölkerung zu den Opfern unterbunden wurde (vgl. Bauman 1992, 198ff.). In hoch technisierten Gesellschaften spitzt sich diese ethische Indifferenz zu, da die

„moralische Distanz mit dem Fortschritt von Wissenschaft, Technik und Büro-
kratie stetig zunimmt" (ebd., S. 207).[2]

2.3   Erst einmal eine rauchen (Žižek)

Der slowenische Sozial- und Kulturphilosoph Slavoj Žižek (*1949, Ljubljana)
verbindet die Psychoanalyse Jacques Lacans mit der Philosophie des Deutschen
Idealismus (Kant, Hegel, Schelling) zur sogenannten „Laibacher Schule" und
schließt damit an die Gender Studies (Butler) ebenso an wie an die Projekte der
Linken (Marxismus, Kritische Theorie). Bei ihm lautet die Negativität so: Der
Kern des Subjekts gibt sich als ein Trauma und Fremdkörper zu erkennen. Versuchte das Subjekt, diesem Kern zu nahe zu kommen, verlöre es seine ontologische Stütze und würde die Realität als ein albtraumhaftes Universum wahrnehmen. Žižek bezeichnet den Kern auch als „noumenales Fundamentalphantasma",
das nur in *gebarrter* Form (gesperrt) für das Sein des Subjekts konstitutiv ist und
seinen Realitätssinn stützt.

Beim Fundamentalphantasma handelt es sich um eine Szene passiven Erlei-
dens, die in ihrer elementarsten Form das Sein des Subjekts *bedroht*. In seiner
Selbstbezüglichkeit muss sich das Subjekt, mit Lacan gesprochen, daher leer ($)
erfahren. Der traumatische Kern kann nicht freigelegt werden, ohne dass sich das
Subjekt selbst dabei verliert, zugleich gibt es Subjektivität nicht außerhalb der
„leidenschaftlichen Anbindung" an diese Szene, „d. h. die Subjektivität kann
sich nur selbst behaupten als Einlegen einer Distanznahme ihrem Grund gegenüber, die niemals vollkommen ,aufgehoben' werden kann" (Žižek 1999, S. 38).

Žižek veranschaulicht die Bedeutung des Fundamentalphantasmas über Mary Schelleys Frankenstein. Das Subjekt ist unfähig, die Kausalkette seines natürlichen und geistigen Entstehungsprozesses zu vervollständigen, da es nicht Zeu-
ge seines Ursprungs sein kann. Diesen Seinsmangel ersetzt das Subjekt durch
einen unmöglichen phantasmatischen Blick auf seine eigene Geburtsszene. Frankenstein und seine Braut werden im Augenblick äußerster Intimität von ihrem
erschaffenen Monster („Kind") beobachtet. Das „Kind" wird zum stummen Zeu-
gen seiner eigenen Empfängnis. „Der Blick zu sein, der das Genießen der eigenen Eltern reflektiert, ein auf den Tod gehendes Genießen." (Žižek 1994, S. 53)

Nach Žižek korreliert der traumatische Kern mit der transzendentalen Einbildungskraft von Immanuel Kant. Georg Wilhelm Friedrich Hegels „Nacht der
Welt" ist ein weiteres Bild dafür. Hegel veranschaulicht sie in ihrem gewalt-

---

[2] In zeitgenössischen Kriegen wird die Strategie des anonymisierten Tötens verfolgt, indem unbe-
mannte Drohnen und Kampfflugzeuge eingesetzt werden. Karl-Heinz Karisch bezeichnet dies als
einen „Tod aus dem Cyberspace".

samsten Zustand: „Der Mensch ist diese Nacht, diß leere Nichts, das alles in ihrer Einfachheit enthält. (…) Diß ist die Nacht, das Innre der Natur, das hier existiert – *reines Selbst* –, in phantasmagorischen Vorstellungen ist rings um Nacht, hier schießt dann ein blutiger Kopf – dort eine andere weiße Gestalt plötzlich hervor, und verschwindet ebenso. Diese Nacht erblickt man, wenn man dem Menschen ins Auge blickt – in eine Nacht hinein, die *furchtbar* wird, – es hängt die Nacht der Welt hier einem entgegen" (Hegel zit. n. Žižek 2001, S. 44). In der Nacht herrscht die Gewalt der Einbildung in „ihrer »bloßen Freiheit«, die jedes objektive Band auflöst, jegliche Verbindung, die im Ding an sich gründet: »*Für sich* ist hier die freie Willkür – Bilder zu zerreißen und die auf die ungebundendste Weise zu verknüpfen«" (ebd., S. 45). Die Einbildungskraft ist die elementarste Manifestation der „Macht des Negativen". In ihr erscheinen und verschwinden phantasmagorische Vorstellungen. Zugleich wurde sie von Kant als Wurzel aller subjektiven Aktivität herausgearbeitet, „als eine »spontane« Fähigkeit, sinnliche Eindrücke zu verbinden, die der rationalen Synthesis sinnlicher durch apriorische Kategorien vorausgeht" (ebd., S. 46). Nach Žižek hat Kant übersehen, dass der Hauptteil der Tätigkeit des Subjekts nicht darin liegt, die Mannigfaltigkeit der Anschauungen zu einem stetigen Ganzen zu organisieren, sondern das Gegenteil dieser synthetisierenden Aktivität ist. Die „Nacht der Welt" ist der Selbstgegensatz, der das Gleichgewicht des inneren Friedens stört. „Die Einbildungskraft ermöglicht es uns, die Textur der Realität zu zerreißen, etwas als ein tatsächlich Existierendes zu behandeln, das bloß *Teil* eines lebendigen Ganzen ist" (ebd., S. 47, Hervorheb. d. Verf.).

Jedes Bemühen unseres Verstandes, eine Synthesis herzustellen, ist notwendig trennend und ausschließend. Die Einheit, in die das Subjekt die Mannigfaltigkeit durch seine Aktivität zusammenzubringen sucht, ist immer etwas, das dem heterogenen Durcheinander eine Ordnung aufzwingt. „In genau diesem Sinn basiert jede synthetische Einheit auf einem Akt der »Unterdrückung« und produziert deshalb einen nicht aufgehenden Rest." (ebd., S. 48) Das Subjekt ist gezwungen, eine Synthesis (Symmetrie) herzustellen, um in der „Realität" ankommen zu können. Žižek räumt dem trennenden Moment der Einbildungskraft daher den Vorrang ein, denn „das präsynthetische Reale, seine reine, noch ungestaltete »Mannigfaltigkeit«, die noch nicht durch ein Minimum an transzendentaler Imagination synthetisiert wurde, ist *strictu sensu unmöglich*" (ebd., S. 49).

Die negative Szene der „Nacht der Welt" steht für das *unvordenkliche* Gebundensein an den Anderen (Asymmetrie). Die Beziehung zum exterioren Anderen geht über Bewusstsein und Erkennen hinaus (Distanz), teilt sich gleichwohl aber existierend und leibhaftig mit (Nähe). Die ganze ethische Ordnung der Sozialität nötigt sich in einer *radikalen Trennung* auf zwischen beiden

Händen, die nicht demselben Leib angehören (vgl. Lévinas 1986, S. 53). „Es gäbe keine Ordnung ohne irgendeine Distanz im Sozialen. – Erst einmal eine rauchen." (Žižek 2001, S. 19) Das ethische Geschehen zwischen uns sprengt die versammelnde Kraft des Verstandes, *da es uns an die Grenzen unserer sichersten Denkweisen führt*. Ebenso wie ich dem Anderen nahe bin, bin ich auch fundamental von ihm getrennt, denn ich kann ihn nicht in meinem Wissen versammeln. Weil aus diesem unvordenklichen Gebundensein die Sphäre der Ethik entspringt, lässt sie sich nicht anhand von Prinzipienkatalogen *zusammenstellen*. Die Würde, die wir alle miteinander teilen, ist nicht definierbar. Sie ist der verborgene Schatz (traumatische Kern) in unserem Inneren, der zugleich Quell unserer ethischen Haltung dem Anderen gegenüber ist. Wir verständigen uns als freie Subjekte im Licht eines „fragilen Absoluten" (Žižek 2000), das wir nicht selbst sind, von dem wir aber fundamental abhängen. Wir brauchen eine symbolische Ordnung, damit wir in der „Realität" ankommen können. Wir müssen Prinzipien synthetisieren, Regelungen finden, Urteile fällen, jedoch sind diese immer trennend und ausschließend, weil sie die Phänomene der sozialen und natürlichen Welt nicht abschließend umfassen und erklären können. Der Mensch besondert, trennt, veräußert, kontextualisiert sich. Er ist notwendig *gebunden* an die Formen seiner Darstellung in Zeit und Raum, und doch ist er mit dieser Positivierung nicht identisch. „Das Selbst verfehlt sich ständig." (Gamm 2002, S. 13)

> „Die erste ethische Geste besteht also darin, die Position der absoluten, sich selbst setzenden Subjektivität aufzugeben und das eigene Ausgesetzt- und Geworfensein, das Überschwemmtsein vom Anderen anzuerkennen. Weit davon entfernt, eine Grenze unseres Menschseins zu bezeichnen, ist das Begrenztsein dessen positive Bedingung. Dieses Wissen vom eigenen Begrenztsein bringt eine Haltung fundamentaler Versöhnlichkeit (…) mit sich: Ich werde nie in der Lage sein, vor dem Anderen Rechenschaft für mich abzulegen, weil ich undurchschaubar schon für mich selbst bin, und ich werde vom Anderen nie eine erschöpfende Antwort auf das ›Wer bist du?‹ erhalten, weil der Andere auch für sich selbst ein Mysterium ist. Den Anderen zu erkennen heißt daher nicht zunächst oder zuletzt, den Anderen als Eigentümer einer bestimmten wohl definierten Eigenschaft zu erkennen (‚ich erkenne, dass du – rational, gut, liebenswert bist‘), sondern ihn am Abgrund seiner Unergründ- und Undurchschaubarkeit zu erkennen. Diese wechselseitige Erkenntnis des Begrenztseins des anderen eröffnet so einen Raum von Sozialität, die die Solidarität der Verletzlichkeit ist." (Žižek 2005, S. 17)

Subjektivität ist *Selbstsein im Anderssein*. In der reflexiven Selbstbezüglichkeit kann sich das Selbst nur *vermittelt* über seine leidenschaftliche Anbindung an den Anderen, die nach Butler, Lévinas und Žižek *gebarrt* ist, erfahren (vgl. Dungs 2006). Durch die Bewegung des ‚wechselseitigen Anerkennens‘ wird das

Selbst mit dieser Negativität konfrontiert und nimmt auch den Anderen als un-durchsichtig und verletzlich wahr. Mit dem ‚Verzeihen' lassen sich beide *wech-selseitig in ihre absolute Unterschiedenheit frei*. Sie lassen von ihrem entgegen-gesetzten Dasein ab und die (ab)wertenden Urteile übereinander fahren (vgl. Gamm 2000, S. 207ff.). Die Vorurteils- und Normalisierungsmaschinerie mit ihrer Mechanik von Ausgrenzung *und* Assimilation des fremden Anderen an das Eigene und Identische wird ausgeschaltet. So kann er aus seinem Schicksal, angeeignet und ausgegrenzt zu werden, in eine „unentschiedene Mitte" (Bauman) heraustreten. Am grausamsten wurde das Schicksal der Fremden in der Moderne von den Juden erfahren. „Die Juden waren die prototypischen Fremden in einem Europa, das in Nationalstaaten zersplittert war, welche ent-schlossen waren, alles ‚Dazwischenliegende', alles Undeterminierte, weder Freundliche noch Feindliche zu vernichten" (Bauman zit. n. Hetzel 2001, S. 300). Der Maschinerie vorausgegangen war eine *Entmoralisierung* und *Neutrali-sierung der Beziehung* zum Anderen.

3 Menschenflüstern oder die Negativität der moralischen Verpflichtung in der Sozialen Arbeit

„Das Leben kann man nur rückwärts erkennen, nach vorne wird es gelebt."[3]

Vor dieser sympathischen Kulisse eines verletzlichen, abhängigen und freien Subjekts, das sich selbst nicht durch und durch kennt und deshalb von stigmati-sierenden Akten dem Anderen gegenüber abässt, tritt eine *negative Ethik* in Erscheinung, die eher durch Grenzen charakterisiert ist als durch Souveränität.

„Ethische Systeme oder Moralcodes, die von der Selbsttransparenz des Subjekts ausgehen oder die uns die Verantwortung für die uneingeschränkte Selbstanerkennt-nis zuschreiben, neigen dazu, fehlbaren Geschöpfen eine Art »ethischer Gewalt« an-zutun. Wir müssen uns zwar um Selbstanerkenntnis bemühen und Verantwortung für uns übernehmen, wir müssen zwar mit Einsicht über unser Tun und Lassen ent-scheiden, aber ebenso wichtig ist, dass wir verstehen, dass all unser Bemühen, einen Einklang mit uns selbst zu erreichen, stets durchkreuzt werden wird." (Butler 2001, S. 10)

Die Annahme unserer Begrenzungen bildet in den drei Ethiken (Butler, Lévinas, Žižek) die Startbedingung einer befreiten ethischen Verantwortung, in der die

---

[3] In einem Telefongespräch kam Uwe Gerber auf dieses Motto von Søren Kierkegaard zu sprechen. An dieser Stelle möchte ich die Gelegenheit nutzen, Uwe Gerber für seine Ermutigungen zum Wissenschafteln zu danken.

moralische Adresse des Anderen der Grund meiner Selbstentzogenheit ist. Wenn
wir unsere Beschränkungen dementieren, verleugnen wir das, was an uns
menschlich ist. „Vielmehr muss man seine Souveränität einbüßen, um menschlich zu werden." (Butler 2001, S. 11)

   Negative Ethik ist getragen von einem Sinn für die Unvereinbarkeit von ne-
gativer Subjektivität und dinghafter Positivität. Die Forderung, den Anderen als
Anderen anzuerkennen (Antlitz), kann nicht zum Fetisch eines ‚Du sollst!‘ gemacht werden, da sie auf der *gebarrten* Ebene der Verantwortung für den Anderen angesiedelt ist. Angesichts der heutigen Bestrebungen, den Menschen über
den Weg der Technik (Genom und Gehirn) zu positivieren, gehört Schneid dazu,
eine negative Position zu vertreten. Warum lassen wir uns so bereitwillig die
funktionalistischen Imperative der Gen- und Hirnforschung aufdrücken? Kant
und Fichte hätten ihren ganzen Scharfsinn darauf verwendet, „alle naturwissenschaftlichen Belege für ein ‚Moralzentrum im Gehirn‘ als nichtssagende Korrelationen zu entlarven" (Müller 2009, S. 135). Heute wird allen Ernstes über eine
technisch verbesserte Moralkompetenz nachgedacht (sogenanntes Neuro-
Enhancement). Mit dem Rekurs auf die *negativen Ethiken*, die sich als jüdische
Ethik des Bilderverbots lesen lassen, ist es mir um eine Kritik an zeitgenössischen Ethiken zu tun. Verdinglichende und positive Ethiken gründen auf einer
durchsichtigen, solipsistischen, kohärenten Subjektvorstellung, die im Verlauf
dieses Beitrags suspendiert werden sollte.

   Was besagt dies für eine Ethik der Sozialen Arbeit? In allen sozialen Beziehungen sind wir in eine paradoxe Struktur eingebunden, in der sich die asymmetrische Fürsorge chiastisch kreuzt mit der symmetrischen Gerechtigkeit. Soziale
Arbeit nimmt einerseits eine ordnende, gesellschaftstheoretische, kontrollierende
Perspektive ein (Symmetrie), mit der sie über die dyadische Nähe (das Trauma
des Gebundenseins an den Anderen) hinausweist. Andererseits konstituiert sich
die Arbeitsbeziehung in ihrem Gelingen und Scheitern exakt auf der gesperrten
Ebene des fundamentalen Angebundenseins (Asymmetrie). Die ordnende Perspektive schützt sowohl die Klientel wie auch das Professional vor der allzu
idealistischen Vorstellung einer „dialogische[n] Idylle" (Bedorf 2005, S. 51)
oder eines „romantic dyadic model" (Merleau 2004, S. 13). Eine professionelle
Haltung, die das Idyllische in den Vordergrund rücken will (was *vom Ich aus*
unmöglich ist), schlägt in Willkür, in Fremd- und Selbstbemächtigung um. Sie
könnte nicht als ethisch gelten, da sie sich nicht zugleich eingebettet wüsste in
die symbolische Ordnung „des Dritten" (Lévinas). Das Gehen auf die idyllische
Diffusion mündet in ein Abhängigkeits- und Allmachtsverhältnis, das Wolfgang
Schmidbauer mit den *Hilflosen Helfern* (1977, 2007) umrissen hat. Hegel bezeichnet die symbolische Ordnung als „Sittlichkeit", Žižek als „großen Anderen". Die Ordnung des Dritten hat eine distanzierende Funktion, sie steht für die

gesellschaftliche Substanz, für das impersonale Regelwerk, das über die dyadische Beziehung hinaus unsere gesellschaftliche Koexistenz (auch per Gesetz) koordiniert (vgl. Žižek 2001, S. 121). „Erst die symbolische Ordnung des Dritten", in die die interpersonale Verantwortung eingebettet ist, „sichert letztlich Subjektivität" (Schäper 2010, S. 26). „Gerechtigkeit zu üben bedeutet dann, den Appell des Anderen in der Komplexität der Institutionen und des Rechts nicht untergehen zu lassen und zugleich der Maßlosigkeit dieses Appells Grenzen zu setzen" (Bedorf 2005, S. 54). Ebenso wie Studierende der Sozialen Arbeit vor der Aufgabe stehen, das idyllische Helferideal mit einer reflektierten Distanz zu *vermitteln* („erst einmal eine rauchen"), so ist es auch wichtig wahrzunehmen, dass diese Korrektur nicht nur in meiner Macht liegt, sondern im Zeichen der Alterität steht. Sie entspringt nicht „meiner Autonomie oder meiner Reflexivität. Sie fällt mir von anderswo zu" (Butler 2005, S. 156).

In der helfenden Beziehung zum Anderen begegnet mir, ob *ich* es will oder nicht, sein traumatischer Kern, denn ein *Teil* von ihm kann nach Žižek *unvermittelt* (als *objet petit a*) in die Ordnung des Dritten eintreten. Es ist die Gräte im Hals, die nicht ohne weiteres geschluckt werden kann. Es sind die *unbegreiflichen* Situationen, in denen Menschen uns Einblicke in ihre von Widrigkeiten durchsetzte Biographie gewähren und den Wunsch auslösen, das Trennende zu überwinden, um sie ihrer Not zu entbinden. Die helfende Beziehung wie „überhaupt jede Fürsorge will das Glück ihres Objekts" (Bauman 1995, S. 147). Es sind die *entsetzlichen* Momente, in denen uns die Not des Anderen ebenso unendlich berührt wie unfasslich bedroht. Diese paradoxe Doppelung des Gesichts markiert das unüberwindbare Dilemma, das konstitutiv für die ethische Sorge überhaupt ist. Seine Forderung trifft *mich* in einer *Unmittelbarkeit*, der ich kein distanzierendes Wissen entgegenzusetzen habe. Sie lässt *mein* Nähe-Distanz-Management kollabieren. Es gibt keine professionelle Werkzeugkiste und keine professurales Theoriegebäude, die uns in den Stand versetzten, alle schwierigen Situationen im Berufsleben bewerkstelligen zu können. Das Ethische liegt exakt in diesem Sinn für die Unmöglichkeit, das Gelingende auf methodischem oder theoretischem Weg herbeiführen zu können. „Ob ein Leben gelingt oder die Erziehung zum Besten ausschlägt, bleibt ewig ungewiss." (Gamm 2006, S. 46)

Verletzliche Menschen haben einerseits einen Anspruch darauf, von einer *Normalisierung* verschont zu bleiben, andererseits haben sie ein Recht auf größtmögliche *Normalität*. Wir kommen nicht umhin, in dieser *offenen* Spannung zwischen Fürsorge und Gerechtigkeit, Freilassen und Stigmatisieren handeln zu müssen und auch zu können. Keine Erkenntnis und keine Methode sind in der Lage, diese Paradoxie aus den Angeln zu heben. Gerade in der Anerkenntnis dieser Unaufhebbarkeit (was als Knotenpunkt gelten kann), liegt das Ethische der Sozialen Arbeit (wie jeden sozialen Handelns) begründet. Menschen mit besonderen Bedürfnissen sind in einer Entwicklung zu unterstützen, die den gesellschaftlichen Erwartungen, die mit einem gelingenden Leben verknüpft werden, möglichst nahe kommt. Diese Normalität ist für Jede/n anzustreben (Gerechtigkeit und Gleichheit). Dieses Bestreben korrigiert die beliebige Affirmation von Verschiedenheit und Alterität, aber es lässt sich nicht *positiv* über eine Wertbindung fundieren. Eine Fähigkeit kann nur intrinsisch (negativ oder asymmetrisch), *bezogen* auf den betroffenen Anderen, mit einem Wert verknüpft werden, da keine Fähigkeit eine allgemeine Voraussetzung dafür darstellen kann, überhaupt ein menschenwürdiges Leben führen zu können. Die Festlegung allgemeiner Menschenrechte (symmetrische Ebene) korrigiert die Unbestimmtheit der Menschenwürde (asymmetrische Ebene), sie überwindet aber nie das paradoxale Spannungsverhältnis; denn die Heterogenität menschlicher Bedürfnisse, die Verschiedenheit der Ausstattung mit Fähigkeiten, die unterschiedlichen Vorstellungen von Gelingendem und die einzigartige Forderung des Antlitzes des und der Anderen müssen immer zur Geltung kommen können.

Literatur

Andersen, Svend (2005): Einführung in die Ethik. Walter de Gruyter, Berlin/New York.
Assheuer, Thomas (2010): Seid furchtlos, Bürger. In: DIE ZEIT 18(2010). S. 55.
Bauman, Zygmunt (1992): Dialektik der Ordnung. Die Moderne und der Holocaust. Europäische VA, Hamburg.
Bauman, Zygmunt (1995): Postmoderne Ethik. Hamburger Edition, Hamburg.
Bedorf, Thomas (2005): Die Gerechtigkeit des Dritten. Konturen eines Problems. In: Neumaier, Otto/ Sedmak, Clemens/ Zichy, Michael (Hg.): Philosophische Perspektiven. Ontos, Frankfurt am Main./New York. S. 50–55.
Berkel, Karl (1998): Führungsethik. Organisationspsychologische Perspektiven. In: Blickle, Gerhard (Hg.): Ethik in Organisationen. Konzepte, Befunde, Praxisbeispiele. Verlag für angewandte Psychologie, Göttingen. S. 117–136.
Butler, Judith (2001): Kritik der ethischen Gewalt. Suhrkamp, Frankfurt am Main.
Butler, Judith (2005): Gefährdetes Leben. Suhrkamp, Frankfurt am Main.
Dornes, Martin (2009): Überlegungen zum Strukturwandel der Psyche. Eine programmatische Skizze. In: Forst, Rainer/ Hartmann, Martin/ Jaeggi, Rahel/ Saar, Martin (Hg.): Sozialphilosophie und Kritik. Suhrkamp, Frankfurt am Main. S. 611–633.
Dungs, Susanne (2006): Anerkennen des Anderen im Zeitalter der Mediatisierung. Sozialphilosophische und sozialarbeitswissenschaftliche Studien im Ausgang von Hegel, Lévinas, Butler, Žižek. LIT, Hamburg.
Dungs, Susanne / Gerber, Uwe / Schmidt, Heinz/ Zitt, Renate (Hg.) (2006): Soziale Arbeit und Ethik im 21. Jahrhundert. Ein Handbuch. Evangelische Verlagsanstalt, Leipzig.
Gamm, Gerhard (1992): Die Macht der Metapher. Im Labyrinth der modernen Welt. Metzler, Stuttgart.

Gamm, Gerhard (2000): Nicht nichts. Studien zu einer Semantik des Unbestimmten. Suhrkamp, Frankfurt am Main.

Gamm, Gerhard (2002): Chantals Gesichter. Über die Unerreichbarkeit des Selbst. In: der blaue reiter 15(2002). S. 11–23.

Gamm, Gerhard (2006a): Wissen und Verantwortung. Vortragsmanuskript. Darmstadt. S. 1–28. (Veröffentlicht unter dem Titel: Perplexe Welt. Verantwortung und Wissen in Zeiten andauernder Rationalitätskrisen. In: Lettre International, 76(2007). S. 77–82).

Gamm, Gerhard (2006b): Standhalten. Motive einer kritischen Pädagogik. In: Keim, Wolfgang/ Steffens, Gerd (Hg.): Bildung und gesellschaftlicher Widerspruch. Hans-Jochen Gamm und die deutsche Pädagogik seit dem zweiten Weltkrieg. Lang, Frankfurt am Main. S. 45–60.

Hetzel, Andreas (2001): Zygmunt Bauman: Moderne und Ambivalenz (1991). Ansichten der Postmoderne (1992). In: Gamm, Gerhard/ Hetzel, Andreas/ Lilienthal, Markus: Hauptwerke der Sozialphilosophie. Reclam, Stuttgart. S. 290–311.

Lévinas, Emmanuel (1976): Difficile liberté. Essais sur le judaïsme. Éditions Albin Michel, Paris.

Lévinas, Emmanuel (1986): Über die Intersubjektivität. Anmerkungen zu Merleau-Ponty. In: Métraux, Alexandre/ Waldenfels, Bernhard. (Hg.): Leibhaftige Vernunft. Spuren von Merleau-Pontys Denken. Wilhelm Fink, München. S. 48–55.

Lévinas, Emmanuel (1987): Totalität und Unendlichkeit. Versuch über die Exteriorität. Karl Alber, Freiburg/München.

Lévinas, Emmanuel (²1998): Jenseits des Seins oder anders als Sein geschieht. Karl Alber, Freiburg/München.

Merleau, Chloë Taylor (2004): Lévinasian Ethics und Feminist Ethics of Care. (http://www.sspp.us/Protected-Essays/2004-SPEP-Merleau.doc, Abruf: 1. 5. 2010)

Mührel, Eric (1997): Zum Problem der Anerkennung und Verantwortung bei Emmanuel Lévinas. Blaue Eule, Essen.

Müller, Sabine (2009): Ist ›Cognitive Enhancement‹ zur Steigerung der Intelligenz ethisch geboten? Diskussion utilitaristischer und idealistischer Argumente. In: Schöne-Seifert, Bettina/ Talbot, Davinia/ Opolka, Uwe/ Ach, Johann S. (Hg.): Neuro-Enhancement: Ethik vor neuen Herausforderungen. Mentis, Paderborn. S. 107–139.

Plüss, David (2001): Das Messianische: Judentum und Philosophie im Werk Emmanuel Lévinas'. Kohlhammer, Stuttgart.

Ross, Jan (2009): Die Ohnmacht des Mächtigsten. In: Die ZEIT, 17. 10. 2009.

Schäper, Beate (2010): Ethik unter erschwerten Bedingungen. Heilpädagogische Ethik als Orientierung in Grenzsituationen. In: Blätter der Wohlfahrtspflege 1(2010). S. 24–27.

Žižek, Slavoj (1994): Kant und das »fehlende Glied« der Ideologie. In: Gondek, Hans-Dieter/ Widmer, Peter (Hg.): Ethik und Psychoanalyse. Vom kategorischen Imperativ zum Gesetz des Begehrens. Fischer, Frankfurt am Main. S. 52–75.

Žižek, Slavoj (1999): Sehr innig und nicht zu rasch. Zwei Essays über sexuelle Differenz als philosophische Kategorie. Turia & Kant, Wien.

Žižek, Slavoj (2001): Die Tücke des Subjekts. Suhrkamp, Frankfurt am Main.

Žižek, Slavoj (2005): Die politische Suspension des Ethischen. Suhrkamp, Frankfurt am Main.

Soziologische Perspektiven auf Gender und Diversity in der Sozialen Arbeit

Barbara Hönig

1 Einleitung

Seit dem französischen Sozialutopisten Charles Fourier ist bekannt, „daß in einer gegebnen Gesellschaft der Grad der weiblichen Emanzipation das natürliche Maß der allgemeinen Emanzipation ist" (Engels 1962, S. 196). In ähnlicher Weise kann man davon sprechen, dass die Stellung von und der soziale Umgang mit Minoritäten und benachteiligten sozialen Gruppen Indikatoren für den Stand gesellschaftlicher Entwicklung darstellen. Dieser Gedanke wird gegenwärtig nicht nur in den Mitgliedsstaaten der Europäischen Union forciert, etwa in Gestalt von Anti-Diskriminierungsrichtlinien und der Strategie so genannten Gender Mainstreamings. Auch in Sozialer Arbeit, im Sozialmanagement und der Sozialplanung hat die Relevanz der Kategorien von Gender, also des Geschlechts, und Diversität, mithin soziokultureller Vielfalt, Differenz und Heterogeneität, im letzten Jahrzehnt stark zugenommen.

Im Folgenden werde ich skizzieren, welchen speziellen Erkenntnisgewinn eine soziologische Perspektive auf Gender und Diversity für die Soziale Arbeit zu leisten vermag. Dabei bringe ich auch Lehr-Erfahrung im gleichnamigen Wahlpflichtfach ein, das Bachelor-Studierenden der Sozialen Arbeit an der FH Kärnten im dritten Ausbildungsjahr offensteht. Einer Begriffsklärung dieser Konzepte aus Sicht sozialwissenschaftlicher Gender- und Diversitätsforschung folgt die Auseinandersetzung mit deren Umsetzung und Umsetzbarkeit in Lehre, Forschung und Praxis Sozialer Arbeit. Anhand der Auseinandersetzung mit kritischen Haltungen zu Gender und Diversity werde ich schließlich darlegen, was eine explizit soziologische Perspektive dieser Kritik an Einsichten hinzuzufügen vermag, die auch für Soziale Arbeit relevant sein könnten.

2   Was ist Gender und Diversity?

Die Begriffe von Gender und Diversity sind in der Frauenbewegung und afro-amerikanischen Bürgerrechtsbewegung der 1960er Jahre verwurzelt, die gegen die Ungleichbehandlung und Diskriminierung von Frauen und Farbigen in der Arbeitswelt und in der Gesamtgesellschaft kämpften. Während in den Vereinigten Staaten die Gleichstellungspolitik sowohl ethnische Herkunft und Hautfarbe als auch Geschlechterzugehörigkeit in ihr Handeln einbezog, stand in der europäischen Frauenbewegung eher die Kategorie des Geschlechts im Vordergrund.[1] Seit den 1970er Jahren faßten Anliegen der Frauenbewegung in der neu entstehenden Frauen- und Geschlechterforschung zunehmend an Universitäten institutionell Fuß. Aufgrund eines jahrhundertelangen Ausschlusses von Frauen aus Institutionen der Wissensproduktion ging es ihr zunächst darum, Geschichte und Realität von Frauen und ihren Beitrag zur gesamtgesellschaftlichen Wissensproduktion überhaupt einmal sichtbar zu machen (vgl. Lerner 1993). Mit der zunehmenden intellektuellen Ausdifferenzierung der Frauen- und Geschlechterforschung war auch eine Kritik an etablierten Theorietraditionen nicht nur des Wissenschaftsbetriebs, sondern auch politischen Denkens verknüpft. So hat Gayle Rubin (1975), auf die ein feministisches Verständnis der Unterscheidung von biologischem („sex") und sozialem („gender") Geschlecht zurückgeht, sich scharfzüngig mit der Geschlechtsblindheit marxistischer Theorie auseinandergesetzt, in deren Arbeitsbegriff die reproduktive Arbeit von Frauen auch konzeptuell systematisch ausgeblendet wurde. Auf feministisch-erkenntniskritischer Ebene kann man von einem Höhepunkt konstruktivistischen Denkens Anfang der 1980er Jahre sprechen (vgl. Harding/Hintikka 1983), das etwa ein Jahrzehnt später auch im deutschsprachigen Raum Verbreitung fand (vgl. Gildemeister/ Wetterer 1992; Hirschauer 2001). Dessen Grundgedanke besteht in der Idee, dass Geschlecht nicht nur etwas ist, das man „hat", sondern auch etwas, das man „tut", mithin etwas in sozialem Handeln Erzeugtes und grundsätzlich Veränderbares. Mit der Einsicht in die prinzipielle „Konstruiertheit", Prozesshaftigkeit und Relationalität (vgl. Becker-Schmidt/Knapp 2000) des Geschlechts wurde

---

[1] Hier kann aus Platzgründen kein eingehender geschichtlicher Überblick gegeben werden und stattdessen nur auf ein paar Darstellungen verwiesen werden: Donna Haraway (1987) hat die vielfältigen Bedeutungen des Begriffs „Geschlecht" in der Frauen- und Geschlechterforschung einer historischen Untersuchung unterzogen. Mona Singer (2005) liefert eine wissenssoziologisch sehr detaillierte Darstellung erkenntniskritischer Positionen in der feministischen, kulturwissenschaftlichen und postkolonialen Theorie. Einen Überblick über verschiedene theoretische Positionen der Genderforschung und wie diese in praktisches Gender- und Diversitätsmanagement Eingang finden könnten, gibt etwa Gudrun-Axeli Knapp (1997). Regine Bendl (2004) erörtert in vergleichender Perspektive Spielarten von Chancengleichheitspolitik, Gender- und Diversitätsmanagement. Surur Abdul-Hussain und Samira Baig (2009) erläutern detailliert verschiedene Paradigmata von Diversity, wie sie den US-amerikanischen Diskurs seit den 1970er Jahren charakterisieren.

analytisch jedoch auch die fehlende Verallgemeinerungsfähigkeit bestimmter Aussagen der klassischen weißen Frauenforschung deutlich (vgl. Gümen 1998). So formulierten afroamerikanische Frauen seit den 1980er Jahren zunehmend Kritik am überzogenen Allgemeinheitsanspruch und dem uneingestandenen Ethnozentrismus des weißen Mittelstands-Feminismus (vgl. Davis 1981; hooks 1981). Das Combahee River Collective (1982) verdeutlichte die ambivalente Erfahrung afroamerikanischer Frauen, aufgrund mehrfacher Zugehörigkeiten nicht selbstverständlich benannt zu werden: „All the women are white, all the blacks are men, but some of us are brave." Chandra Talpade Mohanty (1988) dechiffrierte den westlichen Blick von Feministinnen auf „die Dritte-Welt-Frau" aus postkolonialer Perspektive, und Patricia Hill Collins (1990) entwickelte systematisch einen erkenntniskritischen Standpunkt schwarzer FeministInnen. Die 1990er Jahre waren von der Performativitätsdebatte in den Kulturwissenschaften geprägt: Judith Butler (1990) stellte die bislang unterhinterfragte „sex-gender"-Unterscheidung auf den Kopf und verfaßte eine vielbeachtete Schrift zur Frage der Repräsentation von „Rasse", Geschlecht und Staatsbürgerschaft in rechtlichen und gesellschaftspolitischen Diskursen (1997). Im deutschsprachigen Kontext kritisierte etwa Sedef Gümen (1998) Verkürzungen der Geschlechterforschung: Selbst wenn feministische TheoretikerInnen die Kategorie „Ethnizität" im Sinne einer als horizontal interpretierten kulturellen Differenz zwischen Frauen mitdächten, dann fehlte die Einsicht in verschiedene strukturelle Positionierungen von Migrantinnen in der vertikalen Hierarchie nach dem Staatsbürgerschaftsstatus. Denn die ungleiche Verteilung materieller und sozialer Ressourcen auch unter Frauen entscheide sich häufig aufgrund staatsbürgerschaftlicher (Nicht-)Zugehörigkeiten (vgl. ebd.).

3   Gender und Diversity in der Sozialen Arbeit

Bei sozialwissenschaftlichen Diskursen zu Gender und Diversity handelt es sich mittlerweile um ein ausgesprochen heterogenes Feld, das nicht nur disziplinär unterschiedliche Leseweisen, sondern auch zahlreiche kritische Interpretationen erfahren hat. Hier können nur ein paar Rezeptionsstränge skizziert werden: Das Erforschen struktureller Ähnlichkeiten von „Achsen der Ungleichheit" (Klinger et al. 2007; Klinger/Knapp 2008) und der „Intersektionalität" von Klasse, Geschlecht, Ethnizität (Kerner 2009) ist im deutschsprachigen Kontext häufig von einem ausgeprägten Interesse an der Tradition Kritischer Theorie getragen. Der weitgehend von einem angloamerikanischen Kontext ausgehenden sprachtheoretischen Debatte um Performativität und Repräsentation in den Kulturwissenschaften (vgl. Spivak 1988; Butler 1997) folgt im deutschsprachigen Raum die

Kritik intellektueller Migrantinnen (vgl. Gutiérrez Rodríguez 1997; Gelbin et al. 1999; Steyerl/Gutiérrez Rodríguez 2003) und eine sich entwickelnde postkoloniale Soziologie (Reuter/Villa 2010). Sozialpädagogische Diskurse zu interkultureller Kompetenz und Öffnung (vgl. Sprung 2002; Czollek/Perko 2003) beziehen sich gelegentlich auf philosophische Theorien der Differenz, der Anerkennung und der sozialen Gerechtigkeit (vgl. Fraser/Honneth 2003; Czollek et al. o.J.). Stärker organisationstheoretische Bezüge findet man in der Betriebswirtschaft (vgl. Bendl 2004; Krell 2007), in der politikwissenschaftlichen Auseinandersetzung mit dem Konzept der "Affirmative Action" (vgl. Kaloianov 2008), aber auch in der Organisations- und Professionssoziologie (vgl. Heintz 2001). – Was macht nun das Spezifische eines Verständnisses von Gender und Diversity im Kontext der Sozialen Arbeit aus?

Unter Gender Mainstreaming und Managing Diversity im engeren Sinn werden Ansätze der Personal- und Organisationsentwicklung verstanden, die im privatwirtschaftlichen Unternehmenskontext entwickelt wurden. Sie beabsichtigen eine optimale Nutzung vielfältiger Qualifikationen von MitarbeiterInnen, um den ökonomischen Erfolg eines Unternehmens zu steigern, etwa indem das Konzept die Expansion eines Unternehmens in unterschiedliche Absatzmärkte unterschiedlicher KundInnen erlaubt (vgl. z. B. Koall et al. 2001; Döge 2004). Konkret kann dies beispielsweise durch die Verankerung der Idee im Leitbild und in institutionellen Vorgaben einer Organisation umgesetzt werden. Als Kern-Dimensionen von Diversity werden üblicherweise Geschlecht, Alter, Behinderung, Ethnizität bzw. Herkunft, Religion und sexuelle Orientierung betrachtet. Die Strategie des Gender Mainstreamings ist erstmals in den 1980er Jahren im Kontext der Entwicklungszusammenarbeit formuliert worden und wurde erst später als Instrument der Gleichstellungspolitik in die Richtlinien der Europäischen Union übernommen. Als solches ist zumindest ihr Entstehungskontext der (internationalen) Sozialen Arbeit näher, als dies üblicherweise in der Personal- und Organisationsentwicklung reflektiert wird. Was das begriffliche Verständnis von Gender und Diversity in der Sozialen Arbeit von jenem im privatwirtschaftlich-unternehmerischen Kontext unterscheidet, betrifft die Ebene der Ziele, Zwecke und Werte zweier verschiedener Welten. Anstatt „Vielfalt" als Instrument zum Erreichen ökonomischen Erfolgs und Profit aufzufassen, steht in der Sozialen Arbeit die Funktion der Inklusionsvermittlung in gesellschaftliche Funktionssysteme (vgl. Schröer 2006, S. 2) und die Orientierung an sozialer Gerechtigkeit und Chancengleichheit (vgl. Perko/Czollek 2007) im Vordergrund:

„Die Auflösung traditioneller Normalitätsstandards vor dem Hintergrund der Vielfalt von Geschlechtern, Generationen, Ethnien, Kulturen und Subkulturen bildet den Hintergrund für eine programmatische Entwicklung nach innen im Blick auf die Mitarbeiterschaft unter dem Aspekt der Gleichbehandlung und nach außen gegen-

über Nutzerinnen und Nutzern unter dem Aspekt der sozialen Gerechtigkeit."
(Schröer 2006, S. 9)

Soziale Arbeit als parteiliche und professionelle Hilfe für sozial benachteiligte
Gruppen und Individuen hat sich traditionellerweise stark zielgruppenorientiert
entwickelt, bezogen z. B. auf mädchen- bzw. bubenspezifische Angebote in der
Jugendsozialarbeit, in der Altenarbeit und Behindertenhilfe oder in der Arbeit
mit MigrantInnen. Fraglich ist zwar, ob Soziale Arbeit dadurch, dass sie sich mit
gesellschaftlichen Randgruppen befasst, „immer schon interkulturell" (Schröer
2006) war bzw. sich so verstanden hat oder ob diese nachträgliche Selbstbe-
schreibung vielmehr zu den Mythenbildungen einer Profession (vgl. Perko/
Czollek 2007) zählt. Einig sind sich die genannten AutorInnen jedoch darin, dass
sich Gender und Diversity innerhalb Sozialer Arbeit von einer Zielgruppenorien-
tierung zur Querschnittspolitik, also als ein integrierter Teil des allgemeinen
Hilfesystems, zu entwickeln hat, dass es auch konzeptuell darum geht, bislang
unverbundene Ansätze mit unterschiedlichen Konzepten zugunsten einer holisti-
schen Sichtweise zu integrieren, und dass bei einem Verständnis von Vielfalt in
der Sozialen Arbeit das Thematisieren von Macht, Herrschaft und Gerechtigkeit
in sozialen Beziehungen im Mittelpunkt des Interesses steht (vgl. Schröer 2006;
Perko/Czollek 2007). Wir werden sehen, dass die Soziologie als Wissenschafts-
disziplin gerade in diesen Punkten ihre analytischen Stärken hat, was auch für
die Soziale Arbeit relevant sein mag.

Der Begriff „Diversity" wird in Österreich etwa seit der Jahrtausendwende
thematisiert. In Österreich werden Instrumente zur Reflexion von Gender und
Diversity in der sozialarbeiterischen Praxis beispielweise in Supervision, Coa-
ching und Beratung (vgl. Abdul-Hussain/Baig 2009) eingesetzt. Ebenso liegen
Leitfäden und Reflexionen zu Gender und Diversity in der Hochschullehre und
Didaktik Sozialer Arbeit an Fachhochschulen (vgl. FH Campus Wien 2008;
Hartl/Sprung 2009) vor. Wie eine Recherche zu den Ausbildungscurricula Sozia-
ler Arbeit an den österreichischen Fachhochschulen im Oktober 2010 zeigte, sind
Lehrveranstaltungen mit dem Titel „Gender" und/oder „Diversity" meist nur
rudimentär im Curriculum integriert. Allerdings ist zu bemerken, dass verwandte
Teilbereiche wie etwa interkulturelle Kompetenz, Migrationsforschung, Soziale
Arbeit mit alten oder behinderten Menschen häufig Bestandteile der sozialarbeiterischen Ausbildung sind. An der FH Kärnten können Bachelor-Studierende im
Rahmen des Wahlpflichtfachs „Gender und Diversity" insgesamt acht Lehrveranstaltungen besuchen, an der FH Campus Wien werden zu Beginn des Bache-
lor-Studiums eine einschlägige Lehrveranstaltung sowie drei Lehrveranstaltungen in den zwei Master-Curricula zur Sozialen Arbeit angeboten. An der FH St.
Pölten besteht für Bachelor-Studierende die Möglichkeit, zwei Lehrveranstaltungen im gleichnamigen Modul zu belegen, und an der FH Joanneum wird eine

Lehrveranstaltung in der Vertiefungsrichtung Sozialmanagement des Master-Curriculums angeboten; im Bachelor-Studium steht die Auseinandersetzung mit Interkulturalität und Migration im Vordergrund. Ähnliche Angebote zu Gender und Diversity fehlen hingegen bislang in den Curricula an den Fachhochschulen in Oberösterreich, Vorarlberg, Salzburg, Tirol und im Burgenland. Wieweit Gender und Diversity bereits Gegenstand empirischer Forschung in der Sozialen Arbeit in Österreich geworden ist, ist schwierig einzuschätzen, weil sowohl die Forschung in der Sozialarbeit wie auch die „Forschung über die Forschung" in Österreich noch wenig institutionalisiert sind (vgl. Sting/Heimgartner 2010).

In der Hochschullehre und Didaktik Sozialer Arbeit bietet sich eine Herangehensweise auf zumindest drei Ebenen sozialer Ungleichheit an (vgl. FH Campus Wien 2008, S. 43ff.), die für das Entwickeln und Vertiefen fachspezifischer Kompetenzen in Sozialer Arbeit relevant sind. Auf der Ebene des/der *Einzelnen* geht es um eine kritische Reflexion der persönlichen Gender- bzw. Diversity-Brille von Studierenden und Lehrenden, also um biographische Zugänge zu gesellschaftlicher Ungleichheit und um individuelles Verhalten gegenüber Diskriminierung und Ausgrenzung. Auf *soziokultureller* Ebene geht es um Fragen gesamtgesellschaftlicher Diskurse und sozialhistorischer Wissensbestände, Werte und Normen im Hinblick auf Gender und Diversity, aber auch um das kritische Betrachten sozialwissenschaftlicher Theorien zur Erklärung gesellschaftlicher Ungleichheit. Auf *institutioneller* Ebene ist die Bedeutsamkeit von Gender und Diversität in der Hochschule oder auch in sozialen Dienstleistungsbetrieben und der beruflichen Praxis mit KlientInnen Sozialer Arbeit zu thematisieren.

Eine Reflexion der institutionellen Ebene bedeutet auch, das Gender-Verhältnis unter Studierenden und Lehrenden, Forschenden und PraktikerInnen der Sozialen Arbeit zu thematisieren. Frauen stellen nach wie vor die überwiegende Mehrheit der Studierenden der Sozialen Arbeit dar. Genauso eindeutig ist, dass eine häufig an der Idee „gemischter Teams" orientierte Rekrutierungsstrategie und die institutionelle Geschlechterverteilung unter dem akademischen Lehr- und Forschungspersonal männliche Absolventen in ihren Arbeitsmarktchancen systematisch bevorzugt und weibliche Absolventinnen Sozialer Arbeit benachteiligt. Dass „soziale Fähigkeiten" entsprechend dem Geschlechterstereotyp tendenziell häufiger Frauen zugeschrieben werden und auch für die historische Herausbildung der Profession Sozialer Arbeit bedeutsam waren, gereicht Frauen in Arbeitsverhältnissen im sozialen Bereich nicht mehr zum Vorteil. Empirisch wurde mehrfach nachgewiesen, dass weiblich konnotierte Fertigkeiten wie „Fürsorglichkeit" und „Mütterlichkeit" auch im sozialen Bereich mittlerweile zur Dequalifizierung und Abwertung der von Sozialarbeiterinnen geleisteten Arbeit dienen, in Sozial- und Pflegeberufen tätige Männer stattdessen ungleich mehr von ihrer Sichtbarkeit in einem quantitativ weiblich dominierten Arbeitsfeld profitieren (vgl. Heintz et al. 1997; Hartl 2010, S. 50ff.). So bevorzugen auch weibliche LeiterInnen sozialer Einrichtungen in ihren Rekruierungsentscheidungen männliche Sozialarbeiter:

> „Eine besondere Eignung von Frauen für Sozialarbeit hat sich zu einem Nachteil gewandelt. Männer werden als Teammitglieder insbesondere dafür geschätzt, dass sie nicht ‚herumglucken‘ (...). Das bedeutet eine Transformation nicht nur der Begriffe, sondern auch der Kompetenzprofile der Profession." (Hartl 2010, S. 51)

Umgekehrt erfahren Migrantinnen als SozialarbeiterInnen im Erwerbsleben mehrfache Benachteiligung gegenüber Frauen der Mehrheitsgesellschaft, was häufig mit einer angeblich fehlenden „sozialen Kompetenz" legitimiert wird (vgl. Gutiérrez Rodríguez 1997, S. 213). In der Tat sind Migrantinnen oft für andere Berufe ausgebildet als für solche, in denen sie Arbeit finden, erfahren überdurchschnittlich häufig eine berufliche Dequalifizierung und arbeiten häufiger in prekären Arbeitsverhältnissen als Frauen der Mehrheitsgesellschaft (ebd.). Diese Migrationsbewegung zwischen den Wissenschaftsdisziplinen zeigt im Übrigen auch die Geschichte von Soziologinnen, die vor dem NS-Regime in die Vereinigten Staaten flohen und in der dort bereits akademisierten Sozialarbeit Arbeit fanden und erfolgreich waren (vgl. Reiterer 2010)[2].

4   Der Erkenntnisgewinn einer soziologischen Perspektive

Wenn die Geschlechter- und Diversitätsforschung ihrem Anspruch nach interdisziplinär ist, welche zusätzlichen Einsichten könnte hier eine soziologisch-disziplinär informierte Perspektive auf diese leisten? Und inwiefern könnten diese speziell für die Soziale Arbeit interessant sein? Der Erkenntnisgewinn einer soziologischen Perspektive auf Gender und Diversity in der Sozialen Arbeit besteht meines Erachtens in Folgendem: Erstens ermöglicht sie eine *gesellschaftstheoretisch fundierte Macht- und Herrschaftsanalyse*, insofern Gender und Diversity nicht nur als Dimensionen soziokultureller Differenzsetzung, sondern auch als Strukturtheorien sozialer Ungleichheit und Diskriminierung aufgefasst werden. Zweitens erweitert ein Verständnis von *Soziologie als Kritik* verkürzte Rezeptionen von Gender und Diversity und kann als solche nicht zuletzt für den Professionalisierungsdiskurs der Sozialen Arbeit bedeutsam sein. Drittens kann die Soziologie forschungspraktisch mit einer *kritischen Ideologie- und Institutionenanalyse* verknüpft sein, wie sie im Kontext feministischer Sozial-

---

[2] Ich danke Christian Fleck, der mich auf die Arbeit von Barbara Reiterer aufmerksam gemacht hat.

wissenschaft entwickelt wurde. Dies soll nun Schritt für Schritt expliziert werden.

4.1 Gender und Diversity als Ausgangspunkt theoretischen Denkens und als Macht- und Herrschaftsanalyse

Gender und Diversity werden gegenwärtig am ehesten als Handlungsfeld oder als zusätzlicher, wenngleich randständiger empirischer Forschungsbereich der Sozialen Arbeit wahrgenommen, z. B. in Studien zur Erwerbstätigkeit unter Migrantinnen oder im Entwickeln von Angeboten geschlechtsspezifischer Jugendarbeit. Auch das Eingeständnis, es handle sich um eine institutionelle „Querschnittsmaterie", bleibt auf konzeptueller Ebene dann zwangsläufig uneindeutig und folgenlos. Selten werden diese Kategorien als Ausgangspunkt *theoretischen* Denkens aufgefasst oder das diesen inhärente theoretische Potenzial als solches überhaupt wahrgenommen. Dies mag auch damit zu tun haben, dass sich deren Bezugsdisziplinen – wie die Soziologie – dieser theoretischen Heuristik gegenüber ebenso lange ambivalent verhielten und in Lehrbüchern diesen Kategorien bestenfalls der Stellenwert eines „theoretischen Dilemmas" (Giddens 1995, S. 768ff.) zugebilligt wurde. Ein Denken, das von den Kategorien des Geschlechts und der Andersheit bzw. Vielfalt seinen Ausgang nimmt, bedarf in der Alltagspraxis des Wissenschaftsbetriebs noch immer spezieller Rechtfertigung. Entweder gilt es als „überflüssig", weil angeblich theoretisch redundant, oder als „unmöglich", weil parteilich (vgl. List 1992). Mit diesen alltagstheoretischen Vorwürfen möchte ich mich an dieser Stelle kurz befassen, um damit das theoretische Potenzial der Kategorien Gender und Diversity auch in der Sozialen Arbeit zu betonen.

Der erste Vorwurf an die Gender- und Diversitätsforschung setzt auf wissenschaftstheoretischer Ebene an und ist jener der Redundanz oder Wiederholung. Er besagt, dass es dieser schlicht an *theoretischer* Originalität oder Innovation fehle und sie darum im disziplinären Kontext der Theorieentwicklung überflüssig sei. Diesem Verständnis zufolge ist es etwa möglich, Simone de Beauvoirs Pionierwerk „Das andere Geschlecht" als bloß empirische Anwendung existenzialistischen Denkens aufzufassen, ohne der Autorin zuzugestehen, auch theoretisch Neues entwickelt zu haben.

Dem Vorwurf fehlender Originalität hat Louise Marcil-Lacoste bereits 1983 entgegengehalten, es sei vielmehr zu fragen, ob „feministische Schriften als redundant gelten, weil ihre Originalität bei der Behandlung *allgemeiner* Probleme übersehen wird" (Marcil-Lacoste 1983, S. 492, Herv. d. Verf.). Am geschichtlichen Höhepunkt des Konstruktivismus betonte Marcil-Lacoste die Historizität, Materialität und Werthaltigkeit grundlegender epistemologischer Kategorien. Damit ist die Einsicht verknüpft, dass Wissensansprüche, welchen wissenschaftliche Institutionen und ihre tragenden AkteurInnen genügen müssen, nur von einem bestimmten sozialen Ort aus artikuliert werden können. Sie sind insofern begrenzt. Diesen in der Wissenschaftsforschung spätestens seit den 1960er Jahren verbreiteten Gedanken hat Donna Haraway als „situiertes Wissen" (1988) auch außerhalb des feministischen Diskurses salonfähig gemacht. Abstrakte, dekontextualisierte Wissenschafts- und Theorieverständnisse erweisen sich dann auch in der Sozialen Arbeit nicht nur als unangemessen, sondern als tendenziell verzerrend. Als Gegenargument ist an dieser Stelle einzuwenden, dass Haraways Wissenschaftskritik sich gegen den überzogenen Geltungsanspruch und damit verknüpfte Illusionen und Mythen der weitaus mächtigeren Biowissenschaften und der etablierten theoretischen Traditionen der Philosophie wendet. Empirisch ist die Etabliertheit und der Legitimationscharakter Sozialer Arbeit vor Ort hingegen dermaßen schwach, dass es zu viel wäre, ihren prominenten Trägergruppen auch noch eine prekäre Nähe zu Herrschaftsstrukturen aus Politik, Wirtschaft und Staat zu unterstellen. Dennoch soll hier begrifflich die soziale Situiertheit von Wissen und Wissensansprüchen betont werden; sie ist konstitutiv für eine „Reflexion auf die konkrete Situation und die jeweilige strukturellen und politischen Kontexte des Forschungshandelns" (List 1992, S. 43). Zudem vermag das Deutlichmachen der Partialität (auch) der Sozialen Arbeit, das Reflektieren der sozialen Bedingungen, in denen Wissen erzeugt und vermittelt wird, dazu befähigen, ein Verständnis dafür zu entwickeln, wie eine theoretische Position konkret zu bewerten ist (ebd.).

Es ist dieses Verständnis theoretischen Denkens, das ich im Folgenden weiter entwickeln möchte. Die konstruktivistische Idee des „doing gender" (West/ Zimmermann 1987) stellt eine auf die Ethnomethodologie (Garfinkel 1967) zurückgehende genuin soziologische Erkenntnisleistung dar und beruht auf dem analytisch folgenreichen Perspektivenwechsel, die alltagsweltlichen Ressourcen von Gesellschaftsmitgliedern selbst zum Thema der Soziologie zu machen. Methodisch dürfte diese Innovation auch einem reflexiv-ressourcenorientierten Selbstverständnis Sozialer Arbeit entgegenkommen. Doch hat der extrem theorieabstinente Konstruktivismus innerhalb der Soziologie nicht annähernd die Verbreitung gefunden, die er in der Genderforschung und in der Sozialen Arbeit erfuhr. Wenn in der sozialwissenschaftlichen Gender- und Diversitätsforschung gegenwärtig wieder ein Bedürfnis nach Gesellschaftstheorie erkennbar wird, sollte diese auch nicht mehr hinter eine (De-)Konstruktions-Perspektive zurückfallen. Eine Betonung der Macht- und Herrschaftsdimension sozialen Handelns kann jedoch als analytisches Korrektiv gegenüber einer interaktionslogischen Verkürzung des „doing gender" interpretiert werden, die sowohl deren institutio-

nelle Umwelten wie auch den Aspekt asymmetrischer Macht- und Herrschaftsverhältnisse häufig unberücksichtigt läßt. Eine solche Macht- und Herrschaftsanalyse betont das Moment der vertikalen Hierarchisierung gegenüber einer bloß
als horizontal gedachten Vielfalt, insofern Diversity als soziokulturell „konstru-
ierte" Differenz aufgefaßt wird, die zugleich in – die ihr vorausgehenden –
Macht- und Herrschaftstrukturen eingebettet ist. Durch eine solche Sichtweise
kann die Soziologie auch der Gefahr einer tendenziellen „Kulturalisierung"
struktureller Ungleichheit entgegenwirken und stattdessen Gender und Diversity
als soziale Strukturkategorien (Becker-Schmidt/Knapp 2000) gesellschaftstheoretisch fundieren. Für die Soziale Arbeit liefert die Soziologie damit insbesondere theoretisch informiertes Wissen über gesellschaftlich relevante Ursachen und
Zusammenhänge von Ungleichheit und Diskriminierung. Gerade weil „die Praxis" im Diskurs der Sozialen Arbeit bei PraktikerInnen und Studierenden häufig
so hoch im Kurs zu stehen scheint, vermag dieses Angebot der Vermittlung soziologischer Theorie zur Professionalisierung der Sozialen Arbeit beizutragen.

4.2 Soziologisches Denken als Kritik: Rhetorische Modernisierung in der Professionalisierung Sozialer Arbeit?

Der zweite Vorwurf wendet sich gegen den angeblichen Separatismus oder Par-
tikularismus der Gender- und Diversitätsforschung, speziell der damit verknüpften Parteilichkeit. Dieser Vorwurf ist ihr gegenüber ebenso unangebracht. Ihre
Rechtfertigung liegt vielmehr in der Respektierung eines normativen Ethos des
Universalismus (Merton 1985), der die Geltung wissenschaftlicher Wissensansprüche als von persönlichen Merkmalen des Wissenssubjekts – etwa Geschlecht, Alter, Nationalität, Religionszugehörigkeit, ethnische Herkunft – unabhängig betrachtet. Insofern setzt die von Gender- und Diversity-Ansätzen formulierte Kritik an einem fehlenden Universalismus der Wissenschaft die Akzeptanz
des Universalismus als Norm wissenschaftlicher Aktivität logisch voraus. Gerade aus der Überzeugung, dass an Orten des rationalen Diskurses nicht die Ge-
schlechtszugehörigkeit oder Hautfarbe der Wissenssubjekte, sondern das bessere
Argument zählt, speist sich dann auch ein theoretisches Denken, das sich vor
allem als Kritik (List 1989) begreift und das die uneingestandene Standpunkthaf-
tigkeit androzentrisch-ethnozentrischer Diskurse zu demaskieren sucht. Zugege-
ben: Diese „Politik der Verortung" (Rich 1986) mag für jene schlicht irrelevant
sein, die sich ihrer Repräsentation als das Allgemeine rationalen Denkens weitgehend sicher sind. Dies ist es hingegen nicht für jene, denen in nicht selbst ge-
wählter Marginalität jahrhundertelang der Status des Anderen eben jener (überdurchschnittlich häufig weiß, männlich, heterosexuell, bürgerlich, katholisch,

nicht-behindert, innereuropäisch verkörperten) Vernunft zugeschrieben wurde. Es ist die Erfahrung „verordneter Entortung" (*displacement*) (Bammer 1994, zit. n. Gutiérrez Rodríguez 1999, S. 208ff.), die zum Ausgangspunkt kritischen Denkens gemacht werden kann, das die Kategorien von Gender und Diversität gleichwohl theoriewürdig und theoriefähig hält.

Gender Mainstreaming und Diversity Management sind hingegen in der Geschlechtersoziologie keineswegs unumstritten, sondern vielmehr auch Gegenstand von Kritik und Selbstkritik. So interpretiert Angelika Wetterer (2003) diese als mehr oder weniger erfolgreiche Professionalisierungsstrategien von Gender-Expertinnen, die, anstatt einen tatsächlichen Paradigmenwechsel in der Gleichstellungspolitik zu fördern, vielmehr auf deren bloß „rhetorische Modernisierung" (ebd.) hinauslaufen. Erstens kritisiert sie eine vernebelnde Sprache, die sich modern und professionell geriert, als explizit „von oben" einzusetzende Strategie, die sich jedoch unverhohlen dem betriebswirtschaftlichen Kalkül und der administrativ-bürokratischen Effizienzlogik von Institutionen unterwirft. Damit ist laut Wetterer nicht nur eine Verlagerung der Definitionsmacht von Gleichstellungspolitik, sondern auch ein systematisch verkürztes Verständnis von Politik als Verwaltungshandeln verknüpft, wobei die faktische Wirksamkeit des Expertenwissens im Unterschied zur Selbstpräsentation ihrer AkteurInnen noch gar nicht erwiesen sei. Zweitens kritisiert Wetterer: Gender Mainstreaming verstärke aus Sicht feministischer Theorie konzeptuell uninformierte Positionen wie ein Reifizieren des Systems der Zweigeschlechtlichkeit, das einer „Vereigenschaftung von Geschlechterdifferenz" (Knapp 1997) Vorschub leistet, anstatt die Errungenschaften des feministischen Dekonstruktivismus zu reflektieren. Nicht nur werde in Einführungskursen zum Gender Mainstreaming gebetsmühlenartig eine „sex-gender"-Unterscheidung wiederholt, die schon lange theoretisch obsolet sei. Wenn Gender Mainstreaming zusätzlich ein simples Bild angeblich „femininer Potenziale und Führungsstile" zeichne, klinge eine in den 1970er Jahren entwickelte und ebenso überholte Theorie „weiblichen Arbeitsvermögens" an (Wetterer 2003).

Das erste Argument Wetterers einer bloß rhetorischen Modernisierung von gleichstellungspolitischen Anliegen durch Gender und Diversity ist im Kontext feministischer Theoriebildung plausibel. Doch schließt dies m. E. nicht aus, konzeptuelle Ressourcen der Geschlechtersoziologie im Feld von Gender und Diversity zu nutzen, im Sinne einer Ideologiekritik als genuiner Sprachkritik auch in der Gender- und Diversitätsforschung selbst. Als Themen sind Gender und Diversity sowohl im Hochschulbereich als auch in der praktischen Sozialen Arbeit noch immer weitgehend marginalisiert. Zusätzlich bleibt unklar, warum man ausgerechnet gut ausgebildete gender-kompetente Sozialarbeiterinnen oder Soziologinnen mit Migrationshintergrund von Möglichkeiten der Professionalisierung abhalten und stattdessen dieses Feld gänzlich betriebwirtschaftlichen Akteuren überlassen sollte. Die Frage der faktischen Wirksamkeit von Gender Mainstreaming als institutioneller Strategie ist als potentieller Gegenstand auch der Geschlechtersoziologie hingegen nur strikt empirisch zu beantworten. Die Soziologie vermag der Sozialen Arbeit dann eine realistische, kritisch-distanzierte Perspektive auf Gender Mainstreaming und Diversity Management selbst anzubieten, unter anderem, indem sie dieser empirisch generierte Daten zu Ungleichheitslagen und Diskriminierung zur Verfügung stellt. Sie stellt damit ein Gegengewicht zu individualisierenden und normativ stark aufgeladenen Ansätzen Sozialer Arbeit dar, das auch als Korrektiv gegen die in der Sozialen Arbeit ausgeprägte symbolische Darstellung politischer Korrektheit wirken kann (Zilian 2005). So muss auch der Mehrwert einer institutionellen Richtlinie geschlechtergerechten Sprachgebrauchs für Sozialarbeiterinnen begrenzt sein, solange diesen das materielle Äquivalent dieser Anerkennung systematisch vorenthalten bleibt. Bezogen auf den Professionalisierungsdiskurs in der Sozialen Arbeit beschränkt sich eine Soziologie als Kritik dann weder auf eine betriebswirtschaftliche Verkürzung von Gender und Diversity auf Verwaltungshandeln professioneller Expertise, noch geht sie diesen ausschließlich als tendenziell verzerrenden Leerformeln politischer Korrektheit auf den Leim. – Was könnte nun eine von Gender und Diversity informierte Soziologie forschungspraktisch der Sozialen Arbeit anbieten?

4.3 Geschlechtskritische Ideologie- und Institutionenanalyse

Soziologie von Gender und Diversity als Kritik an „Denkverhältnissen" (List/ Studer 1989) als strukturierten Macht- und Herrschaftsbeziehungen impliziert gerade nicht das Thematisieren von Minderheiten-Zugehörigkeiten, sondern liefert eine kritische Analyse der jeweiligen Mehrheitsgesellschaft bzw. „Dominanzkultur" (Rommelspacher 1995) selbst. Erst dann wird es möglich, Formen institutionellen Rassismus und Ethnozentrismus als sozialer Ungleichheit und Diskriminierung in den Blick zu bekommen, die uns weißen Frauen üblicherweise verborgen bleiben:

> „Sehr häufig, besonders jedoch in Zeiten und an Orten, wo eine rassistische Ordnung relativ stabil ist, wird sie für ihre weißen BürgerInnen-Subjekte häufiger durch Hegemonie als durch Zwang aufrechterhalten; wie männliche Privilegien werden weiße Privilegien eher als gegeben hingenommen als benannt, und für ihre NutznießerInnen sind sie eher unsichtbar als sichtbar. Vom Standpunkt der Begünstigten aus wird rassistische Dominanz nur dann bewußt, wenn sie in Frage gestellt wird. Wie ich Studierenden jahrelang erklärt habe, besteht Rassenprivilegierung in der Erfah-

rung, *nicht* ins Gesicht geschlagen zu werden." (Frankenberg 1996, S. 55, Herv. i. O.)

Dieses methodisch inverse Vorgehen (vgl. Kreisky 1997), nicht Minderheitenzugehörigkeiten, sondern die Mehrheitsgesellschaft zum Gegenstand empirischer Forschung zu machen, könnte forschungspraktisch mit einer geschlechterkritischen Ideologie- und Institutionenanalyse verknüpft werden. Denn nach einer vergleichsweise staats- und institutionsfernen Frauenbewegung in den 1970er und 80er Jahren ist in den letzten Jahren ein verstärktes Interesse sozialwissenschaftlicher Genderforschung an institutionentheoretischen Zugängen zu bemerken (vgl. Sauer 2005). Eine solche institutionenkritische Perspektive findet vielfältige diziplinäre Anknüpfungspunkte, etwa in der soziologischen (vgl. Smith 2005) oder politikwissenschaftlichen Genderforschung (vgl. Kreisky 1997; Sauer 2005). Sie könnte auch mit einer sozialpädagogischen Forschung kombiniert werden, die in Diskursen interkultureller Öffnung den systematischen Rassismus etwa von Institutionen aus Wirtschaft, Politik und Verwaltung gegenüber MigrantInnen thematisiert.

Marianne Egger de Campo (2007) hat die Soziologie einmal als die „große Schwester" der „kleinen Schwester" Sozialer Arbeit charakterisiert: Als Kinder der Moderne wurzeln beide historisch in sozialreformerischen Bestrebungen, die sich mit den negativen Folgen moderner Gesellschaften befassen und sich an sozialen Problemen wie Armut und Arbeitslosigkeit, sozialer Ungleichheit und Diskriminierung orientieren (vgl. ebd.). Ebenso unzweifelhaft sind deren Differenzen, die sich in der Adoleszenz-Phase der Herausbildung einer Profession bzw. Disziplin besonders deutlich zeigen mögen: Sie äußern sich gelegentlich als trotziges Abgrenzungsbedürfnis der „kleinen Schwester", Sozialer Arbeit, oder als besserwisserische Altklugheit der „großen Schwester", der Soziologie. Respekt gegenüber ihren jeweils eigenständigen intellektuellen Absichten und Zielen, Kompetenzen und Wissensbeständen vermag vor allem, wenn es um ein in beiden Bereichen randständiges Thema wie Gender und Diversity geht, beide im Sinne geteilter Schwesternschaft zu stärken.

Literatur

Abdul-Hussain, Surur/ Baig, Samira (Hg.) (2009): Diversity in Supervision, Coaching und Beratung. Facultas, Wien.

Bammer, Angelika (1994): Introduction. In: Dies. (Hg.): displacements. Cultural Identities in Question. Bloomington, Indianapolis. S. xi–xix.

Becker-Schmidt, Regine/ Knapp, Gudrun-Axeli (2000): Feministische Theorien zur Einführung. Junius, Hamburg.

Bendl, Regine (2004): Gendermanagement und Gender- und Diversitätsmanagement. Ein Vergleich der verschiedenen Ansätze. In: Bendl, Regine/ Hanappi-Egger, Edeltraud/ Hofmann, Renate (Hg.): Interdisziplinäres Gender- und Diversitätsmanagement. Einführung in Theorie und Praxis. Linde Verlag, Wien. S. 43–72.

Butler, Judith (1997): Excitable Speech. A Politics of the Performative. Routledge, London/New York.

Butler, Judith (1990): Gender Trouble. Feminism and the Subversion of Identity. Routledge, New York.

Collins, Patricia Hill (1990): Black Feminist Thought. Knowledge, Consciousness, and the Politics of Empowerment. Routledge, New York/London.

Combahee River Collective (1982): A Black Feminist Statement. In: Hull, Gloria T./ Scott, Patricia Bell/ Smith, Barbara (Hg.): But Some of Us Are Brave. Black Women's Studies. Feminist Press, City University of New York. S. 13–22.

Czollek, Leah Carola/ Perko, Gudrun (Hg.) (2003): Verständigung in finsteren Zeiten. Interkulturelle Dialoge statt „Clash of Civilizations". PapyRossa Verlag, Köln.

Czollek, Leah Carola/ Perko, Gudrun/ Weinbach, Heike (o. J.): Radical Diversity im Zeichen von Social Justice. Philosophische Grundlagen und praktische Umsetzung von Diversity in Institutionen. In: Castro Varela, María do Mar/ Dhawan, Nikita (Hg.): Soziale (Un-)Gerechtig-keit. Kritische Perspektiven auf Diversity, Intersektionalität und Antidiskriminierung. LIT-Verlag, Münster u. a. S. 1–17.

Davis, Angela Y. (1981). Women, Race and Class. Random House, New York.

Döge, Peter (2004): Managing Diversity – Von der Antidiskriminierung zur produktiven Gestaltung von Vielfalt. In: Theorie und Praxis der Sozialen Arbeit; Nr. 3. S. 11–16.

Egger de Campo, Marianne (2007): Nachbarschaft als Geschwisterbeziehung. Eine Standortbestimmung von Soziologie und Sozialarbeit. Vortrag gehalten am Österreichischen Kongress für Soziologie „Nachbarschaftsbeziehungen", Karl-Franzens-Universität Graz, 26. September 2007.

Engels, Friedrich (1962): Die Entwicklung des Sozialismus von der Utopie zur Wissenschaft. Marx-Engels Werke, Band 19. Dietz Verlag, Berlin. S. 189ff.

FH Campus Wien (2008): Eine Formel bleibt eine Formel... Gender- und diversitygerechte Didaktik an Hochschulen: ein intersektionaler Ansatz, Wien.

Frankenberg, Ruth (1996): Weiße Frauen, Feminismus und die Herausforderung des Antirassismus. In: Fuchs, Brigitte/ Gabriele Habinger (Hg.): Rassismen und Feminismen. Differenzen, Machtverhältnisse und Solidarität zwischen Frauen. Promedia, Wien. S. 51–66.

Fraser, Nancy/ Honneth, Axel (2003): Umverteilung oder Anerkennung? Eine politisch philosophische Kontroverse. Suhrkamp, Frankfurt am Main.

Garfinkel, Harold (1967) Studies in Ethnomethodology. Englewood Cliffs, Prentice-Hall.

Gelbin, Cathy S./ Konuk, Kader/ Piesche, Peggy (Hg.) (1999): AufBrüche. Kulturelle Produktionen von Migrantinnen, schwarzen und jüdischen Frauen in Deutschland. Ulrike Helmer Verlag, Königstein/Taunus.

Giddens, Anthony (1995): Soziologie. Nausner&Nausner, Graz/Wien.

Gildemeister, Regine/ Wetterer, Angelika (1992): Wie Geschlechter gemacht werden. Die soziale Konstruktion der Zweigeschlechtlichkeit und ihre Reifizierung in der Frauenforschung. In: Knapp, Gudrun-Axeli/ Wetterer, Angelika (Hg.): Traditionen – Brüche. Entwicklungen feministischer Theorie. Kore, Freiburg i. Br. S. 201–255.

Gümen, Sedef (1998): Das Soziale des Geschlechts. Frauenforschung und die Kategorie „Ethnizität". In: Das Argument 224. S. 187–202.

Gutiérrez Rodríguez, Encarnación (1997): Akrobatik in der Marginalität. In: Gelbin, Cathy S./ Konuk, Kader/ Piesche, Peggy (Hg.): AufBrüche. Kulturelle Produktionen von Migrantinnen, schwarzen und jüdischen Frauen in Deutschland. Helmer Verlag, Berlin. S. 207–223.

Gutiérrez Rodríguez, Encarnación (1999): Intellektuelle Migrantinnen – Subjektivitäten im Zeitalter von Globalisierung. Eine postkoloniale dekonstruktive Analyse von Biographien im Spannungsverhältnis von Ethnisierung und Vergeschlechtlichung. Westdeutscher Verlag, Opladen.

Gutiérrez Rodríguez, Encarnación (2003): Repräsentation, Subalternität und postkoloniale Kritik. In: Steyerl, Hito/ Gutiérrez Rodríguez, Encarnación (Hg.): Spricht die Subalterne deutsch? Migration und postkoloniale Kritik. Unrast Verlag, Münster. S. 17–37.

Haraway, Donna (1987): Geschlecht, Gender, Genre. Sexualpolitik eines Wortes. In: Kornelia Hauser (Hg.): Viele Orte. Überall? Feminismus in Bewegung. Festschrift für Frigga Haug. Argument, Hamburg. S. 22–41.

Haraway, Donna (1988): Situated Knowledges: The Science Question in Feminism and the Privilege of a Partial Perspective. Feminist Studies 1. S. 575–599.

Harding, Sandra/ Hintikka, Merrill B. (Hg.) (1983): Discovering Reality: Feminist Perspectives on Epistemology, Metaphysics, Methodology, and Philosophy of Science. Reidel, Dordrecht.

Hartl, Katja/ Sprung, Annette (2009): Gender. Wissen. Lehren. Über die Vielfalt des Gender-Wissens und die Herausforderung seiner Vermittlung. In: Anna Riegler/ Sylvia Hojnik/ Klaus Posch (Hg.): Soziale Arbeit zwischen Profession und Wissenschaft. VS, Wiesbaden. S. 199–212.

Hartl, Katja (2010): Arbeitsteilige Interventionsplanung mit Familien. Unveröffentlichte Dissertation, Universität Graz.

Heintz, Bettina/ Nadai, Eva/ Fischer, Regula/ Ummel, Hannes (1997): Ungleich unter Gleichen. Studien zur geschlechtsspezifischen Segregation des Arbeitsmarkts. Campus, Frankfurt am Main.

Heintz, Bettina (Hg.) (2001): Geschlechtersoziologie. Sonderheft 41 der Kölner Zeitschrift für Soziologie und Sozialpsychologie. Westdeutscher Verlag, Opladen.

Hirschauer, Stefan (2001): Das Vergessen des Geschlechts. Zur Praxeologie einer Kategorie sozialer Ordnung. In: Bettina Heintz (Hg.): Geschlechtersoziologie. Sonderband 41 der Kölner Zeitschrift für Soziologie und Sozialpsychologie. Westdeutscher Verlag, Opladen. S. 208–235.

hooks, bell (1981): Ain't I A Woman: Black Women and Feminism. Pluto Press, London.

Kaloianov, Radostin (2008): Affirmative Action für MigrantInnen? Am Beispiel Österreich. Braumüller, Wien.

Kerner, Ina (2009): Alles intersektional? Zum Verhältnis von Rassismus und Sexismus. In: Feministische Studien, Heft 1, S. 36–50.

Klinger, Cornelia/ Knapp, Gudrun-Axeli (Hg.) (2008): ÜberKreuzungen. Fremdheit, Ungleichheit, Differenz. Westfälisches Dampfboot, Münster.

Klinger, Cornelia/ Knapp, Gudrun-Axeli/ Sauer, Birgit (Hg.) (2007): Achsen der Ungleichheit. Zum Verhältnis von Klasse, Geschlecht und Ethnizität. Campus, Frankfurt/New York.

Knapp, Gudrun-Axeli (1997): Gleichheit, Differenz, Dekonstruktion: Vom Nutzen theoretischer Ansätze der Frauen- und Geschlechterforschung für die Praxis. In: Gertraude Krell (Hg.): Chancengleichheit durch Personalpolitik: Gleichstellung von Frauen und Männern in Unternehmen und Verwaltungen. Rechtliche Regelungen – Problemanalysen – Lösungen. Gabler Verlag, Wiesbaden. S. 77–85.

Koall, Iris/ Bruchhagen,Verena/ Höher, Friederike (Hg.) (2001): Vielfalt statt Lei(d)tkultur – Managing Gender & Diversity. LIT Verlag, Hamburg.

Kreisky, Eva (1997): Diskreter Maskulinismus. Über geschlechtsneutralen Schein politischer Idole, politischer Ideale und politischer Institutionen. In: Eva Kreisky/ Birgit Sauer (Hg.): Das geheime Glossar der Politikwissenschaft. Geschlechtskritische Inspektion der Kategorien einer Disziplin. Campus, New York/Frankfurt am Main. S.161–213.

Krell, Gertraude/ Riedmüller, Barbara/ Sieben, Barbara/ Vinz, Dagmar (Hg.) (2007): Diversity Studies. Grundlagen und disziplinäre Ansätze. Campus, Frankfurt am Main/New York.

Lerner, Gerda (1993): The Creation of Feminist Consciousness. From the Middle Ages to Eighteen-seventy. Oxford University Press, New York/Oxford.

List, Elisabeth (1989): Feminismus als Kritik. In: Elisabeth List/ Herlinde Studer (Hg.), Denkverhältnisse. Feminismus und Kritik. Suhrkamp, Frankfurt am Main. S. 7–34.

List, Elisabeth (1992). Weder unmöglich noch überflüssig. Über Schwierigkeiten und Aussichten feministischer Theorie. In: Dies.: Die Präsenz des Anderen. Theorie und Geschlechterpolitik, Suhrkamp, Frankfurt am Main. S. 7–21.

Marcil-Lacoste, Louise (1983): The Trivialization of the Notion of Equality. In: Sandra Harding/ Merrill B. Hintikka (Hg.): Discovering Reality. Reidel, Dordrecht. S. 121–137.

Merton, Robert K. (1985): Die normative Struktur der Wissenschaft. In: Ders. Entwicklung und Wandel von Forschungsinteressen. Suhrkamp, Frankfurt am Main, S. 86–99. (Ursprgl. 1942).

Mohanty, Chandra Talpade (1988): Under Western Eyes. Feminist Scholarship and Colonial Discourses. Feminist Review, No. 33. S. 61–88.

Perko, Gudrun/ Czollek, Leah Carola (2007): „Diversity" in außerökonomischen Kontexten: Bedingungen und Möglichkeiten der Umsetzung. In: Anne Broden/ Paul Mecheril (Hg.): Re-Präsentationen. Dynamiken der Migrationsgesellschaft. Informations- und Dokumentationszentrum für Antirassismusarbeit in NRW, Düsseldorf. S. 161–180.

Reiterer, Barbara (2010): Adding Social Work to the Mix: A Transnational Perspective on Gender, Exile, and the Social Sciences in Central Europe and the United States, 1930–1950. Vortrag bei den Zeitgeschichtetagen der Universität Wien. Vgl. auch „Vertriebene Vernunft, ein neues Kapitel". Mitteilung des ORF vom 28.5.2010. http://science.orf.at/stories/1648933/ (Zugriff 10. 10. 2010)

Reuter, Julia/ Villa, Paula-Irene (Hg.) (2010): Postkoloniale Soziologie. Empirische Befunde, theoretische Anschlüsse, politische Interventionen. Transcript, Bielefeld.

Rich, Adrienne (1986): Notes towards a Politics of Location. In: Dies.: Blood, Bread and Poetry. W. W. Norton & Company, New York. S. 210–231.

Rommelspacher, Birgit (1995): Dominanzkultur. Texte zu Fremdheit und Macht. Orlanda Frauenverlag, Berlin.

Rubin, Gayle (1975): The Traffic in Women: Notes on the 'Political Economy' of Sex. In: Rayna Reiter (Hg.): Towards an Anthropology of Women. Monthly Review, New York. S. 157–210.

Sauer, Birgit (2005): Geschlechterkritischer Institutionalismus – ein Beitrag zur politikwissenschaftlichen Policy-Forschung. In: Ute Behning/ Birgit Sauer (Hg.): Was bewirkt Gender Mainstreaming? Evaluierung durch Policy-Analysen. Campus, Frankfurt am Main. S. 85–102.

Schröer, Hubertus (2006): Vielfalt gestalten. Kann Soziale Arbeit von Diversity-Konzepten lernen? In: Migration und Soziale Arbeit, 28. Jg., Heft 1, S. 60ff. URL http://www.i-iqm.de/dokus/vielfalt_leben_und_gestalten.pdf (Zugriff 10. 10. 2010)

Singer, Mona (2005): Geteilte Wahrheit. Feministische Epistemologie, Wissenssoziologie und Cultural Studies. Löcker Verlag, Wien.

Smith, Dorothy E. (2005): Institutional Ethnography: A Sociology for People. Altamira Press, Oxford.

Spivak, Gayatri (1988): Can the Subaltern Speak? In: Nelson, Cary/ Grossberg, Lawrence (Hg.): Marxism and the Interpretation of Culture. Illinois University Press, Chicago. S. 271–313.

Sprung, Annette (2002):Interkulturalität – eine pädagogische Irritation? Pluralisierung und Differenz als Herausforderung für die Weiterbildung. Peter Lang, Frankfurt am Main.

Steyerl, Hito/ Gutiérrez Rodríguez, Encarnación (Hg.) (2003): Spricht die Subalterne deutsch? Migration und postkoloniale Kritik. Unrast Verlag, Münster.

Sting, Stephan/ Heimgartner, Arno (2010): Empirische Forschung zur Sozialen Arbeit in Österreich. Vortrag gehalten an der ÖFEB Jahrestagung der Sektion Sozialpädagogik „Empirische Forschung in der Sozialen Arbeit" am 30. September 2010 an der Alpen-Adria-Universität Klagenfurt.

West, Candace/ Zimmerman, Don (1987): Doing Gender. In: Gender & Society, Bd.1. S. 125–151.

Wetterer, Angelika (2003): Gender Mainstreaming & Managing Diversity. Rhetorische Modernisierung oder Paradigmenwechsel in der Gleichstellungspolitik? In: die hochschule, Bd. 2. S. 6–27.

Zilian, Hans Georg (2005): Sozialarbeit und interpretative Soziologie. In: Gerald Knapp (Hg.): Soziale Arbeit und Gesellschaft. Entwicklungen und Perspektiven in Österreich. Hermagoras, Klagenfurt/Ljubljana/Wien. S. 12–37.

Phantasmatische Verkoppelungen von Sozialem und Biologischem durch „Bio-Technik". Überlegungen zu einem sozialarbeitswissenschaftlichen Technikbegriff

Susanne Dungs

> „Es wird eine der Hauptaufgaben der Philosophie der Technik sein, den dialekti-
> schen Punkt ausfindig zu machen (…), wo sich unser Ja der Technik gegenüber in
> Skepsis oder in ein unverblümtes Nein zu verwandeln hat."
>
> (Günther Anders in *Die Antiquiertheit des Menschen*)

1   Einleitendes

Wenn man den Meldungen in den Medien und Fachzeitschriften Glauben schenken darf, dann stehen Biowissenschaftlern und Pharmaforscherinnen, Hirnfor-
scherinnen und Proteomikern, Epigenetikern und Psychoneurologinnen in der
näheren Zukunft, aufgrund der immer differenzierter werdenden Unterschungs-
methoden zu menschlichen Lebensvorgängen (Genom, Neurom, Proteom), alle
Ressourcen zur Verfügung, um eindeutige Aussagen zu treffen, wie aus den
Einzelbausteinen (Gene, Neurone, Proteine) menschliches Leben entsteht. „Im
Eiltempo wird in den Labors weltweit die Mechanik des Lebens erkundet."
(Bahnsen 2009a) Die Medizin wandelt sich vor dieser Kulisse einer über alle
biologischen Vorgänge im Menschen informierten Selbst- und Weltsicht zur
Biomedizin.

Ist dieser Wandel sozialarbeitswissenschaftlich von Relevanz?[1] Handelt es
sich doch zunächst um naturwissenschaftliche Fakten, die in einer globalen biologischen Datenbank zusammengetragen werden – „vom Reich der Mikroben
über die Welt der Pflanzen bis hin zum Homo sapiens" (ebd.). In der Tat liegen
die sozialwissenschaftlichen Zusammenhänge nicht unmittelbar auf der Hand,
aber schon bei etwas genauerem Hinsehen zeigt sich, dass das „Human Genom

---

[1] Mit dem Beitrag soll nicht an die Kontroverse um eine genuine Sozialarbeitswissenschaft ange-
schlossen werden, jedoch plädiere ich dafür, dass die Soziale Arbeit einer wissenschaftlichen Fundierung bedarf, in der die „Technisierung der Gesellschaft" verstärkt eine Rolle spielt.

Project" eine Zäsur herbeigeführt hat, die sich als „Beginn eines neuen Aufstiegs
der Biologie" notieren lässt. „Längst ist die Biologie dabei, unsere philosophischen Vorstellungen von Natur, von dem Leben und von uns selbst umzupflü-
gen." (Bahnsen 2009b, S. 33) Die *biologisierenden* Technikentwicklungen führen nicht nur schnell in moralisch strittige Themenbereiche hinein (Selbstkonzept
und Menschenbild, Anerkennung des Anderen und Fremden, soziale Gerechtigkeit und gesellschaftliche Teilhabe usf.), sondern sie markieren auch, dass mit
der biomedizinischen Erkenntnisflut die *soziale Umgebung* der Einzelnen wie
die Gesellschaft insgesamt von *biologischen Urteilen* überspült werden.

Die Bemühungen beispielsweise der Pränataldiagnostik dehnen sich durch
neue Diagnoseverfahren so weit aus, dass kein Kind mit Down-Syndrom unentdeckt bliebe (vgl. Spiewak 2009, S. 36). In dieser *schönen neuen Welt* wäre über
die biologische und seelische Konstitution von Jedem und Jeder alles bekannt.
Sollte sich die Rolle der Sozialen Arbeit in einer solchen Welt darauf beschränken, die Genetische Beratung, die in der Regel durch eine/n in Humangenetik
ausgewiesenen Facharzt/-ärztin durchzuführen ist, im Bedarfsfall um eine
„Nichtmedizinische Beratung", die auch die psychischen und sozialen Auswirkungen in die Erörterung der Untersuchungsergebnisse einbezieht, zu ergänzen?
(vgl. §69[4]GTG; §10[3] GenDG[2]). Die Soziale Arbeit pariert den biowissenschaftlichen Fortschritt mit einer Produktion von ExpertInnen, die die Komplexität von technikinduzierten Entscheidungsprozessen reduzieren helfen und die
Integration ihrer Folgewirkungen in die lebensweltlichen Zusammenhänge der
Betroffenen unterstützen. Unter dem Deckmantel eines psychosozialen Bio-
Diskurses könnte ein bedenklicher Utilitarismus auch in die Soziale Arbeit Einzug halten, der alle Fortschritte der Biomedizin stillschweigend billigte. Zweifelsohne gilt es, die Betroffenen auf ihrem Weg durch die komplexen biomedizinischen Instanzen auch durch Formen „nichtmedizinischer Beratung" zu unterstützen, jedoch müssen m. E. die disziplinären und professionellen Kompetenzen, die die Soziale Arbeit in den biowissenschaftlichen Diskurs einzubringen
hätte, zunächst gründlich durchdacht werden.

In besonderem Maße herausgefordert wird die Soziale Arbeit durch neue
Vorstellungen von Leistung und Versagen, normal und abweichend, die die biomedizinischen Verfahren mit sich führen. Sie setzen eine Veränderungsdynamik
in Gang, durch die wir die Einflussmöglichkeiten auf unser Leben grundlegend
anders interpretieren. Menschsein kaum mehr als Gabe gedeutet (vgl. Sandel 2008), sondern ist zu einer verantwortungsvollen, selbstbestimmten und
technikinformierten Gestaltungsaufgabe geworden. Da die Geste der unterneh-
merisch-biotechnischen *Arbeit an sich selbst* über den Körper hinaus nun auch

---

[2] Beim GTG handelt es sich um das österreichische Gentechnikgesetz, das GenDG ist das deutsche
Gendiagnostikgesetz.

die Psyche einschließt, geht es immer weniger um die Frage: „Wer bin ich? – sondern zunehmend um die Frage: Wer will ich sein?" (Kollek 2005, S. 81) Das gen- und neurodiagnostische Wissen setzt uns unter Entscheidungsdruck, biomedizinische Maßnahmen durchzuführen oder nicht. Zwar sollen die medizinischen Nebenwirkungen der Verfahren abnehmen, aber die moralischen und sozialen Folgewirkungen nehmen zu.

> „Wenn der gesunde Mensch seine Erkrankungswahrscheinlichkeiten ermitteln kann, wird er von innen und außen gedrängt, entsprechend zu handeln. Mehr Wissen bringt mehr Verpflichtungen mit sich." (Kollek zit. n. Heinrich 2010, S. 32)

Es setzt ein in seinen Auswirkungen noch kaum überschaubarer Vorgang ein, der biotechnologische Theoriekonstellationen mit lebensweltlichen Erfahrungen fortschreitend *verkoppelt*.

> „Die lange Debatte, was schwerer wiege für die Prägung des Menschen, die Umwelt oder die Gene, hat sich aufgelöst. Die Genfunktionen eines Menschen sind ganz mechanistisch intim mit seiner Umwelt verkoppelt, vor allem mit seiner sozialen Umgebung: die genetische Innen- und Außenwelt bilden eine Einheit." (Bahnsen 2009b, S. 33)

Feuerstein und Kollek sehen im Gendiskurs daher den Versuch einer „ausgedehnten Kolonialisierung des Lebens und der Lebenswelt" (2001, S. 26).

Im Weiteren werden die *Verkoppelungen* hinsichtlich ihrer *phantasmatischen*[3] Anteile untersucht. Der Sozialen Arbeit kommt, aufgrund ihrer Lebensweltnähe, die Aufgabe zu, das uneingeschränkte Verkoppeln kritisch zu begleiten. Dazu gehe ich in vier Schritten vor. Der erste Schritt soll zeigen, wie sich in den Diskursen der „Konvergenten Technologien" (CT) die Idee der Verkopplung von Sozialem und Biologischem ausprägt. Der zweite Schritt dient der Darstellung von sozialen Auswirkungen der CT über ein Fallbeispiel zur ADHS. Im dritten Schritt rekurriere ich auf die Theorie der Lebensweltorientierung von Hans Thiersch. Unter viertens wird ein sozialarbeitswissenschaftlicher Technikbegriff herauspräpariert, um abschließend unter fünf die Lebensweltorientierung – entlang der Habermasschen Unterscheidung von System und Lebenswelt – als Kritische Theorie der „Biopolitik" (Foucault) einzuführen. Denn die *Lebenswelt-*

---

[3] „Phantasma" besagt nach Žižek, dass sich der Kern des Subjekts als ein Fremdkörper zu erkennen gibt, der niemals subjektiviert werden kann. Käme das Subjekt dem Kern zu nahe, verlöre es seine ontologische Stütze und würde die Realität als ein albtraumhaftes Universum wahrnehmen (vgl. Žižek 1997). Im Diskurs um die Biotechnologie steht „Phantasma" für den Versuch, den Kern zutage zu fördern (z. B. Entzifferung des Genoms). In diesem Beitrag soll die Biomedizin nicht gänzlich in Abrede gestellt, sondern das *Biotechnisch-Phantasmatische* untersucht werden.

nähe, die sich die CT auf die Fahne schreiben, dürfte von einer anderen Qualität sein, als die der Sozialen Arbeit (Thiersch), so dass sich ein Unterschied einführen lassen müsste zwischen *sozialer* und *bio-technischer*[4] Lebensweltorientierung. Jedoch: Über die klassische Kolonialisierung hinaus dringen die CT so tief in das Soziale ein, dass sie das Menschliche im *Kern* umschreiben und dadurch das Lebensweltliche und Systemische ununterscheidbar zu machen drohen. Eine kulturkritische Verdachtslage allein, die vom Lebensweltlichen ihren Ausgang nähme, dürfte nicht ausreichen, um die Folgewirkungen der CT zu durchdringen, da sie ihrer unermesslichen Kraft der *Verkopplung von Lebenswelt und System* äußerlich bliebe.

2   Phantasmatische *Verkoppelungen* von Sozialem und Biologischem durch *Bio-Technik*

Die biowissenschaftlichen Erkenntnisfortschritte breiten sich seit den 2000er Jahren auf dem visionären Boden der „NBIC"-Technologien aus. Hierzu zählen Nano-, Bio-, Informations- und Kognitions-Wissenschaften und -Technologien (= NBIC). Die *Konvergenz* der Technologien reicht von diagnostischen Verfahren, über präventive und therapeutische Ansätze bis zur biotechnischen und psychopharmakologischen *Optimierung* von menschlichen motorischen, organischen, sensorischen, kognitiven und psychischen Eigenschaften und Fähigkeiten. Ausgehend von der US-amerikanischen Diskussion werden sie auch unter dem Titel „bionic human" oder „Konvergierende Technologien" (CT) zusammengeführt. Mit der Zusammenführung sollen die Hoffnungen auf Optimierung umgesetzt und die Probleme der Überbrückung zwischen Mensch und Technik beseitigt werden (Hybride, Cyborgs), bis hin zum Bau von Nanomaschinen und Mikropartikeln, die vollständig kompatibel werden sollen mit menschlichen biologischen und lebensweltlichen Systemen und Strukturen (vgl. Coenen 2008, 2009).
    Die RAND Corporation hat 2001 diese Zukunftsvisionen erstmals beschrieben, die sich im Bannkreis futuristischer Denkgebäude des „Transhumanismus" (Kettner 2006) oder der „visionären Ingenieure" (z. B. Ray Kurzweil) bewegen. Die Vorstellung einer radikalen Verbesserung der „conditio humana" (Kreation eines Übermenschen) spielt in der Debatte um das „Human Enhancement" eine entscheidende Rolle. Entsprechend unbekümmert wird – auch im deutschen Sprachraum – mit dem Aspekt der *Optimierung* (Enhancement, Improvement) umgegangen (vgl. Fleischer/Decker 2005, S. 122f.).

---

[4] Die Begriffe *Bio-Technik, Bio-Neuro-Technik, bio-technisch* stehen für die konvergente und phantasmatische Zusammenführung biotechnologischer Theoriekonstellationen mit lebensweltlichen Erfahrungen.

Auf diesem visionären Boden breitet sich die *Bio-Medizin* als Phantasma, alles uneingeschränkt miteinander verkoppeln zu können, aus. Die „Biomedizinalisierung" von bisher als *gesund* geltenden Bevölkerungsgruppen kann nach Feuerstein als Charakteristikum des spätmodernen Medizinsystems gesehen werden. Auch nicht-medizinische Nischen individuellen und gesellschaftlichen Lebens werden von der Deutungsmacht der Biomedizin okkupiert (vgl. Feuerstein 2008, S. 172). Was ist an dieser Verkoppelung bedenklich? Zwischen Natur und Kultur, Biologie und Sozialem bilden sich ständig mannigfaltige Konfigurationen des Natürlich-Künstlichen aus. Konzepte der „Biosozialität" (Rabinow 1991) zeigen jedoch, dass in den Bildern von Subjektivität und Sozialität seit Ende des 20. Jh. körperliche Faktoren in den Vordergrund rücken. Mit der biomedizinischen Sicht entstehen Selbst- und Weltbildkonfigurationen, die Niewöhner in Anlehnung an Rabinow als „Somatosozialität" bezeichnet (Niewöhner 2008). Somatische Subjekte sehen sich permanent der Gefahr einer möglichen Erkrankung ausgesetzt und werden auch von anderen so gesehen (vgl. Kliems 2008, S. 157). Das damit einhergehende Leben braucht nicht durch Höhen und Tiefen hindurch *geführt*, es muss nur *behandelt* werden. Das der vollständigen *Bio-Technisierung* frei gegebene Leben reduziert sich auf ein Abgleichen von Ist- und Sollzuständen. Es ist nach Gamm ein „physiologisch und medizinisch, chemisch und pharmakologisch erschlossenes Sein/Leben, das auf sein (…) organisches Gegebensein zurückgenommen wird. (…) Als 'bloßes Leben' (Giorgio Agamben) (…) enthält es partout keine ethische Markierung (mehr) darüber, wie es gelebt, wie mit ihm verfahren werden soll. (…) Die einzige allgemein akzeptierte Definition ist die (…) aus dem Geist der Biotechnologie: seine Funktionen zu optimieren, um zu seiner Selbsterhaltung beizutragen" (Gamm 2004, S. 48f.). Gamm bezeichnet dies als eine „unendliche Vertiefung des Selbst" in Richtung einer „Artefaktibilisierung", die die Grundlagen von Sozialität zersetze (vgl. ebd.). Um nun die Tragweite dieser Entwicklung bezogen auf die Soziale Arbeit zu diskutieren, beziehe ich mich auf die neurotechnologische Modediagnose ADHS (Aufmerksamkeitsdefizit-Hyperaktivitätsstörung).

3   Was kommt von mir und was vom Medikament?

„Alles wird gut. (…) Die junge Frau schließt ihre Augen für einige Sekunden und legt ihren Kopf zur Seite, als schmiege sie ihn an eine imaginäre Schulter. Wenn sie sich schlecht fühlt, sehnt sich die 28-Jährige nach diesen Worten. Doch die Zeiten, da sie sich mit solchem Trost begnügte, sind für die Fotografin längst vorbei. Seit Judith elf Jahre alt ist, hört sie nur noch eine Frage, wenn es ihr nicht gut geht: »Hast du deine Tabletten genommen«." (Khorsand 2008, S. 12)

Am Beispiel von Judith lässt sich veranschaulichen, wie die Verhaltensauffällig-keit des „Zappelphilipps" zum biomedizinischen Syndrom ADHS verschmolzen wird. Mit den Forschungen zur ADHS will man erklären, wie sich aus biochemi-schen Prozessen die Inhalte von Bewusstsein und Wahrnehmung ausprägen. Phänomene des sozialen Verhaltens sollen aus neurotechnologischen Fakten abgeleitet werden. Der Begründer der Kinder- und Jugendpsychiatrie Heinrich Hoffmann hatte mit seinem berühmten *Struwwelpeter* (1845) dagegen etwas anderes im Sinn: eine pädagogische Thematisierung von alltäglichen Lebens-problemen in Familien über das Medium der Literatur (Kinderbuch). Er be-schrieb einen Jungen, „der unfähig ist, still zu sitzen und seine Eltern mit der Zappelei zur Verzweiflung bringt. (…) Jenseits der Literatur etablierte sich ADHS als biodiagnostische Kategorie erst deutlich später" (Kliems 2008, S. 145). Sie hat ihren Ursprung nach Kliems in den USA der 1930er Jahre. Dort wurden 1937 von Charles Bradley Versuche mit dem Medikament Benzedrin an Kindern vorgenommen. Dessen Hauptanwendung (synthetisches Amphetamin) galt der Asthmatherapie. Bradley erzielte jedoch auch bei Verhaltensstörungen erstaunliche Wirkungen, so dass seither ein Zusammenhang mit einer Störung des Gehirnstoffwechsels hergestellt wurde. Die „Liaison zwischen ADHS und Psychopharmaka" ist somit früh vorhanden. Die endgültige „Biomedikalisierung von ADHS" ist auf 1980 zu datieren (ebd.). Seither gilt ADHS als Resultat eines pathologischen Geschehens im Gehirn. Sowohl die ADHS-Fälle im Kindes- als auch im Erwachsenenalter sind eine anerkannte biopsychische Störung (ICD 10), die z. B. mit Ritalin oder Concerta behandelt wird. Da die ADHS-Forschungen jedoch (noch) nicht in der Lage sind, von biologischen Faktoren *eindeutig* auf die Verhaltensstörung zu *schließen*, werden zur Diagnostik zumeist Befragungen (der Eltern und Selbstberichte) durchgeführt (z. B. mit der Conner-Skala).[5]
Judith geht es heute gut. Doch

> „‚ohne Antidepressiva geht es mir dreckig'. Ihr Concerta nimmt sie alle zwei Wo-chen, dann wenn sie einen wichtigen Job hat, bei dem sie weiß, dass sie funktionie-ren muss. (…) Ich weiß nicht, wie viel tatsächlich von mir kommt und wie viel von dem Medikament." (Khorsand 2008, S. 12)

Judith hatte während ihres Heranwachsens nicht die Gelegenheit, ein Selbstver-hältnis ohne Medikamenteneinnahme auszubilden und traut sich ein *Leben ohne*

---

[5] Khorsand hält für Österreich fest, dass die meisten ADHS-Diagnosen, aufgrund eines Mangels an Fachleuten (wie Kindertherapeuten), durch Hausärzte gestellt werden (laut Psychiatriebericht des Ludwig Boltzmann Instituts, Wien 2004) „Es fehlen schlichtweg die Spezialisten. (…) Psychothera-pien auf Krankenschein sind rar. (…) Der Rest der Patienten muss warten oder privat teure Hilfe suchen. Unter solchen Bedingungen nehmen Eltern schon einmal (…) Medikamente für ihre Kinder in Kauf, anstatt sich auf Wartelisten vertrösten zu lassen." (Khorsand 2008, S. 12)

Tabletten nicht zu. Sie sind zu ihrer „imaginären Schulter" geworden und bieten Halt in herausfordernden Situationen.

Die *Bio-Technik* zielt auf erklärende Brückenschläge zwischen Sozialem und Biologischem. „Der freie Wille, das Mitgefühl, die moralische Verantwortung, die Entscheidungsfindung und das Verliebtsein" sollen über biologische Vorgänge in Nervenzellen expliziert werden (Coenen 2009, S. 45). Liebe, Angst, Vertrauen, Unvermögen

> „werden zwar nicht anders empfunden, aber es wird anders über sie gedacht. Und das verändert letztlich ihre Wahrnehmung, Bedeutung und Einordnung. (…) Die neurowissenschaftliche Verallgemeinerung bewirkt, dass diese Gefühle nicht mehr einmalige Ereignisse im individuellen Leben sind, sondern objektivierte Zustände. Deren wissenschaftliche Entschlüsselung erlaubt es nun, diese Zustände anders zu beeinflussen als etwa durch individuelle, mitmenschliche Tätigkeit oder Fürsorge." (Jokeit/Hess 2010, S. 31)

Was vormals über das *Medium der Beziehung* eine *Verbesserung* (fürsorgen, erziehen, beraten, therapieren) herbeizuführen vermochte, wird nun über das *Medium der Behandlung* in eine *Optimierung* von biologischen Zuständen (in Gehirn und Genom) überführt. Diese Überführung suspendiert das *Beziehungshafte des Menschen* und schließt die *offene Stelle* aus der zwischenmenschlichen Begegnung aus, die aber konstitutiv für die soziale Arbeit ist, Menschen auf einen gelingenderen Weg zu bringen, „ein Weg, über dessen Richtigkeit nicht vorab entschieden werden kann, dessen Anfang keinen archimedischen Punkt kennt, dessen Zwecke durch Aporien gekennzeichnet sind" (Gamm 2006, S. 21). Auch führt die Überführung unter Umständen zu eingeschränkten Handlungsmöglichkeiten und verändert die Orte und Themen individuellen und gesellschaftlichen Gelingens und Scheiterns. „Das heraufziehende Zeitalter des globalisierten Marktes, verbunden mit der Allgegenwart moderner Technologien stellt heute hohe Ansprüche an Aufmerksamkeit, geistige Präsenz, emotionale Intelligenz" (Jokeit/Hess 2010, S. 31). Wer diesen Ansprüchen nicht genügt, droht aus Schule und Beruf herauszufallen. Aufmerksamkeitsdefizite und Leistungseinbrüche werden immer weniger beziehungsorientiert *wahrgenommen*, sondern mit psychopharmakologischen Substanzen *behandelt* (Neuro-Enhancer wie Ritalin und Provigil). Dennoch sind Medikamente nicht in der Lage, alltägliche Lebensprobleme oder existentielle Sinnfragen zu lösen.

Die kurze Geschichte der Neurotechnologie zeigt schnell ihre bedenkliche Kehrseite. In dem gleichen Maße wie das soziale Leben in seinen Kernfähigkeiten des Fürsorgens, Erziehens, Beratens umgeschrieben wird in das Behandeln defizitärer neurobiologischer Parameter, werden diese Handlungsdimensionen mit Technik *besetzt*. Wo bisher stets über *Kulturen der Anerkennung des Ande-*

ren (verstehen, vertrauen) eine Ausweitung unserer sozial-moralischen Fähigkeiten versucht wurde, tritt parallel dazu eine an der *Lebenswelt orientierte Bio-Technik* auf den Plan. „Der Kern der Dialektik, die Anerkennungsstruktur der Subjektivität, erscheint von innen her zersetzt, wenn sie in einer gleichsam gesellschaftlich organisierten Parallelaktion in die Reichweite technischer Konditionierung gerät." (Gamm 2000, S. 53) Die Parallelaktion zehrt die sozialen Kernfähigkeiten aus und implementiert sie in die *Bio-Technik* hinein. Noch paradoxer: Darüber hält eine Unschärferelation Einzug in die bio- und neurowissenschaftliche Revolution selbst. Medikamente oder gute Erfahrungen, Pillen oder Psychotherapien führen zu ähnlichen sozialen und körperlichen Ergebnissen, so dass „die knall-materialistische Wissenschaft vom Denken und Fühlen immer mehr zu einer sehr individuellen, historischen und sozialen wird" (Greffrath 2008). Interessant ist hier, dass die Sozialwissenschaften (resp. Soziale Arbeit) das geflissentliche Einarbeiten dieser sozialen Kerne in die *Bio-Neuro-Technik* aufgrund ihres materialistischen Bildes von Genom und Gehirn unterschätzen. Genetische und neuronale Informationen werden als naturwissenschaftlicher Determinismus ausgelegt, der es nicht erforderlich mache, die Technologieschübe näher gehend zu verfolgen. Ihre Chancen und Risiken werden als eine vom eigenen Forschungsgegenstand (Lebenswelt) unabhängige Wissenschaftsentwicklung interpretiert (vgl. Lösch 2001, S. 151), so dass die traditionelle Natur-Kultur/Mensch-Technik-Dichotomie ausgehend von den Sozialwissenschaften selbst perpetuiert wird. Dies könnte daran liegen, dass sich die Soziale Arbeit in ihren kritischen Theoriebildungen, wie Lebensweltorientierung oder Lebensbewältigung, auf Prozesse der *Entkoppelung* von System- und Sozialintegration konzentriert. „In der Molekularbiologie hingegen ist das Bewusstsein der Komplexität von Wirkungszusammenhängen deutlich gewachsen." (Düwell 2005, S. 17) Man geht in den Bio-Neuro-Wissenschaften inzwischen weit mehr von einem komplexen Zusammenspiel vielfältigster Faktoren aus (bis hin zum systemischen Bild vom Genom), als von einem einfachen kausal-determinierenden Wirkungsmechanismus. Es etablieren sich kurz gesagt vernetzte Verständnisse („networked medicine", Barabasi 2007) von zuvor separat beforschten Gegenständen. Besonders den Raum *zwischen* molekularer, neuronaler und sozialer Ebene will man besser verstehen; dazu „werden Fragen in die biomedizinische Forschung inkorporiert, für deren Beantwortung bisher eher die Sozialforschung bzw. die Geisteswissenschaften zuständig erschienen" (Niewöhner et al. 2008, S. 13f.).

Wenn von der Seite der *Bio-Technik* aus multiple Verkopplungen vorgenommen werden, um die Perfektionierung des Menschen *lebensweltorientiert* voranzutreiben, können es sich die Sozialwissenschaften nicht leisten, diesen Trend zu ignorieren. Der Trend birgt die Gefahr, den Sinn für das *Offene* des

Menschlichen, zu dem auch Schwächen und Niederlagen gehören, obsolet werden zu lassen. Es ist infolgedessen eine zukünftige Aufgabe der Sozialen Arbeit, die Auseinandersetzung mit der *Bio-Technik* ausgehend von ihren kulturellen und sozialen Ausprägungen in Angriff zu nehmen.

4   Lebensweltorientierung: *Entkoppelung* von System und Lebenswelt

Mit seiner Hinwendung zum Alltag und zur Lebenswelt orientiert sich das Konzept der Lebensweltorientierung von Thiersch (1986, 1992) einerseits an den AdressatInnen und ihren Deutungen ihrer Lebensverhältnisse. Andererseits richtet es sich auf die gesellschaftlichen Bedingungen.

> „Im Mittelpunkt steht dabei die Stärkung der Lebensräume und der sozialen Bezüge der AdressatInnen und ihrer Ressourcen und (Selbst-)Hilfemöglichkeiten, um ihnen so einen gelingenderen Alltag zu ermöglichen. (…) Die Lebensweltorientierung bearbeitet Schwierigkeiten und Probleme in der Komplexität des Alltags. Gleichzeitig agiert sie (…) provozierend und verfremdend, um Menschen aus Verstrickungen des Alltags herauszubegleiten." (Füssenhäuser 2006, S. 129)

Die Lebensweltorientierung sieht den Alltag als kritischen Ausgangspunkt und Schnittstelle von objektiven gesellschaftlichen Strukturen und subjektiven Deutungs- und Bewältigungsmustern. Damit schließt sie an den Begriff der „Lebenswelt" von Husserl an, der diesen „im Hinblick auf eine zu bloßer Objektivität degenerierten Wissenschaft eingeführt hat" (May 2008, S. 51). Auch in der Theorie des kommunikativen Handelns von Habermas (1981) wird Lebenswelt als kategorialer Gegenbegriff zum System konzeptualisiert.

Im digital-entgrenzten Kapitalismus und seiner neoliberalen Sozialpolitik erweist sich die Ausrichtung auf Ressourcen in den Strukturen der Lebenswelt als ein Verweis auf prekäre Verhältnisse. Böhnisch skizziert dies als eine moderne Form der Anomie, eine „Entkoppelung von System- und Sozialintegration" (vgl. Böhnisch 2005, S. 207). Armut, Ausgrenzung und Verelendung werden zum „Indiz der Krise lebensweltlicher Selbstverständlichkeiten" (Grunwald/Thiersch 2001, S. 1137). Diese Transformation nimmt Füssenhäuser zum Anlass, einen Unterschied einzuführen zwischen der aktivierenden Ideologie mit ihren Schlagworten „Fördern und Fordern", „Eigenverantwortung" und „Eigeninitiative" und der ursprünglichen Zieldimension der Lebensweltorientierung: „Hilfe zur Selbsthilfe", „Selbstbildung", „Selbstbefähigung" (vgl. Füssenhäuser 2006, S. 141). „Die Figur der Kultur des Sozialen zielt (…) auf eine Gestaltung gerechter Lebensverhältnisse in einer sich zunehmend spaltenden Gesellschaft" (ebd., S. 138). Zentral ist hier eine Geste der Einmischung in diejenigen Politikbereiche, die die Lebenswelten der Menschen heute entscheidend prägen. „Unter dieser Prämisse präsentiert sich die Soziale Arbeit weniger als traditionelle Hilfe und Unterstützung, sondern vielmehr als ‚Politik des Sozialen, als Life Politics‘" (ebd., S. 138f.). Es stelle sich mehr denn je die Frage, wie „Mensch und Ökonomie wieder in ein politisch regulierbares Verhältnis gebracht werden können" (ebd.). Allerdings lässt Füssenhäuser offen, ob die „Suggestion, dass sich Menschen selbst helfen können", zuletzt doch zur „Falle" der Lebensweltorientierung wird. Zumindest ziele ihr emanzipatives Moment immer auf eine Überschreitung von verengenden Perspektiven (vgl. ebd., S. 141f.).

Möglicherweise übersieht die Soziale Arbeit die *verkoppelnde* Dynamik der CT, weil sie sich auf die anomische *Entkoppelung* von System und Lebenswelt konzentriert. Ihr entgeht, dass die *Freisetzung* der Einzelnen von einer *Einsetzung* in ein *Biotechnisch-Phantasmatisches* begleitet ist. Hierin verbergen sich keineswegs nur Ressentiments gegenüber der Technik, sondern auch eine Vorsicht, um den Schutzraum der Lebenswelt nicht fahrlässig preiszugeben.[6] Um dem Stand der Technikentwicklungen gerecht zu werden, braucht die Soziale Arbeit einen zeitgemäßen Technikbegriff.

5   Überlegungen zu einem sozialarbeitswissenschaftlichen Technikbegriff

Sollte Freud Recht behalten haben? „‚Ich weiß nichts‘, schrieb er in seinen Vorlesungen zur Einführung in die Psychoanalyse, ‚was mir für das psychologische Verständnis der Angst gleichgültiger sein könnte als die Erkenntnis des Nervenwegs, auf dem die Erregungen ablaufen‘" (Freud zit. n. Flasspöhler 2010, S. 36). Im alltäglichen Umgang mit uns selbst versuchen wir dennoch, die Kluft zwischen Geist und Körper erklärend zu *überbrücken*. Wenn wir krank sind,

> „suchen wir Rat und Hilfe nicht bei denen, die tiefenpsychologisch oder lebensweltlich Krankheit als Kränkung deuten, sondern bei cartesianisch geschulten Experten, für die Maschinerie unseres Körpers. (…) Früher oder später werden der Neurophysiologe, der die Neurotransmitter an der Synapse studiert, oder der Chemiker, der den Kalium-Natrium-Austausch an der Zellmembran untersucht, oder der Pathologe, der das Organ seziert, herausfinden, welche Bewandtnis es mit den pathologischen Reaktionen auf sich hat." (Gamm 2006, S. 5)

---

[6] Nach Peter Euler reagiert die Pädagogik ihrer *Integrationsfunktion* gemäß vom Kindergarten bis zur Erwachsenenbildung auf die wachsende Bedeutung von Technik mit Angeboten zur informationstechnologischen Grundbildung. Diese seien zwar interessant, passten sich den Entwicklungen aber lediglich an. Gefragt seien demgegenüber bildungstheoretische Arbeiten, die sich explizit auf Technologie richten (vgl. Euler 1999). Das Gleiche kann für die Soziale Arbeit festgehalten werden.

Die Anwendung biodiagnostischer und neuromedikalisierender Verfahren hat sich schneller in die Alltagspraxis implementiert als ihre ethisch-moralische Integration. Derart unreflektiert praktiziert haben Gen- und Cyberspace in ihren alltagorientierten Kontextualisierungen (z. B. Hirndoping von Studierenden vor Prüfungen) eine „phantasmatische Oberfläche" (Žižek 1997) aufgespannt, durch die sie zur Produktionsstätte von metaphysischem Überschuss werden, zumal sie an fundamentale Hoffnungen und Ängste anknüpfen (Sehnsucht nach Wohlergehen, Angst vor Krankheit, Befürchtungen, an gesellschaftlichen Anforderungen zu scheitern). Mit ihrer Nutzung halten wir am naiven geschichtsphilosophischen Projekt fest, die Kluft zwischen Geist und Körper *phantasmatisch überbrücken* zu können.

> „Als Organon der finalen Überbrückung fungiert die Technik: Der wissenschaftlich-technische Fortschritt soll uns in ein posthistorisches Reich der Freiheit jenseits aller Notwendigkeit führen. Die jüngsten Beispiele solcher Überbrückungsphantasmen sind der Gendiskurs und der Cyberdiskurs: Während uns die Biowissenschaften mit der Aussicht auf die Programmierbarkeit des genetischen Codes den endgültigen Austritt aus dem Zwangszusammenhang der Natur verheißen, verspricht der Cyberdiskurs (…) die Befreiung von der widerständigen physikalischen Welt." (Hetzel 2002, S. 8f.).

Die Vernetzung von Geist und Körper, Mensch und Technik wird immer enger. Technik ist bereits *unter unserer Haut* (Niewöhner et al. 2008). Sie ist so schnell in uns eingedrungen, dass wir es noch nicht realisiert haben, dass das Geistige mit dem Körperlichen schon verkoppelt ist.

> „Die Schnittstellen von Mensch und Maschine, Mensch und Pharmakon, Mensch und Computer verlieren sich in nicht sichtbaren, nicht fühlbaren, nicht erfahrbaren Bereichen und sind in ihren Wirkungen wie in ihren langfristigen Folgen nur schwer nachzuvollziehen." (Gamm 2009, S. 336f.)

Es muss gleichsam ein *nachträglicher Verstehensprozess* initiiert werden, um das „molekulargenetische Wissen (…) in den humangenetischen Beratungsstellen für die betreffenden Alltagsagenten verständlich" zu machen (Gamm 2006, S. 10). Korrespondierend zur Tiefe des Einschnitts haben wir es mit

> „mehrstufigen Übersetzungsprozessen zu tun, sie reichen von der neutralen, ganz und gar der naturwissenschaftlich bestimmten Terminologie bis zu alltagsweltlichen, sinnhaften und existentiellen Deutungen (…). Zuletzt in den ärztlichen und humangenetischen Beratungsstellen, sind es Begriffe aus den Sozialwissenschaften, die an das Alltagsverständnis angeschlossen werden müssen: ‚Genetisches Risiko für

Brustkrebs', ,Wahrscheinlichkeit', ,selbstverantwortlicher Unternehmer des eigenen Körpers werden'." (Gamm 2006, S. 10)

Der Sozialen Arbeit kommt einerseits die Aufgabe zu, diesen Verstehensprozess zu initiieren und die kalten Fakten an den Alltag heranzuführen.[7] Andererseits gilt es, die kolonialisierende Macht der *Bio-Technik* kritisch zu durchdringen. Im Bereich der Technikforschung liegen inzwischen Ansätze vor, die diesem vernetzenden Status von Technik gerecht werden. (1) Kulturwissenschaftliche Ansätze (z. B. Hartmut Böhme, Slavoj Žižek) richten sich auf die *proliferativen* Einbettungen von Technik in die soziale Praxis (Produktionsstätte von Phantasmen). (2) Philosophische Ansätze konzentrieren sich auf den *medialen* Status von Technik (z. B. Gerhard Gamm, Christoph Hubig).

Zu (1): Diese Ansätze betonen „die semantische Dimension der Technik gegenüber ihrer physischen Materialität (…).Technik wird in einen Raum eingeführt, in dem das Geflecht kultureller Inhalte immer schon da ist" (Frehe 2010, S. 169). Diese Ansätze untersuchen die Kontextualisierungen von Technik und die visionären Aufladungen der CT (vgl. Coenen 2009, S. 44), was jedoch, aufgrund der tsunamihaften Druckwelle, mit der Technik in die feinsten Winkel alltäglicher Lebensvollzüge gespült wird, nur hinterhereilend gelingt.

Zu (2): Nach diesen Ansätzen sind die spätmodernen Technologien zum „universalen Medium der Selbst- und Welterschließung" geworden. Gamm untersucht diesen vermittelnden Status von Technik mit seinem Formular „Technik als Medium". Technik manifestiert in der tiefsten Mitte des Menschen als Dazwischengetretenes, Unbestimmtes, Mittelpunkt des gesamtgesellschaftlichen Austauschs (vgl. Gamm 2000, S. 105, 43). Sie ist zur „unsichtbare[n] Mitte unserer Beziehungsform" geworden, wir bewegen uns in ihr „wie Fische im Wasser" (ebd., S. 103, 105).

„Sie hat sich in ein Etwas verwandelt, in das sich (nahezu) alles übersetzen lässt oder in dem anderes zirkulieren kann. (…) Charakteristisch (…) ist seine Intelligibilität oder Konvertibilität, ein Zustand, in dem Verschiedenes (Orte, Gegenstände usw.) miteinander in Beziehung gesetzt und getauscht werden können. Es ist der unstoffliche Stoff, worin alles abgebildet und strukturiert, öffentlich gemacht und wieder in den Kreislauf eingespeist werden kann, ohne selbst an Substanz zu verlieren. Technik ist wie Sprache oder Geld eine Art Zirkular der modernen Gesellschaft." (Gamm 2000, S. 102)

---

[7] Eine empirische Studie zur Frage, wie Betroffene biomedizinisches Wissen in ihre Lebenswelt integrieren, haben Porz/Leach Scully/Rehmann-Sutter (2005) in der Schweiz von 2002 bis 2005 durchgeführt.

Weil Technik vom Menschen nicht mehr abgezogen werden kann, widersetzt sie
sich „allen Versuchen, sie auf ihre instrumentelle Funktion zu reduzieren." Sie
funktioniert nicht mehr nach exakten Regeln wie die triviale Maschine, sondern
es „ist für die sozio-technischen Systeme postindustrieller Gesellschaften be-
zeichnend, in einem wesentlichen Sinn unbestimmbar zu sein" (ebd., S. 94).
    Mit „Unbestimmtheit" im Kontext der Technikphilosophie reflektiert
Gamm eine Doppeldeutigkeit. Einerseits rekurriert er auf einen Widerstand gegen die fortschreitende *Verschließung* individuellen und gesellschaftlichen Lebens. Die Technologien strebten danach, „die unergründliche Mitte des Selbst
mit technischen Modellen zu überschreiben, ihnen geht es zuletzt um die tech-
nomorphe Aneignung dessen, was nicht bestimmbar ist" (Gamm 2002, S. 17).
Aufgrund der Tiefe, mit der sich *Bio-Technik* uns vermittelt hat, ist es nicht
leicht, ihr gegenüber einen kritischen Standpunkt einzunehmen. Dennoch mar-
kiere Unbestimmtheit andererseits „eine Durchgangsstation, ein[en] Chiasmus,
eine Subjektposition, die im Gefüge gesellschaftlicher Machtverhältnisse einer
fatalen oder *fraktalen* Besetzung offen steht" (Gamm 2000, S. 289).
    Wie kann diese Grenze zwischen fataler Besetzung, die die unbestimmbare
Mitte *abschließt*, und fraktaler Besetzung, die sie *offen* hält, verlaufen, wenn
Technik bereits *unter unserer Haut* zum Medium gesamtgesellschaftlichen Austauschs geworden ist? Die Grenze wird nach Gamm durch die Großtechnologien
(Gen- und Cyberspace) selbst gezogen. Das Fraktale zeige sich als etwas Imma-
nentes, als durch die Rationalisierungsfortschritte erst Entstandenes. Je *tiefer* sich
Technik in uns eingeschrieben habe, desto komplexer, flexibler, für alternative
Optionen *offener* stelle sie sich dar, desto eher würden ihre indeterministischen
Züge sichtbar. In der tiefsten Mitte der „sozio-technischen Systeme" könne sich
die fraktale Unbestimmtheit erst zeigen (vgl. ebd., S. 295).

6   Schluss

Indem Technik zum *Medium* des gesamtgesellschaftlichen Austausches geworden ist, hat sie sich in die individuellen und sozialen Zusammenhänge zutiefst
eingeschrieben. Die Folgewirkungen von Technik können dadurch nicht mehr
entlang der Unterscheidung von System und Lebenswelt erschlossen werden.
Soziale Arbeit als Disziplin neigt dagegen dazu, an der klassischen Unterscheidung festzuhalten und ihre Lebensweltorientierung als das *Andere* zum umfassenden System der Technik zu interpretieren. Eine forschungspolitische Strategie
der Sozialen Arbeit müsste somit zunächst über einen zeitangemessenen Technikbegriff verfügen, bevor sie ihr Pfund der Lebensweltorientierung in den interdisziplinären biowissenschaftlichen Diskurs einbringt (z. B. in die „Nichtmedizi-

nische Beratung"). Angesichts der explosiven Entwicklungen im Bereich der „Biopolitik" (Foucault) soll das Erarbeitete münden in eine Unterscheidung zwischen:

1)   *bio-technischer Lebensweltorientierung,* die menschliche und soziale Bezüge phantasmatisch in Technik überführt und auch soziale Brüche, die durch die Technik hervorgerufen werden, imaginär zu überbrücken trachtet. Anerkennungsbeziehungen werden darin technisch überformt;
2)   und *pulsierender Lebensorientierung* als einer *offenen* „Kultur des Sozialen", um die es auch Füssenhäuser und Thiersch zu tun ist.

Die *pulsierende Lebensweltorientierung* liegt nicht jenseits des Systems der Technik, sondern kann sich in der tiefsten Mitte der „sozio-technischen Systeme" erst zeigen. Sie ist begleitet von einer Geste der Einmischung in desintegrierende und verschließende Entwicklungen im Bereich der Sozial- und Biopolitik. Die „fatale" Unterwerfung unter die *bio-neuro-technische* Selbstherstellung verspricht Entlastung und Gewinn, aber sie ist von einem unglücklichen Bewusstsein begleitet. Es ist nach Marcuse (1968) ein eindimensionaler Zustand schwindender Autonomie.

Literatur

Bahnsen, Ulrich (2009a): Der Bausatz des Lebens. Die „Human Proteom Initiative". Forscher sammeln alle Eiweiße des menschlichen Körpers. In: DIE ZEIT 14/09.

Bahnsen, Ulrich (2009b): Generation Genom. Das Zeitelter der Biologie hat gerade erst begonnen. In: DIE ZEIT 1/09. S. 33.

Barabási, Albert László (2007): Network Medicine – From Obesity to the "Diseasome". In: New England Journal of Medicine. 26. Juli 2007. S. 404–407.

Böhnisch, Lothar (2005): Lebensbewältigung. Ein sozialpolitisch inspiriertes Paradigma für die Soziale Arbeit. In: Thole, Werner (Hg.): Grundriss Soziale Arbeit. VS, Wiesbaden. S. 199–213.

Coenen, Christoph (2008): Konvergierende Technologien und Wissenschaften. Der Stand der Debatte und politischen Aktivitäten zu „Converging Technologies". TAB (Büro für Technikfolgenabschätzung beim Deutschen Bundestag), Hintergrundpapier Nr. 16.

Coenen, Christoph (2009): Zauberwort Konvergenz. In: Technikfolgenabschätzung – Theorie und Praxis 2/09, September. S. 44–50.

Düwell, Marcus (2005): Sozialwissenschaften, Gesellschaftstheorie und Ethik. In: Jahr Wiss Ethik 10/05. S. 5–22.

Euler, Peter (1999): Technologie und Urteilskraft. Zur Neufassung des Bildungsbegriffs. Beltz, Weinheim.

Feuerstein, Günter (2008): Die Technisierung der Medizin. Anmerkungen zum Preis des Fortschritts. In: Saake, Irmhild/ Vogd, Werner (Hg.): Moderne Mythen der Medizin. Studien zur organisierten Krankenbehandlung. VS, Wiesbaden. S. 161–188.

Feuerstein, Günter/ Kollek, Regine (2001): Vom genetischen Wissen zum sozialen Risiko: Gendiagnostik als Instrument der Biopolitik. In: Aus Politik und Zeitgeschichte. Beilage zur Wochenzeitung „Das Parlament" 27/01. S. 26–33.

Flasspöhler, Svenja (2010): Angriff aufs Gehirn. Wie viel Neurowissenschaft vertragen wir? In: Psychologie heute 4/10. S. 32–36.

Fleischer, Torsten/ Decker, Michael (2005): Converging Technologies. Verbesserung menschlicher Fähigkeiten durch emergente Techniken? In: Bora, Alfons/ Decker, Michael/ Grunwald, Armin/ Renn, Ortwin (Hg.): Technik in einer fragilen Welt. Die Rolle der Technikfolgenabschätzung. edition sigma, Berlin. S. 121–132.

Frehe, Hardy (2010): Der glückliche Konsument in überwachten Räumen. Videoüberwachung öffentlich zugänglicher Räume. Tectum, Marburg.

Füssenhäuser, Cornelia (2006): Lebensweltorientierung in der Sozialen Arbeit. In: Dollinger, Bernd/ Raithel, Joachim (Hg.): Aktivierende Sozialpädagogik. Ein kritisches Glossar. VS, Wiesbaden. S. 127–144.

Gamm, Gerhard (2000): Nicht nichts. Studien zu einer Semantik des Unbestimmten. Suhrkamp, Frankfurt am Main.

Gamm, Gerhard (2002): Im Zeitalter technischer Reproduzierbarkeit. Zur Grammatik menschlicher Würde. Vortragsmanuskript, TU Darmstadt.

Gamm, Gerhard (2004): Der unbestimmte Mensch. Zur medialen Konstruktion von Subjektivität. Philo, Berlin/Wien.

Gamm, Gerhard (2006): Wissen und Verantwortung. Vortragsmanuskript. Darmstadt. S. 1–28. (Veröffentlicht unter dem Titel: Perplexe Welt. Verantwortung und Wissen in Zeiten andauernder Rationalitätskrisen. In: Lettre International, 76/07. S. 77–82.)

Gamm, Gerhard (2009): Philosophie im Zeitalter der Extreme. Primus, Darmstadt.

Greffrath, Matthias (2008): Gehirn, Gemüt, Genom. In: Le Monde diplomatique 12/08.

Grunwald, Klaus/ Thiersch, Hans (2001): Lebensweltorientierung: In: Otto, Hans-Uwe/ Thiersch, Hans (Hg.): Handbuch Sozialarbeit/Sozialpädagogik. Luchterhand, Neuwied/Kriftel. S. 1136–1148.

Heinrich, Christian (2010): Mehr Arzneien, Tests und Kosten. Langsam zeigt die individualisierte Medizin ihr Potential – aber sie bringt neue Probleme mit sich. In: DIE ZEIT 5/10. S. 32.

Hetzel, Andreas (2002): Mit Lacan im Cyberspace. Slavoj Žižeks Kritik des Technisch-Phantasmatischen. In: Glasenapp, Jörn (Hg.): Cyberfiktionen. Neue Beiträge. Reinhard Fischer, München. S. 7–30.

Jokeit, Hennrich/ Hess, Eva (2010): Länger wach: Die Dynamik des Neurokapitalismus. In: Psychologie heute 4/10. S. 28–31.

Kettner, Matthias (2006): Transhumanismus und Körperfeindlichkeit. In: Ach, Johann S./ Pollmann, Arnd (Hg.): no body is perfect. Baumaßnahmen am menschlichen Körper. Bioethische und ästhetische Aufrisse. Transcript, Bielefeld. S. 111–130.

Khorsand, Solmaz (2008): Schöne neue Kinderwelt. Immer häufiger verschreiben Ärzte Kindern und Jugendlichen Psychopillen. Häufig sind diese gar nicht notwendig. In: DIE ZEIT 30/08. S. 12.

Kliems, Harald (2008): Vita hyperactiva: ADHS als biosoziale Phänomen. In: Niewöhner, Jörg/ Kehl, Christoph/ Beck, Stefan (Hg.): Wie geht Kultur unter die Haut? Emergente Praxen an der Schnittstelle von Medizin, Lebens- und Sozialwissenschaft. Transript, Bielefeld. S. 143–169.

Kollek, Regine (2005): From chance to choice? Selbstverhältnis und Verantwortung im Kontext biomedizinischer Körpertechniken. In: Bora, Alfons/ Decker, Michael/ Grunwald, Armin/ Renn, Ortwin (Hg.): Technik in einer fragilen Welt. Die Rolle der Technikfolgenabschätzung. edition sigma, Berlin. S. 79–90.

Lösch, Andreas (2001): Genomprojekt und Moderne. Soziologische Analysen des bioethischen Diskurses. Campus, Frankfurt am Main/New York.

May, Michael (2008): Aktuelle Theoriediskurse Sozialer Arbeit. Eine Einführung. VS, Wiesbaden.

Marcuse, Herbert (1968): Der eindimensionale Mensch. Suhrkamp, Frankfurt am Main.

Niewöhner, Jörg/ Kehl, Christoph/ Beck, Stefan (Hg.) (2008): Wie geht Kultur unter die Haut? Emergente Praxen an der Schnittstelle von Medizin, Lebens- und Sozialwissenschaft. Transript, Bielefeld.

Porz, Rouven/ Leach Scully, Jackie/ Rehmann-Sutter, Christoph (2005): Fragilität oder Stabilität. Die Gendiagnostik aus Patientensicht. In: Bora, Alfons/ Decker, Michael/ Grunwald, Armin/ Renn, Ortwin (Hg.): Technik in einer fragilen Welt. Die Rolle der Technikfolgenabschätzung. edition sigma, Berlin. S. 153–161

Sandel, Michael (2008): Plädoyer gegen die Perfektion. Ethik im Zeitalter der genetischen Technik. University Press, Berlin.

Spiewak, Martin (2009): Die trotzdem Geborenen. Menschen mit Downsyndrom haben bessere Lebenschancen als je zuvor – wenn sie sie denn bekommen. In: DIE ZEIT 12/09. S. 31.

Spork, Peter (2010): Lässt sich Krebs künftig abschalten? Umwelt und Lebensstil steuern unsere Gene. Mediziner wollen negative Prägungen rückgängig machen und aggressive Zellen besänftigen. In: Frankfurter Rundschau 13/10. S. 14–15.

Thiersch, Hans (1986): Die Erfahrung der Wirklichkeit. Perspektiven einer alltagsorientierten Sozialpädagogik. Juventa, Weinheim/München.

Thiersch, Hans (1992): Lebensweltorientierte Soziale Arbeit. Aufgaben der Praxis im sozialen Wandel. Juventa, Weinheim/München.

Žižek, Slavoj (1997): Die Pest der Phantasmen. Die Effizienz des Phantasmatischen in den neuen Medien. Passagen, Wien.

Verstehen Sie? – Lexikalische Überlegungen zur Fachsprache Sozialer Arbeit in mehrsprachigen Settings

Gregor Chudoba

1   Einleitung

In Zeiten der Internationalisierung ist die Mehrsprachigkeit eine allgegenwärtige Anforderung an ProfessionistInnen unterschiedlicher Sparten. Die Vorstellung von einsprachigen Staats- und Kulturräumen, die sich als Kind nationalstaatlicher Konzepte seit dem 19. Jahrhundert in der westlichen Welt als scheinbar naturgegebener Zustand etablierte, wird zunehmend wieder von der Wahrnehmung der faktisch bi- und multilingualen Kommunikationsräume ersetzt. Als atavistische Inseln der Einsprachigkeit bleiben allenfalls entwicklungsresistente Regionen und Berufsfelder zurück.

In der Sozialen Arbeit gilt für Disziplin wie für Profession, dass gemischtsprachige Settings unter verschiedenen Voraussetzungen auftreten, darunter drei besonders bedeutende: Kontakte mit KlientInnen nichtdeutscher Muttersprache, Austausch mit KollegInnen über Sprachgrenzen hinweg und die Teilnahme am Diskurs der International Scientific/Professional Community, welcher zu einem guten Teil auf Englisch als lingua academiae geführt wird. Nun ist die Verwendung einer L2 (d. i. einer anderen als der Muttersprache)`mit einer Reihe von Herausforderungen behaftet, die erkannt und berücksichtigt werden wollen, soll die Kommunikation störungsarm verlaufen. Ein Schwerpunkt dieser Herausforderungen ist im Lexikon (hier im linguistischen Sinn zu verstehen: der Bereich der Wörter, ihrer Bedeutungen und Funktionen) angesiedelt. Anhand von Beispielen sollen im Folgenden einige Aspekte lexikalischer Problemfälle beleuchtet werden; dabei soll auch die Frage nach Analogien zu diesen Störungen und den zugehörigen Lösungsstrategien in der L1 (der Muttersprache) im Auge behalten werden. Schließlich werden Unterstützungsangebote in Ausbildung und für die professionelle Praxis untersucht, und es wird der Frage nachgegangen, welchen Beitrag die fachsprachliche Linguistik dazu bieten kann.

2   False Cognates

Der vermutlich bekannteste Teilbereich lexikalischer Störquellen sind die false cognates, auch false friends oder faux amis und entsprechend im Deutschen Falsche Freunde genannt. Darunter sind Wortpaare zweier Sprachen zu verstehen, die sich oberflächlich zwar entsprechen, hinsichtlich ihrer Bedeutung oder ihrer Verwendung jedoch unterscheiden (vgl. Metzler 1993, S. 182). Als Oberfläche bezeichnet man dabei die lautliche oder schriftliche Form, während die Bedeutung als (semantische) Funktion verstanden werden kann.

Die Klassiker der false cognates in der Sprachpaarung Englisch-Deutsch, wie *become* ≠ *bekommen* oder *physician* ≠ *Physiker*, sind hinlänglich bekannt. Dass allerdings auch in weniger alltagssprachlichen Wortfeldern irreführende Ähnlichkeiten auftreten, zeigen Wortpaare wie *magistrate* (zumeist: Richter) ≠ *Magistrat* (dt./österr.: Stadtverwaltung). Während *Agentur* sich im Deutschen kaum je auf eine Behörde bezieht, ist die *youth welfare agency* im Englischen kein Reisebüro. Im Fall von *Magistrat* zeigt sich, dass selbst in Fach- und Berufssprachen die Bedeutungsentwicklungen von Internationalismen zu divergierenden Denotationen führen können, dass Worte gleicher Ursprungsbedeutung letztlich unterschiedliche Begriffsinhalte bezeichnen: lat. *magistratus* bezeichnet ein leitendes öffentliches Amt, eine obrigkeitliche Behörde (Etymologisches Wörterbuch 1995, S. 823 bzw. OCDEE 1996, S. 276). Während sich im Englischen also eine Verengung auf den Amtsträger ergeben hat, wurde im Deutschen auf die Behörde als Institution reduziert. *Agency* vs *Agentur* hingegen exemplifiziert den Fall, dass bei der Wortprägung zwar gleichermaßen Anleihe am Latein gemacht wurde, jedoch von vornherein mit unterschiedlichen Merkmalen +/- fakultativ staatliche Einrichtung (Etymologisches Wörterbuch 1995, S. 17 bzw. Online Etymology Dictionary 2010).

Die Liste der hier zugehörigen Fachbegriffe ist lang und je nach Präzisierungsanforderung an die semantische Beschreibung nahezu beliebig erweiterbar; beispielhaft sei ein ABC genannt: eng. *ambulance* (in der Bedeutung *Rettungswagen*), dt. *bar* (i. d. B. *cash*) und eng. *conservator* (i. d. B. *Sachwalter* oder *Vormund*). Wie schon angedeutet, stellt sich die Frage nach der Präzision der jeweiligen Begriffsdefinitionen, wenn Wortpaare als Falsche Freunde klassifiziert werden. Schon einsprachig sind Begriffe im Allgemeinen polysem, d.h. mehrdeutig. Bei sprachübergreifenden Wortgleichungen ist zu beachten, wie viele der Teilbedeutungen von Wörtern einander entsprechen: *drug* kann auch im Englischen implizit die Merkmale „illegal" und „Rauschsubstanz" aufweisen – hat aber viel häufiger auch nur die Bedeutung „Medikament" (Longman 2003, S.

483), welche im Deutschen bei *Droge* nur noch in Ausnahmefällen und veraltend verstanden wird (Duden 1989, S. 367).

Ein eigener Fall sind die falschen Anglizismen im Deutschen: Wortprägungen, die als Lehnworte auftreten, dabei aber nicht bedeutungsgleich mit ihren englischen Homophonen sind. Bekannt ist das *Handy*, auf Englisch *cell(-ular) phone* oder *mobile phone*, dessen geschriebene Botschaften auf Deutsch *SMS* (für *Short Message Service*) genannt werden, während sie auf Englisch *text* heißen (jedoch auch als *SMS* bezeichnet werden können; weiteres s. u. Abschnitt 4). In sozialarbeitsrelevanter Terminologie gilt Ähnliches für *Mobbing*, das im Englischen am ehesten als *bullying* wiederzugeben ist, während das englische *mobbing* allenfalls als *zusammenrotten* übersetzt werden kann.

Die Frage der zwischensprachlichen Bedeutungsunterschiede (interlinguale Inäquivalenz), die in innersprachlichen Mehrdeutigkeiten (Polysemien) begründet liegen, lenkt den Blick darauf, dass Wortbedeutungen und -gebrauch weit mehr Dimensionen aufweisen als nur die Denotation, die sich leider nicht eineindeutig gestaltet (vgl. Arntz/Picht/Mayer 2009, S. 148ff.). Einige dieser Dimensionen sollen im nächsten Abschnitt betrachtet werden.

3   Semantische und pragmatische Dimensionen des Lexikons

Für streng durchdefinierte Terminologien aus technischen Fachgebieten mag zwar gelten, dass sich Begriffe auf einen Inhalt allein beschränken ließen. (Arntz/Picht/Mayer 2009, S. 151) Bei sozialwissenschaftlichen und mehr noch bei alltagssprachlichen Wörtern sind die Begrifflichkeiten jedoch weniger klar abgrenzbar. Ein Indikator hierfür ist die vergleichsweise kurze Lebensdauer selbst zentraler Begriffe wie *Fürsorge* oder *Mündel* als termini technici. Eine Schraube hieß auch vor hundert Jahren *Schraube* (auch wenn hier bei der Übersetzung in das Englische die Divergenz in *bolt* oder *screw* Probleme aufwirft). Man hüte sich aber, einen Erwachsenen unter Sachwalterschaft als *Mündel* zu bezeichnen – wie vor 20 bzw. 30 Jahren in Deutschland bzw. Österreich noch legitim. Worum handelt es sich?

Wörter verweisen nicht nur denotativ auf Begriffe, sie verknüpfen damit auch konnotativ weitere Inhalte, affektive, wertende, emotive und stilistische Aspekte (Metzler 1993, S. 635 und 326f.). Diese Konnotationen jedoch sind weitgehend impliziter Natur, folglich weniger scharf umgrenzt, stärker subjektiv und anfälliger für Verschiebungen. Besonders wird dies deutlich an Begriffen wie *schwachsinnig* oder *Volkswohlfahrt*, die bei ihrer Einführung als konnotationsarm betrachtet werden konnten, mittlerweile jedoch auf Grund ihrer Negativkonnotierung aus der Psychiatrie und der Behördensprache getilgt wurden. Dass solche Konnotationswandlungen und damit einhergehende Gebrauchsbeschränkungen nicht einheitlich erfolgen, zeigt etwa § 20 des Deutschen Strafgesetzbuchs, der vorsieht, dass jemand „wegen Schwachsinns oder einer anderen seelischen Abartigkeit" schuldunfähig gesprochen werden kann. (http://dejure.org/gesetze/StGB/20.html; Zugriff 12. 2. 2010) Hier hat ein Wort seinen konnotativen Niedergang und die darauf folgende Tilgung aus dem fachlichen Gebrauch in einer Nische überlebt.

Unterschiedliche Konnotationen bei denotativ äquivalenten Begriffen sind also in zweisprachigen Settings zu berücksichtigen. Dass *tea* und *Sauerkraut* zwar denotativ leicht übersetzbar sind, konnotativ aber kulturell unterschiedlich besetzt werden, leuchtet ein und erscheint sozialarbeiterisch irrelevant; gleiches gilt aber auch für die *Deportation* oder für *euthanasia*, deren unterschiedliche Konnotationen auf Englisch und Deutsch zeitgeschichtlich leicht hergeleitet werden können.

Neben Polysemien und Konnotationen tut sich mit Kollokationen ein weiteres Problemfeld für die Übersetzbarkeit von Wörtern auf. Kollokationen sind Umgebungsbedingungen für Wörter, in Zeiten der Korpuslinguistik durch Auftretenshäufigkeit zweier Wörter in Kombination bestimmbar. So wird *bellen* als tierische Lautäußerung bei Hunden verstanden, nicht aber bei Katzen. Daneben kann *Bellen* aber auch, je nach Kotext, mit rauem Husten aufscheinen, mit einem rüden Befehlston oder mit dem Geräusch von Maschinengewehren. Die englische Entsprechung *bark* kann nun ebenso mit Hunden und Befehlen gebraucht werden, auch mit dem Geräusch von MGs. Es herrscht also weitgehend Äquivalenz. Ein *barking cough* hingegen ist im Deutschen kein bellender Husten sondern *Keuchhusten* als Kinderkrankheit. Gerade bei so weit reichender Ähnlichkeit hinsichtlich der Kollokationen von Nebenbedeutungen ist die Wahrscheinlichkeit hoch, dass Missverständnisse im Prozess der Translation dann auftreten, wenn es um die eine Ausnahme an Nebenbedeutung geht, bei der keine Äquivalenz gegeben ist.

Mental und *Training* sind sowohl im Deutschen wie auch im Englischen kombinierbar, wenngleich die Bedeutung von engl. *mental training* im Deutschen eher mit *psychisches Training* wiederzugeben ist. Ganz sicher aber lässt sich *mental illness* nicht als **mentale Krankheit* übersetzen – weil diese Kombination dem Deutschen fremd ist. Auch ein Satz wie (inform.) „*He's mental*" lässt sich im Deutschen (noch) nicht mit „**Er ist mental*" wiedergeben, da die unausgesprochene Verknüpfung mit *case* bzw. *Fall* im Deutschen nicht gebräuchlich ist. Ein weiteres Beispiel für interlinguale Fehlerquellen ist das Paar *ein Interview führen* und *to lead an interview* – während beide Konstruktionen üblich sind und gleichbedeutend zu sein scheinen, ist die jeweilige gegensprachliche Entsprechung der angeführten Wendungen: *to conduct an interview* bzw. *in einem Interview führen*. *Lead* und *interview* sind also kollokativ möglich, dann aber mit anderer Bedeutung als *führen* und *Interview* auf Deutsch.

Was bei alledem noch nicht beschrieben ist, sind Registerfragen und stilistische Überlegungen, nicht zuletzt auch Varietätenfragen der zwei plurizentrischen Sprachen. *Gefängnis, Haftanstalt, Justizvollzugs-* oder *Justizanstalt, Strafanstalt, Haftort*, aber auch *Häfen, Knast* und *Bau* usw. unterscheiden sich weniger hinsichtlich des Denotats als hinsichtlich ihrer Zugehörigkeit zu unterschiedlichen Registern (*Justizvollzugsanstalt - Bau*), Varietäten (schweiz. *Strafanstalt* - österr. *Justizanstalt*) oder durch sonstige kotextuelle Einschränkungen (*Haftort* als fachsprachlicher Begriff internationaler Organisationen). Die Übersetzbarkeit dieser, zuweilen entscheidenden, Nuancierungen durch die englischen Begriffe *prison, jail, gaol, penitentiary, correctional facility, hole, bridewell* usw. ist stets nur näherungsweise möglich. *Häfen* etwa kann sehr wohl als umgangssprachlich *pen* wiedergegeben werden, die regionale Markierung als „österreichisches Deutsch" ist aber nicht unmittelbar abzubilden.

4   Morphologische Dimensionen des Lexikons

Während die bisherigen Überlegungen sich auf die Bedeutungen und Gebrauchsbeschränkungen von Wörtern bezogen, gibt es einen weiteren Bereich, der beim Versuch der Gleichsetzung von Wörtern zweier Sprachen betrachtet werden muss: die Morphologie, d. h. die Frage nach der Zugehörigkeit der Wörter zu Kategorien, ihrer Bildung, ihrer synchronen Wandelbarkeit und ihrem daraus abzuleitendem Verhalten im Satz. Während die per Mobiltelefon versandte *SMS* ein Substantiv ist und bleibt, kann das englische (annähernde, weil natürlich weit stärker polyseme) Äquivalent *text* auch als Verb fungieren: *Please text me your answer asap!* Mit der Translation erfolgt also auch ein Wortartwechsel, hier sogar zweifach bei text und answer: *Bitte antworte mir per SMS so rasch wie möglich!* Diese Flexibilität bezüglich der Wortartzugehörigkeit ist ein Merkmal des Englischen und sollte berücksichtigt werden, wenn nach Übersetzungen gesucht wird. Im fachsprachlichen Bereich bedeutet das häufig den Ersatz deutscher Komposita durch andere Konstruktionen, etwa Präpositionalkonstruktionen: *Altenarbeit* wird so *work with the elderly*. Und während für *Praxis-*

feld durchaus auch *practice field* als Übersetzung dienen kann, ist die Form *field of practice* gängiger und idiomatisch als normgerechter anzusehen; hinzu kommt, dass *practice field* eher *Übungsfeld* bedeutet, quasi ein *field for practice*, während *field of practice* dem *Praxisfeld* in seiner deutschen Bedeutung näher kommt. Als letztes Beispiel, ebenfalls sozialarbeitsrelevant, wenn auch aus einem anderen Register: *kiffen* kann im Englischen, wenn Ambiguität vermieden werden soll, nur als Verbalphrase wiedergegeben werden: *to smoke pot*. Wer hier auf einem (Simplex-)Verb beharren will, wird nicht fündig werden.

Zur Morphologie gehören auch Fragen nach der Valenz von Verben oder ihrer Reflexivität, die je nach Sprache unterschiedlich ausfallen kann: *to retreat* aber *sich zurückziehen*; *I see* (i. d. B. *ich verstehe*, ohne Objekt) aber *Ich sehe die Schwierigkeit* (obligatorisches Objekt); des weiteren die Frage der Pluralfähigkeit bei Nomina: *Ratschläge* (zählbar) vs. *pieces of advice* (Plural nur über Hilfskonstruktion möglich) oder *experience* – unzählbar wenn als *skill* verstanden, zählbar wenn als *occurrence*. Ebenfalls in diesen Bereich der Sprachbeschreibung gehören z. B. Fragen der Steigerbarkeit von Adjektiven und Adverbien (mittels Suffixen oder Partikeln oder durch Suppletion), Fragen der Rektion (welchen Fall verlangt ein Verb oder eine Präposition vom dazugehörigen Substantiv), Fragen nach möglichen Ableitungen und Zusammensetzungen (*Raum - räumen - abräumen - räumlich - Sozialraum - sozialräumlich - Raumfahrt* usw. kontrastiert mit *room*, welches keine bedeutungsgleichen Derivate und Komposita aufweist) und andere. Insgesamt ein weites Feld an Zusatzinformation zu Wörtern, das beim Spracherwerb mit erschlossen und beim Gebrauch mit bedacht werden muss. Man sieht: Wortgleichungen der Form $A_{dt.} \triangleq B_{engl.}$ sind unzulässige Verkürzung für einen Translationsvorgang, der linguistisch wie auch kulturell weitaus komplexer ablaufen muss, um erfolgreich zu sein.

5   Weitere interlinguale Beobachtungen

Das naive Verständnis des Übersetzungsvorgangs sucht nach Entsprechungen von Wörtern, Sätzen oder Texten zwischen Ausgangs- und Zielsprache. Hanna Risku beschreibt demgegenüber aus translationstheoretischer Sicht die Grundfrage der Translation als die Frage danach, „was überhaupt in der Zielsituation und -kultur getan und gesagt wird oder werden kann.", und führt weiter aus: „- erst die Gesamtsituation läßt [sic] uns die Relevanz, die Dynamik und den Sinn des Übersetzens verstehen." (Risku 1999, S. 108) Die Übersetzung wird somit zu einer Teilhandlung in einem komplexen System von Handlungen und

Beziehungen, deren oben angedeutete linguistische Dimensionen nur einen Ausschnitt bilden. Wortlisten, gedacht als Listen von Äquivalenzen in zwei Sprachen, können folglich nur den Charakter von Krücken zugeschrieben bekommen. Sie basieren nicht zuletzt auf der unhaltbaren Vorstellung von Sprache als etwas Statischem. Sprache ist aber inhärent in stetem Wandel begriffen: Bedeutungen von Wörtern verändern sich, neue Wörter werden gebildet oder entlehnt, alte gehen verloren, Syntaxregeln verlieren an Bedeutung, Dialektgrenzen verschieben sich, neue Aussprachemodelle treten auf, selbst die Rechtschreibung – Bastion schulischer Wissensbürokratie – ändert sich schleichend, auch zwischen den offiziellen Reformen. Das gilt für Idiolekte ebenso wie für scheinbar präzise definierte Terminologien: ein *Symbol* bedeutet im Kontext von C.G. Jung etwas anderes als bei Frederic de Saussure, bei Charles Peirce oder in der Mathematik (vgl. Metzler 1993, S. 621f.). Von der etymologischen Deutung des „zusammengeworfenen Zeichens" wird ohnehin abgesehen. Für eine diffuse Einheit der einen Sprache kann somit nach der Übersetzung natürlich keine scharf definierte Einheit der anderen Sprache geboten werden.

Nicht ohne großen Zusatzaufwand übersetzbar sind des Weiteren auch Wörter, selbst terminologische, wenn der Zielkultur das Denotat nicht bekannt ist. Deshalb gibt es im zweisprachigen Wörterbuch Deutsch-Englisch auch keinen Eintrag für *Bruchharsch*, während das Deutsche kein Äquivalent für *wicket* zu bieten hatte, als Cricket im deutschsprachigen Raum eingeführt wurde (wickets sind die Stäbe, vor denen der Batsman im Cricket steht). Dieses Phänomen ist u. a. in der Rechts- und Schulterminologie Haupthindernis bei Übersetzungen: eine *Hauptschule* ist eben nicht eine *secondary modern school* und der *High Court of Justice* ist nicht der *Oberste Gerichtshof*. Gleiches gilt in der Sozialen Arbeit für die äquivalenzlosen *Streetwork* (als deutscher Begriff!) und *community organizing*, denen die entsprechenden Konzepte in den Zielkulturen fehlen. Auch die *Lebenswelt* wird, da ohne begriffliche Entsprechung im Englischen, dort häufig als Lehnwort wiedergegeben.

Dass hiermit die Komplexität des Erwerbs und Gebrauchs von Wörtern in sprachübergreifenden Settings noch nicht erschöpfend beschrieben ist, zeigt etwa die Checkliste, die Isobel Fletcher de Téllez für das Lernen lexikalischer Einheiten empfiehlt. Darin erwähnt sie auch Aspekte wie orthographische Eigenheiten (z. B. silent letters: *psychology*), etymologische Fragestellungen (z. B. Vorhandensein von Dubletten anderer Substratsprachen: *room - space*), bevorzugter Gebrauch in einem Kanal (mündlich/schriftlich: *won't - Ms*), Beschränkung auf Gebrauch mit bestimmten Kommunikationspartnern (z. B. Kinder: *scallywag*), häufigen metaphorischen oder ironischen Gebrauch, antonymische Beziehungen, Verortung in Wortfeldern u. v. m. (Fletcher de Téllez 2010, S. 12).

6   Innersprachliche Bedeutung

Wenn wir konstatieren, dass in bilingualen Settings lexikalische Bezüge vieldimensional, komplex und variabel sind – hat diese Einsicht auch Bedeutung für einsprachige Settings? Eindeutig ja, wenn wir davon ausgehen, dass sozialarbeiterische Praxis im Spannungsfeld von Beratung, Beziehungsarbeit, Kommunikation und Theoriebezug stets stark durch Sprache geprägt ist. Selbst wenn diese Sprache monolithisch und homogen zu sein scheint, so erweist sich die Annahme einer gleichförmigen Einsprachigkeit bei näherer Betrachtung als nicht haltbar. Regionale Varietäten, Register, Idiolekte etwa, weiters die oben beschriebenen Unschärfen in Denotation und Konnotation, letztlich auch arbiträre Singularitäten, schaffen zu viel Varianz, als dass die Elemente einer Sprache oder auch ihre Gesamtheit genau und interindividuell definierbar wären. Einfacher ausgedrückt: Wir sprechen von Person zu Person und von Zeitpunkt zu Zeitpunkt unterschiedliches Deutsch, auch ohne Berücksichtigung der „Fehler". Was für Erwerb und Gebrauch einer Fremdsprache oben gesagt wurde, gilt demnach weitgehend auch für den Gebrauch der Erstsprache. Die Übersetzung, die zwischen Ausgangs- und Zielsprache erfolgt, ähnelt der Übersetzung, die zwischen Sprecherintention und Empfängerrezeption erfolgt. Wenn einE WirtschaftswissenschaftlerIn von *Dienstleistung* spricht, so mag der Begriff neutral konnotiert sich auf den Bereich einer Volkswirtschaft beziehen, der weder Urproduktion noch Industrie ausmacht. Angekommen in der Dienstleistungsdebatte in der Sozialen Arbeit, geht es aber nicht mehr um die Frage, ob eben diese Arbeit eher einem neu konzipierten Vierten Sektor, dem Informationssektor, angehöre, sondern vielmehr um Fragen der Ökonomisierung der Sozialen Arbeit an sich. *Dienstleistung* als Begriff wird, beinahe pejorativ besetzt, als unzulässige Verkürzung des professionellen Handelns in der Sozialen Arbeit verstanden – eindeutig keine neutrale Konnotation mehr (vgl. Hanses 2001). Während *naiv* in der Linguistik gebraucht wird, um konnotationsneutral SprecherInnen ohne fachspezifische linguistische Ausbildung präzise zu denotieren (vgl. Hirschfeld 1994), laufen ebendiese SprecherInnen Gefahr, die Bezeichnung in ihrer gemeinsprachlichen Bedeutung als Herabwürdigung ihrer Reflexionsfähigkeit umzudeuten. Ähnliches gilt für *symbiotisch*, das in der Biologie wertneutral eine Lebensgemeinschaft unterschiedlicher Arten zu beiderseitigem Vorteil bedeutet, wogegen in der Sozialen Arbeit

rasch die negative Konnotierung der symbiotischen Kindheitspsychose mit-
schwingt (vgl. Wolf/Mulot/Seidl 2002, S. 957). Womit gezeigt werden soll, dass
selbst Fachbegriffe auch innersprachlich der Übersetzung bedürfen; einer Übersetzung, die sich nicht allein auf denotative Erklärungen beschränken kann.

   Was bedeutet im Deutschen das in Abschnitt 2 angeführte Wort *Magistrat*?
Ist es die Stadtverwaltung oder geht es um Bundeskanzler und Bundesrichter? Je
nach Bezugsland: in der Schweiz sind oben Zweitgenannte und Bundesräte damit gemeint. Und ist die Bezeichnung *Bundesrat* denn eindeutig? In der Schweiz
bezieht sie sich auf die Regierungsmitglieder, in Österreich auf eine Kammer des
Parlaments und in Deutschland auf ein Verfassungsorgan, das legislative und
exekutive Funktionen erfüllt (Wikipedia: http://de.wikipedia.org/wiki/Bundesrat,
Zugriff 12. 2. 2010). Das mag trivial erscheinen. Allerdings lassen Divergenzen
auf so grundsätzlicher und einfach zu definierender wie auch zu beschreibender
Ebene darauf schließen, dass Unschärfen in weniger greifbaren Bereichen ebenso
auftreten wie oben für zweisprachige Settings beschrieben.

   Die Analogie zwischen Uneindeutigkeiten im inter- und im intralingualen
Bereich ist eine wichtige Erfahrung, die einen reflektierten, bewussten Umgang
mit Sprache und ihren Möglichkeiten anregt. In der Sprachdidaktik spricht man
in diesem Zusammenhang von Language Awareness. (vgl. Edmondson/House
1997) Diese Language Awareness geht weit über klassisches Grammatikwissen
hinaus, beinhaltet z. B. Ansätze eines differenzierenden Zugangs zu den oben
diskutierten semantischen Phänomenen oder auch ein grundlegendes diskursana-
lytisches Verständnis und weist Züge der Sprachkritik in der Tradition der
Sprachphilosophie seit Wittgenstein auf (Metzler 1993, S. 578f.). Was aus all
diesen Erwägungen für die Ausbildung in Sozialer Arbeit folgt und welche Konsequenzen sich für professionelles Handeln ergeben, wird in Grundzügen im
nächsten Abschnitt untersucht.

7   Ausbildungsangebote und Handlungsanweisungen

Hinsichtlich der Ausbildung in Sozialer Arbeit lässt sich aus den beschriebenen
Umständen folgernd fordern: Studierende sollen in die Lage versetzt werden,
sprachliche Ambiguitäten in gemischtsprachigen Kontexten zu erkennen und zu
analysieren und folglich Wege zu ihrer Reduktion beschreiten zu können. An die
Erkenntnis, dass in einsprachigen Kontexten mit ihren grundsätzlich gleichgear-
teten Anforderungen analoge Schwierigkeiten auftreten, soll nach Möglichkeit
herangeführt werden. Als Konsequenz lässt sich fordern: Nicht vorgefertigte

Sprach-Bausteine sind primär in den Fremdsprachen zu vermitteln, auch wenn ein Repertoire an rasch verfügbaren sprachlichen Mitteln Voraussetzung für flüssiges Sprachhandeln ist. Zentrale Forderung an fremdsprachendidaktische Lehrveranstaltungen ist die Vermittlung von Kommunikations- und Lösungsstrategien. Diese Strategien sind, mutatis mutandis, übertragbar auf den muttersprachlichen Kontext und können dort als Handlungsanweisungen dienen: Rückfragen, redundante Angebote, Akzeptanz der eigenen Fallibilität, Nutzung von Ressourcen, Flexibilität im Ausdruck, Empfängerorientierung in der Kommunikation und dergleichen mehr.

Ein Zugang zur Umsetzung in der Lehre, der an der FH Kärnten im Studienbereich Soziales gewählt wird, wurde an anderer Stelle beschrieben (Chudoba 2009a). Als Instrument des Ausbaus der Language Awareness, insbesondere im hier diskutierten lexikalischen Bereich, wurde die Arbeit an einem elektronischen Wörterbuch, DESA, entwickelt (Chudoba 2009b). Dabei werden Studierende, guten Teils implizit, durch die Erfahrungen der vieldimensionalen Eigenschaften von zweisprachigen Wörterbucheinträgen hingeführt zu einem tiefer gehenden Verständnis der Komplexität sprachlicher Systeme. Dieses Verständnis, gleichsam ein Problembewusstsein, häufig noch prä-deklarativer Natur, ist der Hintergrund, vor dem sich späteres Sprachhandeln entwickelt.

8   Zusammenfassung

Grundeinsicht zur Arbeit in gemischtsprachigen Situationen muss nach all dem Gesagten sein: nicht Texte oder Wörter sind zu übersetzen, sondern Sprechabsichten; Illokutionen, nicht Propositionen (Kußmaul 1999, S. 51). Das Erkennen der Mehrschichtigkeit von Aussagen in fremdsprachigen Settings und die Übertragung auch auf einsprachige Situationen sowie der Erwerb von Strategien zum produktiven Umgang mit den sich stellenden Schwierigkeiten bedeuten einen Zuwachs an professionellen Handlungsmöglichkeiten in der Sozialen Arbeit. Eine vertiefte Language Awareness, entwickelt etwa anhand des Umgangs mit lexikalischen Problemen, erhöht die Professionalität und Kompetenz in Disziplin und Profession. Wie schon der Dichter sagt: „Wer fremde Sprachen nicht kennt, weiß nichts von seiner eigenen." (Goethe o. J., Nr. 237) Der Umkehrschluss sei auch gestattet.

Literatur

Arntz, Reiner/ Picht, Heribert/ Mayer, Felix (2009): Einführung in die Terminologiearbeit. Olms, Hildesheim.

Chudoba, Gregor (2009a): Arbeitsmittel Fremde Sprache – Working Strategies. In: Hojnik, Sylvia/ Posch, Klaus/ Riegler, Anna (Hg.): Soziale Arbeit zwischen Profession und Wissenschaft. Vermittlungsmöglichkeiten in der Fachhochschulausbildung. VS, Wiesbaden. S. 441–450.

Chudoba, Gregor (2009b): DESA Wörterbuch Deutsch-Englisch für Soziale Arbeit. In: Tagungsband 3. Forschungsforum der österreichischen Fachhochschulen, Klagenfurt 2009. S. 536–537.

Duden – Deutsches Universalwörterbuch (1989), hrsg. von Günther Drosdowski u. a. Brockhaus Verlag, Mannheim.

Edmondson, Willis J./ House, Juliane (1997): Einführung in den Themenbereich Language Awareness. In: Fremdsprachen lehren und lernen, 26. Jahrgang 1997, Narr, Tübingen. S. 3–8.

Etymologisches Wörterbuch des Deutschen (1995), hrsg. von Wolfgang Pfeifer u. a. dtv, München.

Fletcher de Téllez, Isobel (2010): Getting to know a word. In: English Teaching Professional, Issue 66, January 2010. S. 12.

Goethe, Johann Wolfgang von (o. J.): Maximen und Reflexionen. http://www.wissen-im-netz.info/literatur/goethe/maximen/1-04.htm; Zugriff 12. 2. 2010.

Hanses, Andreas (2001): Soziale Arbeit – Dienstleistung oder Fallbezug? Schriftliche Fassung eines Vortrags aus 2001. www.ibl.uni-bremen.de/publik/vortraege/200203hanses.pdf; Zugriff 12. 2. 2010.

Hirschfeld, Ursula (1994): Untersuchungen zur phonetischen Verständlichkeit Deutschlernender. Hector, Frankfurt am Main. (Forum Phoneticum, Bd. 57).

Kußmaul, Paul (1999): Semantik. In: Snell-Hornby, Mary et al. (1999), S. 49–53.

Longman – Dictionary of Contemporary English (2003), hrsg. von Della Summers u. a. Pearson Education, Harlow.

Metzler-Lexikon Sprache (1993), hrsg. von Helmut Glück. Metzler, Stuttgart und Weimar.

Online Etymology Dictionary http://www.etymonline.com/index.php?term=agency; Zugriff 12. 2. 2010.

Oxford Concise Dictionary of English Etymology (1996), hrsg. von T. F. Hoad. Oxford University Press, Oxford. Reissued 2003.

Risku, Hanna (1999): Translatorisches Handeln. In: Snell-Hornby, Mary et al. (Hg.). S. 107–112.

Wolf, Manfred/ Mulot, Ralf/ Seidl, Marie (Redaktion) (2002): Fachlexikon der Sozialen Arbeit. Kohlhammer, Stuttgart, Köln.

Snell-Hornby, Mary et al. (Hg.) (1999): Handbuch Translation. Zweite, verbesserte Auflage. Nachdruck 2006. Stauffenburg, Tübingen.

Weidacher, Josef (2001): Semantic Pitfalls in Business English. Facultas, Wien.

Teil 3

Handlungsfelder, Professionsbezüge, Methodenfragen

Schulversagen, Neue Mittelschule und Ganztagsbildung [1]

Konstanze Wetzel

Nach ersten Vorüberlegungen Mitte 2009 beteiligt sich Österreich nun ab 2010 bis 2012 an dem EU-Projekt zur deutlichen Reduzierung von Schulversagen und Schulabsentismus[2]. Damit wird auf die Tatsache reagiert, dass ein relevanter Teil auch der österreichischen SchülerInnen ohne die notwendigen fachlichen, sozialen und biografischen Kompetenzen die Schule verlässt, um ein verantwortungsvolles Leben als kritische Wirtschafts- und StaatsbürgerInnen führen zu können. Das haben besonders die PISA-Studien deutlich gemacht, die unter dem Begriff der *„RisikoschülerInnen"* jene 15-Jährigen zusammenfassen, die nur die Kompetenzstufe I und weniger erreichen und deshalb ganz erhebliche Schwierigkeiten haben, eine moderne Berufsausbildung erfolgreich abzuschließen. Diese Risikogruppe beträgt in Österreich bei der Lesekompetenz 21%, bei der Mathematik 20% und in den Naturwissenschaften 16% (vgl. Schreiner 2007 und Schreiner/Schwandtner 2009).

Auch die Problematik des frühen Bildungsabbruchs der 18- bis 24-Jährigen – also all jener, die über keinen Sekundarstufe II Abschluss verfügen – ist hierfür ein Indikator. Der Anteil betrug für Österreich im Jahr 2007 10,9 %, und berechnet nach tatsächlich nicht vorhandener Beteiligung an formaler Ausbildung 11,8% (vgl. Steiner 2009, S. 144f.). Dieses Schulversagen ist ein komplexes Phänomen und bedarf vielschichtiger sozialer, pädagogischer und bildungspolitischer Maßnahmen zu seiner Überwindung.

---

[1] Dieser Beitrag fasst in pragmatisch zugespitzter Weise wichtige Befunde aus Braun/Wetzel (2006; 2008) und Wetzel (2006) zusammen.
[2] Vgl. ESF-Pilotprojekt zur „Schulsozialarbeit". Genauere Informationen sind zu finden unter http://www.esf.at/?cat=1 und http://www.bmukk.gv.at/schulen/pwi/pa/schulsozialarbeit.xml. Nähere Auskünfte: Dr. Gerhard Krötzl. BMUKK. Ref.I/15a, gerhard.kroetzl@bmukk.gv.at.

1 Institutionelle Ursachen und intersubjektive Gründe des Schulversagens

Zu diesem Thema sollen drei Komplexe hervorgehoben werden (vgl. hierzu Barth/Henseler 2005; Kittl-Satran 2006; Spiess/Tredop 2006; Wagner 2007):

1.1 Schulversagen als mangelnde Abstimmung zwischen Bildungs- und Beschäftigungssystem

Wie immer man die aktuelle und zukünftige Gesellschaft bezeichnen mag (als Risiko-, Wissens- oder Erlebnisgesellschaft), sie wird in jedem Falle und sogar vorrangig eine modernisierte *Arbeitsgesellschaft* sein. Deshalb ist die Abstimmung zwischen dem *staatlich* verantworteten *Schulsystem* und dem *marktgesteuerten*, teilweise sozialstaatlich überformten *Beschäftigungssystem* von zentraler Bedeutung. Sie gelingt aber strukturell nur sehr unzureichend:

a. Das zeigt sich zunächst daran, dass das Schulsystem in Gestalt der „Risiko-schülerInnen" – wie erwähnt – eine *große* Gruppe von SchülerInnen hervorbringt, die eben ggf. trotz entsprechender formaler Abschlüsse nicht über die realen Kompetenzen verfügen, um eine moderne Berufsausbildung absolvieren zu können. Diesbezüglich kann von einem *Staatsversagen* gesprochen werden, weil das Schulsystem nicht im erforderlichen Maße die Kompetenzen vermittelt, die das Beschäftigungssystem benötigt.

b. Zugleich werden von Seiten des Beschäftigungssystems auch nicht alle aufgenommen, die über die notwendigen Kompetenzen verfügen. Das zeigt sich in Österreich insbesondere bei dem immer krisenhafteren Übergang von der Schule in die duale Ausbildung. Hier kann von *Marktversagen* gesprochen werden, weil die primär einzelbetrieblichen Ausbildungs-, Angebots- und Finanzierungsentscheidungen aufgrund ihrer immanenten Tendenz zur Unterinvestition keineswegs hinreichend auf die Ausbildungswünsche und -fähigkeiten der Heranwachsenden eingehen. Zugleich vermögen sie nicht aus sich heraus den gesamtwirtschaftlichen Nachwuchsbedarf zu sichern – und auch die Abstimmung von Ausbildung und Beschäftigung zwischen den verschiedenen wirtschaftlichen Sektoren ist nicht gesichert.

c. Ferner haben wir es heute und in der absehbaren Zukunft mit *segmentierten Arbeitsmärkten* zu tun: Der soziale Aufstieg durch Bildung ist weitgehend blockiert, denn der formale Bildungsabschluss bzw. die real vorhandenen Kompetenzen sind eben nur *ein* Selektionsaspekt; hinzu kommen – als teilweise noch gewichtigere – der soziale Status der Herkunftsfamilie, das Geschlecht sowie die ethnische Zugehörigkeit. In alledem drückt sich die Herrschaftsfunktion des Beschäftigungssystems aus.

d. Nicht zuletzt ist darauf zu verweisen, dass die *Bildungsplanung* in einer Mischung aus Koppelung, Entkoppelung und Flexibilisierung sich zwar um eine Abstimmung bemüht, aber ihr dies aufgrund ihres letztlich „anarchischen" Gesamtcharakters nicht gelingt, weil die Probleme meist erst nachträglich erkannt und dann primär defensiv bearbeitet werden. Zugleich gibt es eine zunehmende *Problemprivatisierung*, d.h. die Heranwachsenden sollen diese Abstimmung individuell vollziehen, indem sie sich flexibel auf die unübersichtlichen Arbeitsmarktprobleme einstellen. Wenn ihnen das nicht gelingt, dann gibt es verschiedenste Formen der Benachteiligtenförderung, die aber immer in der Gefahr stehen, primär die anzusprechen, die ohnehin „die Fitteren" sind und die anderen in eine Maßnahmekarriere zu drängen, die häufig in die Deklassierung führt, weil sich dabei Arbeitsmarktbenachteiligung und Bildungsbenachteiligungen kumulativ verstärken.

1.2 Schulversagen als Folge unzureichenden Lebensweltbezuges des Unterrichts

Die meisten SchülerInnen beklagen die Lebensweltferne des Unterrichts und nennen ihn als einen der wesentlichen Gründe für die schleichende, mit dem Alter zunehmende Distanzierung von der Schule. Dafür gibt es im Wesentlichen zwei Ursachen:

a. Eine Ursache für die mangelnde Attraktivität des Unterrichts liegt in den konstitutiven Konstruktionsprinzipien der österreichischen Lehrpläne, die sich im Wesentlichen am *Wissenschaftssystem* und seiner Darstellungslogik ausrichten und die Curricula ab der Sekundarstufe I zu „verkleinerten" und pädagogisch (leicht) modifizierten Formen des Wissenschaftssystem machen. Das bringt zwingend eine strukturelle Distanz zu den Erlebnis- und Erfahrungsräumen der Kinder und Jugendlichen mit sich. Das zeigt sich auch bei dem mangelnden Anwendungsbezug des schulisch zu erwerbenden Wissens. Es fehlt also eine *pragmatische* Ausrichtung der schulischen Lernprozesse und ihrer Bewertung, die nahe legt, die unmittelbar vorgegebene soziale und kulturelle Wirklichkeit kritisch zu hinterfragen (beispielsweise, welche Medienkompetenzen tatsächlich für eine befriedigende Lebensführung notwendig sind) und dabei auch Neugier nicht immer auf den (unmittelbaren) Nutzen zu reduzieren (etwa beim Austesten der neuesten Computertechnik). Die Entwicklung der dazu notwendigen Fähigkeiten und Bereitschaften wird im schulischen Unterricht strukturell nur unzureichend angeregt und gefördert. Und deshalb gelingt es auch häufig nicht, die biografische Lernspannung zwischen grundlegenden Bedürfnissen, emotionalen Befindlichkeiten und motivationalen Anstrengungsbereitschaften zu entfalten, welche emotionale „Durststrecken" durchzustehen helfen, um anspruchsvollere Lernziele zu erreichen.

b. Mit dem Problem des wissenschaftsfixierten schulischen Fächerkanons eng verbunden, aber nicht identisch, ist die *LehrerInnenzentrierung* der meisten Unterrichtssequenzen und die damit verknüpfte asymmetrische Kommunikation zwischen den LehrerInnen und SchülerInnen. Diese Form der direkten Unterweisung soll eine unterbrechungs- und störungsarme Klassenführung, die intensive Nutzung der vorgegebenen Unterrichtszeit, die klare Aufgabenstellung und Darbietung sowie die optimale Regulierung der Lernprozesse der SchülerInnen ermöglichen bzw. sogar sichern. Dabei enthält diese Unterrichtsform einen strukturellen Widerspruch: Einerseits ist sie für die Lehrkräfte die *anstrengendste* und *belastendste* Lehrform, weil sie nämlich fast die ganze Verantwortung für das Gelingen der Stunde übernehmen. Sie müssen die ganzen 50 Minuten „fit" sein, den Stoff beherrschen, das Stundenziel im Auge behalten und die SchülerInnen zumindest versuchen, so anzusprechen, dass sie bereit und in der Lage sind, zu folgen. Der lehrerzentrierte Unterricht ist aber monopolartig betrieben auch die *ineffektivste* Unterrichtsmethode, weil ihr nämlich die systematische Einbeziehung der SchülerInnen gar nicht gelingen kann. Sie kann deren Ideen und Impulse für die entwickelnde Problemdarstellung und -lösung nicht hinreichend aufnehmen, deren Fehler nicht als produktive Umwege nutzen und so auch keine Einblicke in die besonderen Stärken, aber auch Schwächen bestimmter SchülerInnen(gruppen) gewinnen. Je intensiver sich die SchülerInnen einbringen und je intensiver sie vom geplanten Unterrichtsverlauf abweichen, desto eher muss ihre Aktivitäts- und Lernbereitschaft als irritierend oder gar provokativ aufgefasst werden; und in nicht wenigen Fällen werden diese Aktivitäten als *Unterrichtsstörung* qualifiziert und zum Teil auch „geahndet". Der lehrergeleitete Unterricht (in Form der Lehrerdarbietung, des fragend-entwickelnden Unterrichtsgesprächs und der gelenkten Entdeckung) kann nur sehr beschränkt verständnisvolles Lernen fördern, welches als aktiver individueller Konstruktionsprozess zu begreifen und zu gestalten ist (der selbst für weitgehend rezeptives Wiedergeben von Unterrichtsinhalten unabdingbar ist). Das heißt, auf die kognitiven Voraussetzungen und allgemeines bzw. sachspezifisches Vorwissen einzugehen, wo der Unterricht trotz der notwendigen systematischen Planung und Förderung immer auch situative und kontextuelle Momente enthalten muss, also Offenheit der Lehr-Lern-Prozesse notwendig macht, die motivational und metakognitiv durch Planung, Selbstkontrolle, Rückmeldung und Bewertung gesteuert werden. Gerade dieser Aufbau selbstgesteuerter Konstruktionsfähigkeiten wird durch den Frontalunterricht grundlegend behindert. Darüber hinaus erschwert er in hohem Maße den Aufbau tragfähiger, also auch belastbarer, weil emotional bedeutsamer zwischenmenschlicher Beziehungen zwischen den SchülerInnen und „ihren" LehrerInnen, die eine Voraussetzung für expansive Lernprozesse sind.

1.3 Schulversagen als Moment des bildungsbiografischen Scheiterns

Teile der engagierten Schulkritik unterstellen nun, dass die dargestellten entwicklungseinschränkenden *Bedingungen* unmittelbar in die Lernbereitschaften „durchschlagen", dass die Heranwachsenden ihnen alternativlos ausgesetzt sind, dass sich die jeweiligen konkreten institutionellen *Betroffenheiten* weitgehend eindeutig in ganz bestimmten *Befindlichkeiten* niederschlagen (also z. B. extrem restriktive Bedingungen in Schulmüdigkeit und Schulverweigerung). Eine solche Schulkritik ist zwar gut gemeint, aber dennoch höchst problematisch, weil die SchülerInnen so auf einen reinen Objektstatus festgelegt werden. Sie führt zu dem konzeptionellen Selbstwiderspruch, dass man die Kinder und Jugendlichen schwerlich als Subjekte ihrer Lebensführung und Biografie anerkennen und fördern kann, wenn man sie nur im Objektstatus des Opfers betrachtet. Die theoretisch und empirisch überzeugendere und praktisch perspektivreichere Fragestellung ist somit die, *wie* die Kinder und Jugendlichen diese restriktiven Bedingungen psychodynamisch verarbeiten. Aus der Perspektive der Heranwachsenden stellen sich die schulischen Lernmilieus als unmittelbare objektive Bedeutungszusammenhänge dar, die einen Möglichkeitsraum dafür bieten, dass man die jeweiligen Entwicklungs- und Bildungsaufgaben bewältigen kann. Dieser Möglichkeitsraum kann mehr oder weniger groß sein; er kann von den Subjekten mehr oder weniger genutzt und ausgefüllt werden; und er kann sogar mehr oder weniger umgestaltet und erweitert werden. Aus welchen objektiven Ursachen und subjektiven Gründen was geschieht, *das* ist dann die entscheidende theoretische, empirische und praktische Frage für die Analyse und die Bearbeitung der *Bildungsarmut*. Der genauere Blick auf die Befindlichkeiten der Jugendlichen zeigt, dass Schulmüdigkeit und Schulverweigerung zu verstehen ist als vorrangig (nie ausschließlich) *defensive* und *regressive*, häufig auch *resignative* Hinnahme der extremen Beschränkungen der schulischen Entwicklungs- und Lernräume. Maßnahmen zur Überwindung des so verstandenen Schulversagens lassen sich in zwei Komplexe gliedern: Zum einen geht es darum, pädagogisch anspruchsvolle Formen des längeren gemeinsamen Lernens zu implementieren, denn die PISA-Studien zeigen durchgängig, dass integrativere Schulsysteme eine deutlich kleinere Risikogruppe und eine erheblich größere Spitzengruppe hervorbringen. Zum anderen geht es um die Einrichtung von Ganztagsbildungsangeboten[3].

2 Die „Neue Mittelschule" als inklusive Organisationsform von Entwicklung und Lernen

Das eine Standbein einer nachhaltigen demokratischen „Schulreform als Sozialreform"[4] ist die Ermöglichung des längeren gemeinsamen Lernens der Kinder und Jugendlichen. Der mit dem Schuljahr 2008/09 begonnene Schulversuch „Neue Mittelschule" kann ein bedeutsamer Schritt in diese Richtung sein und damit die pädagogische und soziale Qualität der österreichischen Schulen erheblich verbessern[5]. Der Versuch begann mit 67 Pilotschulen in fünf Bundesländern; ab dem Schuljahr 2009/10 gibt es 244 Standorte mit 801 Klassen (wobei in einigen Bundesländern – wie z. B. Kärnten – der Bedarf sogar darüber hinaus geht). Bis zum Schuljahr 2011/12 können noch neue Versuche gestartet werden. Für die Zulassung müssen zunächst allgemeine Kriterien erfüllt werden (die auch deutlich machen, dass die schulischen Entwicklungsprobleme nicht vorrangig interaktiv sind):

- Regionale Streuung: Modellregionen aus unterschiedlichen Bundesländern;
- Sozioökonomische Charakteristika der Modellregion: unterschiedliche sozialstrukturelle Merkmale und Bildungsinfrastrukturen;
- Pädagogische Konzepte: aussichtsreiche Konzepte und hinreichende reformpädagogische Vor-Erfahrungen.

---

[3] Auf den inneren Zusammenhang dieser beiden Reformkomplexe verweisen auch Bucher/Schnider (2004) und Seel/Scheipl (2004, Kap.3.5-3.7 und Kap. 5.5). Er ist kürzlich erst von Unterrichtsministerin Schmied hervorgehoben worden und bei dieser Gelegenheit hat sie auch ihr Ziel formuliert, in den nächsten fünf bis zehn Jahren an jeder zweiten Schule Ganztagsangebote einzurichten (Interview im STANDARD vom 2. 3. 2010).
[4] Auf die Notwendigkeit, Bildungsreform *als Sozialreform* zu begreifen und zu gestalten, verweist nachdrücklich Opielka (2005).
[5] Alle relevanten Informationen finden sich unter http://www.bmukk.gv.at/schulen/bw/nms/zp.xml (Zugriff 12. 11. 2009); vgl. zur Bedeutung dieses Reformprojektes auch die ExpertInnenkommission Zukunft der Schule 2008, 96ff.

Letzteres bezieht sich besonders auf die gewünschten Schwerpunkte der pädagogischen Entwicklungsarbeit:

a. Es geht zunächst um vielfältige innere Differenzierungsformen des Unterrichts je nach Gegenstand, Altersstufe, SchülerInnenzusammensetzung und Lernstoff, um so der zunehmenden Heterogenität der SchülerInnen durch verstärkte Individualisierung gerecht zu werden; gerade dadurch können die fachlichen Bezüge den Erlebnisräumen und Erfahrungswelten der Kinder und Jugendlichen angenähert und auf die besondere Dynamik ihrer Entwicklungs- und Lernprozesse Rücksicht genommen werden.

b. Motivierende Formen der Leistungsrückmeldung an die SchülerInnen und hohe Leistungsgerechtigkeit bei Abschlüssen und Berechtigungen sowie Verzicht auf alle Formen der Selektion (also auch die Inklusion von Kindern und Jugendlichen mit Behinderung oder besonderen Befähigungen in die Regelklassen). Alles das sind schon wichtige Reformelemente, um die Schulangst abzubauen und damit regressiven Formen der schul- und unterrichtsbezogenen Konfliktbearbeitung vorzubeugen.

c. Kunst- und Kulturaneignung als Quelle von Kreativität und Motivation anzuerkennen bedeutet immer auch die Vielfalt der Leistungsförderung auszuweiten und unterschiedlichen Formen und Wegen der Wirklichkeitsaneignung mehr Aufmerksamkeit zu schenken.

d. LehrerInnenarbeit in gut kooperierenden Teams, gerade auch zur Förderung des jahrgangsübergreifenden Unterrichts, die Entwicklung von alternativen zeitlichen Formen der Lernorganisation (jenseits des 50-Minuten-Rhythmus) und die Arbeit an einer neuen sozialraum- und lebensweltorientierten Fächerstruktur, die das Spannungsverhältnis zwischen Erfahrungsbezug und „Wissenschaftsorientierung" des Unterrichts pädagogisch fruchtbar macht und dies bei der Gestaltung der reformpädagogisch ausgerichteten neuen Lernmaterialien berücksichtigt. Das alles sind wesentliche institutionelle Maßnahmen zur Verminderung und schließlich Überwindung des Schulversagens.

e. Das erfordert allerdings auch neue pädagogische und administrative Unterstützungsstrukturen für die Schulen und ihres sozialräumlichen Umfeldes, wobei hier auch Sparpotenziale und Synergien aus größeren Schulverbünden gewonnen werden können.

f. Alles dies erfordert größere Entscheidungsspielräume an den Standorten, um die Verwirklichung der pädagogischen Wünsche und Konzepte nahezulegen und nicht zuletzt durch die systematische Einbeziehung spezialisierter Fachkräfte in den Schulalltag (SchulpsychologInnen, SozialarbeiterInnen,

ErzieherInnen, Kunst- und Kulturschaffende, aber auch Eltern und Fachleuten aus verschiedenen Berufsgruppen, gerade in den Ganztagsschulen) den
Lernertrag zu sichern. Dazu ist die Einführung von Bildungsstandards auch
mit Blick auf die Überwindung des Schulversagens dann hilfreich, wenn sie
der hier skizzierten institutionellen und pädagogischen Komplexität gerecht
werden.

3   Ganztagsbildung und Schulsozialarbeit

Es gehört zu den Besonderheiten des österreichischen (wie des deutschen) Bil-
dungssystems, dass sich im Laufe des 20. Jahrhunderts neben der Schule ein
umfangreiches und anspruchsvolles System der Kinder- und Jugendwohlfahrt/-
arbeit herausgebildet hat (vgl. Knapp/Lauermann 2007). Während beide Bereiche über lange Zeit relativ unverbunden nebeneinander existiert haben, gibt es
seit den früheren 1990er Jahren erste Ansätze der pädagogischen Kooperation
und bildungsplanerischen Abstimmung, die schließlich zu einem immer deutli-
cheren Profil der *Schulsozialarbeit* geführt haben, in dessen Verlängerung und
qualitativer Ausweitung der Ansatz der Ganztagsbildung als einer umfassenden
Reformperspektive entwickelt wurde (vgl. Coelen/Otto 2008; Wetzel 2006).
Damit ist auch deutlich gemacht, dass Ganztagsschule zwar ein wichtiges Element derselben darstellt, aber nicht mit ganztägigen Bildungsangeboten identisch
ist.

3.1   *Schulische Tagesbetreuung als „Zeitraum" zur sozialpädagogischen Profilbildung*

Seit dem Schuljahr 2006/07 besteht in ganz Österreich ab einer Gruppengröße
von 15 Kindern ein Rechtsanspruch der Eltern auf ganztägige Betreuung. Im
Jahre 2007 hat das Bundesministerium für Unterricht, Kunst und Kultur „Empfehlungen für gelungene schulische Tagesbetreuung" herausgegeben (im weiteren als „EsT" zitiert[6]). Wenn dieses pädagogisch sehr durchdachte Konzept mit-
telfristig realisiert wird, dann führt das zu einer nachhaltigen Veränderung der

---

[6] Es steht in der Tradition der Schulversuche „Ganztagsschule" und „Tagesheimschule" (vgl. Scheipl/
Seel [1988: Kap. 5.2.3], Seel/Scheipl [2004: Kap.5.5.3]); vgl. zur aktuellen Debatte darum auch
Erziehung&Unterrricht (2005); auf den erweiterten Bildungs- und Erziehungsauftrag einer nachhaltig
modernisierten und demokratisierten Schule geht auch die ExpertInnenkommission Schule der Zukunft 2008, 77ff. ein.

Beziehungen zwischen Schule und Sozialer Arbeit und schafft damit auch wichtige Voraussetzungen, dass die Schulsozialarbeit die mit ihr verbundenen Erwartungen schrittweise tatsächlich realisieren kann.

Die bis mindestens 16:00 Uhr und maximal 18:00 Uhr andauernde Tagesbetreuung gibt es an Volksschulen, Hauptschulen, der Unterstufe der Allgemeinbildenden Höheren Schule (AHS) sowie an den Polytechnischen und den Sonderschulen. Sie umfasst die lehrplanbestimmte gegenstandsbezogene und die individuell bestimmte Lernzeit, das Mittagsessen und gestaltete bzw. nicht gestaltete Freizeitangebote. Es gibt Schulen mit verschränkten und nicht-verschränkten Abfolgen des Unterrichts- und Betreuungsteils (erstere sind für alle, letztere nur für die angemeldeten SchülerInnen verpflichtend).

Das Angebot muss vom Schulerhalter (zumeist den Gemeinden oder Gemeindeverbänden) gewährleistet werden[7]. Das gesamte Programm enthält zwei zentrale soziale und pädagogische Spannungen: Zum einen dominiert bei den *Elterninteressen* die bessere Vereinbarung von Beruf und Familie und die Erledigung der schulbezogenen Lernaufgaben; die Freizeitinteressen der *Kinder* rangieren erst auf Platz 3 (vgl. EsT, S. 51ff.). Zum anderen handelt es sich um eine *duale* Strategie der Verschränkung von Schulunterricht und anderen Formen der pädagogischen Lernförderung, die gleichwohl *nicht additiv* sein soll (vgl. ebd., S. 53 u. 55). Weder die Lerninteressen der Heranwachsenden sollen durch die Betreuungs- und Leistungsinteressen der Erwachsenen (merklich) eingeschränkt werden, noch sich hinterrücks eine pädagogische Doppelstruktur durchsetzen (traditioneller Unterrichtsvormittag vs. erfahrungsbezogener Lern- und Freizeitnachmittag bzw. von den LehrerInnen bestimmter Vormittag vs. von den SozialarbeiterInnen bestimmter Nachmittag). Dazu bedarf es eines übergreifenden und integrativen Verständigungsrahmens, der es erlaubt, die verschiedenen Angebote aufeinander zu beziehen und die Kooperation der (sehr) verschiedenen professionellen und nicht-professionellen Personengruppen zu begründen. Dafür gibt es im oben dargestellten Konzept der „Neuen Mittelschule" zentrale Reformelemente, die für die Arbeit von Fachkräften der Sozialen Arbeit bereits wichtige Ansatzpunkte bieten. Für eine solche flexible Verschränkung von formellen (in den Lehrplänen festgelegten), nicht-formellen (etwa in Kinder- und Jugendverbänden) und informellen Lernprozessen (in den Familien und Peer-Groups) geben die Empfehlungen weitere wichtige Anregungen (vgl. ebd., S. 63ff.). Diese sollten aufgenommen und in einen umfassenderen sozialen und pädagogischen Verständigungsrahmen integriert werden. Dazu bietet sich die Ausrichtung an den *Sinndimensionen* einer *zeitgemäßen allgemeinen Bildung* an. Exemplarisch seien die Sinndimensionen hervorgehoben, die für die Reduzie-

---

[7] Aktuelle Informationen unter http://www.bmukk.gv.at/Schulen/unterricht/tb/ (31. 8. 2010).

rung und Überwindung des Schulversagens von besonderer Bedeutung sind (vgl. Klafki/Braun 2007, Kap. 7.2):

a. Die *alltägliche Lebensbewältigung* erfordert u. a. die koordinierte Realisierung ganz verschiedener Aufgaben (in Familie, Schule, Freundeskreis, Peer-Group usw.), die Festlegung von Schwerpunkten („Was ist mir wie wichtig?") und die Entwicklung von entscheidungsentlastenden Handlungsroutinen. Gerade die Gesundheitsbildung (vgl. ebd., S. 36f.) macht deutlich, dass das Wohlbefinden von einer befriedigenden Lebensführung abhängt – und dass sie die Voraussetzung dafür ist, dass sich die SchülerInnen überhaupt mit den schulischen Lernherausforderungen beschäftigen können (das ist auch die beste Drogenprävention).

b. Die neuen Formen der Alltagsbewältigung haben bei einem relevanten Teil der Heranwachsenden zu einem Mangel an motorischen Fähigkeiten geführt. *Bewegungsbildung* darf aber nicht auf die Forderung nach körperlicher Fitness vereinseitigt werden (so die Neigung in ebd., S. 28f.), sondern muss als eine Quelle erweiterter körperbezogener Selbsterfahrung und als Glücksgefühl gelungener, eleganter, überraschender usw. Bewegungsfolgen (z. B. beim Tanzen) verstanden werden.

c. Gerade durch die neuen Medien erweitern schon die Kinder ihre Erfahrungs- und Fragehorizonte weit über den Alltag hinaus. Das bildet die Basis der Auseinandersetzung mit den *epochaltypischen Schlüsselproblemen* (wie Krieg und Frieden, Armut und Reichtum, Technik und Natur, kulturelle Pluralität und Polarität, Männlichkeit und Weiblichkeit) und erfordert zugleich Angebote, die diese Erfahrungen theoriegeleitet deuten und unterschiedliche Lösungsvorschläge unterbreiten (vgl. EsT, z. B. S. 31f., 34f., 50).

d. Spätestens beim Übergang von der Kindheit zur Jugend bilden sich existenzielle *Menschheitsthemen* heraus. Dann wollen die Heranwachsenden begründete und verständnisvolle Antworten haben u. a. auf die Frage nach dem Sinn des Lebens, der Bedeutung des Todes und eines möglichen Lebens danach, ob es einen Gott oder Göttliches gibt und wie es das eigene Leben bestimmen sollte, welche Bedeutung Liebe und Trauer haben, was Schicksal ist und was die Menschen als einzelne, als Gruppe und vielleicht als Menschheit generell zu verantworten haben (vgl. ebd., S. 28f.). Gerade hier sind Gespräche „auf Augenhöhe" gefragt – hier hat (wie bei den moralisch-ethischen Aspekten) niemand einen grundsätzlichen Erfahrungs- und Erkenntnisvorsprung vor anderen.

e. Musische und bildnerisch-gestaltende Angebote waren schon immer ein „Renner" der außerschulischen Freizeitaktivitäten – weil die Lehrpläne der *ästhetischen Bildung* nur wenig Platz einräumen. Hier ist allerdings (das wird bei den entsprechenden Vorschlägen – ebd., S. 41ff. u. 44f. – übersehen) darauf zu achten, dass den aktuellen Kinder- und Jugendkulturen ein dominanter Raum zugestanden wird (vgl. Großegger/Heinzlmaier 2007) und dass sie bei der notwendigen Umgestaltung der Schularchitektur zu einem tatsächlich kind- und jugendgemäßen Erfahrungsraum (etwa durch die Gestaltung der Wände, Möbel und Dekorationen) eine alltägliche Präsenz erhalten (davon sind die meisten Schulen sehr weit entfernt).

f. Soziale Integration kann nicht erzwungen werden, sie muss in ihrer Bedeutung für das Wohlbefinden und die Erweiterung der eigenen Lebensansprüche erfahrbar werden. *Konkrete Sittlichkeit* kann nur dadurch gefördert werden, dass die Heranwachsenden moralisch als Subjekte ernst genommen werden, die nach Handlungsgrundsätzen suchen, die potenziell für alle Menschen Gültigkeit haben können („kategorischer Imperativ"). Zugleich sollten diese nach ethisch vertretbaren Wegen suchen, diese Grundsätze in bestimmten Situationen anzuwenden (z. B. den Grundsatz der Glaubwürdigkeit in einer Konstellation, wo sie von Stärkeren bedroht werden und die Vortäuschung von Gesinnungen nahe liegend ist). – Ganztagsschulen haben hier ein großes Feld von Möglichkeiten, dieses *Verantwortungsbewusstsein* (als Kern des sozialen Lernens und Engagements; vgl. EsT, S. 30f.) durch Übertragung von Verantwortung zu fördern, sei es durch Tutorensysteme (vgl. ebd., S. 46,), Peer-Mediation (ebd., S. 34), die Einrichtung eines Klassenrates (ebd., S. 57), und die immer anspruchsvollere Einbeziehung in die Schulorganisation – angefangen bei Festen und schließlich auch bei der Unterrichtsgestaltung (ebd., S. 50 u. 59).

Nun werden sich viele LeserInnen fragen, was das alles mit Sozialer Arbeit zu tun hat. Darauf ist erstens zu antworten, dass diese inhaltliche und methodische Verschränkung von formellen, nicht-formellen und informellen *Bildungs*-Prozessen gerade von der Sozialpädagogik in die neueren Reformdebatten eingebracht worden ist; und dass sie die *Stärkung der Subjektposition* der Kinder und Jugendlichen im Rahmen ganztägiger Lernangebote beabsichtigt, um der weiteren "Verstaatlichung" und „Kolonialisierung" ihrer Lebenswelten (auf diese Gefahr wird auch verwiesen ebd. S. 58) entgegenzuwirken. – Zweitens ist zu bedenken, dass die Verankerung sozialpädagogischer Denk- und Handlungsweisen in der Schule nicht die alleinige Aufgabe von Fachkräften der Sozialen

Arbeit, sondern nur der *gesamten Schulgemeinde* sein kann (vgl. ebd., S. 51 u. 59 sowie das oben dargestellte pädagogische Profil der Neuen Mittelschule). Das betrifft den gesamten Lehrkörper entsprechend den fachlichen Schwerpunkten und ggf. in Fortbildungen erworbenen pädagogisch-sozialen Zusatzkompetenzen; die LehrerInnen, die sich besonders im sozialpädagogischen Bereich weitergebildet haben; die BeratungslehrerInnen (hier gibt es in Österreich eine lange Tradition, sozialpädagogische Gesichtspunkte in die Schule einzubringen); die SchülerInnen unter besonderer Einbeziehung ihrer (außerlehrplanmäßigen) fachlichen, sozialen und kulturellen Interessen und Kompetenzen; die Eltern, die sich aktiv an der Ausgestaltung des Schullebens, aber ggf. auch des Unterrichts als ExpertInnen oder lebenserfahrene Personen einbringen wollen; andere, an Schule interessierte Personen (z. B. Pfarrer, die einen nicht kirchengebundenen interreligiösen Dialog anstreben); und nicht zuletzt die Schulwarte – sie sind häufig ein besonders wichtiger und zuverlässiger Partner. Diese Anerkennung der *sozialpädagogischen* Profilbildung als zentrales Element der *Schul*-Entwicklung ist ein bemerkenswerter bildungspolitischer Fortschritt, weil er den Resonanzboden schafft, um die Anregungen der Sozialen Arbeit überhaupt breit realisieren zu können. Eine Schwäche dieses ursprünglichen Konzeptes ist es allerdings, dass der *kontinuierliche* Einsatz von Fachkräften der Sozialen Arbeit und Erziehung *direkt in der Schule* nicht vorgesehen ist; zwischenzeitlich gibt es aber auf Landesebene zahlreiche Bemühungen, Schulsozialarbeit in die schulischen Angebote zu integrieren; in Kärnten wird sogar bereits seit dem Schuljahr 2008/09 das erste landesweite Pilotprojekt umgesetzt.

3.2 Schulsozialarbeit als Beitrag zur inneren Schulreform

Ein weit ausgelegtes Konzept der *Sozialraumorientierung*, welches den Lebensweltbezug einschließt, bildet laut EsT (S. 41) die systematische Verbindung zwischen Schule und Sozialer Arbeit:

„Zum einen sind in diesem Sinne die pädagogischen Fachkräfte an den Schulen angesprochen, über die Lebenssituation und familiären Hintergründe ihrer Schülerinnen und Schüler informiert zu sein. Das bedeutet, sie sollten Kenntnisse über den Einzugsbereich ihrer Schule besitzen, bedarfsgerechte Angebote unterbreiten und diese Bedingungen auch unter dem Gesichtspunkt der Vernetzung zu analysieren. Zum anderen weist die Sozialraumorientierung auf Formen der Kooperation und Koordination mit außerschulischen Einrichtungen hin. Das heißt, Lehrkräfte und Freizeitpädagoginnen bzw. -pädagogen müssten Informationen über Bildungs-, Kultur- und Freizeitangebote des nahen Umfeldes besitzen und wissen, wo es soziale

Dienste in Stadt und Gemeinde sowie Angebote der Eltern-, Familien- und Partner-schaftsberatung gibt. Kontakt und Formen der Kooperation zwischen Tagesbetreu-ung, Eltern, Schule und anderen Einrichtungen umfassen: die Zusammenarbeit mit sozialen Beratungsdiensten; die Zusammenarbeit mit verschiedenen Ämtern (Ju-gendamt, Gesundheitsamt, Schulamt); Kooperationen mit Partnern, die zu einer Be-reicherung [auch, aber nicht nur! K. W.] des Freizeitangebotes beitragen, wie z. B. Jugendheime, Vereine, Museen, Kinos, Theater, Firmen, Polizei, Feuerwehr, Kran-kenhaus."

So wichtig diese sozialräumliche und lebensweltbezogene kommunikative Ver-netzungsarbeit durch die Schulsozialarbeit ist (vgl. dazu allgemein Scheipl 2008), so wenig kann sie darin aufgehen. Vielmehr muss sie in relevanten Hand-lungsfeldern auch *innerhalb* der Schule *eigenständige* Aufgaben übernehmen und so die sozialpädagogische Profilbildung nicht nur anregen und unterstützen, sondern auch erweitern und tragen; fünf Aufgaben seien abschließend hervorge-hoben:

a. Um die Schule zu einem angemessenen *Lern- und Freizeitort* zu machen, bedarf es einer flexiblen und offenen Raumgestaltung mit einer sozialen und lebensweltlichen Ausrichtung des Baumilieus, welches die Balance hält zwischen Zonen der Besinnung und der Bewegung bzw. Natur und umbau-tem Raum und Begegnungs- und Rückzugsmöglichkeiten für die Ge-schlechter. Hier können die Raumkonzepte der Jugendzentren anregend sein.

b. Die Bewegungsbildung und Drogenprävention sollte um Angebote der *Abenteuerpädagogik*, also um physische und psychische Herausforderungen bereichert werden, die bei optimaler individueller und gemeinschaftlicher „Kraftanstrengung" bewältigt werden können, wobei hier die geschlechts-spezifischen Formen des Umgang mit dem eigenen Körper zu beachten und wechselseitige Übergänge von sportiven und handwerklichen Sequenzen zu ermöglichen sind. Dramatische (aber keinesfalls lebensbedrohliche) Scheiternserfahrungen können nicht grundsätzlich ausgeschlossen werden, müssen aber einfühlsam bearbeitet werden – wie überhaupt nur eine reflexi-ve Verarbeitung der Erlebnisse sie zu biografisch bedeutsamen Erfahrungen werden lässt.

c. Entgegen der Annahme der EsT (S. 33) ist auch „ein gewisses Maß an Ag-gression" keineswegs „natürlich". *Gewaltprävention* muss von der grundle-genden Einsicht getragen sein, dass Aggressivität eine regressive Bewälti-gungsform von *Angst* ist, die sich gegenüber den objektiven Ursachen und Anlässen psychodynamisch verselbstständigen kann. Sie kann also nachhaltig nur durch den Abbau von Abhängigkeitsbeziehungen überwunden werden, in denen gerade die SchülerInnen von gravierenden Entscheidungen betroffen sind, auf die sie fast keinen Einfluss haben. Hier greift der Grundgedanke der *fairen Schule*, weil sie sich auszeichnet durch ein hohes Maß an praktizierter Gerechtigkeit und alltäglichem Respekt aller gegenüber allen, der gemeinsamen und öffentlichen Suche nach Maßstäben und Wegen des befriedigenden Miteinanderlebens und -lernens in der Schule, neuen Formen der Macht- und Verantwortungsverteilung und dem Aufbau von geschlechtssensiblen Konfliktbewältigungskulturen, die Gewalthandlungen als menschliche Grenzerfahrungen behandeln und die Tat verurteilen, aber nicht die TäterInnen.

d.   Die *sozialpädagogische Einzelfallhilfe* kann nicht grundsätzlich an außerschulische Institutionen delegiert werden, sondern ist ein integraler Bestandteil der Schulsozialarbeit. Sie muss – auf der Grundlage strikter Freiwilligkeit – einen nichtstigmatisierenden Zugang zu ihren Angeboten sichern, sich auf die problembezogene Datensammlung und dialogische Situationsdiagnostik konzentrieren, die zugleich geschlechtsspezifische Lösungsvarianten erarbeitet und die Einsichten aus der Fallarbeit in die Schulprogrammdiskussionen einbringt (z. B. bezüglich des sexuellen Missbrauchs oder des Klassenklimas).

e.   Der Übergang von der Schule in die Ausbildung ist für viele SchülerInnen eine biografische Krisensituation, nicht nur für diejenigen, die trotz entsprechender Schulleistungen keinen Ausbildungsplatz erhalten, sondern auch und gerade für diejenigen, die zur Risikogruppe zählen. Die *jugendbezogene Berufsbildung* umfasst – wie im Konzept der „Neuen Mittelschule" ausdrücklich festgehalten und an die Traditionen der „Arbeitsschule" anschließend – die frühzeitige Auseinandersetzung mit der Arbeitswelt, die Erprobung eigener berufsbezogener Lerninteressen in Projekten aller Art, die Auseinandersetzung mit den gesellschaftlichen Ursachen und psychosozialen Folgen der Arbeitslosigkeit und möglichen Alternativen dazu. In diesem Zusammenhang sind Erfahrungen mit der Förderung *sinnstiftender Tätigkeiten* jenseits der Erwerbsarbeit als Existenzsicherungs- und Bildungsmaßnahmen von besonderer Bedeutung.

In dem Maße, wie es Schule und Sozialer Arbeit in gemeinsamer Anstrengung gelingt, die skizzierten Herausforderungen zu bewältigen, in dem Maße werden sie nicht nur zu einem integralen Bestandteil der Ganztagsbildung in der „Zweiten Moderne", sondern schaffen dann auch die institutionellen und interaktiven

Voraussetzungen zur Überwindung des Schulversagens. Und das ist eine grundlegende Aufgabe für eine Gesellschaft, die am sozialstaatlichen Prinzip der *Bildungsgerechtigkeit* festhält!

Literatur

Barth, Gernot/ Henseler, Joachim (Hg.) (2005): Jugendliche in Krisen. Schneider Verlag Hohengehren, Baltmannsweiler.

Bucher, Anton/ Schnider, Andeas. (2004): Eine Schule des Miteinander. öbv&hpt, Wien.

Braun, Karl-Heinz/ Wetzel, Konstanze: Soziale Arbeit in der Schule. Ernst Reinhardt Verlag, München/Basel 2006.

Braun, Karl-Heinz/ Wetzel, Konstanze (2008): Ganztagsschule und Soziale Arbeit in Österreich. In: Sozial Extra (32. Jg.). S. 32–35.

Bundesministerium für Unterricht, Kunst und Kultur (2007): Empfehlungen für gelungene schulische Tagesbetreuung. Wien. (Im Text als „EsT" zitiert.)

Coelen, Thomas/ Otto, Hans-Uwe (Hg.) (2008): Grundbegriffe Ganztagsbildung, VS, Wiesbaden.

Erziehung&Unterricht (2005): Ganztägige Betreuung an Schulen, öbv&hpt, Wien, (155. Jg.), H. 7–8.

ExpertInnenkommission Schule der Zukunft (2008): Zweiter Zwischenbericht (http://www.bmukk.gv.at/medienpool/16253/ek_zwb_02.pdf (Zugriff: 9. 12. 2009).

Großegger, Beate/ Heinzlmaier, Bernhard (2007): Die neuen vorBilder der Jugend. G&G Verlag, Wien.

Kittl-Satran, Helga (2006): Schulschwänzen – Verweigern – Abbrechen. Studien Verlag, Innsbruck.

Klafki, Wolfgang/ Braun, Karl-Heinz (2007): Wege pädagogischen Denkens. Reinhardt Verlag, München/Basel.

Knapp, Gerald/ Lauermann, Karin (Hg.) (2007): Schule und Soziale Arbeit. Zur Reform der öffentlichen Erziehung und Bildung in Österreich. Hermagoras, Klagenfurt/ Ljubljana/Wien.

Opielka, Michael (Hg.) (2005): Bildungsreform als Sozialreform. VS, Wiesbaden.

Scheipl, Josef (2008): Sozialraumorientierung als Herausforderung. In: Sozial Extra, (32. Jg.) H. 1/2. S. 21–23.

Scheipl, Josef/ Seel, Helmut (1988): Die Entwicklung des österreichischen Schulwesens in der Zweiten Republik 1945-1987. Leykam, Graz.

Schreiner, Claudia (Hg.) (2007) : PISA 2006. Leykam, Graz.

Schreiner, Claudia/ Schwandtner, Ursula (Hg.) (2009): PISA 2006. Leykam, Graz.

Seel, Helmut/ Scheipl, Josef (2004): Das österreichische Bildungswesen am Übergang ins 21. Jahrhundert. Leykam, Graz.

Spies, Anke/ Tredop, Dietmar (Hg.) (2006): „Risikobiografien". VS, Wiesbaden.

Steiner, Mario (2009): Early School Leaving und Schulversagen im österreichischen Bildungssystem. In: Specht, Werner (Hg.): Nationaler Bildungsbericht Österreich 2009. Bd. 2. Leykam, Graz. S. 141–159.

Wagner, Michael (Hg.) (2007): Schulabsentismus. Juventa Verlag, Weinheim/München.

Wetzel, Konstanze (Hg.) (2006): Ganztagsbildung – eine europäische Debatte. Impulse für die Bildungsreform in Österreich. LIT Verlag, Münster/Wien.

„Bildung" als Leitbegriff der konzepttheoretischen Begründung einer schulbezogenen Jugendarbeit[1]

Hendrik Reismann

1 Ausgangssituation

Das Verhältnis von Jugendarbeit und Schule ist bis heute durch eine weitgehende Arbeitsteilung geprägt. Während sich die Schule hauptsächlich um die Vermittlung von allgemeiner Bildung kümmert, ist die Jugendarbeit für Geselligkeit, soziales Lernen und Selbstorganisation von Jugendlichen zuständig. Im Vordergrund stand deshalb für beide Seiten eher die Abgrenzung gegenüber dem anderen, „fremden" Ort.

Erst nach und nach wurde deutlich, wie wenig sich eigentlich schulisches und außerschulisches Leben, soziale Aspekte und die Anforderungen des Unterrichts voneinander trennen lassen, und dass neben der Schule auch andere Bildungsträger existieren, die für Heranwachsende bedeutsame Lern- und Bildungsangebote bereithalten.

Heute wird im Prinzip anerkannt, dass es zahlreiche Rückkoppelungen zwischen der Schule und dem außerschulischen Bereich gibt und dass eine ganzheitliche Sicht auf die Schule eine partielle Reintegration der beiden Perspektiven erfordert (vgl. z. B. Helsper/Kamp/Stelmaszyk 2004; Panagiotopoulou/Brügelmann 2003). Und so ist es nicht verwunderlich, dass die Frage der Zusammenarbeit von Jugendhilfe bzw. Jugendarbeit und Schule in den letzten Jahren eine breite Resonanz gefunden hat.

Dabei ist bislang weitgehend ungeklärt, inwieweit Jugendarbeit und Schule an gemeinsamen theoretischen Wissensbeständen anknüpfen (können), was sie in ihren Sichtweisen auf Kindheit und Jugend, Lernen und Aufwachsen verbindet oder auch trennt, was gewissermaßen die *theoretische Nahtstelle* ist, mit der beide Bereiche ihre Zusammenarbeit begründen können. Dabei wäre dieses von grundlegender Bedeutung für die gemeinsame Arbeit, da die Kooperation unterschiedlicher pädagogischer Bereiche belastbare, verbindende und sinnstiftende Elemente braucht. Nur so kann letztlich ein „Orientieren von Handeln" (Tippelt 2006, S. 143) entstehen.

---

[1] Der Text ist eine überarbeitete Zusammenfassung von Gedanken aus dem Buch „Jugendarbeit und Schule zwischen Nähe und Distanz" (Reismann 2009).

Als ein solches Element wird in diesem Beitrag der Bezug auf die Kategorie „Bildung" vorgeschlagen. Unter der Voraussetzung, dass in der Jugendarbeit und in der Schule ähnliche Vorstellungen zur „Bildungsfrage" bestehen bzw. dass eine professionsorientierte Untersuchung der Sichtweisen und Praxen von Bildung in beiden Bereichen signifikante Gemeinsamkeiten zeigt, könnte eine konzeptionelle Grundlegung der schulbezogenen Jugendarbeit als einer genuinen Praxis von gemeinsam verantworteter Bildung erfolgen.

Der Begriff „Bildung" bietet hierbei gegenüber Begriffen wie „Lernen" oder „Kompetenzerwerb" den Vorteil, dass er eher den distinkten Kern der Jugendarbeit trifft. Jugendarbeit und schulische Arbeit können jedenfalls primär als Bildungsarbeit verstanden werden, dies ist unbestritten. Es geht dabei nicht darum, ein völlig neues Bildungskonzept zu entwerfen. Es sollen vielmehr bildungsbezogene Zugänge und Optionen eröffnet werden, die letztlich für beide Kooperationsbeteiligten anschlussfähig sind.

Der Zugang über einen handlungsleitenden Bildungsbegriff wird hier auch deshalb gewählt,

- weil die ganzheitlichen Konnotationen von „Bildung" vermutlich in beiden Bereichen wirksam sind,
- wegen des vermuteten Identifikationspotenzials von „Bildung" für alle Beteiligten,
- um aus strategischer Sicht an die Bildungsdebatte anschlussfähig zu sein,
- wegen der Möglichkeit, Selbstlernen und Emanzipation (als politische Begriffe) auch für die Schule akzentuieren zu können.

Im Folgenden sollen die Sichtweisen der Jugendarbeit und der Schule auf ihren Gehalt bzw. ihre Ausrichtung auf die Leitformel „Bildung" hin untersucht und miteinander verglichen werden. In einem ersten Schritt werden die beiden Handlungsfelder hinsichtlich ihrer grundlegenden gesellschaftlichen Funktionen gegenübergestellt.

2   Die beiden Sozialisationsfelder Jugendarbeit und Schule im Vergleich

Die Jugendarbeit vermittelt Heranwachsenden ab dem Schulalter Gelegenheiten, für ihre individuelle Entwicklung und Sozialintegration wesentliche Lernerfahrungen zu machen. Ihnen steht mit der Jugendarbeit ein Autonomie förderndes und akzeptierendes Lernfeld zur Verfügung, welches die von Jugendlichen entwickelten „sozialen Modalitäten und Verständigungsformen (...) und Regularien der Selbstsozialisation" (Thole/Pothmann 2006, S. 143) anerkennt und ernst nimmt. Kinder und Jugendliche können sich hier gleichzeitig mit gesellschaftlichen Anforderungen auseinandersetzen und auch ihren „Eigensinn" leben.

Ihr vermutlich am meisten prägendes fachliches Prinzip, welches im Kontrast steht zur schulischen Verpflichtungsstruktur, ist die *Freiwilligkeit* der Teilnahme. Kinder und Jugendliche können nicht zur Teilnahme an den Angeboten verpflichtet werden, Jugendarbeit bildet vielmehr ein „Angebot". Jugendarbeit ist darüber hinaus durch *Offenheit* gekennzeichnet, d. h. ihre Angebote stehen grundsätzlich allen Kindern und Jugendlichen zur Verfügung Das Charakteristikum der Offenheit bezieht sich aber auch auf die Inhalte und methodischen Vorgehensweisen. Mit Blick auf die Schule ist ferner das Charakteristikum der *Selektions- und Allokationsfreiheit* von Bedeutung. Anders als die Schule verfügt die Jugendarbeit über keine formale Macht gegenüber Kindern und Jugendlichen und dementsprechend auch über keine unmittelbare „biografische Macht" (Sturzenhecker 2002). Ein viertes wichtiges Charakteristikum ist ihre *Diskursivität*, die sich in der Möglichkeit zeigt, Inhalte und Durchführung der Angebote selber zu bestimmen (Selbstorganisation) oder hieran zumindest beteiligt zu werden (Partizipation), worin sich das Bemühen ablesen lässt, die Teilnehmenden in ihrem Subjektstatus anzuerkennen.

Geht man von einer eher psychodynamischen Betrachtungsweise aus, so erweist sich die Jugendarbeit als ein Ermöglichungsraum von authentischer Selbstexpressivität und gemeinschaftlicher Praxis. Durch den weitgehenden Dispens von leistungsbezogenen Bewertungen ergeben sich vielfältige Möglichkeiten für subjektiv bedeutsame Lernerfahrungen. Eigene Vorstellungen, Erfahrungen, Gefühle und Meinungen können eingebracht werden, ohne dass deren Legitimität vor dem Hintergrund familiärer oder schulischer Ordnungs- und Verhaltenserwartungen überprüft werden müssen. Da es nicht um „gute Noten" geht, eröffnen sich Gelegenheiten für ein ehrliches, experimentelles, angstfreies, aufgeschlossenes Verhalten, letztlich für eine authentische menschliche Praxis.

Als eine Form der öffentlichen Erziehung hat die Jugendarbeit auch eine sozialintegrative Funktion. Jugendarbeit als pädagogisches Handeln gründet zwar primär in bildenden und weniger in erziehenden Prozessen, aber auch diese unterliegen der Frage, wozu bzw. auf welches Ziel hin gebildet werden soll. Sie steht damit in einem Spannungsfeld zwischen der Aufgabe, die Entfaltung jugendkultureller Autonomie zu fördern und gleichzeitig ein pädagogisches Angebot zu machen, welches Jugendlichen hilft, erwachsen zu werden und sich in die Gesellschaft zu integrieren.

Mit der Schule wiederum entstand ein gegenüber der Jugendarbeit sehr viel stärker staatlich normiertes System der Erziehung, Bildung und Sozialisation junger Menschen. Durch die allgemeine Schulpflicht wurde Schule im Prinzip flächendeckend zu einer sozialen Tatsache für die gesamte Gruppe der 6- bis 16-

Jährigen. Das schulische Lernen dient dabei sehr unmittelbar der Erfüllung und Durchsetzung gesellschaftlicher Zwecke. Dies sind ebenso wirtschaftliche wie kulturelle oder politische Zwecke.

Die zentrale Funktion der Schule ist die *Vermittlung von Bildung*, was wesentlich die Vermittlung von Wissen bedeutet, sich aber hierauf nicht beschränkt. Diese Vermittlung geschieht im Gegensatz zur Jugendarbeit im Rahmen vorgegebener Lernziele und Curricula, didaktisch angeleitet, zeitlich strukturiert und mittels objektivierter Leistungsmessungen. Fend bestimmt als wesentliche Funktionen von Schule ihre *Qualifikationsfunktion*, die *Allokations- bzw. Selektionsfunktion* und die *Legitimationsfunktion* (in einem neuen Text teilt Fend die Qualifikationsfunktion noch in eine Enkulturations- und eine Qualifikationsfunktion auf, Fend 2006, S. 49ff.). Unter Qualifikation kann die Reproduktion kultureller Systeme durch die Vermittlung von Fertigkeiten und Kenntnissen, die zur Ausübung „konkreter" Arbeit und zur Teilhabe am gesellschaftlichen Leben erforderlich sind, verstanden werden. Allokation bzw. Selektion bezieht sich auf die Reproduktion der Sozialstruktur, d. h. die Schule reproduziert die bestehenden sozialen Positionsverteilungen und die personellen Besetzungen der jeweiligen Positionen. Mit Legitimation ist die politische Funktion der Schule gemeint, als die Reproduktion von solchen Normen, Werten und Interpretationsmustern, die zur Sicherung der Herrschaftsverhältnisse dienen (vgl. Fend 1981, S. 15f.). Die Schule hat schließlich auch eine *Erziehungsfunktion*. War Erziehung, historisch betrachtet, schon immer eine Aufgabe der Schule, so erhält diese Funktion heute wieder eine besondere Aufmerksamkeit. Erziehung wird hier zu einem „funktionalen Äquivalent" für die sich abschwächende Familienerziehung. Die Erziehungsfrage verweist schließlich auch auf die generelle Bedeutung des Sozialen in der Schule: Die Stimmungen und Gefühle der SchülerInnen, ihre individuellen Voraussetzungen und Verhaltensweisen spielen schließlich im Schulalltag eine bedeutende Rolle und haben vielfältige Rückwirkungen auf den Unterricht (vgl. von Hentig 1993, S. 205).

Ein bereits mit der Entstehung der Schule in der Bürgergesellschaft konstituierter funktionaler Widerspruch besteht ebenso wie bei der Jugendarbeit darin, dass sich Schule sowohl an individuellen wie an gesellschaftlichen Interessen ausrichtet. Die Schule steht seitdem vor der widersprüchlichen Aufgabe, einerseits eine für alle Gesellschaftsmitglieder bestimmte, allgemeine Erziehung in öffentlichen Einrichtungen anzubieten, mit dem Ziel der individuellen und gesamtgesellschaftlichen Höherentwicklung. Andererseits verlangt die kapitalistische Wirtschaftsweise mit ihrer fortschreitenden Arbeitsteilung und wissenschaftlichen Spezialisierung eine Differenzierung (sowie Bewertung und Selektion) spezieller Fertigkeiten und Fähigkeiten.

Die Kritik an der Schule wird entsprechend diesem Spannungsverhältnis entweder eher aus einer pädagogischen Perspektive oder vor dem Hintergrund zweckrationaler gesellschaftlicher Interessen formuliert. Für die Mitglieder des Deutschen Bildungsrates etwa ist die Schule „für den Lernenden Umwelt, die in das Leben der Gesellschaft einführt und für die Bildung der Person von entscheidender Bedeutung wird. Der soziale Auftrag der Schule ist daher nicht in erster Linie von den Zielen und Zwecken her zu verstehen, die ihr von der Gesellschaft gegeben werden, sondern primär von der Bedeutung her, die sie für die soziale Erziehung des Einzelnen hat" (Deutscher Bildungsrat 1970, S. 26–27). Niklas Luhmann (1986) dagegen orientiert sich eher an der Beschreibung zweckrationaler gesellschaftlicher Interessen. Nach seiner Auffassung stellen der Bildungsauftrag der Schule und ihre Aufgabe der Differenzierung und der Exklusion keinen Widerspruch dar, sondern ergänzen einander. Vorstellungen, die einseitig „auf die menschliche Vervollkommnung, Bildung oder lebenslanges Lernen" abstellten (ebd. 1986, S. 160), sind demnach Ausdruck der „unvermeidlichen Selbstillusionierung des Systems" (ebd., S. 161). Der Selektionsaspekt stelle den Kernbereich der Erziehung in der Schule dar (zur Kritik s. Boenicke/Gerstner/Tschira 2004; Benner 2005).

Letztlich unausweichlich generiert dieses Spannungsverhältnis von individueller Bildung und gesellschaftlichem Nutzen schulkritische Haltungen. Schule wird zwar in der Regel als gesellschaftlich notwendig anerkannt, sie wird aber pädagogisch immer auch als fragwürdig angesehen.

Die Beschreibung der Ziele und Funktionen der beiden Arbeitsfelder Jugendarbeit und Schule zeigt also, dass sich diese in vielfacher Hinsicht voneinander unterscheiden. Dies gilt insbesondere für den Gegensatz von Freiheit und Zwang. So gesehen ist es kaum verwunderlich, dass eine Zusammenarbeit bis heute keineswegs zu den professionellen Selbstverständlichkeiten auf beiden Seiten gehört. Eine Zusammenarbeit ergibt sich unter diesen Umständen nicht auf eine gewissermaßen „natürliche" Art und Weise, sie muss vielmehr begründet, konzeptionell erschlossen und legitimiert werden. Unterschiedliche pädagogische Sichtweisen, didaktische Vorgehensweisen und professionelle Werte sprechen zunächst für eine gewisse Skepsis hinsichtlich der realen Möglichkeiten einer Zusammenarbeit.

Neben den Differenzen von Jugendarbeit und Schule können aber auch deren Gemeinsamkeiten in den Blick genommen werden. Beide Institutionen erfüllen grundsätzlich die gemeinsame Aufgabe der sozialen Integration, Bildung und Erziehung Heranwachsender. Nach Oelerich verfolgen zwar

„(…) beide Institutionen diese Aufgaben mit je unterschiedlichen Schwerpunktset-
zungen und in einem nachrangigen Verhältnis – die Schule als Regelinstitution und
die Jugendhilfe in vielen Bereichen als nachgeordnete Spezialinstitution, aber die
Zielrichtung öffentlicher Erziehung und Bildung bleibt ihnen gemeinsam und damit
auch ein – historisch variabler – Überschneidungsbereich ihrer Aufgaben und Funktionen" (Oelerich 2002, S. 774).

Inwieweit lässt sich in diesem Sinne also ein „Überschneidungsbereich Bildung"
bestimmen?

3   Bildung aus der Sicht der Jugendarbeit

Die „Bildungsfrage" hat in der Jugendarbeit eine längere Tradition, und insbesondere ab den 90er-Jahren des 20. Jahrhunderts wurden vor dem Hintergrund
der Veränderungen in der Jugendphase, ab etwa 2000 dann auch mit Blick auf
die allgemeine Bildungsdiskussion, bildungstheoretische Positionierungen und
Bestimmungen der Jugendarbeit verhandelt (vgl. z. B. Scherr 1997; Müller 1996;
Sturzenhecker 2002). Als eigentlicher Kern der Jugendarbeit wird bei all diesen
Versuchen die Absicht beschrieben, eine selbstgesteuerte und selbsttätige Bildung der Jugendlichen zu ermöglichen, die sich an ihren eigenen Bedürfnissen
und Interessen orientiert und auf eine autonome und selbstbestimmte Lebensführung abzielt. Es ist allerdings unklar, inwieweit dieser Anspruch in der Praxis
eingelöst wird, angesichts von „konkurrierenden" Kategorien wie Freizeit,
Dienstleistung oder Prävention. Ein Blick auf die einzelnen Arbeitsfelder der
Jugendarbeit zeigt, dass das Thema Bildung in der verbandlichen Jugendarbeit
traditionell stärker reflektiert wird als in der offenen und insbesondere kommunalen Jugendarbeit, wo es bislang keinen besonderen Stellenwert zu haben
scheint. Aber auch für die verbandliche Arbeit existiert kein einheitliches Konzept von Bildung:

„Indem in einem weiten Sinn das ganze Angebot als Bildungsangebot definiert wird,
bleibt (...) offen, welche Idee und Konzeption von Bildung präzise verfolgt wird,
wie und mit welchen Mitteln Bildungsprozesse gestaltet werden, wie und woran Erfolge von Bildungsarbeit gemessen werden. Bildung erscheint gleichsam als Hintergrund, der alles durchdringt." (Neubauer 2005, S. 125)

Unabhängig von der empirischen Relevanz von Bildung und der teilweise diffusen Bildungsvorstellungen existiert allerdings in der Fachdebatte der Jugendarbeit ein Grundkonsens darüber, dass Jugendarbeit mindestens auch, wenn nicht
sogar im Kern, Bildungsarbeit ist.

Nach den Einschätzungen des deutschen Bundesjugendkuratoriums liegt das eigentliche Potenzial der Jugendarbeit beim allgemeinen Kompetenzerwerb, bei der Stärkung der Selbstbildung, der gemeinwesenbezogenen Netzwerkkooperation oder der interkulturellen Bildung (vgl. Bundesjugendkuratorium 2002). Diese Themen versuche sie in erlebnisorientierten, selbstorganisierten, auf die persönliche Entwicklung und Selbstentfaltung ausgerichteten Formen zu verwirklichen. Ihre Stärke läge, wie es die deutschen Jugendminister ausführen, bei den Themen, „die sich nicht allein durch abstrakte Lernprozesse erschließen, sondern einen lebendigen Bezug zur Lebenswirklichkeit voraussetzen, der durch eigenes Tun und die daraus gewonnenen Erfahrungen genährt wird" (Jugendministerkonferenz 2001). Kinder und Jugendliche erwerben danach in der Jugendarbeit Kenntnisse und Fähigkeiten, die die eigenen Vorstellungen hinterfragen und alternative Handlungsstrategien tentativ erproben, um das eigene Leben eigenständig, aktiv und sozial kompetent gestalten zu können.

Indem die Jugendarbeit anerkennt, dass Lernen nach subjektiven Kriterien erfolgt und dass ihre Wirkungen vor dem Hintergrund individueller Nutzenerwartungen bewertet werden, akzeptiert sie, dass aus der gleichen Maßnahme ganz unterschiedliche Wirkungen entspringen können. Dies betrifft auch nicht vorhergesehene Nebenwirkungen und Zusatzeffekte, die möglicherweise aber eine größere Bedeutung für die persönliche Lebensführung haben als die direkten Lehrziele. Hierdurch verschärft sich zwar die Schwierigkeit, die jeweiligen Lerneffekte einschätzen zu können. Lernformen, die auf Lebensbezüge ausgerichtet sind, setzen aber prinzipiell unkontrollierbare Wirkungsketten in Gang und je komplexer die Wirkungen, desto schwieriger ist es, diese ursächlich zweifelsfrei auf die Jugendarbeit zurückzuführen. Derart gestaltete Lerngelegenheiten bieten ihren Nutzern dafür aber auch sehr weitgehende Möglichkeiten der Selbststeuerung und eine Anregungsvielfalt, wie sie von didaktisch, auf ein bestimmtes Lernziel orientierten Lernformen kaum erreicht werden können. Dass über die Wirkungen dieser Maßnahmen allenfalls Plausibilität hergestellt werden kann, erscheint dann nur folgerichtig und gilt für die Jugendarbeit in gleichem Maße wie für die Pädagogik generell. Nach der Auffassung von Müller ist das Problem nicht,

„(...) ob die Konzepte der Jugendarbeit Bildungsziele implizieren – das tun sie ohne Zweifel. Das Problem ist, ob die Konzepte geeignet sind, Felder der Auseinandersetzung und Selbstveränderung zu schaffen – und zwar *aus Sicht der Jugendlichen*. Jugendarbeit kann noch so viele ‚bildende' Angebote machen, ob daraus Bildungseffekte resultieren, hängt von den Selbstveränderungswünschen der Jugendlichen ab. Wo diese nicht entstehen, ist Jugendarbeit auch nicht bildend." (Müller 2004, S. 39)

Bildung lässt sich von Erziehung oder Betreuung dadurch unterscheiden, dass man das *reflexive Heraustreten aus der unmittelbaren Situation* als ihr wesentliches Merkmal bestimmt. Eine derartige Definition eines Kerns von Bildungsprozessen – so vage er auch sein mag – ermöglicht die Identifikation und Gestaltung von Situationen, die „im Modus Bildung" stehen. Bildende Situationen lägen dann vor, wenn es zu einer reflektierenden Auseinandersetzung mit bestimmten Gegebenheiten und Sachverhalten kommt. Diese kann durch den Jugendlichen selber, im Umgang mit anderen Jugendlichen oder durch hauptamtliche Kräfte institutionell arrangiert erfolgen. Dass die Peers als „Koproduzenten gemeinsamer Weltaneignung" (Burkhard Müller) hierbei eine wichtige Bedeutung haben, wurde vielfach nachgewiesen. Durch hauptamtliche Kräfte organisierte und begleitete Lerngelegenheiten bieten diesen gegenüber aber den Vorteil, dass hier die bildungsfördernde Auseinandersetzung systematisch angeregt und angeleitet werden kann. Voraussetzung hierfür ist jedoch, dass die hauptamtlichen (oder auch ehrenamtlichen) Kräfte über ein entsprechendes Bildungsverständnis verfügen und in der Lage sind, Prozesse dementsprechend (vor)zustrukturieren und zu begleiten.

Es ist damit nicht ein bestimmtes Set von Tätigkeiten oder Gelegenheiten bestimmbar, welches „bildend" oder „bildungsfördernd" ist. Prinzipiell sind Tätigkeiten und Gelegenheiten weder besonders bildungsrelevant noch besonders bildungsirrelevant. Es kommt vielmehr darauf an, wie diese dazu beitragen, „die Selbstauffassungen von Kindern und Jugendlichen zu ‚bilden'" (Müller 2004, S. 39). Aus der Perspektive der Nutzer gesehen ist Jugendarbeit zunächst nicht mehr und nicht weniger als ein Freizeitangebot. Jugendarbeit wird nach Müller, dem hier völlig zuzustimmen ist,

> „(…) erst dadurch zum bildungsrelevanten Feld, dass sie die Aneignungspotentiale von Kindern und Jugendlichen, die sich buchstäblich ‚alles' zum Gegenstand von selbsttätiger Bildung machen (...), genau wahrnehmen kann und unterstützend begleitet. Nicht notwendig in der Art ihrer Angebote, wohl aber in der Fähigkeit zu solcher Wahrnehmung und sensiblen Begleitung jugendlicher Selbsttätigkeit sollte sich Jugendarbeit von anderen Freizeitangeboten grundsätzlich unterscheiden." (ebd., S. 116)

Das reflexive Heraustreten aus der Situation kann also sowohl im Rahmen geplanter wie ungeplanter Prozesse erfolgen. Die Selbstwerdung und Sozialfindung von Heranwachsenden ist damit keineswegs an bestimmte Formen gebunden. Sie kann auch nicht ohne weiteres von Prozessen der Sozialisation und Erziehung getrennt werden, mit denen sie oftmals oder sogar regelmäßig zusammenfällt. Auch wenn die Formel des Heraustretens aus der unmittelbaren Situation suggeriert, dass es sich bei Bildung um einen weitgehend autonomen Prozess handelt, so bedeutet dies nicht, dass Prozesse individueller Bildung nicht auch Anpassung und Hereinwachsen in Gesellschaft bedeuten. Bildung ist nie nur ein ontologisch ausgerichtetes Zu-sich-selbst-Finden, zu dem, was immer schon angelegt ist und nur noch entwickelt werden müsste. Das im Rahmen von Bildung als pädagogischem Prozess zu sich selbst kommende Wesen ist immer auch zugleich das im Rahmen von Bildung als sozialintegrativem Prozess sich in die Gesellschaft einpassende Wesen. Unter der Perspektive von Bildung als Bewältigungshandeln vereinen sich diese beiden Vorgänge zur Ausbildung des Menschen als personaler Einheit im historisch-gesellschaftlichen Kontext. Ein angemessenes Bildungskonzept sollte sich daher sowohl auf die personale Komponente der autonomen Ich-Entwicklung beziehen als auch auf die soziale Wirklichkeit, als Ausgangs- und Bezugspunkt dieser Eigenentwicklung. Die Herausforderung, Heranwachsende bei der Entwicklung und Bewältigung individueller, aber auf bestimmte normativ-gesellschaftliche Kontexte orientierter Entwicklung zu unterstützen, kann pädagogisch nur darin bestehen, sie zu einer eigenen Auseinandersetzung anzuregen und bestimmte Ergebnisse, im Sinne wünschenswerter Zustände, nicht im Sinne wünschenswerter Lerneffekte, vorwegzunehmen.

4   Bildung aus der Sicht der Schule

Angesichts der Heterogenität des Schulwesens geht eine Verständigung über schulische Bildung am besten von dem übergreifenden formalen Bildungsauftrag der Schule aus. Dieser ergibt sich z. B. in Deutschland aus dem Grundgesetz, den Landesverfassungen sowie den Schulgesetzen der Länder. Im deutschen Grundgesetz bestimmt Artikel 7 Absatz 1 den Bildungs- und Erziehungsauftrag der Schule. Dieser ist dem elterlichen Recht nicht nach-, sondern gleichgeordnet und bedeutet nicht nur die Vermittlung von Wissen, sondern auch das Ziel, den einzelnen Schüler zu einem selbstverantwortlichen Mitglied der Gesellschaft zu machen (vgl. Avenarius/Heckel 2000, S. 62). Dabei ist Artikel 2 Abs. 1 GG zu beachten, nach dem jeder ein Recht auf freie Entfaltung der Persönlichkeit hat. Da die Schule weitreichende Möglichkeiten besitzt, auf die Persönlichkeitsentwicklung der Schüler Einfluss zu nehmen, muss sie sehr verantwortlich vorgehen. D. h., die Schule darf ihre Möglichkeiten zur Beeinflussung der Persönlichkeit nicht manipulativ missbrauchen und muss eine möglichst freie, autonome Entwicklung fördern. Dies bezieht sich nicht nur auf den schulischen Umgang, sondern vor allem auch auf die Auswahl der Unterrichtsgegenstände, die hierzu geeignet sein müssen (vgl. Stein/Roell 1992, S. 62). In zwölf der sechzehn deutschen Landesverfassungen wurden Regelungen aufgenommen, die die grundsätzliche Ausrichtung der Schule (Bildungsziele) näher beschreiben (vgl. Avena-

rius/Heckel 2000, S. 62). Betont wird hierbei in der Regel, dass alle Schüler das Recht auf eine individuelle und angemessene Bildung haben und dass die Schulen neben Wissen, Kenntnissen und Fähigkeiten auch die persönlichkeitsbezogene, soziale, politische und sittliche Bildung fördern sollen (vgl. Stein/Roell 1992, S. 63). In einer Erklärung vom 25. 5. 1973 (KMK-BeschlS. Nr. 824), die nichts von ihrer Aktualität eingebüßt hat, haben die Kultusminister die weitgehende Übereinstimmung dieser grundlegenden Bildungsziele der Länder festgestellt und diese in den folgenden Punkten zusammengefasst.
„Die Schule soll:

- Wissen, Fertigkeiten und Fähigkeiten vermitteln,
- zu selbständigem kritischen Urteil, eigenverantwortlichem Handeln und schöpferischer Tätigkeit befähigen,
- zu Freiheit und Demokratie erziehen,
- zu Toleranz, Achtung vor der Würde des anderen Menschen und Respekt vor anderen Überzeugungen erziehen,
- friedliche Gesinnung im Geist der Völkerverständigung wecken,
- ethische Normen sowie kulturelle und religiöse Werte verständlich machen,
- die Bereitschaft zu sozialem Handeln und zu politischer Verantwortlichkeit wecken,
- zur Wahrnehmung von Rechten und Pflichten in der Gesellschaft befähigen,
- über die Bedingungen der Arbeitswelt orientieren."
(KMK-BeschlS. Nr. 824)

Wenn man von „schulischer Bildung" spricht, dann muss natürlich berücksichtigt werden, dass sich diese je nach Schulform und -typ unterscheidet. So soll die Grundschule eine grundlegende Bildung vermitteln, die Hauptschule stärker eine lebensweltorientierte Bildung, die Realschule eine Allgemeinbildung, die an anspruchsvolle Berufe anschlussfähig ist, während das Gymnasium, vor allem in der Oberstufe, eine wissenschaftspropädeutische Aufgabe hat. Die einzelnen Schulformen unterscheiden sich also z. B. hinsichtlich des Grades, in dem sie eine zweckgerichtete, berufsvorbereitende Bildung ermöglichen oder den Durchgang durch Wissensbestände fördern, die der unmittelbaren Verwertbarkeit entzogen sind und in ihrer Wirkung als „geistige Bildung" zu Tage treten. Unterschieden werden könnte auch zwischen der „Tiefe", die im Wissen erreicht wird oder inwieweit Wissen „durchdrungen" wird. In der Funktion der Vermittlung von Allgemeinbildung sind diese unterschiedlichen Teilfunktionen jedoch insofern vereint, als sie im Sinne Klafkis als „Bildung für alle" konzipiert werden, als eine Bildung „im Medium des Allgemeinen", was meint, dass die Fragen und Probleme zum Bildungsanlass werden, die die Menschen gemeinsam angehen und die von allen bewältigt werden müssen, wie etwa die richtige Beherrschung der Kulturtechniken oder die Bedrohung der Menschheit durch Kriege und Umweltzerstörung (vgl. Klafki 1991, S. 43ff.).

In Anlehnung an eine Auflistung verschiedener schulischer Tätigkeitsarten durch von Hentig (2004, S. 155ff.), lassen sich in der Schule mindestens vier unterschiedliche Bildungsbereiche unterscheiden: 1. Der Bereich der *Wissensvermittlung* als wohl dominierender Bereich des Lernens des sogenannten Lehrstoffs (Vokabeln, Formeln, Daten und Ereignisse, Systematiken usw.) 2. Die *Ausbildung formaler Fähigkeiten* wie etwa der Kulturtechniken des Lesens, Rechnens, Schreibens, der Abstraktion, Kommunikation, Kooperation und Selbständigkeit. 3. Die *Einübung in Verhaltensformen, Werte und Normen*, des sozialen Umgangs, der demokratischen Beteiligung, des Leistungsvergleichs usw. 4. Die *Vermittlung grundlegender lebensorientierender Kompetenzen*, des Lernen-Lernens, des Orientierungswissens, der gruppenbezogen angelegten Konflikt- und Problembewältigung, der biografisch-subjektbezogenen Reflexion, der sozialräumlichen Erfahrung usw. Auch wenn für die Schule der erste Bereich, also die Vermittlung von Wissen, als zentral angesehen werden kann, so ist die schulische Bildung doch hierauf nicht beschränkt. Die für die Jugendarbeit skizzierte soziale Subjekt- und Lebensweltorientierung ist, wie die anderen Bereiche zeigen, auch für die Schule von Bedeutung. Außerdem ist die Vermittlung von Unterrichtswissen oder von Lese- und Schreibtechniken nicht von den sozialen und subjektbezogenen Perspektiven, also etwa individuellen Lernvoraussetzungen oder gruppendynamischen Situationen in einer Klasse, zu trennen. Der Lehrer muss den Schülern helfen, sich bestimmte Lerntechniken anzueignen, Konflikte müssen gelöst werden, Aufgaben werden demokratisch abgestimmt usw. Dies bedeutet, dass sich die vier Bereiche prinzipiell nur idealtypisch und hinsichtlich der dominanten Zielorientierung trennen lassen, und sie in der Regel in der Praxis miteinander verkoppelt sind. Der subjektive Bezug und die Frage der Lebenswelt stehen damit nicht in einem Gegensatz zu den durch die Schule ausgebildeten Formen abstrahierenden Lernens, die ja die eigentliche Fortschrittsleistung der Schule gegenüber lebensweltlich vermittelten Formen des Lernens darstellen. Sie stehen vielmehr in einer Spannung zueinander, die mehr in die eine oder die andere Richtung aufgelöst werden kann. Genauso wenig wie es wünschenswert wäre, diese Spannung einseitig in Richtung einer im Wesentlichen nur curricularen, überindividuellen Vermittlung aufzulösen, wäre es wünschenswert, dies in einer im Wesentlichen nur individualisierenden Weise zu tun.

In der Praxis ist oftmals eine Fokussierung auf den Fachleistungsstatus und die Selektions- und Allokationsfunktion der Schule zu beobachten, die bei einem erheblichen Teil der Schüler zu Lasten ihrer Sozial- und Persönlichkeitsentwicklung geht. Umso wichtiger wäre ein Unterrichtsangebot, welches in geeigneter

Kombination sowohl fachliche als auch soziale Komponenten berücksichtigt und damit darauf gerichtet ist, neben der Wissensvermittlung auch die Selbsttätigkeit und Kooperationsfähigkeit der Schüler und damit ihr Selbstkonzept zu stärken, was wiederum auf das Sozialverhalten und den Fachleistungsstatus zurückwirkt.

5   Zusammenfassung

Die Gegenüberstellung der beiden Sozialisationsfelder Jugendarbeit und Schule und der Vergleich ihrer Bildungskonzeptionen zeigt zum einen die Unterschiede, die vor allem in unterschiedlichen gesellschaftlichen (Teil-)funktionen und methodisch-strukturellen Voraussetzungen liegen. Zum anderen zeigt sie aber auch die offenkundigen Gemeinsamkeiten hinsichtlich des Verständnisses von Bildung. Auch wenn in beiden Bereichen nicht von einheitlichen Bildungskonzeptionen gesprochen werden kann, sondern diese sich vielmehr als vielgestaltig, unscharf und mehrdeutig darstellen (so dass es auch kaum ein völlig eindeutiges und allgemeingültiges Bildungskonzept einer schulbezogenen Jugendarbeit geben kann), so zeigt sich doch immerhin ein Grundkonsens in der Frage der grundlegenden Subjektkonstitution und einer Ausrichtung an Ideen von einem gelingenden Leben.

Bildung beschreibt gegenüber Erziehung den pädagogisch letztlich unverfügbaren Prozess der Ausbildung der Persönlichkeit als Konstitution des Subjekts in einem individuellen Modus der „Mensch-Welt-Relation". Das Eigentliche von Bildung kann in den Kategorien der Subjektkonstitution und der Konstitutionsbedingungen gefasst werden, im Sinne der Ausbildung von Subjektivität unter bestimmten gesellschaftlichen bzw. zeitgeschichtlichen Bedingungen.

Der bildende Kern der Jugendarbeit liegt darin, dass ihre Angebote in einem besonderen Maße eine selbstgesteuerte und selbsttätige Bildung von Jugendlichen ermöglichen, indem sie sich an deren Interessen und Bedürfnissen orientieren und auf eine autonome, selbstbestimmte Lebensführung abzielen. Dies geschieht in einem pädagogisch angeleiteten, pädagogisch begleiteten oder durch die Strukturmerkmale der Jugendarbeit ermöglichten Prozess des reflexiven Heraustretens aus der unmittelbaren Situation.

Angesichts der Heterogenität des Schulwesens, mit unterschiedlichen Schulformen und didaktisch-methodischen Prinzipien, wird der übergreifende Bildungsauftrag der Schule wiederum vor allem formal durch die einschlägigen rechtlichen Regelungen bestimmt. Demnach soll die Schule Wissen, Kenntnisse und Fähigkeiten vermitteln und die persönliche, soziale, politische und sittliche Bildung des Einzelnen fördern. Oder sie wird kategorial bestimmt als allgemeine

Bildung zu allen jenen Fragen, die die Menschen gemeinsam angehen und die von allen bewältigt werden müssen.

Unabhängig davon erscheint Bildung in der Schule heute nach wie vor oftmals noch als „alltagsbefreite Bildung", Bildung in der Jugendarbeit dagegen als „subjektivierte Selbstbildung". Das Subjekt selbst dagegen ist zunächst pragmatisch daran interessiert, sich in seiner Lebenswelt zurechtzufinden. Sowohl abstrakte, „weltenthobene" Bildungsprozesse als auch unmittelbar alltagsorientierte Angebote werden aus dieser Perspektive bewertet. Damit erscheint es nicht übertrieben, von allen an der Bildung von Kindern und Jugendlichen beteiligten Bildungsagenturen letztlich die Vermittlung lebensweltlichen Wissens zu fordern, als Resultat des Umgangs mit lebensweltlichen Anforderungen und Problemen, auch wenn dies tendenziell auf verschiedenen Wegen angestrebt wird. Die Auseinandersetzung mit gesellschaftlichen Entwicklungen fördert zudem die Einsicht in die Notwendigkeit, dass neben der Vermittlung von Verfügungs- und Orientierungswissen auch tentative Prozesse der Wirklichkeitsverarbeitung in ihrem Charakter von vorläufigem, experimentellem Wissen dringend erforderlich sind.

Der Vergleich der bildungsbezogenen Voraussetzungen in den beiden Arbeitsfeldern hat damit gezeigt, dass beide auf ihre Art und Weise an dem (nicht teilbaren) Prozess der Aneignung von Welt als Subjektkonstitution mitwirken. Die Aufgabe, durch die Entwicklung der Selbst- und Weltaufordnung zu einer Gestaltung der eigenen Persönlichkeit zu kommen, sich in diesem Sinne zu bilden und in die Welt zu integrieren, betrifft nicht nur alle Menschen, sie stellt auch einen Auftrag für alle Institutionen dar, die sich im engeren oder weiteren Sinne mit Bildung befassen. Jugendarbeit und Schule unterscheiden sich damit weniger in ihrer grundlegenden pädagogischen Ausrichtung als vielmehr in ihren Funktionen, Methoden, institutionellen Verfassungen und dem Maß, in dem tentative Prozesse der Wirklichkeitsverarbeitung ermöglicht werden. Letztere stehen in der Jugendarbeit im Vordergrund, während sie in der Schule neben der Wissensvermittlung stehen. Prinzipiell kann jedoch davon ausgegangen werden, dass Bildung als die Veränderung von Selbst- und Weltauffassungen junger Menschen ebenso in der Schule wie in der Jugendarbeit erfolgt.

Die beschriebenen Unterscheidungen beziehen sich also, dies sei noch einmal gesagt, vielmehr auf den Umfang, in dem lebensweltliches Wissen in den beiden Bereichen einbezogen wird, auf das Maß, in dem versuchsweises Ausprobieren ermöglicht wird, auf das methodische Vorgehen (womit vor allem der unterschiedliche Grad an Partizipation und Sanktion angesprochen ist) sowie auf unterschiedliche gesellschaftliche Funktionen (auf der Seite der Schule primär die Allokation und Selektion und auf der Seite der Jugendarbeit primär ein Beitrag zur unmittelbaren Lebensbewältigung). Die Rede von einem komplementären Bildungsbegriff, den die Jugendarbeit zur Schule habe, ist damit mindestens soweit zu präzisieren, dass hiermit nicht ein völlig anderes Verständnis der Subjekt-Objekt- bzw. Mensch-Welt-Konstellation gemeint sein kann und dass die in und durch die Schule geplanten und ermöglichten Prozesse der Bildung auf die gleiche Form der Subjektkonstitution abzielen. Bildung ist letztlich „unteilbar", was sich im Übrigen schon allein daraus ergibt, dass der Heranwachsende als psychisch-biologische Entität lediglich in einem analytischen Verständnis unterschiedlichen Rollen und Lebenslagen zugeordnet werden kann. Damit zeigt sich, dass sich mit der Kategorie „Bildung" ein „Überschneidungsbereich" als die „Sinnstruktur" der schulbezogenen Jugendarbeit beschreiben lässt.

So können Gemeinsamkeiten des Bildungsverständnisses der beiden Partner nun abschließend bestimmt werden als:

- die Betonung des Aspekts „Bildung als Selbstbildung",
- die gemeinsame Betrachtung von *Selbst*verständnis und *Welt*verständnis,
- die Verschränkung von kognitivem Wissen und Handlungsrelevanz bzw. Handlungskompetenz,
- die Aufmerksamkeit gegenüber Einseitigkeiten und Vereinnahmungen, was die Kräfte und Möglichkeiten des Menschen angeht, und
- die Orientierung an der Entwicklung der Person (vgl. Hornstein 1990, S. 17–18).

Eine kooperationsbezogene Form von Bildung kann damit gedacht werden als Form einer „lebensweltorientierten und -orientierenden Bildung". Eine solchermaßen verstandene Bildung müsste drei Dimensionen umfassen:

a. Bildung als die Vermittlung von Kultur und Symbolik als *reproduktive Dimension*, im Sinne von „Welt verstehen" und „sich in der Welt orientieren",
b. Bildung als die Vermittlung von Bewältigungskompetenz als *bewältigungsorientierende Dimension* sowie
c. Bildung als die Ermöglichung von Freiheit und Veränderung als *freiheitsgenerierende Dimension*.

Da es in dem Beitrag nicht darum ging und gehen konnte, eine gewissermaßen „maßgeschneiderte" konzeptionelle Folie für die schulbezogene Jugendarbeit insgesamt zu erarbeiten, sondern vielmehr eine grundlegende konzeptionsorientierte Diskussion zu der Frage „schulbezogene Jugendarbeit und Bildung" zu führen, sollen abschließend und mit Blick auf weitere Explorationen die maßgeblichen Resultate der Untersuchung in der Form einer Heuristik gefasst werden.

Das heuristische Modell bildet die wesentlichen gemeinsamen theoretischen Aspekte, Perspektiven und Zusammenhänge der Kategorie „Bildung" aus der Sicht der Schule und der Jugendarbeit ab und expliziert so noch einmal in einer komprimierten Form die vorstehenden theoretischen Ausführungen:

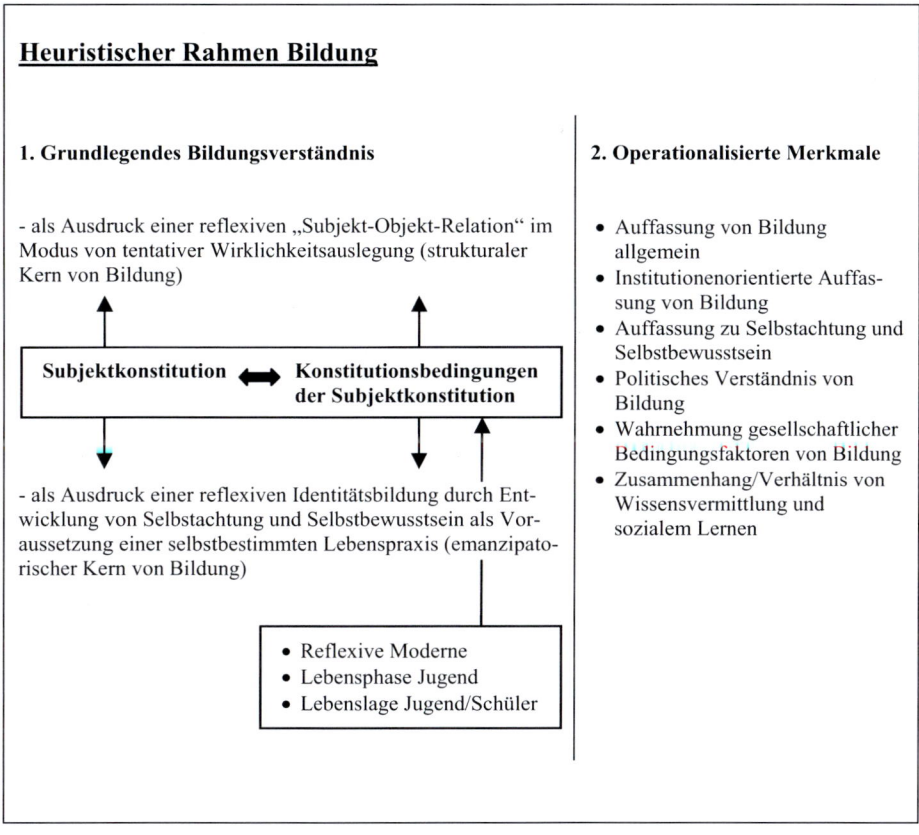

Abbildung 1: Heuristischer Rahmen Bildung

Literatur

Avenarius, Hermann/ Heckel, Hans (2000): Schulrechtskunde. Ein Handbuch für Praxis, Rechtsprechung und Wissenschaft. 7. Aufl. Luchterhand, Neuwied.

Benner, Dietrich (2005): Allgemeine Pädagogik. Eine systematisch problemgeschichtliche Einführung in die Grundstruktur pädagogischen Denkens und Handelns. 5. Aufl. Juventa, Weinheim/München.

Boenicke, Rose/ Gerstner, Hans-Peter/ Tschira, Antje (2004): Lernen und Leistung. Vom Sinn und Unsinn heutiger Schulsysteme. Wissenschaftliche Buchgesellschaft, Darmstadt.

Bundesjugendkuratorium/Sachverständigenkommission für den Elften Kinder- und Jugendbericht/Arbeitsgemeinschaft für Jugendhilfe (2002): Bildung ist mehr als Schule. Leipziger Thesen zur aktuellen bildungspolitischen Debatte. Bonn.

Delmas, Nadine/ Scherr, Albert (2005): Bildungspotenziale in der Jugendarbeit. Ergebnisse einer explorativen empirischen Studie, In: deutsche jugend 3/2005, S. 105–109.

Deutscher Bildungsrat (1970): Strukturplan für das Bildungswesen. Empfehlungen der Bildungskommission. Klett, Stuttgart.

Fend, Helmut (1980/1981): Theorie der Schule. 2. Aufl. Urban & Schwarzenberg, München.

Fend, Helmut (2006): Neue Theorie der Schule. Eine Einführung. VS, Wiesbaden.

Helsper, Werner/ Kamp, Martin/Stelmaszyk, Bernhard (Hg.) (2004): Schule und Jugendforschung zum 20. Jahrhundert. VS, Wiesbaden.

Hentig, Hartmut von (1993): Die Schule neu denken. Eine Übung in praktischer Vernunft. Hanser, München.

Hentig, Hartmut von (1996/2004): Bildung. Ein Essay. Beltz, Weinheim.

Hornstein, Walter (1990): Aufwachsen mit Widersprüchen – Jugendsituation und Schule heute. Klett, Stuttgart.

Jugendministerkonferenz (2001): Jugendhilfe in der Wissensgesellschaft. Protokoll der Sitzung vom 17./18. Mai 2001.

Klafki, Wolfgang (1985/1991): Neue Studien zur Bildungstheorie und Didaktik. Beltz, Weinheim/Basel.

Luhmann, Niklas (1986): Codierung und Programmierung. Bildung und Selektion im Schulsystem, In: Tenorth, Heinz-Elmar (Hg.): Allgemeine Bildung. Analysen zu ihrer Wirklichkeit, Versuche über ihre Zukunft. Juventa, Weinheim/München. S. 154–182.

Müller, Burkhard (1996): Bildungsansprüche der Jugendarbeit. In: Brenner, Gerd/ Hafeneger, Benno (Hg.): Pädagogik mit Jugendlichen. Bildungsansprüche, Wertevermittlung und Individualisierung. Juventa, Weinheim/München, S. 89–96.

Müller, Burkhard (2004): Bildungsbegriffe in der Jugendarbeit. In: Sturzenhecker, Benedikt/Lindner, Werner (Hg.): Bildung in der Kinder- und Jugendarbeit. Juventa, Weinheim/München. S. 35–48.

Neubauer, Gunter (2005): Alles Bildung? Ergebnisse des Landesjugendberichts Baden-Württemberg zu Bildungsanspruch, Bildungspraxis und Bildungskonzepten in der Kinder- und Jugendarbeit, In: deutsche jugend 3/2005, S. 119–127.

Oelerich, Gertrud (2002): Kinder- und Jugendhilfe im Kontext der Schule, In: Schröer, Wolfgang/ Struck, Norbert/ Wolff, Mechthild (Hg.): Handbuch Kinder- und Jugendhilfe. Juventa, Weinheim/München. S. 773–787.

Panagiotopoulou, Argyro/ Brügelmann, Hans (Hg.) (2003): Grundschulpädagogik meets Kindheitsforschung. Zum Wechselverhältnis von schulischem Lernen und außerschulischen Erfahrungen im Grundschulalter. Leske + Budrich, Opladen.

Reismann, Hendrik (2009): Jugendarbeit und Schule zwischen Nähe und Distanz. Konzept- und strukturtheoretische Voraussetzungen und Formen der schulbezogenen Jugendarbeit. Dr. Kovacs, Hamburg.

Scherr, Albert (1997): Subjektorientierte Jugendarbeit. Eine Einführung in die Grundlagen emanzipatorischer Jugendarbeit. Juventa, Weinheim/München.

Stein, Ekkehard/ Roell, Monika (1992): Handbuch des Schulrechts. Heymanns, Bottighofen am Bodensee.

Sturzenhecker, Benedikt (2002): Bildung – Wiederentdeckung einer Grundkategorie der Kinder- und Jugendarbeit. In: Rauschenbach, Thomas/ Düx, Wiebken/ Züchner, Ivo (Hg.) (2002): Jugendarbeit im Aufbruch. Selbstvergewisserungen, Impulse, Perspektiven. Votum, Münster. S. 19–59.

Tippelt, Rudolf (2006): Bildung und Handeln – Möglichkeiten empirischer Bildungsforschung. In: Pongratz, Ludwig/ Wimmer, Michael/ Nieke, Wolfgang (Hg.): Bildungsphilosophie und Bildungsforschung. Janus, Bielefeld. S. 138–155.

Thole, Werner/ Pothmann, Jens (2006): Realität des Mythos von der Krise der Kinder- und Jugendarbeit. Beobachtungen und Analysen zur Lage eines „Bildungsakteurs". In: Lindner, Werner (Hg.): 1964-2004: Vierzig Jahre Kinder- und Jugendarbeit in Deutschland. Aufbruch, Aufstieg und neue Ungewissheit. VS, Wiesbaden. S. 124–144.

Handlungsfelder der Kindheit im Diskurs mit theoretischen Ansätzen der Sozialen Arbeit. Irritationen und Korrelationen

Sandro Bliemetsrieder und Susanne Dungs

Der folgende Beitrag bewegt sich auf zwei Ebenen. Zum einen werden einige didaktische Konzepte, die in der direkten Arbeit mit Studierenden des Bacherlorstudiums Soziale Arbeit eingesetzt werden, vorgestellt. Zum anderen werden einige inhaltliche Paradoxien thematisiert, die sich bei dem Versuch, Theorie und Praxis in eine Korrelation zu setzen, bemerkbar machen. Im Zentrum einer solchen doppelten Buchführung steht somit eine oft im Widerspruch verbleibende Korrelation von Theorie und Praxis. Das sozio-symbolische *Feld* zwischen Theorie und Praxis (auch das Handlungsfeld) ist um eine Unmöglichkeit herum strukturiert, die nicht symbolisiert werden kann (vgl. Žižek 1998, S. 123). Auf der didaktischen Ebene wird mit der Methode des Forschenden Lernens der Wandel von vorwissenschaftlichen Eigentheorien über die Vielfalt pädagogischer Handlungsfelder bis hin zu einer qualifizierten Einbettung in Theoriebestände nachgezeichnet, den die Studierenden, wenn das Studium gelingt, durchlaufen. Auf der inhaltlichen Ebene werden wissenschaftliche Perspektiven und professionelle Expertisen zu Erziehung und Bildung im Kindes- und Jugendalter einerseits und zu einer Ethik und Sozialphilosophie Sozialer Arbeit andererseits zusammengeführt. Diese doppelte Buchführung ist bemüht, den Anforderungen der Disziplin der Sozialen Arbeit gerecht zu werden, die immer auch handlungsleitend und identitätskonstituierend ist bzw. sein muss (professionelle Identität). Es ist somit nicht nur eine wissenschaftlich verantwortete Auswahl von Lehrinhalten zu treffen, sondern auch deren didaktische Vermittlung an Studierende sorgfältig zu planen (vgl. Bäuml-Roßnagl 2005, S. 11).

1   Vom Vorverständnis zum wissenschaftlichen Wissen

Studierende kommen mit Eigentheorien in das Studium hinein, da jedes Handeln vorentworfenen Gedankengängen oder Verständnissen folgt. Diese Vororientierungen sind den Studierenden nicht immer bewusst. Die erste Konfrontation mit wissenschaftlichen Theorien erzeugt bei Studierenden daher zuweilen eine Irritation, da die Vorverständnisse als unreflektiert zutage gefördert werden. Zudem erfordert das nun im Studium zu erwerbende Wissen eine Neuordnung des als ungenügend identifizierten Vorwissens. Daraus hervorgehend wird eine Gegenbewegung mobilisiert, die nicht selten erneut in Richtung vereindeutigender Erklärungsversuche für Sachverhalte weist. Die meisten Phänomene, die uns heute begegnen, gestatten jedoch keine Eindeutigkeit in der Wahrnehmung mehr. „Sie sind mehrfach beschriftet und mit unzähligen Erklärungen und Deutungen überlastet." (Gamm 1996, S. 5) Diese Mehrdeutigkeit ist auch für das heutige Verständnis von Wissenschaft konstitutiv. Im weiteren Verlauf des Studiums – so unsere Beobachtung – wird in die anfängliche Irritation der Studierenden und der darauf folgenden vereindeutigenden Gegenbewegung zunehmend ein Interesse an dieser Mehrdeutigkeit eingeschleust, das es zulässt, die nach und nach entstehenden Wissensgebilde wieder zu öffnen. Die Studierenden sehen sich zunehmend in die Lage versetzt, Wissensbestände zu integrieren, die nicht mehr nur von Eindeutigkeit geprägt sind, und sie erkennen den grundsätzlichen Modellcharakter von Wissen. Keine Theorie, „keine Praxis, kein Programm, keine Zukunft kann sich mehr sicher fühlen, nicht in den Strudel der Unbestimmtheit hineingerissen zu werden" (ebd., S. 7). Dementsprechend sind unsere Lehrveranstaltungen so gestaltet, dass sie zum einen auf wissenschaftliche Nahaufnahmen (Zoom) von komplexen Problemfeldern in ihren vielfältigen Beschriftungen ausgerichtet sind.

> „Ebenso wie die konkrete Dingerfahrung ist die Erfahrung der Mitmenschen, der Anderen – für den Menschen ein schillerndes Phänomen, in dem die Dimensionen der Vertrautheit und der Fremdheit – die Widerständigkeit der Dinge bzw. der fremde Blick – im aktuellen Erfahrungsfeld zu Konfigurationen zusammen gehen, die ähnlich den Drehbewegungen eines Kaleidoskops ständig wechseln." (Bäuml-Roßnagl 2005, S. 160)

Wissenschaft heute betont den schöpferischen und intersubjektiven Aspekt. Alle Kategorien und Erklärungsmodelle gelten nur auf Zeit und in einem bestimmten Kontext. Zum anderen basiert dieser Zoom auf einer klar strukturierten Organisationsform der Seminare, in der genau diese Doppelung zum Gegenstand wird.

2   Von der Mehrdeutigkeit des Wissens zu den Handlungsfeldern der Kindheit

In den Fragen der Erziehung und Bildung der Kindheit wird die These eines auf Offenheit und Revidierbarkeit ausgerichteten Wissens besonders deutlich. Studierende bringen Vorentwürfe von Familienleben, von Erziehen und Bilden, von

Kind- und Erwachsensein aufgrund ihres In-der-Welt-Seins mit. Auch diesbezüglich werden ihre Eigentheorien im Zuge der wissenschaftlichen Auseinandersetzungen in den verschiedenen Seminaren mit unterschiedlichsten Modellen von Familie, Partnerschaft, Beziehungsgestaltung, Erziehung, Bildung, Kindheit, Männlichkeit und Weiblichkeit usf. konfrontiert.

Handlungsentwürfe sind nach Doehlemann Absichtserklärungen und Vorschläge für Verfahrensweisen; sie sind grundsätzlich theoriegeleitet (vgl. Doehlemann 2006, S. 18). Eine Theorie der Sozialen Arbeit liefert umfassende Erkenntnisse über Zusammenhänge sowohl in ihrer historischen Genese als auch hinsichtlich einer „Vergewisserung über das Feld" (Winkler 2005, zit. n. May 2009, S. 39). Die Felder wiederum lassen sich in diverse Handlungsfelder unterteilen. Gemeinsam ist den *Handlungsfeldern der Kindheit* (außerschulische und -familiäre Kinderbetreuung, Frühförderung, Eltern- und Familienbildung, Angebote der Jugendwohlfahrt) ein Bemühen darum, allen Kindern die gleiche Würde, Freiheit, Selbstbestimmung und Teilhabe zukommen zu lassen. Bei diesen normativen Bezugspunkten geht es letztlich um einen Zuwachs an Autonomie. Allerdings ist diese Normativität – gerade im Blick auf Kinder – immer nur relativ und reziprok zu verstehen. Autonomie kann sich überhaupt nur in der Beziehung zu signifikanten Erwachsenen entfalten. „Handlungsfähigkeit, Eigenständigkeit, Unabhängigkeit sind (...) relative Begriffe, die nur jeweils in heteronomen Zusammenhängen zu erwerben sind" (Borst 2004, S. 265). Im Angesicht dieser Relativität gilt es, Problematiken zu beleuchten, die die Handlungsspielräume von Kindern gefährden können. Denn Entscheidungen und Gestaltungsmöglichkeiten in eine offene Zukunft hinein können sowohl in ideeller (z. B. mangelndes Zutrauen) als auch materieller Hinsicht (z. B. städtebauliche Bedingungen) eingeschränkt werden. Obwohl diese relativen Freiheitsräume über eine rechtliche Verankerung abgesichert sind, müssen sie somit im jeweiligen Sozialraum erst über ein intersubjektives Geschehen realisiert werden. Das Wohl von Kindern und die Frage nach ihrem gelingenden Aufwachsen stehen im Zentrum unserer weiteren Betrachtungen.

Die *Handlungsfeldern der Kindheit* lassen sich analytisch unterteilen in mehrdimensionale Aufgabenkomplexe und Handlungssituationen. Didaktisch betrachtet kann im Studium von Lernfeldern (z. B. Bildung und Erziehung im Sozialraum) gesprochen werden, die auf die entsprechenden Handlungsfelder differenziert Bezug nehmen.[1] Als ein pädagogisches *Feld* kann nach Klafki ein dynamisches Gefüge von subjektiven und objektiven Dimensionen gelten, die in einem intensiven Wechselverhältnis stehen. Das Feld ist sowohl durchlässig und wandelbar, als auch von der Umgebung abgegrenzt (vgl. Klafki/Braun 2007, S.

---

[1] Vgl. http://www.wvs-koeln.de/hw/et-info/daten/Lernfelddidaktik/bader2.pdf (Zugriff 12. 5. 2010).

85). Diese Beschreibung lässt sich um Bourdieus Untersuchungen zum Sozialen ergänzen. Die subjektiven Habitusstrukturen, die eine „Interiorisierung der Exteriorität" (Bourdieu 1997, S. 102) darstellen, sind die eine Seite des Sozialen. Die andere bilden die objektiven Strukturen des Feldes. „Habitus und Feld gehören zusammen wie die zwei Seiten einer Medaille." (Gamm 2004, S. 99). Obwohl der Habitus mehr auf der subjektiven, verinnerlichten, leiblichen, sinnlich-ästhetischen Seite angesiedelt ist, und das Feld mehr auf der objektiven, äußerlichen, gesellschaftsbezogenen, dinglichen Seite, so handelt es sich doch bei beiden um „individuell-überindividuelle Strukturen", mit denen Bourdieu auf die Komplementarität des Sozialen reflektiert (vgl. ebd.). Der Begriff Feld zielt – auch übertragen auf das Handlungsfeld – auf ein *mediales* Wechselverhältnis von Individuum und Gesellschaft, von Psycho- und Soziogenese, wie es auch Norbert Elias in seinem *Prozess der Zivilisation* mit dem Begriff der „Figuration" dargelegt hat (vgl. Lilienthal 2001, S. 145). Die Struktur und Dynamik des Feldes geht über die bewussten Intentionen der Einzelnen hinaus und schlägt sich doch auf unterschiedlichen Ebenen habituell in ihnen und institutionell in den Strukturen und Organisationen des Sozialen nieder. Figurationen und Felder „bilden gleichsam die medialen Einheiten, in denen die Einzelnen aufwachsen, sozialisiert werden und agieren" (ebd.).

3   Expertisen eröffnen ein Handlungsfeld: Vier Ebenen von Erziehung und Bildung im Sozialraum

3.1   Erste Ebene: Problem- und Krisenzonen der Kinder im Sozialraum

Unter Sozialräumen wird zunächst eine Synthese aus der (1) *räumlichen Bebauung*, (2) der *wahrnehmbaren und erlebbaren sozialen Umgebung*, (3) sowie den *Strukturen sozialer und politischer Angebote* verstanden (vgl. Bitzan/Klöck 1993, zit. n. Thiersch 2002, S. 245). In aktuellen Diskussionen geht es dabei einerseits um eine konzeptionelle Ausgestaltung einer *lebensweltorientierten, sozialräumlich organisierten Kinder- und Jugendhilfepraxis*, die andererseits kommunale Partizipation und BürgerInnenbeteiligung fordert (ebd.). Die komplexen Zusammenhänge von individueller Subjektbildung in Figurationen und Feldern sind mit einer an überindividueller Gleichwertigkeit orientierten Erziehung und Bildung von Kindern vermittelt. Kinder bilden ihr Weltverstehen eingebettet in zeitliche und räumliche Zusammenhänge aus, wodurch ihnen *kulturelle Muster* verfügbar sind, die darauf verweisen, wo *Ressourcen* und *Hindernisse* im Sozialraum vorhanden sind (vgl. Kasüschke 2002, S. 276). Obwohl es sich bei der Sozialraumorientierung um integrative Konzepte handelt, die stärker als bisher Kinder als mitgestaltende Subjekte einbeziehen, führen sie zugleich auch Problemzonen fort. Vor allem, wenn Kinder in die partizipativen Angebote lediglich eingepasst werden (sollen), können die Konzepte zu einer sozialen Segmentierung beitragen. Als Problem- und Krisenzonen spätmoderner Kindheit, die es entschiedener als bisher zu bearbeiten gilt, können folgende genannt werden: (1) Friktionen im familiären Zusammenleben durch die geforderte Flexibilität in Arbeit und Schule. Der Exklusionsdruck des flexibilisierten Arbeitsmarktes greift tief in die familiäre Beziehungsgestaltung ein. Der Selektionsdruck des gegliederten Schulwesens macht sich bereits in Kindergärten bemerkbar. Soziale Ungleichheit, soziale Desintegration und Armutslagen von Kindern nehmen dadurch zu. (2) Die Kluft zwischen Bildungsansprüchen und -chancen, insbesondere bei Kindern mit Migrationshintergrund, wird größer. Milieu- und Geschlechterdifferenzen verstärken sich. (3) Häufig fehlen Räume einer intergenerationalen, milieuübergreifenden, lebensweltnahen und interkulturellen Begegnung, in denen Kinder ihre Bedürfnisse und Bedarfslagen artikulieren können (vgl. Thiersch 2002, S. 245). Die drei Problemzonen implizieren eine erweiterte Verantwortungsübernahme seitens der Erwachsenenwelt und einen auf die Lebenswelten der Kinder bezogenen Partizipationsbegriff.

3.2   Zweite Ebene: Verantwortliche Antworten

„Die Verantwortung von Städten und Gemeinden ist es, durch die Entwicklung und Gestaltung 'vor Ort' konkrete Voraussetzungen zu schaffen für die gesellschaftliche, wirtschaftliche, soziale und kulturelle Entfaltung der dort lebenden Menschen" (Huber 2005, S. 1). Der Sozialraum als Gemeinwesen konstituiert sich durch unterschiedliche Akteure, die Machtverhältnisse zwischen ihnen und die Partizipationsmöglichkeiten der BürgerInnen darin (vgl. Bitzan/Klöck 1993, zit. n. Thiersch 2002, S. 245). Sozialpolitisches Handeln sollte von der pädagogischen Frage geleitet sein, welchen Einfluss Sozialräume auf die gelingende Entwicklung von Kindern haben können. Wir nehmen hier eine (re)konstruktive Perspektive ein, die eines direkten Kontakts zu den Kindern in ihren jeweiligen Sozialräumen bedarf. Kindheitsforschung versteht sich darin als eine *intergenerationale Mitte*. In dieser Mitte nehmen Eltern/Bezugspersonen und Kinder sich in ihren Sichtweisen und Erfahrungen wechselseitig ernst. Eine solches intersubjektiv gewonnenes sozialräumliches Erfahrungswissen ist für eine Stadt und ihre Jugendhilfe- und Schulplanung essentiell (z. B. Elternbeiräte und Jugendparlamente). Dieses Erfahrungswissen leistet einen Beitrag zu einer *guten* Entfaltung von Leben und Arbeit im Gemeinwesen und setzt sich dem Diskurs aus, was überhaupt unter spätmodernen Lebensaufgaben, Bedarfen und Bedürfnissen und ihrer gelingenden Bewältigung und Beantwortung (z. B. Bereitstellung eines sicheren Schulwegs) verstanden werden kann. Die Kinder- und Jugendhilfeplanung muss deshalb um die Perspektive einer lebensweltlichen und sozialräumlichen Kooperation erweitert werden (z. B. mit Kindergärten, Schulen, Beratungsstellen). Eine intergenerationale Mitte (regionale Forschungs-, Erziehungs- und Bildungslandschaft), die immer wieder neu verabredet und ausgestaltet werden muss, verkürzt sich infolgedessen nicht auf rein administrative Aufgaben, sondern realisiert sich beispielsweise in Stadtteilkonferenzen und -foren. Eine solche *gute* und *beteiligende* Kultur (z. B. bürgerschaftliches Engagement) verweist auf Prozesse des Anerkennens und auf förderliche Arbeitsbündnisse. Das Arbeitsbündnis der Sozialen Arbeit gründet in einer Loyalität gegenüber Kindern und wendet sich prinzipiell gegen Kontrollmechanismen. Es gilt dabei, Kinder für ihre eigenen, gelingenden Entwicklungsprozesse zu gewinnen und zu begeistern und sie darin zu begleiten.

3.3 Dritte Ebene: Demokratisierung „von unten" (Bildungs- und Orientierungspläne)

Bildungs- und Orientierungspläne können einen intergenerationalen Verständigungsprozess initiieren, der im besten Fall eine „Bildung für alle" ermöglicht. Dieser Prozess versucht Kinder (1) zu einer *relativen Autonomie* und (2) zu einem *relativen reflexiven Umgang* mit eigenen lebensweltlichen Erfahrungen zu ermutigen. Wenn Kinder sich in heteronome Zusammenhänge eingebettet wissen, erleichtert ihnen dies, Kindern aus anderen und schwierigeren Verhältnissen solidarisch zu begegnen. Gegebenenfalls sind sie sogar fähig, Ungleichheiten zu benennen, Differenzen anzuerkennen und eine (spätere) Pflicht zur Verantwortungsübernahme zu antizipieren. Kinder genießen es, Erprobungsräume angeboten zu bekommen, in denen sie sowohl kognitiv (Sinn) angeregt werden (z. B. Kinderuniversität) als auch sinnlich ihre Sinne erfahren können: sie werden „mit Sinn und Sinnen mit dem Leben bekannt gemacht" (vgl. Bäuml-Roßnagl 2005, S. 129). Tradierte *Sinn-Dimensionen* und elementare *Kulturtechniken* werden gleichsam „über die Hand" (ebd.) angeeignet:

> „Wissen mit den eigenen Händen zu erwerben, bedeutet zuerst einmal ganz konkret, dass die Hände als Organe des Tastens und Greifens helfen, die Welt zu be-greifen. Die Hand ‚als Werkzeug' und Händereichen als Geste des Miteinander sind ‚Medien' der leibgebundenen Sinnerfahrung der Menschen." (ebd., S. 129f.)

Indem Sinnfragen und Sinnlichkeit, Bewegung und Begegnung in die intergenerationale Mitte rücken, wird eine sich allein auf Nutzen und Verwertbarkeit (Arbeitsmarktintegration) ausrichtende Bildungslogik und ihre programmatische Anthropologie auch ethisch hinterfragt.

3.4 Vierte Ebene: Förderliches Bilden und Vertrauen

Ein emphatischer Bildungsbegriffs kann sich in den Bedeutungsmustern von erzählten Geschichten, spielerischen Erfahrungen, körperlichem Herumtollen, gemalten Bildern förderlich ausgestalten. Diese so entstehende ganzheitliche Lern- und Bildungskultur vollzieht sich in einem Netzwerk von *Familien-, Lern-, Alltags- und Schulkultur* (vgl. Bäuml-Rossnagl 2005, S. 68). Die sich darin einrichtenden professionellen Arbeitsbündnisse stellen sichere Bindungen zu Kindern bereit, die z. B. bei Unterversorgung oder sozialer Deprivation greifen und auch Eltern dahingehend unterstützen (z. B. Erziehungspartnerschaften, Familienintensivbetreuung, Eltern- und Familienbildung). Gelingendes Aufwachsen verlangt nach affektiv-förderlichen Ausgangsbedingungen, wie Angstfreiheit, Eingebundensein und Befriedigung von Grundbedürfnissen. Das gelingende Ganze eines solchen initiierten Sozialen bleibt jedoch immer in eine offene Zukunft entzogen. Eltern wünschen sich für ihre Kinder, dass sie möglichst selbstbewusst und lebensfähig werden und die Widerfahrnisse des Lebens zu meistern imstande sind. Und doch bleibt der exakte Weg dorthin ungewiss. Man kann den Kindern das Erwerben dieser Eigenschaften nicht *verordnen*, das Durchlaufen ihres Bildungsweges nicht *vorordnen*. Das „Erziehungsziel ist das gelingende Ganze eines individuellen Lebens, das man aber keinen Augenblick lang überblickt" (vgl. Gamm 2006a, S. 21). Eltern und Bezugspersonen müssen nach bestem Wissen und Gewissen Sorge für das Leben ihrer Kinder tragen.

> „Und doch ist die Beschaffenheit der Erziehung so anders, als die Problemmaterie, in der wir uns üblicherweise in den Routinen des Alltags und der Wissenschaft bewegen. Ziele wie Mündigkeit, Autonomie oder Freiheit, Fairness oder ein Sinn für Gerechtigkeit lassen sich weder operationalisieren noch in Teilschritte zerlegen, sie widerstehen jedem Versuch, sie zu konditionieren oder sie intentional gesteuert in Form projektbasierten Arbeitens herbeizuführen." (ebd., S. 21 f.)

Ebenso wie man sich der Verantwortung für Andere nicht entziehen kann, kann man sich von der Notwendigkeit zu vertrauen nicht suspendieren. Ohne Vertrauen würde die Welt „nicht nur unendlich komplex. Sie macht uns in jeder Handlung perplex – sprach-, begriffs- und orientierungslos" (Gamm 2007, S. 54). Gerade die Dimensionen *verantworten* und *vertrauen* sind konstitutiv für den Aufbau eines gelingenden Selbst- und Weltverhältnisses, und sie geben Auskunft über die Qualität unserer sozialen Beziehungen. Einerseits verweisen sie in eine offene Zukunft, um andererseits die tragenden Elemente all unserer Beziehung zu anderen zu sein.

Nachdem sich unsere bisherige Buchführung mehr auf der inhaltlichen Ebene bewegt hat und dort auf die intersubjektive Ausgangslage allen Erziehens und Bildens von Kindern und auf die Grenzen der theoretischen Einholbarkeit dieser Prozesse aufmerksam gemacht hat, insofern das gelingende Ganze des individuellen und überindividuellen Lebens zwar angestrebt werden muss, aber in keinem Augenblick überblickt werden kann, sollen nun didaktische Konzepte zur Sprache kommen, die von der gleichen paradoxalen Ausgangslage durchformt sind. Die Erkenntnislücke zwischen Theorie und Praxis kann weder positivistisch noch konstruktivistisch überbrückt werden, sondern wird stets durchkreuzt von der offenen Stelle des Anderen.

„Die Aporie der Erziehung (...) zeugt in ihrer theoretischen Unlösbarkeit von einem Bruch zwischen Theorie und Praxis, zwischen Satzung und Setzung, zwischen Denken und Handeln, dessen Aufhebung zwangsläufig in totalitäre Konzeptionen mündet (...), da es dieser Bruch ist, der einen Urteilsraum und damit Handlungsfreiheit erst eröffnet." (Wimmer 2006, S. 30)

4   Praxisbezogenes forschendes Lernen: Vom „Feld" zur Erkenntnis und zurück

Forschendes Lernen ist eine Methode, die mit Studierenden in einen Prozess der Handlungs- und Aktionsforschung eintreten lässt. Forschendes Lernen ermöglicht es, die Diversität und Diffusität sozialarbeiterischer/-pädagogischer Praxisfelder und die Komplexität von Problemlagen zu ergründen und anhand eines Themas, wie z. B. Integration versus Inklusion, exemplarisch zu vertiefen. Je nach Forschungsfrage soll eine Unklarheit in den Strukturen von Institutionen, in der professionellen Praxis und auch in den Lebenswelten der AdressatInnen gemeinsam aufgedeckt und einer kreativen Neuordnung zugeführt werden. Dazu können zwei qualitative Zugangswege gewählt werden. (1) Ein *explorativer hypothesengenerierender Zugang*, bei dem ExpertInnen unterschiedlicher sozialpädagogischer Institutionen auf ihr Institutions- und Sonderwissen (vgl. Meuser/Nagel 2005, S. 75) hin befragt werden, um daraus neue Erkenntnisse abzuleiten. (2) Ein *hypothesenüberprüfender Zugang*, bei dem z. B. eigene und fremde Annahmen miteinander konfrontiert werden, um ein konkretes praktisches Geschehen *nach*vollziehbar zu machen. *Zurück*greifend auf bereits bestehendes Wissen wird das Begriffsnetz für den jeweiligen Versuch der wissenschaftlichen Weltdeutung von den Erkenntnis suchenden ForscherInnen stets neu geknüpft (vgl. Bäuml-Roßnagl 2010, S. 5). Die für beide Zugänge auszuwählende Forschungsmethodologie hängt entscheidend von der generierten Fragestellung und den zu überprüfenden Hypothesen ab. Es bieten sich hierzu ExpertInneninterviews, problemfokussierte Interviews, Gruppendiskussionen, Planspiele sowie Zukunftswerkstätten an. Auch Textanalysen sind denkbar.

Neben den wissenschaftlichen Gütekriterien der Praxisforschung ist die kommunikative Validierung herauszustellen; kollegiale Lernsituationen führen idealtypisch zu erweiterten Einschätzungen. Innerhalb dieser Forschungsmethodologie kann ein Forschungsverfahren dann als *objektiv* gelten, „wenn und je mehr es bei Anwendung durch verschiedenen Beobachter zu gleichen Ergebnissen führt" (vgl. Kromrey 1998, zit. n. Biermann 2007, S. 110). Biermann spricht von einem „intersubjektiven Objektivitätsbegriff" (ebd., S. 110). Sozial-Forschung vollzieht sich auch hier in einer intersubjektiven Mitte, in der die Forschungspersonen sich in eine ungewisse Zukunft aller Beteiligten hinein fachliche und soziale Kompetenzen habituell aneignen. Diese erfahrungs- und wissensbezogene Herangehensweise an eine Fragestellung vollzieht sich in vier Dimensionen:

(1) Analytisch-kognitiv: Verstehen, Beurteilen, Analysieren;
(2) Hermeneutisch-kommunikativ: Argumentieren, Perspektiven anderer verstehen und nachvollziehen, Reflektieren und den eigenen Standpunkt revidieren;
(3) Kreativ-konstruktiv: Gedankenexperimente und Konfliktlösungen entwerfen, Zukünfte antizipieren, kritisch phantasieren;
(4) Sozial kompetent: Kommunikativ validieren und revidieren, kollegial austauschen, Erkenntnisse im Medium der Gemeinschaft erweitern.

Die vier Dimensionen fördern zusammen gesehen die Fähigkeit, sich mit neuen und fremden Konzepten der Selbst- und Weltdeutung auseinanderzusetzen. Aus dieser wiederum können die Studierenden Eigentheorien und Handlungsroutinen hinterfragen, neue konzeptionelle Überlegungen anstellen und so ihren Deutungsblick bzw. ihre Urteilskraft erweitern. Sowohl spezialisierte als auch vernetzte Gedankenexperimente können entwickelt, neue Leitmotive für professionelles Handeln gewonnen oder intellektuelle Denkverbote durchbrochen werden. Beim forschenden Lernen kann zusammengefasst gesagt zum einen neues theoretisches Wissen induktiv generiert werden. Zum anderen wird eine Neugier in den Forschungsprozess (re)integriert, die möglicherweise in den bisherigen Bildungsbiographien der StudentInnen nicht (mehr) bedeutsam war. Diese Lernhaltung konfiguriert sich in einem Studium, das über die Praxisausbildung hinaus um eine Anschlussfähigkeit des Gewonnenen an Theoriebestände bemüht ist, welche für die Soziale Arbeit als leitend gelten können.

Am Beispiel der *Leitmotive der Jugendwohlfahrt in Tirol* lassen sich beide Zugänge veranschaulichen. Hierzu soll der Sinn, der in den Motiven enthalten ist,
rekonstruiert werden. Dabei zeigt es sich, dass die oben beschriebene Trennung
beider Zugänge zwischen *hypothesenüberprüfend* und *-generierend* nur schwer
durchzuhalten ist, da in jeder Rekonstruktion ein Neuentwurf bereits enthalten ist
und nur annäherungsweise eine Beschreibung des praktischen Geschehens möglich ist. Leitmotive als Orientierungsrahmen für eine gelingende Bildung ergeben
sich somit zum einen *rekonstruktionslogisch* aus den Phänomenen, die vulnerable und marginalisierte Familien und ihre Kinder zeigen, wie Verunsicherung,
Desorientierung usw. Sie stehen andererseits aber im Gegensatz zu Kompetenz-
begriffen und Handlungsanweisungen, die mit einem rein *subsumtionslogischen*
Anspruch antreten (z. B. standardisierte Diagnosemanuale) (vgl. Krautz 2009, S.
93), da sie stets an Inhalte *gebunden sind, die in der Praxis generiert werden*. Sie
können daher das ganze Bildungsgeschehen nicht subsumtionslogisch umgrei-
fen. Im Versuch ihrer nachvollziehenden Auslegung und ihrer konstruktiven
Übertragung auf künftige Praxis, zusammen mit Studierenden, werden sie
gleichsam neu erschaffen. Sozialarbeiterische Bedeutungs- und Entscheidungsfindung vollzieht sich immer in einem Spannungsfeld von subjektiver Einmaligkeit und objektiver Regelhaftigkeit. Es bedarf „einer großen Menge zusätzlicher
Deutungskapazität, um die Regel auf die Besonderheit der Situation anzuwenden
oder ihre Überdeterminiertheit einer der Regel gerechten Interpretation zuzufüh-
ren" (Gamm 2000, S. 234). Reine Subsumtionsversuche dagegen deautono-
misieren tendenziell den Möglichkeitsraum pädagogischer Interventionen. In den
Leitmotiven der Tiroler Jugendwohlfahrt lautet es:

> „Jugendwohlfahrt interessiert sich (…) grundsätzlich für eine möglichst förderliche
> Kultur des Aufwachsens für alle Kinder. Ihr Ziel ist es, zur Verbesserung der Le-
> benslage und der Entwicklungsmöglichkeiten von benachteiligten Kindern, Jugend-
> lichen und Familien beizutragen. Dazu bedarf es politischer Voraussetzungen in
> zweifacher Hinsicht: Einerseits die Schaffung gesellschaftlicher Verhältnisse, die die
> Lebensbedingungen und Zukunftsperspektiven von Kindern und Jugendlichen nicht
> in prekärer Weise verunsichern. Andererseits die Bereitschaft, jene psychosozialen
> Institutionen, die Hilfestellung zur Lebensbewältigung von Kindern, Jugendlichen
> und deren Eltern anbieten, in ausreichendem Maße zu unterstützen sowie ihre Pro-
> fessionalisierung und Vernetzung zu fördern." (Amt der Tiroler Landesregierung
> 2007, S. 7)

Die Gefährdung von elementaren Lebensbedingungen auf der einen Seite und die
(pädagogische) Ermöglichung von „gutem Leben" auf der anderen Seite stellen
neu die drängende Frage nach gemeinsam geteilten Werten und danach, wie

diese in unseren bildenden, erzieherischen und psychosozialen Institutionen kultiviert werden können.

„Zwischen dem alltäglichen Lebensvollzug und existentiellen Lebenswünschen liegt oft eine tiefe Kluft. Lebensnot – seelische Not bis hin zur immensen Zunahme psychosomatischer und somatischer Erkrankungen von Kindern und Erwachsenen ist weit verbreitet." (Bäuml-Roßnagl 1992, S. 7)

Der Wert, den Individuen die Bewältigung ihres Lebens individualisiert zu verordnen, tritt derzeit mit einem Alleinstellungsmerkmal auf. Dornes bezeichnet dies als eine „Selbstformierungs(über)-anstrengung", deren Lasten vor allem zu Ungunsten sozial Benachteiligter verteilt werden (vgl. Dornes 2009, S. 633). Die Tiroler Leitmotive wenden sich mit ihrem Hinweis auf eine *förderliche Kultur des Aufwachsens* kritisch gegen eine solche Individualisierung und verlangen nach grundlegend neuen wissenschaftlichen Erkenntnissen in den Bereichen der Bindungs-, Trauma-, Resilienz- und Ressourcenforschung:

„Analog dem Gegensatzpaar Traumaforschung – Resilienzforschung (…), die in ihrer Wechselwirkung gesehen werden müssen, stehen auch bei der Umsetzung von Prävention der Schutz des Kindes (Vulnerabilität – Schutzbedürfnis) wie auch die Unterstützung und Herausforderung zur Autonomieentwicklung als Gegensatzpaar im Mittelpunkt präventiver/therapeutischer Bemühungen. Sowohl die Bedeutung frühkindlicher Beziehungssituationen (siehe Bindungsforschung) wie auch die Sensibilisierung auf vorhandene Lösungsstrategien und ressourcenorientierte Wirkfaktoren sind gleich bedeutsam für die Strukturierung der Hilfestellung (in diesem Bereich eröffnen die Erfahrungen der Resilienzforschung neue Zukunfts-Perspektiven). Es sollte eine ‚entwicklungsfördernde Balance' zwischen Erkennen und Schutz vor krankmachenden psychosozialen Belastungen und eine dem Alter und der Familien-Geschichte adäquate Förderung zur Autonomieentwicklung gefunden werden." (Amt der Tiroler Landesregierung 2007, S. 9)

Die „‚strukturellen Ambivalenzen von Generationenbeziehungen: von Sozialität und Identität, von Bindung und Legitimität' (Lüscher 1998) sind ‚Balanceaufgaben für die pädagogische Interaktion in der Lebenshermeneutik geworden'" (Bäuml-Roßnagl 2005, S. 80). Über eine sozialstrukturelle Analyse von Problemlagen hinaus, knüpft die Resilienzforschung an das Repertoire individueller Bewältigungsfaktoren an. Allerdings sollten die „internalen" subjektiven Gelingensfaktoren nicht gegenüber den „externalen" gesellschaftlichen überhöht werden, da daraus die Gefahr resultieren kann, das „Autonomieprojekt in der Bildungswelt" (ebd.) einem gemeinsamen Erziehungsprojekt ideologisch voranzustellen.

„Eine Interpretation der Daten kann nur in einem ‚subjektiven' Bedeutungskontext geschehen. Durch die Orientierung in einem Bedeutungskontext bekommt die Individualität eines jeden Klienten und seiner Familie, ihre subjektiven Lebens- und Entwicklungsgeschichten, ihre Belastungen aber auch ihre Ressourcen einen neuen Stellenwert, der für die richtige Einschätzung des Problems, aber auch für die Entwicklung geeigneter Lösungsstrategien unabdingbar ist. Bedeutung beruht auf Beziehung – erst die Interaktion im Dialog zwischen Personen lässt Bedeutung entstehen. Der Dialog ist somit eine Art Beziehung, in welcher Veränderung, Wachstum und neue Einsichten gefördert werden. Eine ‚gute Abklärung' muss die Beziehungs-, Familien- und Sozial-Diagnostik einbeziehen." (Amt der Tiroler Landesregierung 2007, S. 9)

Bedeutungen, Diagnosen, Fallverstehen können nur in *anerkennenden Beziehungen* zwischen den beteiligten Subjekten entwickelt werden. Die hermeneutische, anerkennende und interdisziplinäre Falldeutung verfolgt ein Verständnis, das sich vom medizinischen und naturwissenschaftlichen Denkmodell loslöst. Die vielfältigen und unübersichtlichen Daten, der kontingente und überkomplexe Aufgabenanfall lassen jedoch (z. B. in Jugendämtern) verstärkt nach einer Komplexität reduzierenden Deutung verlangen, die in der Gefahr steht, in eine defizitär sich ausrichtende Deutungsmacht zu münden. Marktförmige und technokratische Deutungsprogramme erfahren gegenwärtig einen Aufstieg, da sie eine optimale Steuerung von Interventionen versprechen.

„Die Notwendigkeit professioneller Entscheidung, die sich auf den Einzelfall bezieht, wird abgelöst durch die Möglichkeit einer statistischen Prognose der Wirksamkeit von Maßnahmen auf der Basis von erfassten Personenmerkmalen." (Fendrich/Lange/Witte 2005, S. 312)

AdressatInnen werden als Träger von Risikofaktoren betrachtet. Übersteigen ihre Defizite ein gewisses Maß, so fallen sie aufgrund ungünstiger Prognosen aus Hilfe- und Förder-Programmen heraus. Aufgrund sich fortsetzender Maßnahmeabbrüche verengen sich ihre Biographien nicht selten zu einem chronisch verlaufenden Abstieg. Durch eine solche *Techno-Diagnostik* entfällt eine auf den Einzelfall bezogene Hilfe. Eine *offene, sich auf den Anderen beziehende Diagnostik* versteht sich im Gegensatz dazu als eine stellvertretende Rekonstruktion von Wirklichkeitsentwürfen und Biographien und filtert die Anknüpfungspunkte für einen Autonomiezuwachs der Betroffenen heraus. Die Rekonstruktion wird im gemeinsamen Hilfeprozess in eine Konstruktion überführt, in der die Wünsche und Bedürfnisse der Betroffenen immer stärker zur Geltung kommen. In einem dialektischen Einbezug von Bedeutungsbildungen über Lebenslagen, Lebenswelten und Lebensthemen werden gleichsam induktiv und deduktiv differente und gleichsinnige Perspektiven an den *Fall* herangetragen. Die Diagnose fragt dabei sowohl nach Gefährdungs- als auch nach Lösungspotentialen. Der Fall wird nicht einem generalisierten Muster untergeordnet, sondern seine *bedeutsamen* Aspekte werden im Diagnosevorgang mit allen Beteiligten des Hilfeprozesses erst generiert. Die Selbst- und Weltdeutungen der Betroffenen haben darin einen Vorrang. „Diagnostik richtet sich somit auf die (...) Selbstdeutungen der Betroffenen und rückt ihre Lebensthematik ins Sichtfeld" (Fendrich/Lange/Witte 2005, S. 312).

Das Konzept einer offenen Diagnostik drückt sich in den Leitmotiven der Tiroler Landesregierung aus. Ethisch qualifizierte Soziale Arbeit ereignet sich dort, wo Menschen die Möglichkeit eröffnet wird, getroffene Festlegungen über ihre Person zu revidieren. AdressatInnen erleben es oftmals als befreiend, wenn sie nicht auf eine bestimmte Diagnose festgelegt, sondern aus dem Bann alter, eingeengter Geschichten wieder entlassen werden. Auch die Diagnosen der Sozialprofessionellen haben eine Wirklichkeit erzeugende Macht. Dies zeigt sich beispielsweise in Förder- und Schuleingangsdiagnosen, die häufig nur eine geringe Reichweite haben, da der Mensch sich ausgerichtet auf eine offene Zukunft so oder anders verhalten, entwickeln oder entscheiden kann. Damit soll nicht gesagt sein, dass klassifikatorische Diagnoseverfahren ihre Bedeutung nicht auch darin hätten, beispielsweise im Bereich des Kinderschutzes und der Kindeswohlgefährdung, eine Hilfestellung zur Einordnung der Problematik und zur Reflexion „blinder Flecken" in der eigenen professionellen Wahrnehmung zu bieten.

Diagnostik vollzieht sich immer im Wechselspiel von Vergewisserung und Ungewissheit. Durch ihr *Bezogensein* auf den Anderen als ungewissem Einzelfall ist Soziale Arbeit zuallererst kritische Wissenschaft (vgl. Dungs 2006, S. 136f.). Die sozialwissenschaftlichen Bilder von einem guten und gelingenden Leben verdanken sich einer Kritik, die immer beides zugleich ist, „*Assoziation wie Dissoziation*. Sie unterscheidet, trennt, distanziert sich; und sie verbindet, setzt in Beziehung, stellt Zusammenhänge her" (Jaeggi/Wesche 2009, S. 8). Ein solches sozialwissenschaftliches Verständnis, das sich im *Innen* wie im *Außen* der Gesellschaft positioniert, bildet die Grundlagen einer Kritik aus, die „sich gegen das Bestehende richtet und die zugleich ihre eigenen Ressourcen aus dem Bestehenden schöpft" (ebd., S. 13). Soziale Arbeit ist, wie auch die Sozialphilosophie, selbst *Element* des gesellschaftlichen Lebensprozesses. Sie ist Teil der sozialen Welt, ebenso in die gesellschaftlichen Kämpfe um Macht und Anerkennung verstrickt wie alle anderen gesellschaftlichen und wissenschaftlichen Diskurse auch (vgl. ebd.).

5 Von der Erkenntniskritik zu drei theoretischen „Ansätzen" der Sozialen Arbeit

Der Mensch ist in seinem Denken, Fühlen und Handeln bestrebt, einen Zustand, ein Verhalten oder eine Gegebenheit eindeutig zu erfassen und zu verstehen. Dabei ergibt sich das Paradox, dass er selbst an dem beteiligt ist, was er erkennend zu durchdringen bestrebt ist. Theorien werden in Diskursverhältnissen entwickelt. Theorien sind daher nicht das andere der Praxis, sondern ein dem praktischen Handeln vorausgehender und hinterhereilender Erkenntnisprozess. Theorien gleichen einer Landkarte, die über eine Landschaft (soziale Praxis) entworfen wird. Die Landkarte kann die Wirklichkeit nicht vollständig abbilden, aber sie ermöglicht es, sich darin zu orientieren. Die Übergänge zwischen *Alltagstheorien* und *wissenschaftlichen* Theorien gestalten sich dabei fließend (vgl. Doehlemann 2006, S. 18). Theorie und Praxis beziehen sich dialektisch aufeinander. Auf der Grundlage dieser Dialektik werden Handlungsempfehlungen für die sozialarbeiterische Praxis ausgesprochen. Nach Michael May (2009) „gibt es – heute mehr denn je – höchst unterschiedliche Ansatzpunkte und Zugänge zu einer Theoretisierung Sozialer Arbeit." May bezeichnet diese als *„Ansätze"*. Sie sind nicht synonym mit bestimmten *„Denkstilen"*. Sie können durchaus von unterschiedlichen *„Denkstandorten"* aus verfolgt werden" (S. 15). Mit diesem Punkt nehmen wir einen Denkstandort ein, von dem aus exemplarisch drei theoretische Ansätze der Sozialen Arbeit skizziert werden; und zwar haben wir solche Ansätze ausgewählt[2], die mit den Leitmotiven der Tiroler Landesregierung korrelieren. Die dargestellten Ausschnitte aus den Leitmotiven lassen sich zusammenfassen über die Begriffe: „Vernetzte und förderliche Kultur des Aufwachsens", „Resilienz" und „wechselseitiges Anerkennen".

5.1 Der postmoderne Ansatz: Eine vernetzte und förderliche Kultur des Aufwachsens in Familien (Heiko Kleve)

Obwohl eine ausgearbeitete Systemtheorie Sozialer Arbeit nach May bisher nicht vorliegt (May 2009, S. 107), so gibt es doch eine Reihe von Ansätzen, die die soziologische Systemtheorie (Luhmann), den emergetistischen Systemismus (Bunge) und naturwissenschaftliche Erkenntnisse (Systemtheorie in der Kybernetik und die General System Theorie in der Biologie) auf Problemstellungen der Sozialen Arbeit übertragen. Vor allem in den Praxisfeldern der Beratung und

---

[2] Die VertreterInnen dieser drei Ansätze werden voraussichtlich im Rahmen der Ringvorlesung Social Circle im Wintersemester 2010/2011 an der Fachhochschule Kärnten vortragen.

Therapie wird seit den 1980er Jahren vielfach auf konstruktivistische und systemische Theorieanteile Bezug genommen, die zu einer Neuorientierung auch in den Sozialwissenschaften führten. Gemeinsam ist diesen systemtheoretischen Ansätzen ein Bezug auf einen allgemein gefassten Begriff von System.

Heiko Kleve, als Hauptvertreter einer konstruktivistisch-systemtheoretischen Theorie Sozialer Arbeit, behauptet „dass unsere Welt der Wahrnehmungen und Kommunikationen komplex, kontingent und relativ ist" (Kleve 1999, S. 2). Kleve bezeichnet den Konstruktivismus als eine *praktische Theorie*, die sich trotz ausgefeilter Abstraktionen für die Soziale Arbeit als äußerst praxisnah erweise. Sie eröffne dem Klientel Möglichkeiten, die Erfahrungen der Bodenlosigkeit, die es in der postmodernen „polykontextuellen" und „hyperkomplexen" Welt macht, erklär- und handhabbar zu machen. Sie zeige Lösungswege auf, ohne Lösungsmaßstäbe aufzuoktroyieren. Und sie verhelfe dem Professional dazu, mit Lebensentwürfen umzugehen, die von den eigenen abweichen. Zu jeder fachlichen Einschätzung gibt es immer auch eine Alternative. Mit dieser Analyse geht nach Kleve die Möglichkeit des „Andersseins" (vgl. Kleve 1999, S. 10) und die „Dekonstruktion" einer eindeutigen sozialarbeiterischen Identität einher (vgl. Kleve 2000, S. 193).

Übertragen auf die Soziale Arbeit mit Familien finden die Begriffe „Autopoiesis", „Funktionssystem" und „systemische Wechselverhältnisse" eine Anwendung. Im Rahmen bestimmter Umweltbedingungen entwickeln sich Familien autonom und selbstbestimmt; sie verarbeiten Umwelteinflüsse nach eigenen Maßgaben. Ausgehend von der soziologischen Systemtheorie kann Familie als „Funktionssystem" der Gesellschaft beschrieben werden, das Funktionen erfüllt, die von keinem anderen Teilsystem erfüllt werden können. Und schließlich weist der Begriff „systemische Wechselverhältnisse" darauf hin, dass die Familie auf andere gesellschaftliche Funktionssysteme angewiesen ist, um überleben zu können. Gegenwärtig sieht sich die Familie vor eine Zerreißprobe gestellt, weil andere Teilsysteme ihr Flexibilität und Mobilität (Arbeitsmarkt) abverlangen, durch die sie in ihrem Bestehen gefährdet wird (vgl. Kleve 2007, S. 115ff.). Aus diesen verschiedenen Elementen entwickelt Kleve ein Konzept der Familiensozialarbeit, das sich auf die Etablierung eines Kooperationsmusters stützt und eine *förderliche Kultur des Aufwachsens* in den Familien zu realisieren bemüht ist (vgl. ebd., S. 125ff.).

5.2 Der resilienzorientierte Ansatz (Margherita Zander)

Soziale Arbeit sieht sich mit neuen Armutsgefährdungen von Familien und ihren Kindern konfrontiert, die die kindlichen Entwicklungs-, Kontakt-, Bildungs- und

224 Sandro Bliemetsrieder und Susanne Dungs

Teilhabemöglichkeiten einschränken. Dies wirkt sich auf ihren Gesundheitszu-
stand und ihr Gesundheitsverhalten aus (vgl. Zander 2009, S. 304). Da ein Aufwachsen in Armut Entwicklungsrisiken der Kinder nach sich zieht, versucht
Margherita Zander für die Soziale Arbeit Ergebnisse aus der Resilienzforschung
zu erschließen. Es geht um die Frage, welche Faktoren dazu beitragen, dass einige Kinder trotz widriger Umstände gedeihlich aufwachsen, während andere unter
vergleichbaren Bedingungen beeinträchtigt werden. Resilienzforschung fragt,
warum bestimmte Faktoren nur bei einigen Kindern destruktive Auswirkungen
hervorrufen und versucht zu ergründen, wie die Resilienz (Widerstandsfähigkeit)
von Kindern gefördert werden kann. Den psychologischen Zweig der
Resilienzforschung möchte Zander um die Augen der Kinder erweitern. „Solche
Kinder würden an die Wirksamkeit ihres Handelns glauben, und ihre Selbstwirk-
samkeitsüberzeugung werde dadurch bestärkt, dass sie sich auf Aspekte der
Situation konzentrieren, die sie selbst verändern können." (ebd., S. 207) Die
Ergebnisse der Resilienzforschung verweisen dabei darauf, dass sozialpädagogisches Handeln generell Unwägbarkeiten ausgesetzt ist; davon ausgehend warnt
Zander vor einer rezeptartigen Anwendung von Resilienz. Weder für das Risiko
noch für den Schutz ließen sich definitive Wirkungen nachweisen (vgl. ebd., S.
45ff.).

Der resilienzorientierte Ansatz zeigt eine Nähe zum Bewältigungsparadig-
ma und zum Lebenslagenkonzept nach Böhnisch. Zander fordert daraufhin „einen explizit formulierten Armutsbegriff" (Zander 2009, S. 288), der beim Ringen
um ein Verständnis von Armut ein statistisches, soziologisches Denken nicht
unreflektiert in ihren Lebenslagenansatz übernimmt. Vielmehr müsse Soziale
Arbeit eine „prozesshafte Ausformung im individuellen Lebenslauf" mit einer
„Subjekt- und Handlungsperspektive" als „zeitliche Dimension" in ihre Typologie integrieren (ebd., S. 289). Ein solches Armutskonzept hat demzufolge einen
dualen Blickwinkel: (1) Es muss durch die Lebenslagenorientierung Aussagen
über „sozialpolitische Handlungsperspektiven" formulieren und „sozial-staatlich
strukturierte Integrationsbereiche (wie Bildung, Arbeitsmarkt, soziale Risikoabsicherung, Wohnen, Gesundheit, soziale und kulturelle Teilhabe)" berücksichtigen. (2) Gleichzeitig kann es durch seinen Lebensweltbezug „subjektorientierte
Handlungsansätze erschließen helfen" (vgl. ebd., S. 290). Kinderarmut wird
aufgrund ihrer Entstehung im Zusammenhang mit Erwachsenenarmut nicht als
isoliertes Phänomen betrachtet, sondern in ihrer sozial-ökologischen und sozialintegrativen Reichweite erkannt. Die entsprechenden sozialintegrativen Unterstützungsangebote der Sozialen Arbeit sind nach Zander so zu gestalten, dass sie
weder diskriminierende noch stigmatisierende Folgen nach sich ziehen (vgl.
ebd., S. 306).

5.3   Der sozialphilosophische Ansatz: Wechselseitiges Anerkennen (Gerhard Gamm)

In dem sozialphilosophischen Ansatz von Gerhard Gamm wird der „Differenz-sinn eines freien Selbst" in den Mittelpunkt gerückt. Damit möchte er sich vom „bestimmungs- und wesenslogischen Diskurs" über Subjektivität und Moralität absetzen. Die Absetzungsbewegung bezeichnet er als „Dekonstruktion der Sub-jektivität" und ihrer „totalisierenden Vernunft" (vgl. Gamm 1986, S. 9f.). Aus-gehend davon wendet sich Gamm dem „Unbestimmtwerden aller Bestimmun-gen" der modernen Welt zu.

> „Unbestimmtheit lässt sich am Scheitern aller anthropologischen Versuche, das We-sen des Menschen zu bestimmen ebenso demonstrieren, wie an der antinomischen Struktur moralischer Prinzipien oder auch an den Schwierigkeiten, die sich für die Naturwissenschaften (…) aus der prinzipiellen Unbestimmbarkeit ihrer Gegenstände ergeben." (Gamm 2000, S. 7)

Dabei spielt die methodische Figur des „absoluten Unterschieds" der spekulati-ven Dialektik Hegels eine prominente Rolle, da sie ausgezeichnet geeignet sei, „Grundbegriffe für das Verständnis einer radikal modernen Welt zu entwickeln" (Gamm 2002, S. 300). Dass Gesetz, Handlung, Freiheit, Selbst, Geschichte, Natur usf. seit dem „Tod Gottes" auf keinerlei substantiellen Sinn mehr zurück-geführt werden können, interpretiert Gamm daher nicht als einen Mangel, son-dern als den Ausgangspunkt für ein Offen- und Kritischsein.

> „Als weithin akzeptiertes Resultat kann danach gelten, dass die Unabgeschlossenheit unserer Interpretationen nicht Zeichen eines Bestimmtheitsmangels ist, sondern un-vordenkliche Startbedingung möglichen Gelingens; dass ‚Missverstehen' nicht An-zeige kollabierender Kommunikation, sondern Medium des Verstehens ist; dass das Abgeschattetsein des Horizonts Sprechen und Handeln nicht verdüstert, sondern hinsichtlich ihrer gegenständlichen Bestimmtheit allererst hervorbringt; dass die Unbestimmtheit in Form der Unausdeutbarkeit des Selbst ein einziges kritisches und normatives Potential enthält – das einzige womöglich, aus dem in unseren Tagen ei-ne nichtdogmatische ethische Orientierung geschöpft werden kann." (Gamm 2000b, S. 159)

Was der Mensch von seinem Wesen her ist, lässt sich über keine Definition hin-reichend erfassen. Aber „gerade weil die Mitte des Menschen nicht feststeht, sein Denken und Handeln keine vorgegebene Struktur besitzt, steht sie den unter-schiedlichen Besetzungen offen" (Gamm 2004, S. 50). Gamm spricht auch von einer „bestimmten Unbestimmtheit", denn „die leere oder unbestimmbare Mitte des Selbst kann nicht unbesetzt bleiben, sie verlangt ständig nach dem, wodurch sie sich artikulieren, manifestieren oder präsentieren kann, um gleichzeitig deutlich zu machen, dass sie durch keine Artikulation hinreichend erschöpft werden kann" (ebd.).

Übertragen auf die Soziale Arbeit ergibt sich hieraus die interessante Einsicht, dass gelingende Lebensperspektiven „nicht ebenso eingerichtet werden können wie eine reibungslos funktionierende Maschine" (Gamm 2006b, S. 46). Das Gelingende des individuellen Lebens entfaltet sich nur im sozialen Institut des wechselseitigen Anerkennens. „Der Eintritt in dieses Institut (…) ist eine Gefangennahme sui generis, eine Selbstgefangennahme." (ebd., S. 52) Die Verpflichtungen dieses Instituts sind nach Gamm interessanterweise exakt daran gebunden, sich in jedem Augenblick auch daraus befreien zu können:

> „Nur weil mir die Möglichkeit offen steht, mich jederzeit über sie hinweg zu setzen, fühle ich mich an sie und durch sie gebunden. (…) In der Übernahme oder der tätigen Festlegung auf dieses oder jenes liegt der bestimmende oder die Person individuierende Charakter, das ist die Einmaligkeit eines gelingenden oder misslingenden Lebens." (ebd.)

6   Schluss

In diesem Beitrag wurden zum einen didaktische Konzepte und der Prozess der Vermittlung von Inhalten nachgezeichnet und antizipiert. Zum anderen wurden einige inhaltliche Paradoxien thematisiert, insofern uns diese *doppelte Buchführung* immer wieder auf die Dialektik von Gewissheit und Ungewissheit, Beziehung und Bedeutung, Subsumtion und Rekonstruktion stoßen ließ. Zusammengefasst gesagt: Alles Gewinnen von Wissen vollzieht sich immer in einer intersubjektiven Ausgangslage, die diesem Wissen seinen Boden fortlaufend entzieht. Das Intersubjektive konfrontiert mit den Grenzen der theoretischen Einholbarkeit und ist zugleich die Startbedingung von gelingender Individualität und Sozialität. Diesen Prozess durchschritten wir didaktisch, ausgehend von der Verabschiedung der Vorverständnisse, über die Mehrdeutigkeit der Handlungsfelder, über die Ver(un)sicherung im forschenden Lernen bis hin zu drei theoretischen Grundlegungen der Sozialen Arbeit. Inhaltlich bedeutet dies, dass sich Studierende mit Konzepten von Erziehung und Bildung auseinandersetzen, Eckpfeiler von Handlungsfeldern kennenlernen, sich Motive forschenden Lernens aneignen und diese theoretisch mehrdimensional reflektieren, um ihren disziplinären und professionellen Habitus zu fundieren.

Unser beider Denken (der Autorin und des Autors) ist sich in manchem ähnlich, unterscheidet sich aber auch, so dass das Schreiben an einem gemeinsamen Beitrag es erfordert, das Eigene mit zunächst Unbekanntem zu konfrontieren.

Wir haben Korrelationen entdeckt und Irritationen hinter uns, zumal wir versucht haben, unser beider wissenschaftliche Ansätze nicht nur hintereinander zu reihen, sondern miteinander zu kombinieren. Entstanden ist ein mit vielfältigen Beschriftungen überlagerter Deutungsversuch von *Kindheit in der Spätmoderne*. Die Widerständigkeit dieser thematischen Materie und der jeweils fremde Blick sind zu Konfigurationen zusammengegangen, „die ähnlich den Drehbewegungen eines Kaleidoskops ständig wechseln" (Bäuml-Roßnagl 2005, S. 160). Erleichtert haben uns das Konfigurieren ein ähnlicher Zugang aus der Bildungstheorie und Sozialphilosophie, eine vergleichbare gesellschaftskritische Positionierung und korrelierende Vorstellungen von offener Zukunft und ungewissem Gelingen. Da auch wir als Lehrende, wie die Studierenden, in der Sozialen Arbeit Teil der sozialen Welt sind und ebenso in Kämpfe um Macht und Anerkennung verstrickt sind wie andere wissenschaftliche Diskurse auch, hätte uns die Angst befallen können, dass die eigene Position in der Konfrontation mit der anderen ins Nichtgewürdigte verflüssigt wird. Dieser Strudel hat uns allerdings weniger eingeholt, als Neues hervorbringen lassen.

Literatur

Amt der Tiroler Landesregierung Abteilung Jugendwohlfahrt (2001): Leitlinien für die Jugendwohlfahrt. Empfehlungen des Jugendwohlfahrtsbeirates. (http://www.tirol. gv.at/fileadmin/www.tirol.gv.at/bezirke/landeck/downloads/dokumente/LeitlinienJu gendwohlfahrt.pdf, entnommen am 26. 2. 2009).

Bäuml-Roßnagl, Maria-Anna (1992): Wege in eine neue Schulkultur. Was sind eigentlich Lebenswerte? In: Bäuml-Roßnagl, Maria-Anna (Hg.): Lebenswerte (in einer neuen) Schulkultur. Westermann Schulbuchverlag, Braunschweig.

Bäuml-Roßnagl, Maria-Anna (2005): Bildungsparameter aus soziologischer Perspektive. Books on Demand, Hamburg.

Bäuml-Roßnagl, Maria-Anna (2010): Prolog. In: Bliemetsrieder, Sandro-Thomas/ Boenisch, Bianca/ Stumpf, Hildegard (Hg.): Bildungskultur und Soziale Arbeit. Herbert Utz Verlag, München. S. 5–12.

Biermann, Benno (2007): Soziologische Grundlagen der Sozialen Arbeit. Ernst Reinhard Verlag, München/Basel.

Borst, Eva (2004): »Anerkennung« als konstitutives Merkmal sozialpädagogischer Bildungsvorstellungen. In: Neue Praxis 3(2004). S. 259–270.

Bourdieu, Pierre (1997): Sozialer Sinn. Kritik der theoretischen Vernunft. Suhrkamp, Frankfurt am Main.

Doehlemann, Martin (2006): Soziologische Theorien und soziologische Perspektiven für soziale Berufe. In: Biermann, Benno/ Bock-Rosenthal, Erika/ Doehlemann, Martin/ Grohall, Karl-Heinz/ Kühn, Dietrich: Soziologie. Studienbuch für soziale Berufe. Ernst Reinhard Verlag, München/Basel. S. 17–46.

Dornes, Martin (2009): Überlegungen zum Strukturwandel der Psyche. Eine programmatische Skizze. In: Forst, Rainer/ Hartmann, Martin/ Jaeggi, Rahel/ Saar, Martin (Hg.): Sozialphilosophie und Kritik. Suhrkamp, Frankfurt am Main. S. 611–633.

Dungs, Susanne (2006): Anerkennen des Anderen im Zeitalter der Mediatisierung. Sozialphilosophische und sozialarbeitswissenschaftliche Studien im Ausgang von Hegel, Lévinas, Butler, Žižek. LIT, Hamburg.

Fendrich, Sandra/ Lange, Jens/ Witte, Matthias D. (2004): Umgang mit Ungewissheit in der Jugendhilfe. In: Neue Praxis 3(2004). S. 312–315.

Gamm, Gerhard (1996): Philosophie heute. Rede an GymnasiastInnen. Vortrag in Chemnitz.

Gamm, Gerhard (2000): Nicht nichts. Studien zu einer Semantik des Unbestimmten. Suhrkamp, Frankfurt am Main.

Gamm, Gerhard (2002): Wahrheit als Differenz, Studien zu einer anderen Theorie der Moderne. Philo, Berlin/Wien. (Mit einem Nachwort in der Neuauflage von 2002, 1. Aufl. 1986).

Gamm, Gerhard (2002): Der unbestimmte Mensch. Die gebrochene Mitte des Selbst als irreduzible Lücke im Sein. In: Lettre International 57(2002). S. 90–93.

Gamm, Gerhard (2004): Der unbestimmte Mensch. Zur medialen Konstruktion von Subjektivität. Philo, Berlin/Wien.

Gamm, Gerhard (2006a): Wissen und Verantwortung. Vortragsmanuskript. Darmstadt. (Veröffentlicht unter dem Titel: Perplexe Welt. Verantwortung und Wissen in Zeiten andauernder Rationalitätskrisen. In: Lettre International, 76(2007). S. 77–82).

Gamm, Gerhard (2006b): Standhalten. Motive einer kritischen Pädagogik. In: Keim, Wolfgang/ Steffens, Gerd (Hg.): Bildung und gesellschaftlicher Widerspruch. Hans-Jochen Gamm und die deutsche Pädagogik seit dem Zweiten Weltkrieg. Lang, Frankfurt am Main. S. 45–60.

Gamm, Gerhard (2007): Vertrauen haben. In einer Welt voller Überraschungen. In: Museumskunde Bd. 72, 1(2007). S. 47–55.

Huber, Anja (2005): Sozialreferat, Amt für Wohnen und Migration: Quartiersbezogene Bewohnerarbeit. Konzeptionelle Grundlagen. (http://www.urbanes-wohnen.de/fachtag-wla/doku/ft2/4%20Huber.pdf, entnommen am 30. 4. 2010).

Jaeggi, Rahel/ Wesche, Thilo (2009): Was ist Kritik? Suhrkamp, Frankfurt am Main.

Kasüschke, Dagmar (2002): Frühkindliche Bildungsprozesse und interindividuelle Differenzen zwischen Mädchen und Jungen. In: Liegle, Ludwig/ Treptow, Rainer (Hg.): Welten der Bildung in der Pädagogik der frühen Kindheit und in der Sozialpädagogik. Lambertus-Verlag, Freiburg im Breisgau. S. 275–287.

Klafki, Wolfgang/ Braun, Karl-Heinz (2007): Wege pädagogischen Denkens. Ein autobiographischer und erziehungswissenschaftlicher Dialog. Ernst Reinhard Verlag, München/Basel.

Kleve, Heiko (1999): Konstruktivismus als praktische Theorie Sozialer Arbeit. Versuch einer Präzisierung postmoderner Theorie- und Ethikgrundlagen für Disziplin und Profession. In: GISA. Rundbrief gilde soziale Arbeit 1. S. 2–17.

Kleve, Heiko (2000): Die Sozialarbeit ohne Eigenschaften. Fragmente einer postmodernen Professions- und Wissenschaftstheorie Sozialer Arbeit. Lambertus Verlag, Freiburg.

Kleve, Heiko (2007): Ambivalenz, System und Erfolg. Provokationen postmoderner Sozialarbeit. Carl-Auer Verlag, Heidelberg.

Krautz, Jochen (2009): Bildung als Anpassung? Das Kompetenz-Konzept im Kontext einer ökonomisierten Bildung. Fromm Forum 13(2009). S. 87–100.

Lilienthal, Markus (2001): Norbert Elias: Über den Prozess der Zivilisation (1937-39). In: Gamm, Gerhard/ Hetzel, Andreas/ Lilienthal, Markus: Hauptwerke der Sozialphilosophie. Reclam, Stuttgart. S. 134–146.

May, Michael (2009): Aktuelle Theoriediskurse Sozialer Arbeit. Eine Einführung. VS, Wiesbaden.

Meuser, Michael/ Nagel, Ulrike (2005): ExpertInneninterviews – vielfach erprobt, wenig bedacht. Ein Beitrag zur qualitativen Methodendiskussion. In: Bogner, Alexander/ Littig, Beate/ Menz, Wolfgang (Hg.): Das Experteninterview. Theorie, Methode, Anwendung. VS, Wiesbaden. S. 71–94.

Thiersch, Renate (2002): Sozialräumliche Aspekte von Bildungsprozessen – Sozialraumorientierung als Aufgabe für Kindertageseinrichtungen. In: Liegle, Ludwig/ Treptow, Rainer (Hg.): Welten der Bildung in der Pädagogik der frühen Kindheit und in der Sozialpädagogik. Lambertus Verlag, Freiburg im Breisgau. S. 242–257.

Wimmer, Michael (2006): Dekonstruktion und Erziehung. Studien zum Paradoxieproblem in der Pädagogik. Transcript Verlag, Bielefeld.

Zander, Margherita (2009): Armes Kind – starkes Kind? Die Chance der Resilienz. VS, Wiesbaden.

Žižek Slavoj (1998): Jenseits der Diskursanalyse. In: Butler, Judith/ Chritchley, Simon/ Laclau, Ernesto/ Žižek, Slavoj: Das Undarstellbare der Politik. Turia & Kant, Wien. S. 123–131.

Jugendgewalt[1]

Bringfriede Scheu

1   Vorbemerkungen

Die Debatte um Jugendgewalt ist vielfältig; die unterschiedlichsten Erklärungsansätze – seien sie wissenschaftlicher, halbwissenschaftlicher oder alltagsprakti-
scher Herkunft – liegen vor und durchziehen in vielfältiger Art und Weise die
öffentliche und veröffentlichte Rezeption (vgl. Scheu 2009). Deutlich wird, dass
der Gegenstand „Jugendgewalt" kontrovers diskutiert wird, verschiedene Auffassungen zu den Ursachen von Jugendgewalt existieren und in der Folge unterschiedliche Umgangsweisen mit Jugendgewalt vorgeschlagen werden.

Folgt man der medialen Berichterstattung, dann scheint die Anzahl der Jugendlichen, die Gewalt ausüben, ständig zuzunehmen. Die Berichte über Ge-
waltexzesse, über Jugendliche, die scheinbar aus purer Langweile oder unter
Alkoholeinfluss gewalttätig sind, häufen sich. Einen Anstieg von angezeigten
Gewalttaten zeigen auch die polizeilichen Kriminalitätsstatistiken. Beide Quellen
scheinen ein Zunehmen der Jugendgewalt zu bestätigen. Einschränkend ist hier
allerdings anzumerken, dass in einem beträchtlichen Maße auch Etikettierungs-
und Stigmatisierungsprozesse, eine erhöhte gesellschaftliche Aufmerksamkeit
und eine steigende Anzeigebereitschaft (Verschiebung von Gewalttaten aus dem
Dunkel- in das Hellfeld) bedeutsam sind (vgl. Autrata 2009, S. 227ff.). Betrachtet man Jugendgewalt stattdessen auf der Basis repräsentativer Studien, dann
kann eine Steigerung in keinster Weise bestätigt werden: Jugendgewalt pendelte
sich in den vergangenen Jahren auf einem – zwar hohen, aber – gleichbleibenden
Niveau von ca. 14-20% (vgl. Baier et al. 2009; Krumm et al. 1997; Klicpera et
al. 1996; Karamaz-Morawetz et al. 1995) ein. Trotz dieser vorgenommenen
Relativierung der Gewalt im Jugendalter handelt es sich hierbei um ein Phänomen, das bei Opfern wie TäterInnen mit leidvollen Erfahrungen verbunden ist
und das zwischenmenschliche Zusammenleben hochgradig beeinträchtigt. Sie
enthebt auch nicht von der Aufgabe, einen pädagogisch-professionellen gewalt-
reduktiven und gewaltpräventiven Umgang mit Jugendgewalt zu finden.

---

[1] Der Artikel basiert auf früheren Veröffentlichungen (vgl. Autrata/Scheu 2009).

Beschäftigt man sich mit dem Thema *Jugendgewalt*, muss vorab der Gewaltbegriff näher erläutert werden. Gewalt wird hier als eine funktionale und subjektivbegründete Lebensbewältigungsstrategie verstanden, die durch den Einsatz körperlicher Gewalt andere Menschen intentional und direkt schädigt. (Dieser Definitionsansatz schließt an dieser Stelle strukturelle und psychische Gewalt aus).

2 Gründe für gewalttätiges Handeln

Für das Jugendalter ist typisch, dass dieser Lebensphase immense Entwicklungsaufgaben und Bewältigungsherausforderungen inhärent sind. Die Jugendlichen sind mit unübersichtlichen, ambivalenten, konfliktreichen und emotional belastenden Lebenssituationen konfrontiert (u. v. a. m.), die von ihnen bewältigt werden müssen, für die sie eine Bewältigungsstrategie entwickeln und die sie sich aneignen müssen, um handlungsfähig zu bleiben oder zu werden. Gewalthandeln kann eine solche Bewältigungsstrategie sein. Dieser Aspekt weist allerdings lediglich auf die objektiven und personalen Lebensbedingungen hin. Damit sind keinesfalls schon die Handlungsgründe bzw. Handlungsbegründetheiten herausgearbeitet und thematisiert. Jugendliche erleben vielfach auch einen Mangel an Teilhabe- sowie Gestaltungsmöglichkeiten. Auch dieser erlebte Mangel kann unter Umständen mit gewalthaltigem Handeln überwunden werden. Auf diesen Aspekt wird später noch einmal Bezug genommen. Hier gilt es deutlich festzuhalten, dass die jeweiligen subjektiven Handlungsbegründetheiten nicht sichtbar sind, sondern erst in einem intersubjektiven Prozess herausgearbeitet werden müssen. Dies soll im Folgenden näher erläutert werden:
    Es handelt sich hierbei also um ein Bewältigungsverhalten und -handeln, das die Menschen in die Lage versetzen soll, die eigene Umwelt kontrollieren, ein bestimmtes Ziel erreichen und gewisse Lebenssituationen bewältigen zu können. Diesem Paradigma folgend, sind gewalthaltige Handlungsmuster für den einzelnen Menschen prinzipiell funktional und begründet und nicht von objektiven Bedingungen determiniert! So ist das Bedingtheitsmodell zur Erklärung von Gewalthandeln, das postuliert, dass die *Ursachen* dafür allein in den objektiven Lebenssituationen liegen und das davon ausgeht, dass die Menschen aufgrund ihrer Lebensbedingungen nicht anders können, als gewalthaltig zu handeln, obsolet (ausführlicher dargestellt in: Autrata/Scheu 2009).
    Menschen leben nicht in einem luftleeren Raum, sozusagen außerhalb ihrer objektiven Lebensbedingungen/objektiven Prämissenlage, ohne jeglichen Bezug dazu, sondern begegnen ihnen tagtäglich und überall, und sie setzen sich mit diesen auseinander, ohne von ihnen determiniert zu sein. Aus diesem je-

spezifischen Verhältnis (oder: Auseinandersetzungsprozess) ergeben sich für die Menschen unterschiedliche Handlungsnotwendigkeiten, zu deren Bewältigung sie nun aufgefordert sind. Sie müssen Handlungsmuster anwenden oder erst entwickeln, mit denen sie diese Aufgaben, Anforderungen und Herausforderungen bewältigen können, um dann wieder handlungsfähig zu sein/werden und die eigene Umwelt kontrollieren zu können. Nun stehen den Menschen grundsätzlich und prinzipiell ja immer mindestens zwei Handlungsalternativen zur Verfügung. Sie können ein Handlungsmuster wählen, das einschränkende und behindernde Lebensbedingungen überwindet und damit zur Lebensraumerweiterung beiträgt. Ein solches Handlungsmuster wird dann kategorial unter „verallgemeinerter Handlungsfähigkeit" gefasst. Oder sie wählen ein Handlungsmuster, das sie in die Lage versetzt, mit den vorfindbaren Bedingungen zu Recht zu kommen, ohne diese in Frage zu stellen oder gar verändern zu wollen. Dies wäre dann kategorial mit „restriktiver Handlungsfähigkeit" zu fassen. Die Menschen stehen also in einer „doppelten Möglichkeitsbeziehung" (Holzkamp 1983) zu ihrer Lebenssituation. Sie müssen sich also grundsätzlich für ein für sie funktionales Handlungsmuster bzw. eine Handlungsalternative entscheiden. Das Kriterium beziehungsweise der Maßstab für diese Entscheidung resultiert aus der jeweiligen Interessens- und Bedürfnislage der Menschen. Ihre personalen Bedingungen, das heißt ihre subjektive Prämissenlage liefern somit die jeweiligen Gründe für die Auswahl des jeweiligen Handlungsmusters:

"Das Subjekt kann aus den Bedeutungsanordnungen [gemeint sind damit die gesellschaftlichen Verhältnisse, BS], mit denen es jeweils konfrontiert ist, bestimmte Aspekte als seine Handlungsprämissen abstrahieren, aus denen sich dann gewisse vernünftige (d.h. in seinem Lebensinteresse liegende) Handlungsvorsätze ergeben, die es, soweit dem keine Widerstände/Behinderungen aus der kontingenten Realität entgegenstehen, als Handlungen realisiert." (Holzkamp 1995, S. 838)

Die so entwickelten Handlungsmuster sind damit für die Menschen funktional und begründet, auch wenn diese auf Außenstehende als unvernünftig, nicht nachvollziehbar oder gar unverständlich wirken, wie zum Beispiel auch das gewalttätige Handeln. Aber auch wenn bestimmte Handlungsmuster von Außenstehenden nicht nachvollziehbar sind oder gar als unbegründet erscheinen, hat der Mensch dennoch vernünftige Gründe, gerade so und nicht anders zu handeln. Wenn also von Außenstehenden bestimmte Handlungsmuster als unbegründet bewertet werden, dann heißt dies nur, dass sie die Prämissen, unter denen dieses Handeln entstanden ist, nicht kennen. Würden sie die je spezifischen Prämissen des Handelnden kennen, dann wäre ihnen auch die Begründetheit der Handlung nachvollziehbar. Was allerdings nicht bedeutet, dass Außenstehende die subjektiv-begründete Handlung dann akzeptieren und als für gut erachten müssen.

Geht es also darum, die Gründe für das gewalthaltige Handeln herauszuarbeiten, dann geht es darum, das für Jugendliche typische Verhältnis zu ihren typischen Lebensbedingungen, zu ihrer Lebenssituation als auch zu ihrer jugendtypischen Interessen- und Bedürfnislage herauszuarbeiten. Denn gerade aus diesem Verhältnis heraus entwickeln sich ihre subjektiven Handlungsgründe, die „innerhalb der sozialen Kommunikation/ Interaktion einen bestimmten inhaltlichen Bezug" (Holzkamp 1987, S. 26) haben.

Wie eingangs formuliert, sind gewalthaltige Handlungsmuster das Resultat des Auseinandersetzungsprozesses der Menschen mit ihrer jeweiligen Umwelt. Aus diesem Prozess heraus entstehen und entwickeln sie sich. Diesem Paradigma folgend ist die Entstehung und Entwicklung gewalthaltiger Handlungsmuster ein aktiver Prozess. Die Menschen setzen sich aktiv mit ihrer Umwelt/Lebenswelt auseinander, indem sie ein gnostisches Verhältnis zu ihr aufbauen. An diesem Prozess ist folglich sowohl der Mensch mitsamt seinen personalen Bedingungen als auch die konkrete Lebenssituation samt ihren objektiven Bedingungen beteiligt. So sind die personalen Bedingungen und die objektiven Bedingungen wesentliche Indikatoren/Parameter für eine theoretische Fundierung von gewalthaltigen Handlungsmustern. Dabei wirken diese beiden Bedingungsdimensionen keinesfalls deterministisch; es besteht kein monokausaler Zusammenhang zwischen ihnen und dem Gewalt-Phänomen. Dennoch sind diese beiden Indikatoren grundlegend für die Erklärung menschlichen Handelns. Denn erst aus dem gnostischen Verhältnis der Menschen zu ihren objektiven Lebensbedingungen ergeben sich für sie die jeweiligen Herausforderungen, Notwendigkeiten und Aufgaben zum Handeln. Und da den Menschen zur Bewältigung dieser Aufgaben, Herausforderungen und Notwendigkeiten unterschiedliche Bewältigungsmöglichkeiten/Handlungsalternativen zur Verfügung stehen, kommt der zweite Indikator zum Tragen. Die subjektive Prämissenlage spezifiziert sich aus den jeweiligen Interessen und Bedürfnissen der Menschen, so sind erst aus der subjektiven Prämissenlage der Menschen ihre Bedürfnisse und Interessen ableitbar. Es handelt sich hier also um Denk- und Handlungsmuster, die der Mensch in einem aktiven Prozess entwickelt, der aber durchaus verschiedenartige Handlungsoptionen offen lässt.

Den subjektwissenschaftlichen Erklärungsansatz für gewalthaltige Handlungsmuster leiten zwei Paradigmen: Erstens, menschliches Handeln ist funktional und begründet und zweitens, den Menschen stehen immer und prinzipiell mindestens zwei Handlungsalternativen zur Verfügung. Gewalthandeln wird somit als eine intentional gewählte Form der Bewältigung gefasst, mit der die Menschen versuchen, ihre Lebenssituation zu bewältigen. Gewalthaltiges Handeln wird hier somit nicht als ein Schicksal oder eine persönliche Einstellung von wenigen Einzelnen gefasst, mit denen wenige „Andere" angegriffen werden, sondern als ein gesellschaftliches Phänomen, von dem fast alle Menschen betroffen sein können. So scheinen die jeweiligen Prämissenlagen den Menschen nahe zu legen, sich gewalthaltige Handlungsmuster anzueignen und sie liefern die subjektiven Notwendigkeiten, gewalthaltige Handlungsmuster anzuwenden. Prämissenlagen dürfen hier nicht in einem soziologischen, determinierenden Sinne gedacht werden, sondern eher als Bedeutungskonstellationen, in denen die Notwendigkeiten zu handeln und die Gründe des Handelns zu finden sind.

Gewalthandeln hat somit seine Gründe, die an die jeweilige Prämissenlage gebunden sind und anhand derer das Handeln für sich und andere erklärbar und begründbar ist. Indem Menschen sich zu ihrer je spezifischen objektiven und subjektiven Prämissenlage verhalten, sie aus diesem Verhältnis ihr Verhalten und Handeln ableiten, zeigt sich dieses zunächst einmal als für sie begründet und funktional, weil sie entsprechend ihren eigenen Lebensinteressen und Bedürfnislage handeln. In dieser Formulierung wird deutlich, dass sich diese Einordnung keinesfalls einem deterministischen Modell zuordnen lässt, wo davon ausgegangen wird, dass die Lebensbedingungen das menschliche Leben bedingen (vgl. Scheu 2009). Die eigentliche Frage, die sich stellt, um gewalthaltige Handlungsmuster theoretisch erklären zu können, ist, wie die je spezifische Prämissenlage des Einzelnen beschaffen ist und welche Gründe sie dazu dem/der Einzelne/n offeriert, gewalthaltig zu handeln. Die je-spezifische Prämissenlage, zu der sich der/die Einzelne verhält, beinhaltet allerdings prinzipiell zwei alternative Denk- und Handlungsmuster; die Gewalthandlung ist nur eine davon. Grundsätzlich böte diese Prämissenlage aber auch die andere Möglichkeit, nämlich nicht-gewalthaltig zu handeln. Auch wenn nun die „andere" Möglichkeit dysfunktional erscheint und/oder nicht wahrgenommen werden kann, besteht sie weiterhin, sie kann niemals nicht-vorhanden sein. Aber das handelnde Subjekt kann sich dafür entscheiden, auf die zweite Möglichkeit zu verzichten und sich in den gegebenen Handlungsräumen einzurichten. Aus der Tatsache, dass das Subjekt begründet und absichtlich eine Handlungsalternative auswählt und auf die andere verzichtet, lässt sich die Verantwortlichkeit des Subjekts ableiten. Wie immer sich das Subjekt entscheidet, es ist für diese Entscheidung und Wahl verantwortlich. Damit bekommt das menschliche Verhalten und Handeln eine besondere Qualität, nämlich „die Qualität der subjektiven Freiheit und Selbstbestimmung" (Holzkamp 1983, S. 354).

Zusammenfassend heißt dies also, dass menschliches Handeln und Verhalten – und gewalthaltige Handlungsmuster gehören unbenommen dazu – sich aus einem spezifischen Person-Umwelt-Zusammenhang ergeben, grundsätzlich begründet und für den einzelnen Menschen funktional sind und dass der Mensch prinzipiell und immer zwischen mindestens zwei Handlungsalternativen auswählen kann, so also auch für sein Handeln und Verhalten verantwortlich ist. Dabei finden sich sowohl die Handlungsmöglichkeiten und -notwendigkeiten als auch die Handlungsgründe in der jeweiligen objektiven und subjektiven Prämissenlage des Menschen. Möchte man nun Gewalthandeln erklären, dann steht dieser spezifische Person-Umwelt-Zusammenhang im Mittelpunkt des Erklärungsansatzes. Dabei gilt es, sowohl die personale Komponente, also die subjektive Prämissenlage, als auch die Umwelt, also die objektive Prämissenlage, zu spezifizieren. Spezifikation wird in dem Sinne verstanden, dass aus der objektiven Prämissenlage, zu der sich die Menschen/Jugendlichen verhalten, die für sie typischen Handlungsnotwendigkeiten, -aufgaben und -herausforderungen herausgearbeitet werden, die dann bewältigt werden müssen. An dieser Stelle sind die Menschen/Jugendlichen gefordert, aus der Vielzahl an Handlungsmöglichkeiten, das für sie funktionale Bewältigungs-/Handlungsmuster auszuwählen. Das Entscheidungskriterium/den Maßstab liefern ihnen dazu ihre jeweiligen Interessen und Bedürfnisse, die sich wiederum aus der je spezifischen subjektiven Prämissenlage ableiten.

Auf der Basis dieses Verständnisses wird Gewalt als ein subjektiv wahrgenommener Mangel an Partizipation bzw. an Mitgestaltungsmöglichkeiten erkennbar: Jugendlichen gelingt es auf der Basis ihrer Auseinandersetzung mit personalen und objektiven Prämissen nicht – oder sie nehmen es zumindest so wahr –, an gesellschaftlichen Möglichkeiten so teilzuhaben, dass sie handlungsfähig bleiben und damit eine zufrieden stellende Lebensqualität erreichen. Um diesen Zustand zu überwinden, wählen sie eine Handlungsalternative. Gewalthaltiges Handeln kann als eine solche funktionale Alternative erkannt werden. Gewalt gewinnt daher die Form eines Bewältigungsprozesses und kann somit von den Jugendlichen als eine Möglichkeit erkannt werden, den subjektiv festgestellten Mangel zu überwinden. Damit ist gewalttätiges Handeln nicht als unausweichliche Folge von Armut, Arbeitslosigkeit, Perspektivlosigkeit und allgemeiner Not determiniert zu verstehen, sondern als subjektiv begründetes und funktionales Handeln. Diese Bestimmung von Jugendgewalt ermöglicht eine entsprechende Orientierung in der Konzipierung des professionellen Umgangs mit Jugendgewalt, der sich dann auf die Behebung von Partizipationsmängeln konzentrieren muss (vgl. Scheu/Autrata 2009).

3 Prävention von Jugendgewalt

Aus der Tatsache, dass Jugendgewalt zwar nicht wächst, sich aber auf sehr hohem Niveau stabilisiert hat, leitet sich dringlich ein professioneller Umgang mit Jugendgewalt ab, was wiederum sowohl die Profession als auch die Disziplin Soziale Arbeit herausfordert. Die Entwicklung und professionelle Umsetzung gewaltreduktiver Ansätze ist nach wie vor notwendig, auch wenn sie angesichts der Häufigkeit gewalttätigen Handelns von Jugendlichen nicht zureichend sein können. Zudem reagieren sie auch immer erst ex post, wenn Gewalttaten mit ihren oft auch schlimmen Folgen bereits begangen wurden. Darüber hinaus sind gewaltpräventive Ansätze ebenso, wenn nicht sogar bedeutsamer. Im Kontext (nicht nur) der Sozialen Arbeit haben sich vielerlei Vorstellungen zur Prävention von Jugendgewalt entfaltet, die Gewalttaten durch gezieltes Handeln vermeiden sollen. Oft wird dabei aber Prävention zu Trainingsmaßnahmen oder „Anti-Aggressions-Programmen" verkürzt, die wiederum Gewalt als unerwünschtes Verhalten verstehen, das im Sinne der Konditionierung zu „löschen" ist. Jugendgewalt wurde aber vorstehend als funktionales und subjektiv-begründetes Handeln eingeführt, das die Funktion von Lebensbewältigungsstrategien inne hat. So werden damit beispielsweise ambivalente Lebenssituationen zu bewältigen oder aber wie oben schon beschrieben, ein Mangel an Teilhabe- und Gestaltungsmöglichkeiten zu überwinden versucht. In etlichen Jugendstudien (vgl. Autrata/Scheu 2008, S. 163ff.) wird festgestellt, dass Jugendliche ein hohes Interesse haben, an sozialen Prozessen gestaltend mitzuwirken und damit handlungsfähig zu bleiben oder zu werden. Hinsichtlich des letztgenannten Aspektes ist darauf hinzuweisen, dass gewalttätiges Verhalten lediglich „löschen" zu wollen, diese subjektiven Bedarfe, angemessen partizipieren zu können, unangetastet ließe.

Aus der vorgetragenen und theoretisch hergeleiteten Auffassung von Gewalt als einer Handlungsform Jugendlicher, die begründet ist und versucht, nicht gelingende gesellschaftliche Teilhabe über den Umweg der Gewalt zu erreichen, sind Überlegungen zu einer entsprechenden Gewaltprävention abzuleiten (vgl. Autrata/Scheu 2008, S. 35ff.). Eine so verstandene Gewaltprävention setzt am Umgang mit Begründungen von Gewalt an, nicht an isolierten gewalttätigen Handlungsweisen. Gewalt von Jugendlichen, die als funktional und subjektiv-begründet verstanden wird, kann als Versuch gesehen werden, die als unzulänglich gesehene Partizipationsmöglichkeiten über das Mittel der Gewalt zu verbessern. Damit ist „Partizipation" ein grundlegender Begriff für die hier eingeführte Vorstellung von Gewaltprävention. Unterbindet man Gewaltausübung lediglich, sind die bei Jugendlichen herausgebildeten Bedeutungen und Begründungen, die für Gewalt sprechen, davon nicht tangiert. Das subjektive Nichtzurechtkommen mit der Welt, das sich dann in der Gewaltausübung äußert, bleibt. In der Zielsetzung geht die hier vorgeschlagene Gewaltprävention davon aus, dass eine sozialräumliche Situation zu entwickeln ist, in der Partizipation für alle möglich ist und damit Gewalt dysfunktional wird.

Das ist eine anspruchsvolle Aufgabe, die kurzfristig nicht zu erledigen ist. Die Aufgabe ist insofern auch anspruchsvoll, als sie die Beteiligung von vielen verlangt und die Bereitschaft, den Diskurs über die Beschaffenheit eines Sozialraums zu führen und daraus auch Konsequenzen zu ziehen. Eine so angelegte Gewaltprävention hat den Vorzug, Gewalt nicht nur in der Verhaltensoberfläche, sondern auch in ihren psychischen Dimensionen aufzugreifen. Gewalt wird so nicht unterbunden und durch repressive Maßnahmen verhindert, sondern für den Einzelnen unnötig. Begleitet und unterstützt wird dieses Vorgehen (Förderung von Beteiligung, Gestaltung des Sozialraumes) von einer professionellen Sozialen Arbeit, die sich zur Aufgabe macht, das Soziale zu gestalten.

Grundsätzliche Überlegungen, wie Soziale Arbeit sich konzeptionell und in ihrem Grundverständnis so ausweiten könnte, dass sie sozial gestaltend wirkt, sind schon früher vorgetragen worden (vgl. Autrata/Scheu 2006, Autrata/Scheu 2008). Ein Schwerpunkt der Sozialen Arbeit setzt in ihrer gebräuchlichen Form mit fachlich entwickelten und professionellen Hilfsangeboten an. Sie hat Problemlagen typisiert und Strategien entfaltet, wie damit umzugehen ist. Damit kann Soziale Arbeit ein breites Repertoire an Handlungsformen einsetzen, das sich auf individuelle Problemlagen bezieht. Um es am Feld der Arbeit mit Jugendlichen deutlich zu machen: Soziale Arbeit kann hier in Abwägung der Problemlage beispielsweise mit Beratung reagieren. Ein entscheidender Nachteil von Sozialer Arbeit, wenn sie ausschließlich so auf Probleme reagiert, ist der, dass sie jeweils erst nach dem Entstehen des Problems ins Spiel kommt. Die Schwierigkeiten eines Kindes oder eines Jugendlichen sind schon so weit gediehen, dass sie weder allein noch mit der Unterstützung ihrer Lebenswelt damit umgehen können. Aufgabe Sozialer Arbeit ist es dann, solche Problemlagen wieder zu beheben. Zu unterstreichen ist, dass eine solche Aufgabenstellung gesellschaftlich und individuell wichtig ist. Es ist eine soziale Errungenschaft, dass bei eintretenden Problemen der Lebensführung neben sozialer Sicherung auch soziale Dienste Unterstützung geben.

Als bedeutsamer Nachteil dieses Vorgehens ist aber zu konstatieren, dass soziale und individuelle Probleme erst dann erkannt und bearbeitet werden, wenn sie sich schon ausgebildet haben und auffällig geworden sind. Es wird nicht oder höchstens auf Subjekte bezogen reflektiert, warum bestimmte Probleme entstehen. Es wird nicht darauf abgehoben, den sozialen Kontext ausführlich zu beleuchten, aus dem heraus solche Probleme entstehen. Soziale Arbeit bleibt dann weitgehend reaktiv. Um einer solchen gesellschaftlich-nachhaltigen Entwicklung näher kommen zu können, wurde eine Paradigmenerweiterung der Sozialen Arbeit vorgeschlagen (vgl. Scheu i. d. B.). Ansatzpunkte dabei sind die Gestaltung des Sozialraums sowie die Förderung verallgemeinerter Partizipation. Soziale Arbeit aus dieser Warte beschäftigt sich nicht mit dem Ergebnis von Fehlentwicklungen des Sozialraums, sondern wirkt auf die Entwicklung selbst korrigierend ein. Gegenstände wie Gewalt, Ausgrenzung oder Entwurzelung werden als auf Ursachen basierend aufgefasst. Nicht individuelles Abweichen vom Gesellschaftlich-Normalen bildet den Gegenstand Sozialer Arbeit, vielmehr ist die gesellschaftliche Situiertheit und ihre Auswirkungen auf individuelles Leben insgesamt Thema.

In diesem Sinne wäre Gewaltprävention dann durch eine Soziale Arbeit zu realisieren, die das Soziale gestaltet: Es müssen partizipative Mängel beseitigt werden und Möglichkeiten der Ausübung einer (verallgemeinerten) Partizipation vermittelt und ermöglicht werden. Das bedeutet für die professionelle Soziale Arbeit, dass sie den Jugendlichen Handlungsräume öffnen muss, die eine (verallgemeinerte) Partizipation und damit die gestaltende Einflussnahme auf soziale Prozesse möglich macht. Eine so konstituierte professionelle Soziale Arbeit fokussiert sich auf die (Mit-)Gestaltung eines gelingenden Subjekt-Gesellschafts-Bezugs. Die Gestaltung des Sozialen wird somit zur notwendigen Aufgabe einer professionellen Sozialen Arbeit (vgl. Autrata/Scheu 2009).

Literatur

Autrata, Otger/ Scheu, Bringfriede (Hg.) (2006): Gestaltung des Sozialen. Eine Aufgabe der Sozialen Arbeit. Hermagoras, Klagenfurt/Ljubljana/Wien.
Autrata, Otger/ Scheu, Bringfriede (2008): Soziale Arbeit. Eine paradigmatische Bestimmung. Hermagoras, Klagenfurt/Ljubljana/Wien.
Autrata, Otger/ Scheu, Bringfriede (Hg.) (2009): Jugendgewalt. VS, Wiesbaden.
Baier, Dirk/ Pfeiffer, Christian/Simonson, Julia/ Rabold, Susann (2009): Jugendliche in Deutschland als Opfer und Täter von Gewalt. Erster Forschungsbericht zum gemeinsamen Forschungsprojekt des Bundesministeriums des Innern und des KFN. Kriminologisches Forschungsinstitut Niedersachsen, Hannover.
Eisner, Manuel/ Ribeaud, Denis (2003): Erklärung von Jugendgewalt – eine Übersicht über zentrale Forschungsbefunde, In: Raithel, Jürgen/ Mansel, Jürgen (Hg.): Kriminalität und Gewalt im Jugendalter. Hellfeld- und Dunkelfeldbefunde im Vergleich. Juventa, Weinheim/München. S. 182–206.

Holzkamp, Klaus (1995): Alltägliche Lebensführung. In: Das Argument 212. S. 827–846.
Holzkamp, Klaus (1987): Die Verkennung von Handlungsbegründungen. In: FKP 19. Berlin/Hamburg. S. 26.
Holzkamp, Klaus (1983): Grundlegung der Psychologie. Frankfurt am Main/New York.
Karamaz-Morawetz, Inge/ Steinert, Heinz (1995): Schulische und außerschulische Gewalterfahrung im Generationenvergleich. Institut für Rechts- und Kriminalsoziologie. Wien.
Klicpera, Christian/ Gasteiger-Klicpera, Barbara (1996): Die Situation von „Tätern" und „Opfern" aggressiver Handlungen in der Schule. Prax. d. Kinderpsychologie u. Kinderpsychiatrie, 45 (1). S. 2–9.
Krumm, Volker, u. a. (1997): Gewalt in der Schule. Empirische Pädagogik, 11 (2). S. 257–275.
Scheu, Bringfriede (2007): Ausgrenzung und Rassismus. Hermagoras, Klagenfurt/ Ljubljana/Wien.

Klinische Soziale Arbeit

Hubert Höllmüller

1 Was ist Klinische Soziale Arbeit?

Klinische Soziale Arbeit ist das Konzept einer Fachsozialarbeit, deren generelle Zielgruppe mehrfach belastete KlientInnen sind, die von anderen Hilfsangeboten unzureichend oder gar nicht erreicht werden. Damit stellt sie sich in eine klare Behandlungsperspektive und polarisiert sich so sowohl gegenüber den Konzepten von Prävention also auch von Sozialraumorientierung.[1] Die Praxisgeschichte und terminologische Entwicklung der klinischen Sozialen Arbeit kann ausgehend von Alice Salomon und den 20er Jahren des 20. Jahrhunderts, über die Etablierung und Formalisierung des Clinical Social Work in den USA der 60er Jahre bis zur Einrichtung einschlägiger Studiengänge durch die deutsche Kultusministerkonferenz zur Jahrtausendwende nachvollzogen werden. Ihre transdisziplinäre Bedeutung ist im Kontext eines Pardigmenwechsels im Verstehenszugang von Krankheit und Gesundheit zu verorten, der sich in der Entwicklung von einem kausal dominierten bio-psychischen Verstehensmodell hin zu einem Verstehenszugang bio-psycho-sozialer Zusammenhänge beobachten lässt.

Dieser Paradigmenwechsel wird an zahlreichen Entwicklungen in den Gesundheitswissenschaften und der Gesundheitspolitik ersichtlich, z. B. durch die Verabschiedung der International Classification of Functioning, Disability and Health mit ihrer stringent bio-psycho-sozialen Grundausrichtung in der 54. Vollversammlung der WHO im Jahr 2001. Hier wurde eine soziale Dimension von Gesundheit herausgearbeitet, die das Leitthema Klinischer Sozialer Arbeit darstellt. Sozialtherapie als dazugehöriges Handlungskonzept bezieht sich auf aktuelle soziale Situationen und auf gegebene soziale Beziehungen bei der Anwendung verschiedener therapeutischer Arbeitsformen. Bei der Sozialtherapie handelt es sich um eine länger dauernde Behandlung, wobei die Einbeziehung der Umwelt der Klientin ebenso bedeutsam ist wie die Einbeziehung der Umwelt

---

[1] Hinte als ein zentraler Vertreter formulierte 2004 rhetorisch: „Wir behandeln nicht, wir handeln aus." (zit. nach Heimgartner 2009, S. 96) Er konstruiert damit einen Gegensatz, der so nicht vollzogen werden muss. Selbstverständlich gehören Aushandlungsprozesse zum Behandeln von KlientInnen dazu.

der sozialtherapeutischen Einrichtungen, z. B. deren Nachbarschaft, ehrenamtliche HelferInnen etc.

Mit dem Begriff „Sozialtherapie" macht Klinische Soziale Arbeit in Abgrenzung zu den klassischen Ansätzen Sozialer Arbeit den Anspruch deutlich, auch therapeutisch tätig zu sein. Dabei grenzt sich Klinische Soziale Arbeit von der Therapeutisierung sozialer Exklusion eindeutig ab, vielmehr wird dort von Klinischer Sozialer Arbeit gesprochen, wo Soziale Arbeit sich mit therapeutischem Anspruch – unter Einschluss sozialmedizinischer Prämissen – mit Phänomenen befasst, die als Krankheiten gelten und typischerweise in Institutionen des Gesundheitswesens bedient werden (bzw. nicht mehr bedient werden).

In Ergänzung der klassischen Handlungsfelder Sozialer Arbeit beschränkt sich Klinische Soziale Arbeit in Konfrontation mit Gesundheitsfragen nicht mehr auf die Bearbeitung der sozialen Implikationen. Sie beansprucht unter Berufung auf ein bio-psycho-soziales Gesundheitsverständnis die Funktionen einer sozial- und gesundheitswissenschaftlichen Behandlungsdisziplin im Kanon der Behandlungsprofessionen und vertritt die Einbindung sozialer wie sozialmedizinischer und psycho-sozialer Aspekte in die professionellen (Be)Handlungsfelder des Gesundheitswesens.

2   Klinische Soziale Arbeit konkret

Der akademische Diskurs zur dieser neuen Fachsozialarbeit ist in Österreich entweder noch nicht angekommen oder wird sehr psychiatrielastig geführt. Das zeigen die derzeit angebotenen Vertiefungen auf Masterniveau. Hier wird an den Fachhochschulen an einem spezifischen Bedarf vorbei ausgebildet. Ich möchte deshalb anhand einer konkreten Einrichtung zeigen, was diese Fachsozialarbeit im Umgang mit KlientInnen ermöglicht.

Ich wähle dazu die Jugendnotschlafstelle Klagenfurt, die aus einem Projekt von Studierenden und Lehrenden Sozialer Arbeit in Feldkirchen hervorgegangen ist. Die Zielgruppe dieser Einrichtung sind Jugendliche zwischen 12 und 21 Jahren, die keine andere Übernachtungsmöglichkeit haben, also defacto obdachlos sind. Neben einer Erst- und Grundversorgung wird Fallarbeit mit zum Teil besonders herausfordernden KlientInnen durchgeführt. Die Landeshauptstadt Klagenfurt hat rund 90.000 EinwohnerInnen. Das Bundesland Kärnten als Einzugsgebiet der Jugendnotschlafstelle hat eine Bevölkerung von rund einer halben Million.

Die Entstehung war von Seiten der offiziellen Jugendwohlfahrt im Bezug auf den Bedarf und von der professional community im Bezug auf die fachliche Verortung durch Skepsis gekennzeichnet. Inzwischen ist ausführlich dokumentiert, dass nicht nur der Bedarf für diese Einrichtung besteht, sondern dass diese wesentlich mehr als die Bereitstellung einer Übernachtungsmöglichkeit bedeutet, also kurz- oder langfristige intensive Betreuungsarbeit.[2]

Ein Teil der jugendlichen BenutzerInnen braucht eine kurzfristige Auszeit von ihrem einigermaßen funktionierenden Familiensystem, um dann wieder zurückzugehen. Die anderen NutzerInnen der JUNO (Kürzel für Jugendnotschlafstelle) sind nicht nur „BettgeherInnen", die materielle Grundversorgung benötigen, sondern zeigen in ihrer Mehrfachbelastung einen hohen Betreuungsbedarf, der sich mit dem Konzept der Klinischen Sozialen Arbeit zielführend beantworten lässt. Dabei haben sie mehrere Abbrüche anderer Jugendwohlfahrtsmaßnahmen und Kontakte zur Psychiatrie hinter sich.

Als grundlegende konzeptionelle Abgrenzung und damit Klärung ist davon auszugehen, dass die Sozialpädagogik bei diesen Jugendlichen an ihre Grenzen stößt und deshalb eine sozialtherapeutische Arbeitsweise notwendig ist. „Soziotherapeutisch" heißt nicht, dass Jugendliche mit Psychotherapie versorgt werden. Weder ihre Lebensumstände noch ihre Haltung zur Psychotherapie machen das möglich. Dieses Verständnis von „soziotherapeutisch" ist noch weit verbreitet und spiegelt den Denkfehler, mehrfach belastete KlientInnen müssten nur eine Therapie machen (für die die Soziale Arbeit nicht zuständig ist) und alles wird schon wieder. „Soziotherapeutisch" ist der zentrale Handlungsansatz in der Klinischen Sozialen Arbeit und meint, dass das Interagieren in sozialen Kontexten und Beziehungen einen positiven therapeutischen Effekt haben kann.

Sozialpädagogik funktioniert nämlich nur, wenn sie Regeln und Sanktionen beinhaltet und im üblichen Gruppensetting der Jugendwohlfahrt müssen diese Regeln und Sanktionen „ohne Ansehen der Person" umgesetzt werden. Das schließt den Spielraum der Lebenswelt- und Ressourcenorientierung nicht aus. Sozialpädagogik kann und muss Rücksicht auf die Person nehmen und deren Ressourcen und Restriktionen in ihr Regelwerk mit einbeziehen. Aber der gewünschte Lerneffekt muss genauso an ein Sanktionssystem gekoppelt werden, und dieses muss über die einzelne Person hinwegsehen.[3] In der Regel funktioniert das auch gut. Wir alle lernen mit Sanktionsaussichten, und meistens bestehen wir auch darauf, dass diese ohne Ansehen der Person gelten. Fragwürdig wird das Sanktionssystem, wenn es um den Ausschluss, die Exklusion aus der Organisation bzw. aus dem gesamten Funktionssystem geht. Wer in einer

---

[2] Die Vorstellung der professional community, in der Jugendnotschlafstelle sind „die ganz Schlimmen", beflügelt dabei die Phantasie.
[3] Es ließe sich systemgemäß auch eine Allzuständigkeit der Sozialpädagogik in Erziehungsfragen behaupten. So eine Allzuständigkeit – die sich dann immer noch mit Medizin und Psychologie das Feld teilen müsste, stößt auf empirische Widersprüche. Die beobachtbare Folge in der Profession ist die Produktion von „unbetreubaren" Kindern und Jugendlichen, die über Krankheitsdiagnosen exkludiert werden.

Wohngemeinschaft mit wie vielen Putzdiensten und Ausgehverboten belegt wird, ist eine Sache. Konsequent umgesetzt, kann ein Sanktionssystem aber immer auch zum Ausschluss aus der Wohngemeinschaft führen. Es sind diese Ausschlüsse, die die Grenzen der Sozialpädagogik markieren.

Der soziotherapeutische Ansatz hinterfragt nun die Grundannahme, dass die zu Erziehenden auch lernfähig sein müssen. Die Konsequenz ist nicht, anzunehmen, dass es eben lernunfähige, oder noch schlimmer, lernunwillige Menschen gibt, sondern: dass jeder Mensch lernfähig ist, vorausgesetzt, die Lernsituation nimmt Rücksicht auf seine Ressourcen und Restriktionen. Es funktioniert auch nur mit Regeln und Sanktionen. Allerdings müssen diese „mit Ansehen der Person" reformulierbar, neu aushandelbar sein. Vorausgesetzt, der Jugendliche gesteht der Betreuungsperson die Rolle des „Insiders" („Du verstehst mich und meine Situation") und die Rolle der „Expertin" („Du kannst mich dabei unterstützen, meine Situation zu verbessern") (Lamb/Stempel, 2000, S. 166ff.) zu[4].

Diese Reformulierbarkeit von Regeln bedeutet nicht Laissez-faire oder Inkonsequenz wie im sozialpädagogischen Setting. Im Gegenteil ist hiefür ein höheres Maß an Beschäftigung und Zuwendung notwendig. Wenn der Jugendliche sich an Regeln nicht halten kann, bedeutet ein gemeinsames Neuverhandeln eine weit größere Anforderung an Betreuer und Betreute. Bleibt man so an einer Jugendlichen „dran", dann zeigt sich sehr rasch, wie weit eine Kooperation möglich ist. Auch ein soziotherapeutisches Setting hat seine Grenzen. Wenn Jugendliche sich solchen Angeboten entziehen, dann nicht wegen deren Unfähigkeit zu lernen, sondern wegen der Unfähigkeit des soziotherapeutischen Settings, darauf einzugehen. Das passiert auch in der JUNO mittels Hausverboten, aber ohne Schuldzuweisung an KlientInnen.

3   Die therapeutische Arbeitsgemeinschaft

Die zentrale soziotherapeutische Betreuungsform ist die therapeutische Arbeitsgemeinschaft. Mit diesem Begriff lässt sich der Unterschied zur pädagogischen Beziehung und zum Ärztin-Patientin Verhältnis klar machen.[5] Die (Sozi-

---

[4] Mit der Unterscheidung Expertin/Insider lässt sich die Unterschied von Sozialpädagogik und Soziotherapie veranschaulichen.
[5] Für einige psychotherapeutische Ansätze findet der Begriff der therapeutischen Arbeitsgemeinschaft ebenfalls Verwendung. Hier muss eine Abgrenzung über die nähere Beschreibung durch die jeweilige Therapieschule erfolgen. Oevermann und andere verwenden den Begriff „Arbeitsbündnis" (Oevermann 2009, S. 113ff.), verknüpfen ihn mit psychoanalytischen Elementen, lassen aber die therapeutische Dimension offen. Abgesehen von der Geschmacksfrage, ob die Beziehung zur Klientin eher eine „Gemeinschaft" oder ein „Bündnis" darstellt, scheint der Begriff „Arbeitsbündnis"

al)Pädagogik, ganz dem Paradigma des Lernens verschrieben, stößt dort an ihre Grenze, wo Lernprozesse unmöglich erscheinen. Wenn Lernunfähigkeit bzw. Lernunwilligkeit diagnostiziert werden, ist die Pädagogik am Ende. Systemgemäß lässt sich noch über Motivationsarbeit reden, über geschickt gestaltete Settings, in denen Lernen quasi unbemerkt passiert. Und – derzeit aktuell – lässt sich auch Zwang und strukturelle Gewalt thematisieren, um Lernunwillige zur Raison zu bringen. Aber das alles sind eher Rückzugsgefechte in der Grundauseinandersetzung, wer etwas lernen *soll* und wer nicht.[6]

Die zentrale Unterscheidung, mit der sich die therapeutische Arbeitsgemeinschaft beschreiben lässt, ist die zwischen der Insiderrolle und der ExpertInnenrolle, die eine Betreuungsperson innehaben kann und soll.

Für sozialpädagogische Interventionen genügt die ExpertInnenrolle. Es reicht die Haltung bei den betreuten Personen, dass sie etwas von der Betreuungsperson lernen können, was ihnen bei der Lösung ihres Problems – oder allgemeiner, in ihrer Lebenssituation – hilft. Sie sind eben ExpertInnen für die Problemlösung. Das schließt Emotionalität nicht aus: Respekt, Achtung und Zuneigung entstehen in einer funktionierenden pädagogischen Beziehung.

Die Insiderrolle beschreibt darüber hinaus das Verstehen der Situation, in der sich die betreuten Personen mit ihren Problemen befinden. Dieses Verstanden-Sein und damit Angenommen-Sein ist dann genauso notwendig wie die Kompetenz, die der Betreuungsperson zugestanden wird, wenn die Lernbereitschaft fehlt.

Kenntnis und Verständnis können sicherlich auch PädagogInnen haben, und zwar weit über allgemeine und oberflächliche Beteuerungen hinaus. Vermutlich sind in einer großen Zahl sozialpädagogischer Interventionen auch beide Rollen präsent. Sich verstanden zu fühlen, wenn alles passt, ist einfach zu haben und auch deshalb naheliegend. In herausfordernden Situationen (und diese sind ja das Kernstück Sozialer Arbeit) kann dieses Verstanden-Sein schnell verfliegen und für die BetreuerInnen ist es jederzeit möglich, sich auf die ExpertInnenrolle zurückzuziehen bzw. es wird der Verlust der Insiderrolle nicht zum Problem der Betreuungsperson, sondern zu dem der betreuten Personen.

So wie es nicht notwendig ist, eine Insiderrolle in sozialpädagogischen Interventionen aufzubauen[7], so wenig zielführend ist es, bei Lernverweigerung darauf zu verzichten.

---

theoretisch bereits belegt. Im Pflegebereich ist der Begriff „therapeutische Beziehung" durchaus gängig (vgl. Duxbury 2002).

[6] Ein weiteres Expansionsprojekt versucht die Pädagogik mit dem Bildungsbegriff, der zwar mit dem Lernbegriff verzahnt ist, aber doch über diesen hinausreicht. Je offener der Bildungsbegriff angelegt wird, umso mehr wird er allerdings unter „Erkenntnis" subsumierbar.

[7] So sehr es auch hilfreich scheint, das zu tun. Es ist allerdings eine Ressourcenfrage, weil es dafür weit mehr Zeit bedarf, als bloß einen Expertinnenstatus zu erlangen. Es ist aber ebenso eine Frage der

Für die Schaffung einer Insiderrolle ist eine andere Form der Abgrenzung notwendig. Die Schwelle muss weit niedriger angesetzt werden, die Betreuungsperson muss sich mehr als Person in die Begegnung einbringen. Bindungsprozesse nur vorzutäuschen ist ein sehr aufwendiges und prekäres Unterfangen (und ethisch zu problematisieren). Unpersönliche, sachliche, rein problemlösungsorientierte Bindungsprozesse sind nicht zu haben. Die Kombination aus Expertin und Insider bedingt eine Beziehung, die nicht nur auf gleicher Augenhöhe möglich ist. Damit werden kindliche Muster aktiviert. Wenn das grundlegende Defizit eine Entwicklungsverzögerung darstellt, ist altersinadäquates Verhalten ein Erfolg und keine Störung im Lernprozess.

Eine pädagogische Beziehung funktioniert nur im Zusammenhang mit Regelsystemen. In sozialpädagogischen Interventionen werden diese gerade zum zentralen Lerngegenstand. Es werden Vereinbarungen bzw. Vorgaben formuliert, es wird der Rahmen definiert, in dem die Lernprozesse ablaufen, und es werden, leider oft nicht explizit, die Konsequenzen definiert, wenn dieser Rahmen überschritten wird.

In einer therapeutischen Arbeitsgemeinschaft geht es darum, dass es möglich sein muss, auf der Basis der beiden Rollenzuschreibungen Regelsysteme zu reformulieren, wenn sich herausstellt, dass die zu betreuenden Personen sich nicht daran halten können. Das „Arbeiten" bezieht sich also nicht nur darauf, bestimmte Verhaltensweisen zu vereinbaren und umzusetzen, sondern auch, Lernunmöglichkeiten als solche zu behandeln. „Gemeinschaft" bedeutet dabei, dass Reformulierungen und Redefinitionen nur gemeinsam und mit beidseitiger Zustimmung möglich sind.

In beiden Konzepten geht es um das Auslösen von Lernschritten und den Abschluss von Lernprozessen. Während aber die Sozialpädagogik vorrangig am Abschluss dieser Lernprozesse interessiert sein muss, ist in der therapeutischen Arbeitsgemeinschaft grundlegender, dass Aushandeln und Reformulieren von möglichen Arbeitsschritten funktioniert.

Das Normalisieren ist die zentrale Arbeitstechnik im Beziehungsaufbau der therapeutischen Arbeitsgemeinschaft. Sie drückt die Haltung aus, die Klientin so zu nehmen, wie sie ist. Jedes Verhalten wird ohne Bewertung als normal für die Situation, in der die Klientin sich befindet, angesehen. Ohne Bewertung heißt ohne Werturteil. Es bedeutet nicht, selbst keine Haltung dazu zu haben oder es gutzuheißen.

In dem einfachen Begriff „Dranbleiben" steckt für beide Konzepte der Kern der Zielerreichung. Es geht darum, Vereinbarungen nicht nur zu treffen, sondern jeden Schritt bzw. jede Verweigerung zu beobachten und zu kommunizieren.

---

professionellen Abgrenzung, wenn Bindungsprozesse unreflektiert und unbeauftragt, nur weil sie möglich sind, auch betrieben werden.

In beiden Konzepten scheitern Betreuungsverläufe an vergessenen und halbbe-achteten – altmodisch formuliert: halbherzigen – Vereinbarungen. Dieses „Dran-bleiben" in der therapeutischen Arbeitsgemeinschaft ermöglicht überhaupt erst das Reformulieren und Redefinieren. Und das ist kein Ausdruck von Konsequenzlosigkeit oder Laissez-faire. Gemeinsam eine neue Vereinbarung zu formulieren, weil die vorherige nicht gehalten hat, kann wesentlich anstrengen-der sein, als einfach zu tun, als würde man sich an etwas halten bzw. Gründe zu finden, warum etwas nicht möglich war. In Bezug auf Expertin und Insider zeigt sich hier, wie stabil und tragfähig diese Rollen sind. Bleibt man beim Reformulieren von Vereinbarungen dran, so erreicht man entweder rasch das Ende der Arbeitsgemeinschaft oder eine erfolgreiche Vereinbarung. Solange das für die Klientin mögliche Verhalten im Fokus bleibt, und nicht die Verhaltens-änderung, lässt sich gemeinsam arbeiten.

Auf Seiten der Klientinnen reicht für sozialpädagogische Arbeit eine res-pektvolle Haltung, wohingegen Bindungsprozesse immer eine gewisse Emotio-nalität beinhalten. Während ein sozialpädagogisches Angebot im ungünstigen Fall auf Desinteresse stößt, das Angebot einfach nicht angenommen wird, ist in einer therapeutischen Arbeitsgemeinschaft Verweigerung immer ein Bezie-hungsmuster. Auch, wenn die Arbeitsgemeinschaft einseitig verlassen wird.

In beiden Konzepten vertrauen die Klientinnen darauf, etwas lernen zu können. In der Sozialpädagogik mit partnerschaftlichen Mustern[8], in der thera peutischen Arbeitsgemeinschaft zusätzlich mit kindlichen Mustern. Klientinnen lassen sich umsorgen, genauso wie anleiten.

Wenn eine sozialpädagogische Intervention nicht erfolgreich ist, hält die Vereinbarung nicht. In der therapeutischen Arbeitsgemeinschaft hält die Bezie-hung nicht. Wenn die Rollen angezweifelt werden, gefährdet dies die Arbeitsge-meinschaft. Wenn man der Unterscheidung von sozialpädagogischem und sozio-therapeutischem Betreuungskonzept folgt, dann lassen sich bestimmte Phänome-ne im Umgang mit KlientInnen auch als Vermischungsproblem eben dieser bei-den Konzepte verstehen.

Das häufigste Missverständnis, das auf Seiten sozialpädagogischer Interven-tion passiert, ist, Konsequenzen als Strafen zu sehen. In der Logik der Interventi-on sind Konsequenzen eben das: Folgen von bekannten Regelsystemen und Ver-einbarungen. Ist mir als Klientin dieser Rahmen zumindest im Nachhinein nicht passend, drücke ich damit im Nachhinein meine Lernunwilligkeit bzw. Lernun-fähigkeit aus. Für mich war also die Intervention genaugenommen nicht die richtige. Ich hätte mehr gebraucht als nur eine Expertin, die mir etwas beibringt, ich hätte auch einen Insider gebraucht, der mich versteht.

---

[8] „Führen" als pädagogisches Paradigma ist schon seit längerem passé.

Aber auch die Betreuungsperson kann Konsequenzen mit Strafen verwechseln. Nämlich genau dann, wenn sie sich weigert, eine Insiderrolle anzustreben, obwohl die Klientin genau das braucht, um Lernschritte setzen zu können.

Im Hilfe-Netzwerk werden oft Redefinitionen von Arbeitsschritten als Inkonsequenzen gesehen, Laissez-Faire und mangelnde Grenzsetzung wird vorgeworfen. Meist wird dies mit dem Begriff der „Niederschwelligkeit" umschrieben. Dagegen gehalten wird gern die Alltagstheorie des Leidensdrucks, die den Rückzug und die Aufgabe von KlientInnen rechtfertigen soll. Auch hier sollte die Definition, also Abgrenzung, der beiden Konzepte ermöglichen, das jeweils andere Konzept als anders, aber deshalb nicht weniger fachlich zu akzeptieren.

4   Abgrenzung zur Kinder- und Jugendpsychiatrie

Neben der notwendigen Abgrenzung zur Sozialpädagogik ist auch eine Klärung hin zur Kinder- und Jugendpsychiatrie für das Arbeitskonzept der JUNO wichtig. Diagnosen aus dem Bereich der Psychiatrie sind in der beschriebenen Zielgruppe die Regel, und es stellt sich die Frage, wie damit umgegangen werden soll. Jugendpsychiatrische Diagnosen sind für die Arbeit in der JUNO in zwei Aspekten hilfreich: einerseits lässt sich der Bedarf an der JUNO besser verstehen und andererseits lassen sich bestimmte Verhaltensweisen eher erwarten. Ansonsten sind Jugendliche auf die gleiche Art krank wie sie obdachlos sind: beides lässt sich mit der JUNO kurzfristig ändern, und längerfristig auch außerhalb der JUNO.

> „Wir gehen von einem positiven Menschenbild aus und lehnen es ab, negatives Verhalten mit negativen Persönlichkeitsmerkmalen zu erklären." (Infofolder JUNO)

Das Verhalten von Jugendlichen in der Jugendnotschlafstelle wird nicht als von vornherein festgelegt verstanden, sondern als Ergebnis der situativen Interaktion. Jugendliche verhalten sich in der JUNO in der Regel nicht (nur) so, wie es ihre psychiatrischen Diagnosen vorgeben. Das wird nicht als geschicktes und manipulatives Vortäuschen beurteilt, sondern als Ergebnis eines anderen sozialen Settings. Wenn es das Setting zulässt, können Jugendliche ihr Annäherungssystem aktivieren, sie versuchen, sich der Befriedigung ihrer Bedürfnisse[9] anzunähern. Fordert das Setting ein Vermeidungsverhalten heraus, ist belastendes ab-

---

[9] Hiefür wird das Modell nach Grawe (2004 S. 183ff.) herangezogen, der vier Grundbedürfnisse definiert: Bedürfnis nach Orientierung, Kontrolle und Kohärenz; Bedürfnis nach Lust; Bedürfnis nach Bindung und Bedürfnis nach Selbstwerterhöhung. Individuen entwickeln dazu Annäherungsschemata oder Vermeidungsschemata: Verhaltensweisen, um sich der Befriedigung anzunähern und Verhaltensweisen, um eine größere „Unbefriedigung" zu vermeiden.

weichendes Verhalten aus der Sicht der Norm keine Krankheit, sondern ein Strategiefehler. Der grundlegende „Fehler" liegt darin, dass man mit dem Vermeiden nie fertig wird und auch keinen Zustand der Befriedigung eines Grundbedürfnisses erreicht.

Sozialpädagogisches Konzept:	Konzept klinischer Sozialer Arbeit:	Jugendpsychiatrisches Konzept:
Schutzraum	Schutzraum	Schutzraum auch vor sich selbst und für die Gesellschaft (Selbst/Fremdgefährdung)
Pädagogische Beziehung	Soziotherapeutische Arbeitsgemeinschaft	Ärztin/Patientinverhältnis
Lernfähigkeit und Lernbereitschaft müssen sich an Regelsysteme anpassen, psychotherapeutische Ergänzung	*Regelsysteme müssen an die Lernfähigkeit und Lernbereitschaft angepasst werden*	*Interventionen auf körperlicher Ebene, psychologische Abklärung, psychotherapeutische Ergänzung*
Diagnose: Defizitfeststellung, Gestaltungsbedarf	Diagnose: Verhaltensprognosen	Diagnose: Krankheitsfeststellung
Menschenbild:	**Menschenbild:**	**Menschenbild:**
Jugendliche erlebt/leidet unter Lerndefiziten, die zu beheben sind	Jugendliche erlebt/leidet unter Belastungen, die sein/ihr Verhalten bestimmen	Jugendliche erlebt/leidet unter Störungen, die zu beheben sind

Abbildung 1: Vergleich unterschiedlicher Konzepte[10]

5 Diagnostik in der JUNO

Die JUNO begann mit der herkömmlichen Vorstellung davon, dass Diagnostik zwischen einer möglichst umfangreichen Anamnese und Zielvereinbarungen mit den KlientInnen angesiedelt sein muss. Allerdings ist bei der beschriebenen Gruppe die Mehrfachbelastung von vornherein klar. Hier kann das Datensammeln dazu führen, Zielvereinbarungen aus den Augen zu verlieren. In einer Not-

---

[10] Die Darstellung dieser Inhalte im Rahmen eines Fachvortrages an der FH in Feldkirchen führte 2008 zu einer massiven Intervention von Seiten der Kinder- und Jugendpsychiatrie Klagenfurt.

schlafstelle ist dies naheliegend, weil durch die sofortige Grundversorgung die Hauptziele schon erreicht scheinen.

Um also das Datensammeln zu reduzieren, wurde ein Diagnostikblatt skizziert, das die relevanten Dimensionen abbildet, jeweils in der Eigenperspektive der Jugendlichen und in der Fremdperspektive. Der eigentlich diagnostische Akt ist die Formulierung eines Bedarfes in diesen Dimensionen, um konkrete Arbeitsziele zu artikulieren.

Auf Grund dieser momentanen Abbildung, die innerhalb von fünf bis zehn Minuten zur Entscheidungsvorbereitung verschriftlicht werden kann, lässt sich auch der Bereich zentraler professioneller Entscheidungen, nämlich wann und wie lange zum Beispiel ein Hausverbot ausgesprochen wird, diskutieren. Wäre hier eine sozialpädagogische Perspektive ausschlaggebend, ließe sich die Frage rasch beantworten. Bestimmte Regelverstöße führen zu Hausverboten.

Mit einem soziotherapeutischen Blickwinkel verlagert sich der Fokus von den Regelverstößen zu den Möglichkeiten, solche Regeln zu vereinbaren und die Situation in der JUNO so zu gestalten, dass die Jugendlichen sich daran halten können. Die Diagnostik bezieht sich dann auf Verhaltensprognosen in Kombination mit entsprechenden Reformulierungen. Inwieweit müssten also Vereinbarungen und Regeln reformuliert werden, damit sich die Klientin daran halten kann? Der Fokus wird damit bewusst verschoben von der Frage: welcher Regelverstoß zieht welche Sanktion nach sich, zur Frage: wie muss die Regel lauten, damit die Klientin sich daran halten kann und kann die JUNO diese Reformulierung leisten?

JUNO Diagnostik					
Name:		Alter: Eintritt:	Herkunft:		
Integrationsdimension primär:					
	Selbstbeschreibung	Fremdbeschreibung	Bedarf	Arbeitsziele	
Familie					
Peer-group					
Beziehung					
Gesundheit					
Wohnen					
Bildung					
Arbeit					
Schulden					
Integrationsdimension Gelandön:					
Soziale Arbeit					
Gesundheitssys.					
JUNO					

Abbildung 2: Diagnostisches Schema in der Jugendnotschlafstelle

Das Wesentliche an dieser Diagnostikkarte ist der Überblick über die Lebenslage der jeweiligen Klientin. Und es wird schnell sichtbar, wo im Betreuungsprozess Bereiche ungeklärt geblieben sind. Es geht weniger darum, ja nichts zu übersehen, sondern anhand der definierten Integrationsdimensionen nach weiteren Informationen zu fragen. Der Selbstsicht der KlientInnen wird genauso viel Raum gegeben und damit die Notwendigkeit betont, dass ihre Perspektive in die Situationserfassung und somit in die Entscheidungsvorbereitung miteinbezogen werden muss. Und zwar schon auf der Ebene der Dokumentation, bevor es zu etwaigen Auseinandersetzungen und Diskussionen mit KlientInnen kommt. Die Dimensionen selber wurden aus den Dokumentationserfahrungen der JUNO generiert. Auch hier wurde pragmatisch vorgegangen. Die Diagnostikkarte stellt nicht den Anspruch, eine vollständige und richtige Aufschlüsselung aufzuweisen, sondern in den konkreten Diskussions- und Entscheidungsprozessen als sinnvolle und handhabbare Grundlage zu fungieren.

6   Schluss

Schließen möchte ich mit drei Thesen, die sich aus den bisherigen Arbeitserfahrungen in der Jugendnotschlafstelle ergeben.

These 1:
Die Kinder- und Jugendpsychiatrie[11] erfüllt die Funktion einer Quasi-Jugendwohlfahrtsmaßnahme. Nicht sozialpädagogisch betreubare Kinder und Jugendliche werden zuerst einmal dort – durchaus auch auf längere Zeit – „zwischenuntergebracht", und die erstellten Krankheitsdiagnosen dienen als Abgrenzungsinstrument, um bei formal bestehender Zuständigkeit tatsächliche Unzuständigkeit begründen zu können.

These 2:
Das derzeitige Monopol der Sozialpädagogik[12] in der Jugendwohlfahrt hat drei mächtige Gründe:

1. Die (bewusste) Abkopplung der Profession von der Disziplin und die damit verbundene alltagstheoretische Fundierung der Profession.
2. Die (bewusste) Abkopplung der Disziplin von der Profession und der damit verbundene Mangel an umsetzbaren Handlungsvorschlägen der Disziplin an die Profession.
3. Der finanzielle Sachzwang, der die Sozialpädagogik immer mehr in eine „Aufsichtsrolle" drängt.

Es wäre höchst an der Zeit, für das sehr sinnvolle Konzept der Sozialpädagogik dessen Grenzen zu diskutieren.

---

[11] Wo derzeit gerade die katholischen Sünden der Kinder- und Jugendwohlfahrt vergangener Jahrzehnte aufgearbeitet werden, wäre es an der Zeit, über das fatale Zusammenspiel von Psychiatrie, Jugendwohlfahrt und regionaler Gesellschaft dieser Zeit zu reden.
[12] Das Monopol der Sozialpädagogik verdrängt auch die Sozialarbeit, ob in ihrer traditionellen oder modernen Form.

These 3:
Der medizinlastige bio-psychische Krankheitsbegriff muss im Kontext der klinischen Sozialen Arbeit hinterfragt werden. Psychiatrische Diagnosen sind kaum hilfreich und spiegeln hauptsächlich die aktuelle Reflexion des Gesundheitssystems zu abweichendem Verhalten. Ihr ontologisierender Charakter widerspricht der Grundannahme, dass menschliches Verhalten nur in einem Wechselspiel vom Subjekt und seiner Umwelt entsteht.

Literatur

Heimgartner, Arno (2009): Komponenten einer prospektiven Entwicklung der Sozialen Arbeit. LIT Verlag, Wien.

Duxbury, Joy (2002): Umgang mit „schwierigen" Klienten – leicht gemacht. Verlag Hans Huber, Bern.

Oevermann, Ulrich (2009): Die Problematik der Strukturlogik des Arbeitsbündnisses und der Dynamik von Übertragung und Gegenübertragung in der professionalisierten Praxis von Sozialarbeit. In: Becker-Lenz, Roland/ Busse, Stefan/ Ehlert, Gudrun/ Müller, Silke (Hg.): Professionalität in der Sozialen Arbeit. Standpunkte, Kontroversen, Perspektiven. VS, Wiesbaden. S. 113–142.

Lamb, Gerri S./ Stempel, Joan E. (2000): Pflegerisches Case Management aus Patientensicht. In: Ewers, Michael/ Schaeffer, Doris (Hg.): Case Management in Theorie und Praxis. Verlag Hans Huber, Bern. S 161–177.

Grawe, Klaus (2004): Neuropsychotherapie. Hogrefe Verlag, Bern.

Selbstreflexion in der Ausbildung der Sozialen Arbeit. Ein Beitrag zur Professionalisierungsdebatte

Helmut Spitzer

1 Einleitung

Menschen, die in der Sozialen Arbeit professionell tätig sind, sehen sich in den vielfältigen Handlungsfeldern und Aufgabenbereichen der Profession komplexen Problemsituationen ausgesetzt, in denen sie auch als Person oft extrem exponiert und herausgefordert sind. In der Wahrung eines komplexen gesellschaftlichen Auftrags haben sie einen Spagat in der Vermittlung zwischen Individuum und Gesellschaft zu leisten und müssen das „doppelte Mandat" Sozialer Arbeit, also das Zusammenspiel zwischen Hilfe und Kontrolle, auf der Ebene des persönlichen Beteiligt-Seins fachlich ausbalancieren und professionell bewältigen. Das berufliche Handeln ist dabei mehr oder weniger in institutionelle Rahmenbedingungen und bürokratisch und hierarchisch geprägte Organisationsstrukturen eingebettet und hat sich nach Maßgabe der gesetzlichen Bestimmungen entsprechend auszurichten. Diese liegen nicht selten quer zu den Vorstellungen und Bedürfnissen der Menschen, mit denen es die Soziale Arbeit im Allgemeinen zu tun hat. In der Begegnung mit den unterschiedlichsten Zielgruppen sind die professionell Tätigen komplizierten Interaktions- und Kommunikationsprozessen und Beziehungen ausgesetzt, die sie oft an den Rand der eigenen Belastbarkeit und der eigenen Handlungsfähigkeit bringen. Die AdressatInnen Sozialer Arbeit setzen sich ja maßgeblich aus Bevölkerungsgruppen zusammen, die sich am Rande der Gesellschaft befinden, die von sozialer und kultureller Partizipation und gesellschaftlicher Teilhabe ausgeschlossen sind und angesichts eines enormen Bewältigungsdrucks in der Risiko- und Leistungsgesellschaft als „Modernisierungsverlierer" nicht mehr alleine zurechtkommen. Das gilt es im konkreten Praxisbezug auszuhalten. Im Kontakt mit realen und personifizierten Manifestationen von Armut, sozialer Ungleichheit und Diskriminierung, in der Auseinandersetzung mit multikomplexen Problemen von familiärer Gewalt, sexuellem Missbrauch und anderen traumatischen Lebenserfahrungen, mit schwierigen Suchtproblematiken und dysfunktionalen Kommunikationssystemen kommen SozialarbeiterInnen und SozialpädagogInnen nicht selten an die Grenzen ihres

Verstehens- und Handlungshorizonts und müssen sich obendrein – oft unbewusst
– mit eigenen, biographisch lebendig gewordenen Anteilen auseinandersetzen.

Die professionelle Praxis erfordert immer wieder eine kritische Distanz zum
beruflichen Alltag und die Reflexion und Überprüfung der eigenen Rolle und
Verstrickung im Dickicht professioneller Beziehungen, institutioneller Erwartungshaltungen und sozialpolitischer Vorgaben, die manchmal schlicht nicht
erfüllbar sind. Hinzu kommen oft Arbeitsbedingungen, die von Personalknapp-
heit, hohen KlientInnenzahlen, schlechter Bezahlung und einem allgemeinen
Ökonomisierungsdruck geprägt sind. Die eigenen Irritationen, Unsicherheiten
und oft widersprüchlichen Emotionen und Konflikte, der Frust über den Widerstand und die mangelnde „Compliance" der KlientInnen und die Wut auf „das
System" müssen abgespalten werden und machen sich oft erst über den Umweg
von Beziehungsschwierigkeiten im persönlichen, familiären und partnerschaftlichen Umfeld, in psychosomatischen Beschwerden und zumeist verdeckten
Burnoutsymptomen bemerkbar.

Diese vielfältigen und komplexen Anforderungen an die berufliche Rolle
müssen bereits auf der Ausbildungsebene aufgegriffen und bearbeitet werden,
um die Studierenden sukzessive darauf vorzubereiten, was beim Berufseintritt
auf sie zukommen kann. Nun verwundert es allerdings, dass gerade dieser Bereich, den ich hier vorerst ohne genauere terminologische Präzisierung als
Selbstreflexion bezeichne, eher ein curriculares Schattendasein zu fristen scheint.
Das zeigt ein kursorischer Blick auf die Websites der Fachhochschulstudiengänge für Soziale Arbeit in Österreich und Deutschland. Im Gegensatz zu Ausbildungsrichtungen in den Bereichen Beratung und Psychotherapie, wo Selbstauseinandersetzung in Form von Einzel- und Gruppenselbsterfahrung oder Eigen-
therapie zwingend gefordert wird, vermissen Studierende der Sozialen Arbeit oft
ein solches Reflexionssetting. Dies ist der Ausgangspunkt für diesen Beitrag.
Ausgehend von einigen theoretischen Überlegungen werden in der Folge Beispiele aus der Ausbildungspraxis vorgestellt, die auf eine angeleitete Selbstreflexion der Studierenden abzielen. Der Beitrag schließt mit dem Plädoyer, Selbstreflexion als unabdingbaren Bestandteil und bedeutsame Querschnittsmaterie im
Studium der Sozialen Arbeit ernst zu nehmen und entsprechend zu berücksichtigen.

2   Subjektivität und Biographie im Reflexionsprozess

Zu Beginn meiner Überlegungen möchte ich auf eine persönliche Ausbildungser-
fahrung zurückgreifen, die mich sowohl in meinem sozialpädagogischen Denken
als auch in meinen vielfältigen Tätigkeitsbereichen in psychosozialer Praxis und

interkultureller Forschung maßgeblich geprägt hat. Es war die Begegnung mit dem Werk „Angst und Methode in den Verhaltenswissenschaften" von George Devereux (1992). Devereux hebt in seinem mit zahlreichen Beispielen untermauerten Buch die Subjektivität des Forschers und seine affektive Verstrickung mit dem von ihm untersuchten Gegenstand – den „Beforschten" – besonders hervor. Der Forscher reagiert demnach auf untersuchte menschliche Daten mit der Projektion von eigenen subjektiven Inhalten bzw. Emotionen, z. B. Angst. Devereux geht davon aus, dass die Irritationen und andere affektive Äußerungen, die im Forschungsprozess beim Forscher ausgelöst werden können, auf eigene verdrängte Inhalte verweisen und in der Folge Abwehrreaktionen mobilisieren, die wiederum zu Verzerrungen bei der Wahrnehmung, Deutung, Darstellung und wissenschaftlichen Verwendung seines Materials führen. Um dieses Problem zu umschiffen, greifen forschend tätige Menschen (und hier bietet sich der analoge Schluss zur Praxis Sozialer Arbeit an) auf Methoden zurück (Devereux spricht von „Filtern"), die sie zwischen sich und ihr Gegenüber schieben, in der Annahme, so eher dem Schein der geforderten wissenschaftlichen Objektivität Genüge zu tun. In der sozialpädagogischen Praxis werden ja auch zuweilen „Filter" eingesetzt, z. B. durch ausgefeilte Fragetechniken, den Einsatz von Fragebögen, diagnostische Kriterien, die den KlientInnen übergestülpt werden („ein Fall von Verwahrlosung"), oder distanzierte und kontrollierte Rollendefinitionen. Von Objektivität kann aber keine Rede sein. Ich kann sagen, dass mir die konsequente und ernsthafte Berücksichtigung meiner subjektiven Anteile als handlungstheoretische Orientierung in unterschiedlichen Handlungsfeldern Sozialer Arbeit und in Forschungssituationen in vorwiegend fremdkulturellen Kontexten sehr geholfen hat, und zwar sowohl auf der Verstehens- als auch der Kommunikationsebene. Allerdings hat das Studium selbst wenig dazu beigetragen; es waren mehr die gezielte und kontinuierliche Selbstreflexion der eigenen Praxiserfahrungen, die permanente Reflexionsarbeit in Teambesprechungen, die methodische Einzel- und Gruppenselbsterfahrung im Rahmen verschiedener Zusatzqualifikationen sowie eine professionelle Supervision, die diesen Prozess unterstützten.

Die kritische Selbstreflexion kann zwar nicht vor jedem Beziehungsfallstrick gänzlich bewahren, aber doch die Erkenntnis- und Handlungsfähigkeit enorm erweitern, wenn man sich denn darauf einlässt. Gerade das Ausbalancieren von Nähe-Distanz-Verhältnissen stellt sich als zentrales Problem von gelingenden oder auch misslingenden Interaktionsprozessen dar und erfordert vonseiten der professionell Tätigen ein hohes Niveau (selbst)reflexiver Fertigkeiten (vgl. Dörr/Müller 2006).

„Die [Sozial]Pädagogin ist als Person mit anderen Subjekten (und deren Problemen), mit Institutionen und Organisationen in je besonderen gesellschaftlichen und
kulturellen Deutungsmustern konfrontiert. Dies macht es geradezu erwartbar, dass
sie mit emotionsgeladenen Themen wenn nicht gar Konflikten zu tun hat, in denen
sowohl Zuneigung, Zärtlichkeit, Sexualität, als auch Macht, Ohnmacht, Hass, Aggressionen, personale und strukturelle Gewalt mit im Spiel sind. In der Wahrnehmung und Handhabung dieser affektiven Handlungselemente wird die Dringlichkeit
umso offensichtlicher, dass erst angemessene Fähigkeit zur Distanznahme die hand-
lungslogisch notwendige Einheit der Erzeugung und Verwendung der Erkenntnisse,
Deutungen etc. ermöglicht." (ebd., S. 13)

Für die Praxis der Sozialen Arbeit ergibt sich daraus ein dialektisches Verhältnis
von Selbst- und Fremdverstehen, indem über die Reflexion der eigenen subjektiven Beteiligung im Beziehungsgeschehen auch das Verstehen des anderen und
dessen Lebensumstände besser gelingen kann. Die große Herausforderung liegt
darin, im immanenten Nähe-Distanz-Verhältnis zwischen SozialarbeiterIn und
KlientIn bzw. Klientensystem eine dynamische Balance zu finden. Dabei ist das
Sich-Einlassen auf Nähe und Vertrauen bedeutsam, um handlungsfähig zu werden, aber ebenso wichtig ist es, eine der Situation entsprechende Distanz auf-
rechtzuerhalten, um handlungsfähig zu bleiben und um nicht Teil des Problem-
systems des Gegenübers zu werden. In der Reflexion dieser Dynamik liegt ein
zentraler Kern professionellen Handelns.

„Das Nachdenken über die Art und Weise dieser eigentümlichen Beziehung zwischen Menschen ist also kein Randthema, sondern führt mitten in die Substanz des
Pädagogischen. Wer diese Frage nicht überzeugend für sich klären kann, kann auch
seinen Beruf nicht erfolgreich ausüben." (Giesecke 1997, S. 16)

Gudrun Schieck bezeichnet die auf Hans-Jochen Gamm zurückgehende Definition „Bearbeitung von Bewußtsein" als das treffendste Synonym von Selbstreflexion (Schieck 1996, S. 1312). Im Nachdenken über die eigene Person und im
bewussten Wahrnehmen meiner selbst werde ich an mir selbst zum Objekt, woraus Bewusstsein entsteht. Aber das macht noch keine Selbstreflexion aus – es
bedarf eines aktiven, kontinuierlichen und produktiven Prozesses der Auseinandersetzung, oder anders ausgedrückt: der *Arbeit* an mir selbst im Wechselverhältnis zu anderen. Diese Arbeit verweist einerseits auf den Aspekt der Identitätsbildung und der Persönlichkeitsentwicklung, andererseits auf die Reflexion
der persönlichen Verflechtung mit gesellschaftlichen Entwicklungen und Widersprüchen sowie intersubjektiven Erfahrungs- und Austauschprozessen.

„Bewußtsein reicht nicht aus, es ist zu bearbeiten und weiterhin zu bearbeiten, und das ein Leben lang, in ständiger Auseinandersetzung mit anderen." (Schieck 1996, S. 1312)

Karlheinz Geißler und Marianne Hege sprechen von einer für das professionelle Handeln erforderlichen „reflexiven Kompetenz", diese *„meint die Fähigkeit des Sozialpädagogen, die eigene Entwicklung in ihren prägenden Spuren nicht zu verlieren oder zu verleugnen, sondern sie in das berufliche Handeln zu integrieren"* (Geißler/Hege 2001, S. 229, kursiv im Original). Diese Auslegung verweist auf eine weitere wichtige Kategorie der Selbstreflexion, nämlich jene der Biographie. Gerade bei sozialen Berufen spielen der biographische, familiäre und soziale Hintergrund bereits bei der Wahl der Ausbildungsschiene eine große Rolle. Im Fall der Sozialen Arbeit sind es oft diffuse, idealistisch besetzte Berufswahlmotive („anderen helfen wollen", „mit Menschen arbeiten"), die – wenn sie unreflektiert und unbearbeitet bleiben – im Studium und vor allem beim Berufseinstieg und späteren Berufsleben zu krisenhaften Erfahrungen und ernsthaften Problemen und Konflikten in der Praxis führen können (vgl. Schweppe 2004). Das von Wolfgang Schmidbauer (1992) konzipierte Modell des „Helfersyndroms" zur Erklärung der Grundproblematik in helfenden Berufen, das leider durch seinen alltagstheoretischen Gebrauch sehr einseitig gesehen und selbst in Fachkreisen oft missverstanden wird, bietet hierzu aufschlussreiche Anknüpfungspunkte. Die Auseinandersetzung mit eigenen Persönlichkeitsanteilen, die möglicherweise von fassadenhaften Perfektionsidealen und Omnipotenzansprüchen, aber auch von Hilflosigkeitsgefühlen sowie von einer Unfähigkeit geprägt sind, eigene Abhängigkeit und Hilfsbedürftigkeit anzuerkennen, kann zur Chance werden, den eigenen Erlebnis- und Handlungsspielraum zu erweitern. Interessanterweise stößt gerade die Selbstauseinandersetzung bei Studierenden und PraktikerInnen der Sozialen Arbeit nicht selten auf Ablehnung und reflexhafte Abwehr („Ich habe kein Helfersyndrom!"). Schmidbauer hat darauf hingewiesen, dass das Helfersyndrom für den Helfer selbst und für seine KlientInnen gleich ungünstig ist, solange es unbewusst bleibt und ohne weitere Überlegungen in Handlungen umgesetzt wird (vgl. ebd., S. 205).

Die bewusste, reflexive, systematische und kritische Bearbeitung eigener lebensgeschichtlicher Fragen im Zusammenhang mit Beziehungs-, Interaktions- und Organisationsaspekten des beruflichen Handelns kann zu einer zentralen Erkenntnisquelle und gleichzeitig Merkmal von Professionalität werden. Das reflektierte Wissen um die eigenen lebensgeschichtlichen Schlüsselthemen und biographischen Verstrickungen ermöglicht schließlich auch die nötige professionelle Distanz sowohl zur eigenen Biographie als auch zu sozialen Problemen und dem Leid von anderen. Selbstreflexion kann so als ein emanzipatorischer Prozess verstanden werden, in dem sich über die Ebene der Selbst-Erfahrung jene des Fremd-Verstehens hermeneutisch erschließt und gleichzeitig über die Interpretation des Fremden eine Re-Interpretation der eigenen Biographie- und Identitätskonstruktionen erfolgt. Die dazu erforderliche Biographiearbeit – die bereits im Studium geleistet werden sollte – ist gleichzeitig Voraussetzung und Notwendigkeit für die Entwicklung sozialpädagogischer Professionalität (vgl. Schweppe 2004).

3   Selbstreflexion als biographischer Aneignungsprozess im Studium

Das Studium der Sozialen Arbeit zielt gemeinhin auf die Vermittlung von theoretischen, methodischen und praktischen Wissenselementen ab, die für die spätere berufliche Praxis befähigen sollen. Eine tendenzielle Überbetonung der Wissensdimension, zumeist durch die Vermittlung wissenschaftlichen Erklärungswissens, bringt die Gefahr mit sich, dass professionelle und reflexive Fertigkeiten – die Dimension des Könnens, aber auch jene der Erfahrung – vernachlässigt werden (vgl. v. Spiegel 2005, S. 599). Das Studium kann aber dort zu einer „zentralen Sinnprovinz" (Schulze-Krüdener/Homfeldt 2002, S. 111) werden, wo es den Studierenden gelingt, den Prozess ihrer wissenschaftlichen Qualifizierung reflexiv im Zusammenhang von Praxis, Theorie und eigenem biographischen Hintergrund zu verarbeiten und zu strukturieren. Dadurch wird bzw. würde Lernen und Studieren als Bildungsprozess sichtbar und erfahrbar. Leider muss aber davon ausgegangen werden, dass die Fachhochschul- bzw. die universitäre Ausbildung keinen hervorgehobenen Platz im Kontinuum von biographischer Erfahrung, Ausbildung und Praxiserfahrung einnimmt (vgl. v. Spiegel 2005, S. 599).

> „Wenn es jedoch gelingt, die Studierenden zu motivieren, ihre biografischen Wurzeln zu reflektieren und in der Folge ihren Deutungshorizont zu modifizieren und zu erweitern, und wenn sie sich darüber hinaus mit fachrelevanten Diskursen auseinandersetzen und auf diese Weise eine disziplinäre Heimat finden, macht sich dieses auch in einer erkennbaren professionellen Haltung bemerkbar." (ebd.)

In der Professionalierungsdebatte Sozialer Arbeit scheint sich die Einsicht durchzusetzen, dass die Aneignung sozialwissenschaftlichen Wissens in der Ausbildung und auch der handlungspraktische Umgang mit Kompetenzen im Berufskontext nicht vom biographisch entwickelten Selbstverständnis abzulösen sind. Daraus ist konsequenterweise zu schließen, dass erst die Reflexion der je individuellen Biographie einen reflexiv-kritischen Umgang mit professionellen Handlungskompetenzen ermöglicht (vgl. Dewe et al. 2001, S. 101). Cornelia Schweppe konnte in ihren biographieanalytischen Studien bei Studierenden der

Sozialpädagogik eine unauflösliche Interdependenz zwischen Biographie und Studium nachweisen: Es ist die Biographie, die darüber entscheidet, wie Aneignungsprozesse von Wissen und Erfahrungen vonstattengehen, wie und was gelernt wird, welche Wissensbestände angeeignet und welche abgewiesen werden (vgl. Schweppe 2002; 2004). Im Kanon curricularer Wissensvermittlungs- und Wissensabfrageprozesse bleibt diese Interdependenz jedoch zumeist völlig ausgeblendet, und die Studierenden sind gezwungen, sich nach alternativen Reflexionsmöglichkeiten umzusehen. Dabei durchlaufen gerade Studierende der Sozialen Arbeit während ihrer Ausbildungszeit oft dramatische und krisenhafte Lern- und Transformationsprozesse, die genau aus der Wechselwirkung zwischen biographischen Faktoren und der Konfrontation mit irritierenden Studieninhalten und/oder Begegnungen und Erfahrungen in den Praxiskontaktphasen resultieren. Diese Prozesse zeigen sich im Ausbildungsalltag oft nur oberflächlich, beispielsweise in einer Veränderung der äußerlichen Erscheinung, oder in Andeutungen, dass sich bestimmte Werte und Einstellungen, aber auch private Beziehungen verschoben haben. Die angedeuteten Krisen und Irritationen werden allerdings in den seltensten Fällen an der Hochschule aufgegriffen und bearbeitet, sondern müssen eigeninitiativ bewältigt werden (vgl. Schweppe 2004, S. 164). Hier bietet sich die Chance der Reflexion und Auseinandersetzung mit diesen biographischen Verstrickungen an, um sie für die Betroffenen erkenntnisbringend verstehbarer zu machen und um einen signifikanten Beitrag zur Herausbildung einer professionellen Identität zu leisten.

> „Durch diese Erfahrbarmachung ist es dann vielleicht auch möglich, jenes Wissen im Studium zu generieren, das in der bisherigen Ausbildungsdebatte als auch in der Debatte um sozialpädagogische Professionalität bislang eine vernachlässigte Größe spielte, nämlich das Wissen der Professionellen über sich selbst." (ebd.)

Um dies ermöglichen zu können, bedarf es einer Reihe von Modifikationen im Ausbildungskontext. Das betrifft den Lehrplan, die Studienorganisation und das Lehrpersonal. Aus meiner Sicht stellen Selbsterfahrungsgruppen, die sich idealerweise durch das gesamte Studium ziehen, eine sehr geeignete Möglichkeit zur professionell angeleiteten Selbstreflexion und Selbstexploration dar. Parallel dazu oder – sollte dies aus welchen Gründen auch immer nicht möglich sein – alternativ dazu bieten sich auch andere Lehrveranstaltungen an. Das können Kurse mit supervisorischem Charakter im Rahmen der Praxisbegleitung sein, Seminare zu Methoden Sozialer Arbeit, oder im Grunde jede andere Lehrveranstaltung auch, wenn sich eine derartige persönlich-biographische Bezugnahme curricular-thematisch und situativ anbietet. Wenn Selbstreflexion und Selbsterfahrung als Querschnittsthemen ins Blickfeld rücken, dann erfordert dies auch spezielle Kompetenzen bei den Lehrenden Sozialer Arbeit. Diese sind gefordert,

sich auf möglicherweise komplexe und anstrengende Beziehungs- und Reflexi-
onsprozesse einzulassen, bei denen sie notwendigerweise auch selbst in eine
exponiert(er)e Situation geraten. Es gilt, sowohl die eigene Rolle im Lehr-Lern-
System als auch das eigene inhaltlich-didaktische Konzept zu überdenken, um
Selbstreflexionsprozesse überhaupt erst einmal anklingen zu lassen. Dabei darf
nicht außer Acht gelassen werden, dass die Lehrenden im Hochschulbereich
auch als Rollenmodell fungieren. Was Dewe et al. (2001) für das Theorie-Praxis-
Verhältnis der Sozialen Arbeit im Ausbildungsbereich herausstreichen, mag
insbesondere auch für das hier skizzierte Profil von Selbstreflexion gelten:

> „Entscheidend für die Praxis der Lehre ist, daß die durch die jeweiligen Fachhoch-
> schullehrer repräsentierten individuellen Konkretionen von Varianten der Theorie-
> Praxis-Relationierung zugleich Modelle darstellen, an denen Studenten Formen des
> Umgangs mit theoretischem und praktischem Wissen ablesen und sich aneignen
> können …" (Dewe et al. 2001, S. 93)

Anders ausgedrückt: Studierende als genaue Beobachter dessen, was an der
Hochschule passiert und wie sich die dort Tätigen verhalten, können durch das
authentische wissenschaftliche wie persönliche Handeln der Lehrenden ihr eigenes Spektrum an professionellen Handlungs- und Reflexionskompetenzen für die
spätere Praxis erweitern. Allerdings fehlt manchen FachwissenschaftlerInnen die
Qualifikation und Erfahrung, um gruppendynamisch, selbsterfahrungs- und emo-
tionsbezogen zu arbeiten (vgl. Schmidbauer 1992, S. 191). Sie sind obendrein in
Rollenkonflikte verstrickt (z. B. bedingt durch die Notwendigkeit, studentische
Leistungen zu bewerten), so dass sich die Überlegung anbietet, für eine angeleitete Selbstreflexion und Selbsterfahrung im Studium auf externe Angebote zurückzugreifen. Letztlich wird sich die Forderung nach vermehrter und systemati-
scher Selbstreflexion im Studium auch der Frage stellen müssen, ob diese Themen überhaupt einen Platz an der Hochschule haben sollten. In diesem Beitrag
wird die Behauptung aufgestellt, dass Wissenschaftlichkeit und Selbstreflexion
keine Gegensatzpaare darstellen, sondern in einem Wechselverhältnis zueinander
stehen, welches wiederum reflektiert und bewusst gemacht gehört. Dieser Prozess, der in der Ausbildung gefördert werden sollte, trägt zur Herausbildung
eines professionellen Habitus' in der Sozialen Arbeit bei, der für die Studierenden und späteren PraktikerInnen für die Bewältigung ihrer komplexen Aufgabenstellungen unverzichtbar ist. Es kann davon ausgegangen werden, dass Studi-
eninhalte, die sich mit Fragen der Persönlichkeitsbildung und damit gekoppelt
mit so genannten Schlüsselkompetenzen beschäftigen, sowohl vonseitcn der
StudentInnen gefragt sind als auch mit Erwartungshaltungen seitens des sozialberuflichen Arbeitsmarktes korrespondieren (vgl. Brake 2002). Im Ineinander-
greifen von sozialwissenschaftlicher Theorievermittlung, der Vermittlung von

praxisorientierten Handlungskompetenzen und der Reflexion individuell-biographischer Erfahrungen liegt eine entscheidende Möglichkeit, die oftmals bemängelte Professionalität Sozialer Arbeit zu forcieren.

Nachfolgend werden einige Beispiele aus der Ausbildungspraxis, die genau diese Intention verfolgen, vorgestellt. Der Rahmen dieses Beitrags lässt nur ein paar kurze Skizzen und Andeutungen zu. Die Beispiele sind in einem Modus zu lesen, demzufolge Selbsterfahrung eine Querschnittsthematik in der Ausbildung der Sozialen Arbeit darstellt. Ich beginne mit der Auseinandersetzung mit dem psychoanalytischen Modell der Übertragung und Gegenübertragung, das auch für die Praxis Sozialer Arbeit bedeutsam ist.

4   Übertragung und Gegenübertragung in der Sozialen Arbeit

Die Kenntnis von interaktionsdynamischen Prozessen der Übertragung und Gegenübertragung kann für die Interventionspraxis der Sozialen Arbeit sehr gewinnbringend sein. Dabei geht es nicht darum, dass sich SozialarbeiterInnen psychoanalytischer Theorien bedienen, sondern mehr um einen interpretativen Umgang mit diesen Ansätzen. Oevermann verweist darauf, dass die Übertragung, die etwas vereinfacht als die Wiederholung zurückliegender Beziehungsmuster in zeitlicher und personeller Verschiebung beschrieben werden kann, nicht eine Erfindung der Psychoanalyse oder eine von ihr bewusst herbeigeführte Technik ist, „sondern eine naturwüchsige Dynamik, die das ganze praktische Leben durchherrscht ..." (Oevermann 2009, S. 124). Es handelt sich also um ein Phänomen, das in allen zwischenmenschlichen Lebensbereichen anzutreffen ist, allerdings nur in den seltensten Fällen bewusst gemacht wird. In der Sozialen Arbeit ist die Auseinandersetzung mit eigenen Gegenübertragungsgefühlen – den Reaktionen auf die Übertragungsangebote des Klienten – als Funktion auf das Verstehen des konkreten Falles und seiner prekären Lage bezogen. Die Selbstreflexion des Sozialarbeiters bzw. der Sozialpädagogin hat in erster Linie die Aufrechterhaltung der eigenen Handlungsfähigkeit zum Ziel. Das Bewusstmachen möglicher Beziehungsfallstricke durch Übertragung und Gegenübertragung fördert die Qualität des Fallverstehens und trägt im Idealfall zur Vermeidung von Fehlinterventionen bei. Es geht also bei der Berücksichtigung dieser Dynamik keinesfalls darum, psychoanalytisch zu arbeiten. Dies würde die Zuständigkeitsgrenzen Sozialer Arbeit überschreiten und zur Selbstüberforderung führen (vgl. ebd., S. 131). Zugleich würde dadurch dem Vorwurf einer Therapeutisierung der Sozialen Arbeit zugearbeitet werden.

Es ist von essentieller Bedeutung, dass Studierende der Sozialen Arbeit frühzeitig mit dieser Thematik in Berührung kommen. Spätestens bei der Reflexion von Praktikumserfahrungen, aber auch in der Bearbeitung von Fallbeispielen werden die oftmals schwer nachvollziehbaren theoretischen Erklärungsmodelle praktisch greifbar und am eigenen Leib konkret erfahrbar. Wichtige persönliche Voraussetzungen dafür sind Empathie und Introspektionsfähigkeit (vgl. Stemmer-Lück 2004, S. 182). Während die Empathie, also die Fähigkeit, sich in das Gegenüber einzufühlen und es in seiner Gefühls- und Erlebenswelt zu verstehen, bei Studierenden der Sozialen Arbeit durchaus auf Resonanz stößt, nimmt die Forderung nach Introspektion eine eher nachrangige Bedeutung ein bzw. stößt auch zuweilen auf Widerstand. Viele Studierende schaffen es kaum bis gar nicht, die eigenen Emotionen bewusst zu reflektieren. Das hat natürlich auch etwas mit der jeweiligen Gruppensituation im Ausbildungssetting, mit der Beziehung zum Lehrenden sowie mit den momentanen Lebensumständen des bzw. der Betroffenen zu tun. Manchmal spielt auch die Angst mit, dass die eigenen Gefühle und Gedanken als *unwissenschaftlich* abqualifiziert werden könnten.

Die Erkenntnis- und Bewusstwerdungsprozesse der Studierenden, die manchmal sehr schmerzhaft sein können, verschließen sich oft den Zugangs- und Bearbeitungsmöglichkeiten im Rahmen eines Studiums. In Lehrveranstaltungen, in denen ein tragfähiges Klima wechselseitigen Vertrauens aufgebaut werden kann, können solche Prozesse manchmal aufgegriffen und reflektiert werden. Eine wichtige Voraussetzung dafür ist, dass der bzw. die Lehrende über die entsprechenden Kompetenzen verfügt und zwischen selbstreflexiver Bearbeitung und therapeutischer Aufarbeitung unterscheiden kann. Dazu ein Beispiel:

Beispiel 1:
Bei einem „Praxisbegleitseminar" schilderte eine Studentin einen Konflikt mit einer Vorgesetzten. Durch gezieltes und sensibles Nachfragen seitens des Lehrveranstaltungsleiters und der Gruppenmitglieder gelang es, in dem sich permanent wiederholenden interaktionsdynamischen Geschehen zurückliegende Konfliktmuster mit einer sehr nahestehenden Person der Studierenden sichtbar zu machen. Als theoretische Brücke wurde auf das transaktionsanalytische Modell von Eric Berne (1970) zurückgegriffen, in dem menschliche Kommunikationsmechanismen („Transaktionen") auf den drei Ebenen des Kindheits-Ichs, des Erwachsenen-Ichs und des Eltern-Ichs analysiert werden. Für die Studierende bedeutete die angeleitete Selbstreflexion in einem kleinen geschützten Rahmen viel Arbeit; im weiteren Verlauf des Praktikums wurde es ihr jedoch zusehends leichter, die Kommunikationsdynamik und ihre subjektiven Anteile darin zu verstehen und entsprechend neue Handlungs- bzw. Bewältigungsmöglichkeiten auszuprobieren. Dazu hatte sie sich in der Folge auch noch eine externe Reflexionsmöglichkeit bei einer Psychotherapeutin organisiert. Beim Studienabschluss erwähnte die Studentin, dass diese Einheit ihr als maßgeblicher Entwicklungsimpuls im Studium in Erinnerung geblieben ist.

5   Forschen in der eigenen Biographie

Als besonders ergiebig für Theorie, Praxis und Biographie integrierende Lernprozesse im Studium erweisen sich Ansätze, bei denen die Studierenden die
Möglichkeit erhalten, in der eigenen Biographie, Familie und Herkunft zu forschen. Eine methodisch angeleitete Biographiearbeit ist Selbstreflexion im besten Sinne. In der Regel sind die StudentInnen dafür sehr aufgeschlossen, nicht
zuletzt lautet eine vielfach artikulierte Erwartungshaltung an das Studium der
Sozialen Arbeit, dass man sich hier auch mit sich selbst auseinandersetzen kann
bzw. muss. Eine strukturiert angeleitete biographische Selbstreflexion ermöglicht
durch bestimmte methodische Zugänge einen Rückgriff auf die eigenen Lebenserfahrungen und biographischen Sinnzusammenhänge auf einer anderen Ebene
der Erkenntnis und Verarbeitung, als dies in der Alltagskommunikation geschieht. Dabei geht es immer auch um den Zusammenhang von Identität und
Geschichte sowie um die Interdependenz der unterschiedlichen Zeitebenen Vergangenheit, Gegenwart und Zukunft (vgl. Gudjons/Wagener-Gudjons/Pieper
2008). Dadurch, dass die eigene Lebensgeschichte als Spiegel gesellschaftlicher,
kultureller und sozialer Verhältnisse fungiert, liegt in der reflexiven Biographiearbeit auch eine maßgebliche Chance zu politischer Bildung und Veränderung.

> „Die Auseinandersetzung mit der eigenen Geschichte bedeutet also (auch als Weg
> nach innen) keineswegs den vielbeklagten unpolitischen ‚Rückzug ins Private'. Im
> Gegenteil: Hier liegt vielmehr die Chance, im Verstehen und Durchschauen gesell-
> schaftlich-politischer Prozesse am Beispiel der eigenen Biografie auch politisch
> handlungsfähiger zu werden." (ebd., S. 16)

Für die Soziale Arbeit bekommt eine solcherart forschungsorientierte Biogra-
phiereflexion eine besondere Bewandtnis, insofern sie die eigenen Handlungskompetenzen auf persönlicher, fachlicher und (sozial)politischer Ebene erhöhen
kann.

Beispiel 2:
In einer Lehrveranstaltung mit dem Titel „Reflexionstechniken" wurde den Studierende der aus dem systemischen Denken stammende methodische Ansatz der
Genogramm-Arbeit vorgestellt, der sich für die Praxis der Sozialen Arbeit in vielfältiger Weise als anknüpfungsfähig erweist (vgl. Kühling/Richter 2007). Im Kern geht
es dabei um die graphische Darstellung von Familien- und Generationenbeziehungen mit allen bedeutsamen Konfliktfeldern und Koalitionslinien aus der subjektiven
Sicht des so genannten Indexklienten. Für die Zielsetzung der Lehrveranstaltung
wurde die Methode als ein Mittel der Selbstreflexion eingesetzt. Um sich vertieft mit
den eigenen familiengeschichtlichen Konstellationen auseinandersetzen zu können,
benötigen die Studierenden ausreichend Zeit und eine räumliche Gestaltung, die

auch intimere Arbeitsprozesse zulassen. Wenn möglich sollten solche Arbeitsschritte aus den regulären Räumlichkeiten ausgelagert werden. Nach einer Einzelbeschäftigung bietet sich eine intensive Nachbesprechung in Kleingruppen sowie eine eher allgemein gehaltene Plenarreflexion an, bei der Erkenntnisse und gegebenenfalls Probleme im Arbeitsprozess geteilt werden können. Die Erfahrung hat gezeigt, dass es günstig ist, wenn der Lehrveranstaltungsleiter bei solchen oder ähnlichen biographieorientierten Methoden die Möglichkeit eines Einzelgesprächs außerhalb der Lehrveranstaltung anbietet. Es gibt immer wieder Studierende, die auf dieses Angebot zurückgreifen, hauptsächlich dann, wenn im Arbeitsprozess besonders konfliktbehaftete, manchmal auch traumatische Erlebnisse ins Bewusstsein rücken. Zuweilen kann eine solche Nachbesprechung auch dazu genützt werden, auf bestimmte Bearbeitungsmöglichkeiten außerhalb der Fachhochschule aufmerksam zu machen (z. B. Psychotherapie).

Die Arbeit mit dem Genogramm anhand der eigenen Familiengeschichte macht die Studierenden im Umgang mit der Methode vertraut, zeigt auch deren Grenzen unmittelbar und nachvollziehbar auf, und schärft nicht zuletzt biographieanalytische Kompetenzen, die in der praktischen Arbeit mit allen Altersgruppen unverzichtbar sind. Familiendynamiken und generationsübergreifende Beziehungs- und Konfliktmuster können rekonstruktiv gedeutet und auf die aktuelle Lebenssituation bezogen werden. Manchmal kommt es auch zu einer Neuinterpretation des eigenen Berufswunsches angesichts neu gewonnener biographischer Erkenntnisse. Nicht zuletzt wird im Kontext des südlichsten österreichischen Bundeslandes Kärnten auch der politische Gehalt der strukturierten Biographiearbeit deutlich: So kann es für manche Studierenden ziemlich irritierend sein, wenn sie das erste Mal feststellen, dass in ihrer Familie nicht nur deutschsprachige, sondern auch Wurzeln der slowenischsprachigen Minderheit zu finden sind. Eine solche Feststellung kann vorerst einen Identitätsbruch bedeuten, letztlich aber auch eine Bereicherung der eigenen Identität darstellen (vgl. Ottomeyer 1997, S. 142f.).

6   Arbeit mit Rollenspielen

Eine weitere Form, bei der Studierende der Sozialen Arbeit sowohl fallanalytisch-sozialwissenschaftliche Reflexionskompetenzen erwerben können als auch die Möglichkeit haben, selbstreflexiv an sich zu arbeiten, findet sich im Einsatz von Rollenspielen. In meiner Ausbildungspraxis greife ich in unterschiedlichen inhaltlichen Zusammenhängen immer wieder gerne auf die Einsatzmöglichkeit des so genannten Reflecting Teams zurück. Dies ist ein methodischer Zugang, der ursprünglich aus der systemischen Beratung und Therapie stammt und von Tom Anderson begründet wurde (vgl. v. Schlippe/Schweitzer 2007). Mit leichten Modifikationen eignet sich die Methode auch sehr gut für einen Ausbildungskontext. Grundsätzlich geht es darum, dass in einem (in unserem Fall) sozialpädagogischen Setting neben einem Beratungssystem (bestehend aus einem Berater oder einem BeraterInnenteam sowie dem Klienten bzw. den KlientInnen) im selben Raum auch ein Beobachtungssystem (das Reflektierende Team bestehend aus mehreren ProfessionistInnen) real anwesend ist. Das „Reflecting Team" übernimmt eine zuhörende, beobachtende Rolle, und kommt nach Aufforderung des Beratungsteams zum Einsatz, indem die gemachten Wahrnehmungen, Beobachtungen und theoretischen wie methodischen Überlegungen laut kommuniziert werden, und zwar nicht zum Beratungssystem, sondern innerhalb des Reflexionsteams. In der Praxis bedeutet das ein höchstes Maß an Transparenz, fachlicher Genauigkeit und sprachlicher Sensibilität.

Im Ausbildungssetting wird dabei wie folgt vorgegangen: Zuerst sollten die Studierenden mit grundlegenden Annahmen und Ansätzen systemischen Arbeitens vertraut sein. Danach wird ein Fallbeispiel aus einem Handlungsfeld der Sozialen Arbeit vorgestellt und diskutiert (in meinen Lehrveranstaltungen verwende ich Fallvignetten aus den Bereichen Beratung, Krisenintervention, Jugendwohlfahrt, interkulturelle Soziale Arbeit und soziale Altenarbeit, die allesamt auf realen Fällen basieren). Schließlich werden die Rollen vergeben. Für diejenigen, die in die Rolle von KlientInnen schlüpfen, habe ich jeweils Hintergrundinformationen vorbereitet, um die jeweilige Rolle mit biographischen und lebensweltlichen Informationen auszustatten. Nach einigen Tagen, die zur inhaltlichen Auseinandersetzung und Rollenfindung genutzt werden können, wird das Rollenspiel schließlich in Realzeit durchgespielt, wobei das Reflecting Team mindestens zwei- bis dreimal zum Einsatz kommen soll.

Solche Arbeitsprozesse sind sehr intensiv und dauern nicht selten mehrere Stunden, was bereits im Vorfeld eine entsprechende zeitliche Seminarplanung erfordert. Mit dem Einsatz der Methode können mehrere Zielsetzungen erreicht werden. Zum einen wird die Komplexität von menschlichen Beziehungen, Biographien und Lebenswelten anschaulich sichtbar und persönlich nachvollziehbar. Zum anderen wird die Schwierigkeit professionellen Handelns in einer konkreten, pseudorealen Praxissituation erfahrbar. Darüber hinaus sind Rollenspiele ein hervorragendes Mittel zur Schulung metakommunikativer Kompetenzen; diese sind ein unverzichtbarer Bestandteil jeglicher Form der Selbstreflexion. Schließlich bietet ein solches Setting eine vordergründig unverfängliche Möglichkeit zur Reflexion der eigenen Beteiligung und Anteilnahme am Kommunikationsgeschehen. Obwohl es qualitativ einen Unterschied ausmacht, ob sich jemand in der Rolle einer Beraterin, eines Klienten, eines Mitglieds des Reflecting Teams oder des Plenums befindet – in der anschließenden Reflexion, die, wenn sie ernsthaft betrieben wird, mindestens so arbeits- und zeitintensiv ist wie das Rollenspiel selbst, wird deutlich, dass jede und jeder nicht nur eine persönliche und fachliche Meinung zum Rollenspiel hat, sondern sich in irgend einer Weise auch affektiv darin verstrickt fühlt. Nicht selten werden bei solchen Reflexionsrunden eigene biographische Erfahrungen, bis in private und intime Bereiche führende Assoziationen und intensive aktuelle Gefühlszustände verbalisiert oder anderweitig zum Ausdruck gebracht. Diese schaffen wiederum Gelegenheiten für weiterführende (Selbst-)Reflexionsprozesse. Bei den an unserem Studienbereich regelmäßig durchgeführten Lehrveranstaltungsevaluationen wird sehr oft deutlich, dass die Studierenden diese Variante der aktiven oder passiven Teilnahme an einer konkreten Fallbearbeitung (und implizit der Selbstauseinandersetzung) sehr schätzen, nicht nur als willkommene Theorie-Praxis-Verknüpfung, sondern auch als Möglichkeit der fachlichen und persönlichen Weiterentwicklung.

Beispiel 3:
Bei einem Seminar über interkulturelle Soziale Arbeit wurden die Studierenden mit einem Fall aus der Jugendarbeit konfrontiert, der auf innerfamiliäre Konflikte in einer Familie türkischer Herkunft verweist. Im Vordergrund steht der familiäre Verdacht vorehelichen Geschlechtsverkehrs der minderjährigen Tochter. Der komplexe Fall bietet sich als Projektionsfläche für stereotypische, klischeehafte und von den Medien begünstigte eindimensionale Sichtweisen geradezu an. In der Lehrveranstaltung werden bei der Fallbearbeitung die geäußerten Sichtweisen und Interpretationen, bei denen oft latent, manchmal auch sehr offen vorurteilsbeladene Ressentiments, xenophob motivierte Emotionen und fremdenfeindliches Gedankengut zum Ausdruck kommen, vorerst widerspruchslos zur Kenntnis genommen. Erst die Übernahme einer konkreten Rolle (z. B. des aus Anatolien stammenden Familienvaters, der sich für seine Familie abrackert und sich in einer höchst widersprüchlichen und konfliktiven Lebenssituation zwischen seiner Herkunftskultur und den sozialen und kulturellen Gegebenheiten im Aufnahmeland befindet) führt in den meisten Fällen zum Aufbrechen dieser Stereotype und schließlich zur Überprüfung von verinnerlichten Normalitätskonstrukten. In einem Fall war für den Studierenden, der in diese Rolle schlüpfte, der Erkenntnisprozess so intensiv, dass er mit dem Gedanken spielte, das Studium vorzeitig abzubrechen. Im Rollenspiel wurden bei ihm zurückliegende Erfahrungen lebendig, die sich vor dem Hintergrund des im Studium erworbenen Wissens völlig neu darstellten. Kontinuierliche Gespräche und Reflexionen im Rahmen von Lehrveranstaltungen und Sprechstunden konnten dem Auseinandersetzungsprozess des Studierenden einen Rahmen geben, der Halt und Sicherheit bietet. Letztlich konnte er sich von alten Bewertungsschemata lösen und sich eine neue, sowohl persönliche wie professionelle Haltung in bestimmten sozialpädagogischen und gesellschaftspolitischen Fragen erarbeiten.

7   Bearbeitung gruppendynamischer Prozesse

Ebenso wie eine selbstreflexiv-biographische Auseinandersetzung findet auch eine angeleitete Reflexion gruppendynamischer Prozesse in der Ausbildung Sozialer Arbeit zu wenig Beachtung. Dabei gestaltet sich das Geschehen in Ausbildungsgruppen an Fachhochschul-Studiengängen, wo Studierende oft über das ganze Studium hinweg zusammen sind, grundlegend anders als an Universitäten, wo die Gruppenkonstellation von Lehrveranstaltung zu Lehrveranstaltung variiert. Das Aufgreifen, Ansprechen und systematische Bearbeiten von latenten oder offenen Gruppenkonflikten, Meinungsverschiedenheiten, Allianz- und Cliquenbildungen, Machtverhältnissen, Ausgrenzungs- und Diskriminierungsprozessen, Sündenbockmechanismen, Abhängigkeitsstrukturen und Rollenverteilungen (um nur einige Strukturelemente von Gruppenprozessen zu nennen) kann sich als Fundus für individuelle wie gemeinschaftliche Selbstreflexion erweisen. In der Gruppe kann sich der Einzelne im Rahmen der Ausbildung erproben. Zugleich fungiert die Gruppe als unschätzbare Ressource, die leider viel zu oft deaktiviert bleibt. Beim Feedback zum Studienabschluss höre ich von Studierenden immer wieder, dass in einem Jahrgang große Konflikte geherrscht haben, die jedoch von den Lehrenden großteils unbeachtet, in den meisten Fällen unbearbeitet geblieben sind. Es ist davon auszugehen, dass hier ein großer Aufholbedarf seitens der Ausbildungsstätten Sozialer Arbeit besteht.

Beispiel 4:
Bei einer Lehrveranstaltung im Wahlpflichtmodul „Interkulturalität und Internationalität" bot die Gruppenkonstellation eine situative Gelegenheit, zentrale Begrifflichkeiten und sozialpsychologische Mechanismen anhand der Zusammensetzung in der Gruppe aufzugreifen, zu erörtern und (inter-)subjektiv erfahrbar zu machen. Die Gruppe war überaus heterogen und setzte sich aus Studierenden im Vollzeit- und berufsbegleitenden Modus zusammen, war altersmäßig von 20- bis 50-Jährigen durchmischt und wies darüber hinaus weitere Besonderheiten auf: Zwei Studierende wechselten vom Diplom- auf das Bachelorsystem, eine Studentin wiederholte das Semester, eine stieß verspätet zur Gruppe, und ein Student hatte einen Migrationshintergrund. Dazu kamen bestimmte Konfliktfelder, die sich zwischen einzelnen Studierenden und der Studienbereichsleitung aufgebaut hatten. Obwohl einzelne Gruppenmitglieder vehement Widerstand gegen diese Form der Bearbeitung leisteten, gelang es schließlich, ein Verständnis für die gruppendynamischen Prozesse – eingebettet in vorherrschende Hierarchie- und Machtstrukturen (namentlich der Studienbereichsleitung) – zu schaffen. Auslöser für den Prozess war der Umstand, dass einerseits eine (relativ junge) Studentin aus dem Vollzeitjahrgang eine (relativ ältere, berufserfahrene) Studentin aus dem berufsbegleitendem Jahrgang unbewusst mit „Sie" ansprach (was in studentischen Kreisen höchst unüblich ist), und dass andererseits die Studierenden im Vollzeitmodus (die die Mehrheit in der Gruppe darstellten) über die hinzugekommenen, berufsbegleitend Studierenden wiederholt in einem „Wir–Ihr"–Jargon sprachen. Auf diese Weise konnten Prozesse von Integration (verstanden als wechselseitiges Geschehen zwischen Mehrheits- und Minderheitsgruppe), Assimilationsdruck, Segregationsmuster, Marginalisierung und Ausgrenzung selbstreflexiv bearbeitet und somit in einem lebendigen Theorie-Praxis-Transfer erfahrbar gemacht werden.

8   Übungen zu Achtsamkeit und Selbstreflexion

Wenn es der inhaltliche Kontext einer Lehrveranstaltung erlaubt, biete ich den Studierenden manchmal die Möglichkeit an, in kleinen Übungen Ansätze der Selbstwahrnehmung, Achtsamkeit und Selbstreflexion auszuprobieren. Dabei geht es zumeist um einfache meditative Übungen, wobei anzumerken ist, dass eine solche Einheit zumeist in einen breiteren Seminarrahmen eingebettet ist, der insgesamt die Förderung kommunikativer und reflexiver Kompetenzen zum Ziel hat (eine sehr schöne Beschreibung eines ähnlichen Seminars findet sich bei Dauber/Zwiebel 2006). Dauber und Zwiebel bezeichnen diese Praxis als „stilles Sitzen" (ebd., S. 129), eine Bezeichnung, die ich deswegen übernommen habe, weil in ihr nicht wie im Begriff der Meditation etwaige spirituelle oder esoterische Konnotationen mitschwingen. Das regungslose Verweilen in Stille kann eine ungeheure Energie freimachen und Zugangsmöglichkeiten zu ansonsten kaum bewussten Wahrnehmungs- und Assoziationsebenen eröffnen. Die ausschließliche Konzentration auf den eigenen Atem und die inneren Prozesse stellt eine überaus intensive Form der Selbstreflexion dar, die für viele Studierende das erste Mal in ihrem Leben so erfahrbar wird.

> „Die Beziehung von selbstreflexiver und meditativer Praxis kommt vor allem darin zum Ausdruck, dass die Selbstreflexion die biographisch bedingten, unbewussten Annahmen, Wünsche und Befürchtungen bewusster und verstehbar macht, so dass die unmittelbare Erfahrung der Wirklichkeit nicht mehr überwiegend durch Projektionen beherrscht wird. Das Zulassen der Selbstreflexion bedeutet immer auch einen Prozess der Veränderung, eine Veränderung der eigenen Identität, die jedoch nicht kontrolliert hergestellt, sondern nur zugelassen werden kann." (Dauber/Zwiebel 2006, S. 138)

In der Situation fällt es manchen Studierenden allerdings schwer, die tiefere Bedeutung einer solchen Praxis sowohl für ihre persönliche und professionelle Identität als auch für ihre fachliche Reflexionskompetenz zu erkennen und sich auf die Achtsamkeitsübung einzulassen. Der Hauptgrund dafür liegt zumeist in dem subjektiven Gefühl, mit Gedanken überflutet zu werden, sobald die Stille eintritt. So kann eine Seminareinheit nur einen Impuls darstellen – die erst durch kontinuierliche Praxis möglichen Erkenntnis- und Entwicklungsprozesse müssen sich die TeilnehmerInnen in der Folge selbst aneignen.

Beispiel 5:
Bereits die Ankündigung auf der Seminarbeschreibung („Bitte bringen Sie zu diesem Termin bequeme Kleidung und eine Decke mit.") sorgt für gewisse Irritationen. Nachdem alle Stühle und Tische weggeräumt wurden und für jeden genügend Platz

zur Verfügung steht, gebe ich zuerst eine theoretische Einführung. Dabei geht es um die Beschreibung einfacher Meditationstechniken, Besonderheiten des Atmens, mögliche physiologische und neurologische Veränderungen, den Umgang mit Gedanken sowie mögliche Störquellen. Ausführungen zum Zusammenhang von Gesundheit, Leiblichkeit und Identität sind ebenfalls wichtig, um den Sinn der bevorstehenden Übungen besser verstehbar zu machen. Schließlich lohnt es sich auch, auf den prophylaktischen Charakter solcher Übungen (zur Vorbeugung einer Burnout-Symptomatik) aufmerksam zu machen.

Die Atmosphäre im Raum verändert sich dann schlagartig, wenn das stille Sitzen beginnt. Ich lasse die Studierenden beim ersten Durchgang zumeist ca. 20 Minuten sitzen, danach folgen zwei weitere Durchgänge, wo gegebenenfalls auch die Körperhaltung variiert werden kann. Zwischen den einzelnen Phasen erfolgen detaillierte Nachbesprechungen. Dies kann je nach Gruppengröße und Vertrauensbasis in Kleingruppen oder im Plenum geschehen.

Für die Studierenden sind solche Einheiten in der Regel sehr intensiv (für mich als Lehrveranstaltungsleiter ebenfalls). Sie heben sich auch ab vom eher wissensorientierten Studienalltag. Es geschieht auch manchmal, dass solche Übungen abgelehnt oder belächelt werden. Ich sehe sie als wichtigen Bestandteil eines Lern-, Entwicklungs- und Reflexionsprozesses, bei dem die angehenden SozialarbeiterInnen oder SozialpädagogInnen wichtige integrative Kompetenzen erlangen und an dem arbeiten, als was sie manchmal bezeichnet werden: an sich selbst als dem „eigenen Werkzeug".

9   Fazit

Meine Intention in diesem Beitrag war es, Selbstreflexion als eine wichtige Voraussetzung für professionelles Handeln in der Sozialen Arbeit herauszuarbeiten. Soziale Arbeit als Professionsfeld interagiert in komplexen lebensweltlichen Zusammenhängen und interveniert im Schnittpunkt der biographischen Bezüge ihrer KlientInnen und der strukturellen Gegebenheiten in der Gesellschaft. Dabei sind SozialarbeiterInnen und SozialpädagogInnen herausgefordert, die eigene Verstrickung und unauflösbare Involviertheit in die professionellen Beziehungen und Organisationsstrukturen zu reflektieren, um sich nicht in Fallstricken zu verlieren und um handlungsfähig zu bleiben. Selbstreflexion wird somit als eine zentrale Handlungskompetenz Sozialer Arbeit und als wichtiges Element professioneller Identität sichtbar. Allerdings ist dieser Aspekt in der Ausbildung stark unterbelichtet. Nur eine konsequente curriculare Berücksichtigung von Selbstreflexion im Studium, bei der integrativ Fachwissen, Handlungskompetenzen und Selbsterfahrung vermittelt werden, kann die Studierenden auf die großen Herausforderungen der Praxis adäquat vorbereiten. Selbstreflexion wird als Qualitätsmerkmal der Ausbildung sowohl von den Studierenden als auch seitens der Berufspraxis geschätzt und erwartet. Um dies leisten zu können, sind bestimmte Modifikationen bei den Studieninhalten, der Studienorganisation, dem inhaltlichen und didaktischen Arbeiten sowie der Hochschulkultur als Gesamtes erforderlich. Hier sind die VertreterInnen im Ausbildungsbereich herausgefordert, selbstkritisch und selbstreflexiv nach kreativen und innovativen Wegen zu suchen.

Literatur

Berne, Eric (1970): Spiele der Erwachsenen. Psychologie der menschlichen Beziehungen. Rowohlt, Reinbek bei Hamburg.

Brake, Roland (2002): Die Funktion von Selbsterfahrung im Studium der Sozialen Arbeit. Verlag Hans Jacobs, Lage.

Dauber, Heinrich/ Zwiebel, Ralf (2006): Dialogische Selbstreflexion. Bericht über ein Seminar. In: Dies. (Hg.): Professionelle Selbstreflexion aus pädagogischer und psychoanalytischer Sicht. Julius Klinkhardt, Bad Heilbrunn. S. 109–140.

Devereux, Georg (1992): Angst und Methode in den Verhaltenswissenschaften. Suhrkamp, Frankfurt am Main.

Dewe, Bernd/ Ferchhoff, Wilfried/ Scherr, Albert/ Stüwe, Gerd (2001): Professionelles soziales Handeln. Soziale Arbeit im Spannungsfeld zwischen Theorie und Praxis. Juventa, Weinheim/München.

Dörr, Margret/ Müller, Burkhard (2006): Einleitung: Nähe und Distanz als Strukturen der Professionalität pädagogischer Arbeitsfelder. In: Dies. (Hg.): Nähe und Distanz. Ein Spannungsfeld pädagogischer Professionalität. Juventa, Weinheim/München. S. 7–27.

Geißler, Karlheinz A./ Hege, Marianne (2001): Konzepte sozialpädagogischen Handelns. Ein Leitfaden für soziale Berufe. Beltz, Weinheim/Basel.

Giesecke, Hermann (1997): Die pädagogische Beziehung. Pädagogische Professionalität und die Emanzipation des Kindes. Juventa, Weinheim/München.

Gudjons, Herbert/ Wagener-Gudjons, Birgit/ Pieper, Marianne (2008): Auf meinen Spuren. Übungen zur Biografiearbeit. Julius Klinkhardt, Bad Heilbrunn.

Kühling, Ludger/ Richter, Katrin (2007): Genogrammarbeit. In: Michel-Schwarze, Brigitta (Hg.): Methodenbuch Soziale Arbeit. Basiswissen für die Praxis. VS, Wiesbaden. S. 227–256.

Oevermann, Ulrich (2009): Die Problematik der Strukturlogik des Arbeitsbündnisses und der Dynamik von Übertragung und Gegenübertragung in der professionalisierten Praxis von Sozialarbeit. In: Becker-Lenz, Roland/ Busse, Stefan/ Ehlert, Gudrun/ Müller, Silke (Hg.): Professionalität in der Sozialen Arbeit. Standpunkte, Kontroversen, Perspektiven. VS, Wiesbaden. S. 113–142.

Ottomeyer, Klaus (1997): Kriegstrauma, Identität und Vorurteil. Mirzadas Geschichte und Ein Brief an Sieglinde Tschabuschnig. Drava, Klagenfurt.

Schieck, Gudrun (1996): Selbstreflexion. In: Hierdeis, Helmwart/ Hug, Theo (Hg.): Taschenbuch der Pädagogik, Band 4. Schneider Verlag Hohengehren, Baltmannsweiler. S. 1311–1319.

Schlippe, Arist von/ Schweitzer, Jochen (2007): Lehrbuch der systemischen Therapie und Beratung. Vandenhoeck & Ruprecht, Göttingen.

Schmidbauer, Wolfgang (1992): Hilflose Helfer. Über die seelische Problematik der helfenden Berufe. Überarb. u. erweit. Neuausgabe. Rowohlt, Reinbek bei Hamburg.

Schulze-Krüdener, Jörgen/ Homfeldt, Hans Günther (2002): Mehr Wissen – mehr Können? Zur Professionalität der Fachkräfte der Sozialen Arbeit zwischen Ausbildung, Wissenschaft und Praxis. In: Schulze-Krüdener, Jörgen/ Homfeldt, Hans Günther/ Merten, Roland (Hg.): Mehr Wissen – mehr Können? Soziale Arbeit als Disziplin und Profession. Schneider Verlag Hohengehren, Baltmannsweiler. S. 125–148.

Schweppe, Cornelia (2002): Biographie, Studium und Professionalisierung – Das Beispiel Sozialpädagogik. In: Kraul, Margret/ Marotzki, Winfried/ Schweppe, Cornelia (Hg.): Biographie und Profession. Julius Klinkhardt, Bad Heilbrunn. S. 197–224.

Schweppe, Cornelia (2004): Das Studium der Sozialpädagogik als biographischer Aneignungsprozess. In: Hanses, Andreas (Hg.): Biographie und Soziale Arbeit. Institutionelle und biographische Konstruktionen von Wirklichkeit. Schneider Verlag Hohengehren, Baltmannsweiler. S. 144–165.

Spiegel, Hiltrud von (2005): Methodisches Handeln und professionelle Handlungskompetenz im Spannungsfeld von Fallarbeit und Management. In: Thole, Werner (Hg.): Grundriss Soziale Arbeit. Ein einführendes Handbuch. VS, Wiesbaden. S. 589–602.

Stemmer-Lück, Magdalena (2004): Beziehungsräume in der Sozialen Arbeit. Psychoanalytische Theorien und ihre Anwendung in der Praxis. Kohlhammer, Stuttgart.

Soziale Altenarbeit – Theoretische Bezüge und Perspektiven

Daniela Neubert

1 Einleitung

In den letzten Jahren tritt die Auseinandersetzung mit dem Alter und Altern von Individuen und Gesellschaften zunehmend in den Fokus wissenschaftlicher Forschung und politischer Diskussionen. Den Grund dafür bieten Entwicklungen, die eine Veränderung in der Altersstruktur erkennen lassen und Hinweise auf eine dauerhafte Alterung der Gesellschaft geben. Die Tendenz verweist auf eine Diversität von Lebensformen und Lebensstilen, die sich bis ins hohe Alter fortsetzt und damit Fragen der zukünftigen gesellschaftlichen Entwicklung und eng damit verknüpft Fragen in Bezug auf neue Herausforderungen für die Soziale Arbeit aufweist. Die Offenheit in der Gestaltung von Lebenspraxen bedingt zum einen mehr Flexibilität und Freiraum für Gestaltungsprozesse, zum anderen birgt sie aber auch Unsicherheit und Unberechenbarkeit in sich. Individualität und Pluralität kennzeichnen das Alter und stellen alte Menschen vor neue Bewältigungsaufgaben, denen bisherige Angebotsstrukturen nur in ungenügendem Ausmaß gerecht werden. Grund dafür sind die bislang vorherrschenden Altenhilfestrukturen, die entweder pflegerisch und medizinisch dominant gestaltet sind und einem defizitorientierten Verständnis von Alter folgen, oder Angebote, die sich an aktiven, frohen und rüstigen alten Menschen orientieren, die keine bis wenig Probleme aufweisen. Diese Angebote präsentieren sich in Form von vorrangig freizeitgestaltenden Aktivitäten. Eine sozialpädagogische Auseinandersetzung mit Alter und Altern steht in den Anfängen, wobei im Besonderen eine Beschäftigung mit hochaltrigen Menschen und deren Bedarfslagen ausständig ist. Sozialer Arbeit ist es bislang unzureichend gelungen, eine eigenständige Expertise herauszuarbeiten, die zur „Bearbeitung, Linderung oder Lösung altersspezifischer Problematiken" (Schweppe 2005, S. 40) beiträgt, um auf die neuen Herausforderungen der Lebensphase Alter zu antworten.

2   Alter und demographische, sozialstrukturelle Veränderungen

Der Strukturwandel des Alters und demographische Veränderungen sind zwei
zentrale Determinanten, welche die Entwicklung der Lebensphase Alter bestimmen. Beide hängen eng zusammen und tragen zur gesellschaftlichen Relevanz
der Lebensphase Alter bei (vgl. Backes/Clemens 2008, S. 30). Die Bevölke-
rungsstruktur weist weltweit Veränderungen auf, die einen Anstieg der Älteren
prognostiziert. Die Veränderung der Bevölkerungszusammensetzung ist gekennzeichnet durch eine Erhöhung der Lebenserwartung, eine Zunahme der
Hochaltrigkeit mit gleichzeitigem Rückgang der Fertilität und der Sterblichkeit
(vgl. Tews 1993, S. 16). Bevölkerungsprognosen zufolge wird der Anteil der
Älteren, jener über 60 Jahre, in den nächsten Jahrzehnten auf über ein Drittel
ansteigen. Die höchste Zuwachsrate verzeichnet die Gruppe der Hochaltrigen,
also Personen über dem 80. Lebensjahr. In zwei Jahrzehnten wird es mehr über
80jährige geben als Kinder und Jugendliche unter 14 Jahren. Die Altersgruppe
der 75- 85jährigen umfasst in Österreich rund 400.000 Personen und wird Schät-
zungen zufolge in den kommenden Jahrzehnten auf rund eine Million ansteigen
(vgl. Kytir/Münz 1999, S. 26ff.). Was diese Veränderungen in ökonomischer
Hinsicht und aus sozialer Perspektive bedeuten, ist heute kaum abzuschätzen.
Fragen, die sich aufgrund der Entwicklung und der „Überalterung" der Gesellschaft zunehmend aufdrängen, fokussieren derzeit großteils auf prognostizierte
Versorgungsprobleme. Diskutiert werden bestehende Renten- und Sozialsyste-
me, und die Alten werden als Belastung des Budgets definiert. Diese Diskurse
und damit einhergehende Konstruktionen der Alten und des Alters führen zu
Prozessen der Diskriminierung und Stigmatisierung und verhindern in Folge die
Wahrnehmung von Ausgrenzung und Armut im Alter.

Die Industrialisierung mit der Veränderung der Arbeitswelt und der wachsenden Flexibilisierung, der technologische Wandel, die Mobilität und die Veränderungen in Familienstrukturen zeigen ihre Auswirkungen auch auf die Phase
des Alters. Modernisierungsprozesse führen zunehmend zu Individualisierungs-
und Pluralisierungstendenzen, die von strukturellen und auch ambivalenten
Transformationsprozessen gekennzeichnet sind. Alter kann heute chronologisch
eine Spanne von etwa 60jährigen bis zu den Hochaltrigen umfassen und impliziert eine Ausdehnung der Alterszeit. Das bedeutet, dass ein älterer Mensch, der
beispielsweise mit 60 Jahren in den Ruhestand geht, 20 bis 30 Jahre oder mehr
Zeit zum Leben, zum Erleben, zum Gestalten hat. Die Bezeichnung „die Alten"
verliert an Berechtigung und die Notwendigkeit einer Differenzierung gewinnt
an Bedeutung (vgl. Tews 1993, S. 16). Noch heute erfolgen Zuweisungen anhand von chronologischen Altersgrenzen, z. B. wenn von den „jungen Alten",

„Alten" und „Hochbetagten" gesprochen wird, diese verlieren jedoch zunehmend an Relevanz und weichen individuellen Differenzierungen.

Mit dem Begriff des Altersstrukturwandels werden fünf Konzepte beschrieben, auf die im Folgenden eingegangen wird (vgl. Tews 1993). Mit dem Konzept der *Verjüngung des Alters* umschreibt Tews mehrere Phänomene, wie beispielsweise, dass die Selbsteinschätzung der Älteren jünger wurde, und dass das chronologische Alter alleine für die Einschätzung „alt" zu sein nicht ausschlaggebend ist. Neben einer positiven Selbsteinschätzung ist es die Werbung, in der zunehmend jüngere alte Menschen das Bild prägen. Die Herabsetzung der Altersgrenze für ältere ArbeitnehmerInnen, die als zu alt gelten und am Arbeitsmarkt nicht mehr vermittelt werden können, ist ebenfalls ein Kriterium, das eine Verjüngung des Alters zur Folge hat. Es erhöht sich die Zeit des Alters ohne Berufstätigkeit bei gleichzeitiger Tendenz hin zu einer höheren Lebenserwartung. Tews bezeichnet dies als Konzept der *Entberuflichung*. Im Zuge der Entberuflichung stehen häufig biographisches Wollen und die gesellschaftliche Zurückweisung diametral gegenüber. Zwänge und Wahlmöglichkeiten nehmen zu und erfordern eine individuell zu leistende Anpassung an die nachberufliche Lebensphase. Vorzeitige Frühpensionierungen, Altersteilzeit und Langzeitarbeitslosigkeit bei Menschen von „55plus" verweisen auf eine Verlängerung der Altersphase, die häufig mit prekären Arbeitsmarktchancen und -situationen einhergehen (vgl. Tews 1993, S. 23ff.).

In den letzten Jahren wird aufgrund der demographischen Alterung der Gesellschaft und im Hinblick auf gerontologische Kompetenzmodelle, die auf Ressourcen und Kompetenzen älterer Menschen hinweisen, die Ausdehnung der Lebensarbeitszeit diskutiert. Entsprechend implementierte Projekte beziehen sich jedoch zum größten Teil auf Maßnahmen zur Stärkung der Leistungsfähigkeit älterer ArbeitnehmerInnen und gehen nur wenig auf die Heterogenität der Alters, auf die Unterschiede der Lebenslagen alter Menschen ein und produzieren damit Ungleichheit und erneute Zwänge (vgl. Höpflinger 2007).

Mit der *Feminisierung* als weiteres Strukturmerkmal beschreibt Tews die geschlechterspezifische Unausgeglichenheit im Alter. Frauen haben heute eine bis zu fünf Jahre längere Lebenserwartung als Männer, hohes Lebensalter ist folglich weiblich. Besonders deutlich lässt sich dies in der Partizipation von Frauen an Angebotsstrukturen, in Erhebungen zur Altersarmut und dem Grad der Abhängigkeit im Alter erkennen. Frauen gelten als „kumulativ benachteiligt" (vgl. Rosenmayer 1978, zit. n. Tews 1993, S. 29). Die Tendenz zu Einpersonenhaushalten, also zur *Singularisierung*, findet sich ebenso wie in jungen Generationen auch im Alter. In den Veränderungen der Haushaltsstrukturen spielt im Speziellen die ungewollte Singularisierung eine wesentliche Rolle. Die häufigste Ursache ist die Verwitwung, der Verlust des Partners/der Partnerin und mit ihm einhergehend der Verlust an sozialen Beziehungen und Kontakten zu Freunden und Bekannten. Feminisierung und Singularisierung charakterisieren das fünfte und letzte Konzept, die *Hochaltrigkeit*, in der auch zunehmend die negative Seite des Alters – Einschränkungen und Multimorbidität und die daraus mit höherer Wahrscheinlichkeit resultierende Pflegebedürftigkeit und Abhängigkeit – an Bedeutung gewinnen. Feminisierung, Singularisierung und Hochaltrigkeit sind jene Konzepte, die sich negativ auf die Aufrechterhaltung von sozialen Kontakten und Beziehungen auswirken und sich als Risikofaktoren für Defizite an sozialen Netzwerken in der Phase des Alters verstehen lassen (vgl. Tews 1993, S. 28ff.).

Dieser Wandel in den Altersstrukturen und die demographischen Prognosen implizieren jedoch nicht unbedingt, wie so oft postuliert, ein Schreckensszenario, sondern beinhalten auch positive Entwicklungstendenzen, Chancen und Möglichkeiten, eine Diskussion hin zu einem Umdenken und Neudenken des Alters, des Älterwerdens und der Altersphase zu fördern.

3   Alter und seine soziale Konstruktion

Alter gilt als sozial und gesellschaftlich bestimmt, das Bild und das Verständnis von Alter ist an kulturelle Gegebenheiten geknüpft (vgl. Schweppe 2005, S. 32). Alter und Altern allein aus einer naturwissenschaftlichen Perspektive zu betrachten und zu erklären, würde zu einem reduzierten Verständnis des Alters führen. Hilarion Petzold spricht in diesem Sinne vom Alter als einen „bio-psycho-sozial-ökologischen Prozess" (Petzold 2008, S. 6), der in den einzelnen Dimensionen zu unterschiedlichen Entwicklungen führt und das Alter damit diversifiziert erscheinen lässt. „Menschen sind komplex alternde Wesen und müssen sich als solche verstehen lernen." (ebd.) Neben der biologischen/physiologischen Dimension sind es psychische Alternsprozesse (mit Fragen nach der kognitiven Leistungsfähigkeit und interaktiv-kognitiven Prozessen), die Berücksichtigung finden müssen. Im Besonderen wird Alter und Altern von der sozialen Dimension, mit Fragen nach sozialer Aktivität und Partizipation an der Gesellschaft, und von der ökologischen Dimension, mit ihren zu unterstützenden Umwelten, bestimmt und konstruiert. Der Alternsprozess als ein individuelles, dynamisches, biologisches und physiologisches Geschehen birgt Möglichkeiten und Perspektiven, welche die Altersphase als eine mit positiven und sinnstiftenden Ressourcen ausgestattete Lebensphase beschreiben lässt.

Bis in das 20. Jahrhundert war Alter durch die biologische Komponente bestimmt. Alter und der Prozess des Alterns standen in einem engen Zusammenhang mit dem Schwinden körperlicher und geistiger Kräfte und einem damit verbundenen Verlust von Fertigkeiten und Fähigkeiten (vgl. Borscheid 1994, S. 39ff.). Mit dem Zeitalter der Industrialisierung kam es zu einer Institutionalisierung des Lebenslaufes (vgl. Kohli 1985), Lebensformen wurden entlang des chronologischen Alters entworfen – sie waren Ergebnis eines sozialen Konstruktionsprozesses. Der Lebenslauf organisierte sich um die Erwerbsarbeit und erfuhr eine Teilung in eine Vorbereitungsphase, eine Aktivitätsphase und eine Ruhephase, die durch die Ausgliederung aus dem Erwerbsleben und durch Entpflichtung charakterisiert ist. Der Verlust der Erwerbsrolle wurde als Problem verstanden, das den alternden Menschen Anpassungsleistungen abverlangt, um Identität und Lebenssinn erhalten zu können (vgl. Kohli 1994, S. 234f.). Konzepte wie die *Aktivitätstheorie* (Tartler 1961; Havighurst 1963 sowie 1968) konzentrierten sich auf Bewältigungsanforderungen durch Alternsprobleme, die, so die Annahme, aufgrund von Funktionslosigkeit entstehen. Zentral ist die Notwendigkeit neuer Rollenübernahmen nach dem Erwerbsleben, um Verluste kompensieren zu können.

Die *Disengagementtheorie* (Cumming/Henry 1961) stellt dem Konzept die Theorie des sozialen Rückzugs gegenüber. Diese Theorie basiert auf einem Defizitmodell des Alters, das physische und psychische Abbauprozesse in den Mittelpunkt stellt. Der Verlust von Rollen und der Rückzug aus dem gesellschaftlichen Leben gelten als unvermeidlich und funktional, um sich auf den Tod vorzubereiten. Kritik zog die Disengagementtheorie auf sich für ihre Annahme, der Rückzug sei nicht nur gesellschaftlich funktional, um eine geregelte Ablöse zu gewährleisten, sondern auch individuell, also für den alten Menschen selber befriedigend. Die Vorstellung, es herrsche zwischen gesellschaftlichen und individuellen Interessen eine Gleichheit, ist aufgrund bestehender Unterschiede und Ungleichheitsverhältnisse, welche die Lebenslagen im Alter maßgeblich beeinflussen, nicht haltbar (vgl. Backes/Clemens 2008, S. 124ff.). Sowohl das Aktivitätskonzept als auch die Disengagementtheorie generalisieren Verhaltensweisen alter Menschen als „typisch", tragen damit zu einer Konstruktion von Altersstereotypien bei und fördern den Dualismus von entweder aktiven, jungen und produktiven SeniorInnen, oder aber kränklichen und passiven Alten. Die daraus entspringenden Leitbilder propagieren autonomes Alter versus abhängiges Alter, und setzen den alternden Menschen z. B. dem Zwang aus, permanent aktiv, effektiv und stark zu sein, um die Lebensphase gelingend zu gestalten (vgl. Pichler 2007).

Die *Kontinuitätstheorie* versucht der Annahme der Rollenreduktion entgegenzutreten und erklärt den Alternsprozess als ein Kontinuum zwischen erfolgreicher und nicht-erfolgreicher Anpassung, wobei die Aufrechterhaltung eines kontinuierlichen Lebens bzw. das Beibehalten eigener individueller Rückzugs- oder Aktivitätsbedürfnisse zu einer optimalen Gestaltung der Altersphase beiträgt. Damit werden vom Kontinuitätsansatz zwar individuelle Bedürfnisse berücksichtigt, jedoch bleiben – wie auch bei den anderen Ansätzen – sozial ungleiche Lebensbedingungen alter Menschen randständig (vgl. Backes/Clemens 2008, S. 133f.).

Die Lebensphase Alter und stereotype Bilder vom Alter veränderten sich in den letzten Jahren und führten zu einer Umdeutung vorhandener Vergesellschaftungsmodelle. Vorgegebene Rollenbilder, Altersnormen und -modelle werden brüchig. Alter hat sich, aufgrund des technischen, medizinischen und sozialen Fortschritts und der damit verbundenen Lebenszeitverlängerung, zu einer dominanten Lebens- und Sozialform gewandelt (vgl. Lenz/Rudolph/ Sickendiek 1999). Wenngleich in den Industriestaaten eine weitaus rasantere Entwicklung zu verzeichnen ist, so sind auch in Entwicklungsländern Tendenzen einer Langlebigkeit erkennbar. Alter wird zu einem globalem, einem weltweitem Phänomen. Es zeigt sich als verlängerte und ausgeweitete Lebensphase, die gekennzeichnet ist von verbesserten sozialen, gesundheitlichen und materiellen Ressourcen, die den alternden Menschen auffordern und zugleich Raum und Möglichkeit bieten, neue Perspektiven zu entwerfen und dem bislang vorherrschenden Gesellschaftsentwurf des sozialen Rückzugs (bzw. dem Bild der „neuen Alten", das altersspezifische Probleme negiert) entgegenzutreten.

Plurale Lebensformen und individuelle Lebensentwürfe stehen nicht zeitgemäßen Theorien gegenüber und verlangen nach einer Neubestimmung der Lebensphase Alter. Eine veränderte Sicht und das differenziertere Bild des Alters und Alterns spiegeln sich heute in Freisetzungsprozessen aus traditionellen Lebensformen wider. Sie stehen damit dem Mythos einer von Abbau und Defiziten geprägten Lebensphase gegenüber. Die Prozesse der Freisetzung bedingen zum einen den Verlust von sinnstiftenden Tätigkeiten und sozialen Netzwerken. Zum anderen ermöglichen sie neue Handlungs- und Gestaltungsspielräume (vgl. Schweppe 1999, S. 262), die alten Menschen die Möglichkeiten, aber ebenso die Notwendigkeit der individuellen Gestaltung der Altersphase aufbürden. Die Gestaltungsspielräume sind allerdings begrenzt und in hohem Maß an gesellschaftliche und subjektiv-biographische Rahmungen gekoppelt. Riley und Riley (1994, S. 442f.) sprechen in diesem Zusammenhang von einer Diskrepanz zwischen den Fähigkeiten alter Menschen und den dafür vorgesehen Rollenstrukturen in einer Gesellschaft. Nicht immer decken sich die Angebote an Unterstützung und Hilfe mit den Bedarfen und Bedürfnissen alter Menschen. Es fehlen häufig Möglichkeitsräume und Strukturen, um vorhandene Potentiale anzuwenden bzw. einzusetzen und zu erhalten. Das Alter ist gesellschaftabhängig, es ist abhängig von Ressourcen, die bereitgestellt werden, um Teilhabe zu ermöglichen, es ist abhängig von Angeboten und Unterstützungsräumen, die Möglichkeiten zum Erhalt und zur Förderung von Kompetenzen und Potentialen fördern, es ist abhängig von Rollenzuschreibungen und Erwartungen der Gesellschaft an „die Alten". Wie Alter und Altern gelebt werden kann, bestimmen Spielräume der Gesellschaft und das Ausmaß, inwieweit sich diese mit der Entfaltung des Alters und den Bedürfnissen und Bedarfen alter Menschen decken.

> „Die Leistungsfähigkeit der älteren Menschen kann optimiert werden, aber diese Optimierung hängt zu einem wichtigen Teil von sozialen Faktoren ab. (...) Die Grenzen der Leistungsfähigkeit alter Menschen liegen also weniger in ihren Fähigkeiten als vielmehr in den sozialen Rollen, die sie mit zunehmendem Alter wahrnehmen oder eben nicht wahrnehmen können." (Riley/Riley 1994, S. 442)

4 Alter und der Prozess der Biographisierung

Altern findet heute

> „inmitten von Freisetzungs-, Pluralisierungs- und Detraditionalisierungsprozessen [statt], durch die Lebensentwürfe und Lebensformen dieses Lebensabschnittes nicht (mehr) von vornherein auf festgelegte und standardisierte Lebensentwürfe und Lebenswege fixiert und durch ein fixes Koordinationssystem antizipierbare Lebensumstände vorhersehbar sind" (Schweppe 1999, S. 261).

Vielfalt bestimmt die Lebensstile im Alter, vorgefertigte Lebensformen verlieren an Bedeutung, und ein differenziertes Bild des Alters tritt in Erscheinung. Die Freisetzungen aus traditionellen Bildern mit ihren Rollenzuschreibungen bedeuten jedoch nicht die Auflösung der Altersrisiken wie Einsamkeit, Isolation, Verlust sozialer Netzwerke und die Anhäufung kritischer Lebensereignisse. Das Leben im Alter kennzeichnen Ambivalenzen zwischen Gewinnen und Verlusten, zwischen Möglichkeiten und Grenzen, zwischen Gestaltungsräumen und Gestaltungszwängen. Im Zuge der Anforderungen und Herausforderungen der Altersphase gewinnen biographisch Erlebtes, biographisch erworbene Kompetenzen und Ressourcen und die Gestaltung des bisherigen Lebens zunehmend an Bedeutung. Biographien wohnt Prozesshaftigkeit inne, sie sind niemals vollkommen abgeschlossen, sie sind immer offen, Neues aufzunehmen. Trotzdem versucht der Mensch, Lebensereignisse sinnvoll zu verknüpfen, um Kontinuität herzustellen und zu sichern.

Altern ist nicht allein aus einer Defizit- und Verlustperspektive zu betrachten, sondern bedeutet Entwicklung neuer Kompetenzen und Potenziale. Alter ist als eine mit positiven und sinnstiftenden Ressourcen ausgestattete Lebensphase zu definieren, der es gerecht zu werden gilt. Unter einem erweiterten und differenzierten Blick sind die in der Unterstützungslandschaft verorteten Disziplinen und Professionen aufgefordert, Konzepte und Methoden zu entwickeln, die Autonomie, Selbstbestimmung und individuelle Bedürfnisse, auch im hohen Alter und bei ausgeprägter Unterstützungs- und Hilfsbedürftigkeit, berücksichtigen und aufrecht erhalten.

5   Alter und die Verortung Sozialer Arbeit

Altern als ein individueller und biographischer Prozess – geprägt von divergierenden Lebenslagen und spezifischen Möglichkeiten und Anforderungen, die Lebensphase eigenverantwortlich zu gestalten, Chancen wahrzunehmen und Krisen zu bewältigen – stellt sozialstaatlich organisierte Unterstützungskulturen vor die Herausforderung, dieser Diversität und Heterogenität gerecht zu werden. Derzeitige gesellschaftliche Strukturen und Optionen werden den biographischen Entwürfen und der Pluralität von Lebensformen des Alters nur zum Teil gerecht und halten an traditionellen Altersbildern fest (vgl. Schweppe 2005, S. 37). Wirft man einen Blick auf die Strukturen der Altenbetreuung, so zeigt sich eine deutliche Dominanz pflegerischer, medizinischer und therapeutischer Professionen. Soziale Arbeit ist hier noch weitgehend randständig verortet. Bis heute konnte sich Soziale Arbeit nicht ihren Kompetenzen entsprechend positionieren und einbringen und steht nach wie vor häufig in Konkurrenz zu pflegerischen und gesundheitsspezifischen Berufen. Zurückgeführt werden kann dies zum einen auf die fehlende rechtliche Basis der Sozialen Arbeit in diesem Handlungsfeld (vgl. Kittl-Satran/Simon 2010, S. 226), zum anderen auf die fehlende Profilschärfung Sozialer Arbeit in stark medizinisch-pflegerisch dominierten Arbeitsfeldern (vgl. Homfeldt/Sting 2006, S. 12f.).

Im Zuge des Neudenkens und Umdenkens der Lebensphase Alter und der Entstehung eines neuen Altersbildes, das sich über Kompetenzen und Potentiale definiert, darf nicht vergessen werden, dass mit dem Altern auch weiterhin Risiken und Diskontinuitätserfahrungen verbunden sind. Vor allem im hohen Alter sind krisenhafte und problembeladene Veränderungsprozesse vorherrschend, die Hilfe- und Abhängigkeitsstrukturen unvermeidbar werden lassen. Altern gestaltet sich innerhalb ambivalenter Bedingungen. Zum einen breiten sich Chancen einer individuellen Gestaltung aus, zum anderen entsteht das Risiko, durch alterstypische Einschränkungen Gestaltungskompetenzen einzubüßen. Entfaltungsmöglichkeiten und -restriktionen bestimmen zeitgleich die Lebensphase und fordern zur Bewältigung auf (vgl. Otto/Schweppe 1996, S. 66). Krisenbehaftete Übergänge, wie der Austritt aus dem Erwerbsleben, der Übertritt in eine Pflegebedürftigkeit oder Verlusterfahrungen, sind Lebensereignisse, in welchen

Beratung, Unterstützung, Begleitung und Hilfe jenseits somatischer Orientierung notwendig werden.

Allgemein kann davon ausgegangen werden, dass alte Menschen sich ein selbstbestimmtes Altern wünschen, das ihnen z. B. ermöglicht, in der eigenen Wohnung zu leben und soziale Kontakte aufrecht zu erhalten. Auch wenn Hilfe und Unterstützung im abhängigen Alter den Alltag bestimmen, sind Autonomie und Selbstbestimmtheit zentrale Bedürfnisse, gelingend zu altern und in Würde das Alter zu leben. Selbstwirksamkeit und die Wahrung der eigenen Handlungsfähigkeit entscheiden maßgeblich, in welchem Ausmaß ältere und alte Menschen sich aktiv mit den Anforderungen des Alterns auseinandersetzen und ihr Leben bis ins hohe Alter als selbstbestimmt erleben. Gerontologische Studien zeigen, dass durch das Verhalten der Pflegeperson in Pflegesituationen (z. B. durch Überforderung oder Zeitmangel) unselbstständiges Verhalten verstärkt werden kann, und damit das Vertrauen in die Eigenkompetenz und deren Einsatz verloren geht. Der damit einhergehende Verlust an Selbstwirksamkeit hat entscheidenden Einfluss auf eine aktive Auseinandersetzung mit Anforderungen und dem Einsatz von Bewältigungsstrategien (vgl. Baltes 1995, zit. n. Rosenmayr 2000, S. 559).

6   Alter und Zugänge Sozialer Arbeit

Welche Zugänge sozialer Altenarbeit bilden nun die Folie, um der Diversität des Alters gerecht zu werden und Unterstützung und Begleitung entlang selbstbestimmter, kontinuierlich und subjektiv gelingend erlebter Lebenspraxen zu eröffnen?

Soziale Altenarbeit setzt bei den Bewältigungs- und Gestaltungsanforderungen an und verfolgt das Ziel, in krisenbehafteten Lebenssituationen unterstützend und begleitend zu wirken, Desintegrations- und Exklusionsprozesse und die damit verbundenen Risiken der Vereinsamung und Isolation zu erkennen und zu vermindern. Die Lebenswelt und die Unterstützung in der Bewältigung des brüchig werdenden Alltags bilden die Folie für professionelles Handeln in der Sozialen Altenarbeit. Mit der Orientierung an der Lebenswelt der AdressatInnen werden die jeweils subjektiv entworfenen Lebenspraxen und individuellen Ressourcen als Ausgangspunkt von Interventionen gedacht. Anknüpfungspunkte bilden die jeweils individuellen Erwartungen, Erfahrungen und Handlungsorientierungen, die den Alltag bestimmen und in hohem Maße an einem für sinnvoll und subjektiv als befriedigend erlebten Lebensentwurf mitwirken. Leben ist in seinem Eigensinn ernst zu nehmen, zu respektieren (vgl. Thiersch 2005, S. 52). Unterstützungen und Hilfen knüpfen an den subjektiven Interpretationen der alten Menschen an, auch wenn Interventionen das Ziel verfolgen, zu irritieren, AdressatInnen aus festgefahrenen Routinen zu lösen, um neue Perspektiven und Entwicklungsräume zu eröffnen.

Selbstbestimmt den Alltag zu gestalten gewinnt im Alter besonders an Bedeutung, vor allem dann, wenn die Kumulation von Belastungen durch körperliche Beeinträchtigungen und Verluste zu einer Bedrohung subjektiver Handlungsfähigkeit und mit ihr zu Gestaltungs- und Bewältigungsschwierigkeiten im Alltag führen. In diesem Zusammenhang gewinnen soziale Netzwerkressourcen und deren Aktivierung zunehmend an Bedeutung. Mit dem demographischen Wandel, der Zunahme der Singularisierung und dem Aufbrechen familiärer Strukturen verändern sich die Netzwerkbeziehungen und mit ihr die daraus resultierenden Unterstützungsleistungen. Nichtverwandtschaftliche Beziehungen als Ressource und formelle Unterstützungssysteme bzw. institutionalisierte und professionelle Hilfeangebote werden zur Förderung von Bewältigungsanstrengungen herangezogen. Soziale Netzwerkressourcen und deren Verfügbarkeit sind multifunktional und tragen nicht nur dazu bei, Kompetenzverluste und Funktionseinbußen mit deren negativen Bewertungen zu vermindern bzw. zu kompensieren, sie beeinflussen ebenso maßgeblich das Gefühl der Einsamkeit und Isolation alter Menschen. Soziale Isolation beschreibt den Mangel an objektiven Kontakten, dagegen ist Einsamkeit als ein subjektives Empfinden von mangelndem Austausch zu verstehen. Das bedeutet, dass nicht die Quantität der Netzwerke, also die Anzahl der NetzwerkpartnerInnen für das Gefühl der Einsamkeit im Alter bedeutend ist, sondern vielmehr die Qualität der Beziehungen. Ein alleinstehender alter Mensch in einem Pflegeheim leidet trotz vieler Menschen, die ihn täglich umgeben, möglicherweise mehr unter Einsamkeit als ein älterer, alleinlebender Mensch, der regelmäßig Kontakt – und wenn auch nur telefonisch – zu seinen Kindern aufrecht erhält. Die soziale Altenarbeit fokussiert in diesem Zusammenhang auf die Stärkung und Förderung sozialer Netzwerke, auf deren Aktivierung und Möglichkeiten der Pflege und zunehmend auf die Gewinnung neuer Netzwerke. Denn nicht immer kann davon ausgegangen werden, dass soziale Netzwerkressourcen in ausreichendem Maß vorhanden sind, auf die rückgegriffen werden kann. Soziale Netzwerke bilden und verändern sich in einer zeitlichen Perspektive, sie sind vor dem Hintergrund des Lebenslaufes und der Biographie zu betrachten.

Unterstützungen und Hilfen im Alter sind demnach nicht am kalendarischen Alter festmachbar (und damit vorhersehbar), sondern werden lebensbegleitend zu je unterschiedlichen Zeitpunkten in unterschiedlichem Ausmaß und in unterschiedlicher Intensität benötigt. Die biographische Perspektive in der sozialen Altenarbeit ermöglicht es, bisherige Erfahrungen zu reflektieren, wieder neu zu entdecken und in Bezug auf die Veränderungen im Alter neu zu interpretieren.

Indem die Biographie mit den Veränderungen des Alters in Bezug auf Zeit, Raum, soziale Bezüge und Tätigkeiten in Beziehung gesetzt wird (vgl. Schweppe 2004, S. 14), eröffnet sie die Möglichkeit neuer Aneignungsprozesse, um sich in der veränderten Welt – den eigenen Entwürfen entsprechend – neu zu verorten, sich weiterzuentwickeln und Selbstbestimmung und Selbstwirksamkeit aufrecht zu erhalten. Die Berücksichtigung des biographischen Aspekts und biographisches Arbeiten als Handlungsmethode in der Arbeit mit alten und älteren Menschen ist nicht nur lebensbilanzierende Methode, sondern ebenso als ein Beitrag zur Lebensbewältigung und Lebensplanung zu verstehen (vgl. Behnisch/Kämmerer-Rütten 2009, S. 583). Lebensentwürfe und Lebensformen im Alter können dann subjektiv befriedigend entworfen werden, wenn sie sich als biographische Kontinuität erweisen.

Altern als biographischer Prozess unterliegt immer auch sozialen und kulturellen Konstellationen, die durch das Verhältnis der Generationen mitbestimmt wird. Individualisierung und Pluralisierung von Lebensformen machen es heute oft schwierig, ein Neben- und Miteinander der Generationen zu leben. Alterstypische Zuschreibungen und ein defizitäres, wenig differenziertes Altersbild führen zu Segregation und geringer gesellschaftlicher Teilhabechancen alter Menschen. Soziale Altenarbeit sieht hier die Herausforderung, neue Formen generationsübergreifender und intergenerativer Angebote zu schaffen, um Generationsverhältnisse zu thematisieren, einen Generationendialog zu fördern und ein Miteinander der Generationen zu ermöglichen. In diesem Zusammenhang nehmen das Überliefern und Übergeben von Erfahrungen und Wissen älterer Menschen eine zentrale Rolle ein. Das „Voneinander-Lernen", „Übereinander-Lernen" und „Miteinander-Lernen" (vgl. Karl 2009, S. 38) ermöglichen die Herausbildung neuer Generationenbeziehungen, die Potenziale älterer Menschen berücksichtigen sowie eine Förderung von Sinnstrukturen anregen.

7 Alter und Perspektiven/Aufgaben für die Soziale Arbeit

Angebotsstrukturen für alte und ältere Menschen hinken den vielfältigen Lebensentwürfen und Lebensstilen im Alter hinterher. Sie entsprechen nur zum Teil den Bedürfnissen und Bedarfen ihrer AdressatInnen. Es zeigt sich weiterhin ein an Defiziten, körperlichen Einschränkungen und Entwicklungsverlusten dominiertes und reduktionistisches Altersbild. Institutionelle Angebote und gesellschaftliche Strukturen entsprechen nicht den biographisch geprägten Altersentwürfen, vielmehr zeigen sich begrenzte und verengte Lebensräume, welche Individualität und Pluralität nicht berücksichtigen. Auch wenn der Fachdiskurs sich hin zu einem veränderten Altenbild bewegt und gerontologische Studien das

Alter unter einem neuen Blick erscheinen lassen, sind die Ansätze und Zugänge in Handlungsfeldern der Altenhilfe und Altenarbeit stark an den Handlungslogiken und Definitionen der Biomedizin orientiert, die das Soziale weitgehend vernachlässigen. Vorherrschend finden sich Angebote, die zum einen die jungen Alten, also aktive SeniorInnen, ansprechen und sich zumeist in der Gestaltung von Freizeit bewegen, zum anderen sind es Angebote der Altenhilfe, in welchen medizinische und pflegerische Dienstleistungen dominieren und dem Sozialen wenig bis keine Aufmerksamkeit schenken.

Die Beschäftigung der Sozialen Arbeit mit der Lebensphase Alter ist noch jung, was sich im Fachdiskurs ebenso wie in der Entwicklung neuer Handlungsfelder widerspiegelt. Wenngleich sich Personen aus Wissenschaft und Profession in zahlreichen Publikationen mit Sozialer Arbeit mit alten Menschen und einer sozialpädagogischen bzw. sozialarbeiterischen Expertise auseinandersetzen, zeigt sich in der Praxis weiterhin die Problematik der Verankerung Sozialer Arbeit in Angebotsstrukturen für alte und ältere Menschen. Soziale Altenarbeit und ihre Konzeptionen finden sich zumeist in Form kurzweiliger Projekte wieder, die stark von finanziellen Geldgebern abhängig sind und sich nach einer bestimmten Zeit wieder auflösen. Eine eigenständige Expertise in der Begleitung und Unterstützung von Menschen in der dritten und vierten Lebensphase scheint weiterhin ausständig. Soziale Arbeit im Altenbereich kämpft immer noch mit nahestehenden Professionen um ihre Anerkennung und um die Abgrenzung von ihnen. Die Herausforderung für die Soziale Arbeit bestünde in der Vergewisserung ihres Selbstverständnisses in der Arbeit mit alten und älteren Menschen, die neben einer medizinischen und pflegerischen Perspektive ihre Berechtigung findet. Gerade in Lebensphasen, in denen Belastungen und Beeinträchtigungen die Autonomie und soziale Integration bedrohen, bedarf es einer besonderen Beachtung des sozialen Moments. Während sich Medizin und Pflege vorrangig auf eine Wiederherstellung der physischen Funktionen begnügen, ist es Aufgabe der Sozialen Arbeit, dem Bedürfnis nach sozialem Eingebundensein und nach Möglichkeiten der gesellschaftlichen Teilhabe gerecht zu werden. Um das Leben im Alter selbstbestimmt gestalten zu können, auch wenn Unterstützungsbedarf und die Notwendigkeit von Hilfe vorherrschend sind, bedarf es vor allem sozialer Beziehungen. Die Notwendigkeit eines sozialen Austausches und eines sozialen Miteinanders sind ausschlaggebend für das Aufrechterhalten einer autonomen Lebensführung und der Lebensqualität im Alter.

In der Herausbildung einer eigenständigen Expertise, die den Fokus auf das Soziale lenkt, gewinnt das Initiieren von Aneignungsprozessen als genuin sozialpädagogische bzw. sozialarbeiterische Aufgabe an Bedeutung. Aneignung wird hier verstanden als ein Prozess der Bewältigung der alltäglichen Anforderungen. Dieser Prozess passiert dann, wenn Angebote am Eigensinn, an den Erfahrungen und Interessen alter Menschen anknüpfen, und Unterstützung und Begleitung an biographischer Anschlussfähigkeit gewinnen. Die Bemühungen um eine autonome Lebensgestaltung, das Eröffnen von Möglichkeiten und Spielräumen, soziale Integration und Austausch unter den Generationen, Passung zwischen Individuum und Umwelt, die differenzierte Wahrnehmung individueller und pluraler Lebenspraxen sind zentrale Dimensionen, um sich dem Konzept „erfolgreichen Alterns" (Baltes/Baltes 1990) anzunähern. Die Aufgabe Sozialer Arbeit besteht darin, entsprechende Rahmenbedingungen und Unterstützungsangebote zu schaffen, in denen Sinnzusammenhänge entwickelt und Bewältigungsstrategien erprobt werden können. Es gilt, eine Passung zwischen subjektiver Lebensbewältigung und gesellschaftlicher Rahmenbedingungen zu ermöglichen (vgl. Böhnisch 1999).

Die Überlegungen hin zur Herausbildung eines neuen Betreuungs- bzw. Pflegemodells, das zwar den somatischen Bereich mit allen Einschränkungen im Alter berücksichtigt, aber nicht als das Alter konstituierend betrachtet, könnte Beginn eines „sozialen" Zuganges sein, der Fremdbestimmheit und die Reduktion auf eine körperliche Ebene mit vorherrschenden Versorgungsangeboten entgegenwirkt. Ulrich Otto (2005) verweist auf Konvergenzen Sozialer Arbeit mit der Interventionsgerontologie und sieht die Begründung Soziale Arbeit mit alten und älteren Menschen in zentralen Konzepten der Gerontologie. Autonomie, Selbstbestimmung, Produktivität, Kompetenz und Biographie, Ressourcen und soziale Unterstützung sowie die Orientierung am Alltag bilden dabei zentrale Dimensionen einer Orientierungsfolie.

Soziale Arbeit mit älteren Menschen orientiert sich an biographischen Bewältigungskompetenzen genauso wie an der Schaffung und Bereitstellung von Möglichkeiten zur Neuorientierung. Zugänge und Ansätze müssen sich vom normierenden Verständnis befreien und sich zu einer reflexiven und partizipativen Ausgestaltung öffnen. Soziale Altenarbeit ist aufgefordert, sich den Lebensformen, Lebensstilen und Bewältigungsanforderungen mit ihren je individuellen Herausforderungen zu stellen. Sie ist angehalten, traditionelle und überholte Altersbilder aufzubrechen, die Gesellschaft für ein Neudenken zu sensibilisieren und sich über professionelle Handlungsmethoden und einer eigenständigen Expertise in Feldern der Arbeit mit und für alte Menschen zu positionieren. Um soziale Altenarbeit in den bestehenden Angebotsstrukturen zu verankern, ist das Inszenieren von Kooperationsformen, in denen Soziale Arbeit den Handlungslogiken der Medizin und Pflege untergeordnet ist, nicht ausreichend. Eine gelingende, in Augenhöhe geführte Kooperation kann nur dann erfolgreich sein, wenn zum einen von Medizin und Pflege das Alter nicht pathologisiert und als „Krankheit" definiert wird, und zum anderen Soziale Arbeit Anerkennung von anderen Professionen gewinnt und nicht als Konkurrenz gedacht und ausge-

schlossen wird. In diesem Zusammenhang erweist sich eine gesetzliche Verankerung unumgänglich, die sozialer Altenarbeit die notwendigen Rahmenbedingungen schafft, um professionell handeln zu können.

Literatur

Backes, Gertrud. M./ Clemens, Wolfgang (2008): Lebensphase Alter. Eine Einführung in
    die sozialwissenschaftliche Alternsforschung. Juventa, Weinheim.
Baltes, Paul M./ Baltes, Margret M. (1990): Successful Aging: Perspectives from the
    Behavioral Sciences. Press Syndicate, Cambridge.
Behnisch, Michael/ Kämmerer-Rütten, Ursula (2009): Biografiearbeit: Kritische
    Bestandsaufnahme und Perspektiven für ein ethisch legitimiertes professionelles
    Handeln. Neue Praxis, Heft 6. S. 579–595.
Böhnisch, Lothar (1999): Sozialpädagogik der Lebensalter. Eine Einführung. Juventa,
    Weinheim.
Borscheid, Peter (1994): Der alte Mensch in der Vergangenheit. In: Baltes, Paul B./
    Mittelstraß, Jürgen/ Staudinger, Ursula M. (Hg.): Alter und Altern: Ein
    interdiziplinärer Studientext zur Gerontologie. de Gruyter, Berlin. S. 35–61.
Homfeldt, Hans Günther/ Sting, Stephan (2006): Soziale Arbeit und Gesundheit. Eine
    Einführung. Ernst Reinhardt Verlag, München.
Höpflinger, Francois (2007): Ausdehnung der Lebensarbeitszeit und die Stellung älterer
    Arbeitskräfte – Perspektiven aus Sicht einer differenziellen Altersforschung. In:
    Pasero, Ursula/ Backes, Gertrud M./ Schroeter, Klaus R. (Hg.): Altern in
    Gesellschaft. Ageing – Diversity – Inclusion. VS, Wiesbaden. S. 305–343.
Karl, Fred (2009): Einführung in die Generationen- und Altenarbeit. Barbara Budrich
    Verlag, Opladen.
Kittl-Satran, Helga/ Simon, Gertrud (2010): Soziale Arbeit für ältere Menschen in
    Österreich. In: Aner, Kirsten/ Karl, Ute (Hg.): Handbuch Soziale Arbeit und Alter.
    VS, Wiesbaden. S. 223–229.
Kohli, Martin (1994): Altern in soziologischer Perspektive. In: Baltes, Paul B./
    Mittelstraß, Jürgen/ Staudinger, Ursula M. (Hg.): Alter und Altern: Ein
    interdiziplinärer Studientext zur Gerontologie. de Gruyter, Berlin. S. 231–259.
Kytir, Josef/ Münz, Rainer (2000). Demografische Rahmenbedingungen: die alternde
    Gesellschaft und das älter werdende Individuum. Bericht zur Lebenssituation älterer
    Menschen. S. 22–47.
Otto, Ulrich (2005). Altenarbeit. In: Otto, Hans Uwe/ Thiersch, Hans (Hg.): Handbuch
    Sozialarbeit/Sozialpädagogik. Reinhardt, München. S. 11–20.
Otto, Ulrich/ Schweppe, Cornelia (1996): Individualisierung ermöglichen – Individuali-
    sierung begrenzen. Soziale Altenarbeit als sozialpädagogischer Beitrag und
    allgemeine Arbeitsorientierung. In: Schweppe, Cornelia (Hg.): Soziale Altenarbeit.
    Pädagogische Arbeitsansätze und die Gestaltung von Lebensentwürfen im Alter.
    Juventa, Weinheim. S. 53–72.

Petzold, Hilarion (2005): Wohnkollektive und therapeutische Wohngemeinschaften – zur konzeptionellen Systematisierung dieser Lebens- und Arbeitsformen und ihrer Bedeutung für die Arbeit mit alten Menschen. Polyloge. S. 1–28.

Pichler, Barbara (2007): "Autonom Altern" – politische Strategie oder notwendige Illusion. In: Aner, Kirsten/ Karl, Fred/ Rosenmayr, Leopold (Hg.): Die neuen Alten – Retter des Sozialen. VS, Wiesbaden. S. 67–84.

Riley, Mathilda W./ Riley, John W. (1994): Individuelles und gesellschaftliches Potential des Alterns. In: Baltes, Paul B./ Mittelstraß, Jürgen/ Staudinger, Ursula M. (Hg.): Alter und Altern: Ein interdiziplinärer Studientext zur Gerontologie. de Gruyter, Berlin. S. 437–459.

Rosenmayr, Leopold (2000): Die soziale Situation älterer Menschen nach kulturellen Gesichtspunkten. Zur Lebensituation älterer Menschen. In: http://www.bmsk.gv.at/cms/site/attachments/8/5/7/CH0166/CMS1218112881779/seniorenbericht_langfassung1[1].pdf. (Zugriff 28. 4. 2010)

Schweppe, Cornelia (2004): Altenarbeit/Altenbildung. In: Krüger, Heinz Hermann/ Grunert, Cathleen (Hg.): Wörterbuch Erziehungswissenschaften. VS, Wiesbaden. S. 11–16.

Schweppe, Cornelia (2005): Alter und Sozialpädagogik – Überlegungen zu einem anschlussfähigem Verhältnis. In: Schweppe, Cornelia (Hg.): Alter und Soziale Arbeit. Schneider Verlag, Baltmannsweiler. S. 32–46.

Schweppe, Cornelia (1999): Biographisierung der Altersphase und Soziale Altenarbeit. In: Lenz, Karl/ Rudolph, Martin/ Sickendieck, Ursel (Hg.): Die alternde Gesellschaft. Juventa, Weinheim. S. 261–272.

Tews, Hans Peter (1993): Neue und alte Aspekte des Strukturwandels des Alters. In: Naegele, Gerhard/ Tews, Hans Peter (Hg.): Lebenslagen im Strukturwandel des Alters. Westdeutscher Verlag, Opladen. S. 15–42.

Thiersch, Hans (2005): Lebensweltorientierte Soziale Arbeit. Aufgaben der Praxis im Sozialen Wandel. Juventa, Weinheim/München.

Berufsschutz in der Sozialen Arbeit – ist Soziale Arbeit ein Beruf?

Bernd Suppan

1 Einleitung

Soziale Arbeit bildet – in Österreich wie in den meisten anderen Staaten – berufliche Betätigungsfelder, die nicht durch ein eigenes Berufsgesetz normiert sind.[1,2] Angesichts der Tatsache, dass dieser Teilarbeitsmarkt als Wachstumsmarkt mit steigenden Beschäftigten- und KlientInnenzahlen in allen OECD-Staaten eine immer größere Gruppe von Menschen betrifft, werden Forderungen nach einer gesetzlichen Regelung sozialberuflicher Tätigkeiten erhoben, wie sie auch der Europarat im Jahr 2001 in einer Empfehlung fordert.

Ebenso fordert der Österreichische Berufsverband Diplomierter SozialarbeiterInnen (OBDS) seit Jahren ein Berufsgesetz ein.[3] Diese Forderung ist als Teil der Professionalisierungsbestrebungen Sozialer Arbeit zu verstehen, aber auch aus der Not einer – manchmal wohl nur vermeintlichen – Rechtsunsicherheit des sozialberuflichen Alltags motiviert. Im ersten Abschnitt dieser Einlassungen soll daher der Entwurf eines Berufsgesetzes für Soziale Arbeit kurz vorgestellt und besprochen werden.

Wenn auch – wie im zweiten Abschnitt näher umrissen wird – die Forderung nach einem Berufsgesetz im vorgeschlagenen Sinne zum gegenwärtigen Stand der Theorieentwicklung Sozialer Arbeit aus rechtstheoretischer Sicht nicht uneingeschränkt Zustimmung erfahren kann, wäre eine adäquate berufsrechtliche Normierung sozialberuflicher Arbeit durchaus herstellbar, worauf im letzten Abschnitt eingegangen wird.

---

[1] Anstelle von Berufsgesetzen im engeren Sinne unterhalten einige Länder kammerähnliche Standesorganisationen (Italien) oder sogenannte (eintragungsverpflichtende) Berufsregister (z. B. Niederlande).

[2] Ungeachtet des Mangels an einem Berufsgesetz ist die Praxis Sozialer Arbeit naturgemäß einer Fülle von Rechtsnormen – von Grundrechtsnormen bis zu Verordnungen und Erlässen – unterworfen, deren Studium in den FH-Studiengängen eigenständige Lehrbereiche gewidmet sind und aus denen sich auch nach aktueller Rechtslage ein hohes Maß an Rechtssicherheit erzielen lässt.

[3] http://www.wien-sozialarbeit.at/Aktuelles2004/2004039_BerufsgesetzDoku.PDF (Zugriff 11. 6. 2010).

Vorausgeschickt werden soll, dass die Frage nach dem Wesen des Berufsbegriffes aus juristischer Sicht differenziert betrachtet werden muss: Betrachtete man das Tätigkeitsbild Sozialer Arbeit rein aus einer berufsgesetzlichen Perspektive im engeren Sinne, wäre freilich festzustellen, dass es sich hierbei nicht um einen (normierten) Beruf handle. Daraus ist jedoch nicht ableitbar, dass sozialberufliche Tätigkeit in juristischem Sinne nicht als Beruf zu gelten habe.

So legt die höchstgerichtliche Spruchpraxis in Österreich fest, dass als Beruf jede Tätigkeit zu gelten hat, die mit der Absicht, sich Einkommen zu verschaffen, erfolgt. Diesem Verständnis folgend, ist sozialberufliche Tätigkeit als Berufstätigkeit zu verstehen, sofern sie nicht ehrenamtlich verrichtet wird, womit auch aus einer steuerrechtlichen Perspektive Soziale Arbeit als Beruf einzustufen ist.

Eine weitere juristische Perspektive in der Qualifizierung einer Tätigkeit als Beruf – im Sinne einer qualifizierten und sozialversicherungsrechtlichen Berufsschutz begründeten Tätigkeit – liegt in der Frage der für die Ausübung einer Erwerbstätigkeit notwendigen Ausbildung. So legt der Oberste Gerichtshof (OGH) z. B. fest, dass eine zweijährige Ausbildung zur Altenhelferin Berufsschutz im Sinne des § 255 Abs. 1 Allgemeines Sozialversicherungsgesetz begründe.[4] Angesichts des Ausbildungsumfanges von SozialarbeiterInnen ist damit auch in sozialversicherungsrechtlicher Hinsicht Soziale Arbeit als Beruf zu bewerten. Nicht zuletzt zeigt die Satzung kollektivvertraglicher Bestimmungen, dass auch in arbeitsrechtlicher Hinsicht Soziale Arbeit durchaus als Beruf zu verstehen ist.

Die Anerkenntnis Sozialer Arbeit als Beruf beschränkt sich jedoch nicht auf die genannten Punkte. Sozialarbeit findet Erwähnung in hunderten Rechtsnormen als Instanz, die mit bestimmten Tätigkeiten zu betrauen ist: von der Strafprozessordnung und der Strafvollzugsordnung über das Jugendgerichtsgesetz, das Bewährungshilfegesetz, das Jugendwohlfahrtsgesetz, Zivildienstgesetz, Pflegegeldgesetz bis zum Justizbetreuungsagenturgesetz, usw. usf. In manchen dieser Normen ist das, was unter Sozialer Arbeit verstanden wird, zumindest ein wenig ausbuchstabiert (z. B. im Jugendwohlfahrtsgesetz der Steiermark), in anderen Normen findet sich gar kein Hinweis darauf, was nun unter Sozialer Arbeit oder Sozialarbeit zu verstehen sei. Hier setzt die Forderung an: Normiert werden solle, was vergleichbar für andere Berufsgruppen bereits normiert wurde.

---

[4] OGH 26. 07. 2007, 10 Ob S 66/07i

2　Zum Entwurf eines Berufsgesetzes für Soziale Arbeit

Im Jahr 1996 beschloss der OBDS ein Berufsbild „Diplomierter Sozialarbeiter-Innen" und entwickelte auf dieser Basis einen mittlerweile mehrfach überarbeiteten Entwurf für ein Berufsgesetz, dessen erste Fassung im Jahr 1997 Grundlage für die Aufnahme standespolitischer Verhandlungen mit verschiedenen Ministerien und dem Bundeskanzleramt war. Innerhalb der Profession und vor allem aus der Sicht der Disziplin muss nun allerdings bereits ein solches Berufsbild als Basis strittig sein:

Die Praxis Sozialer Arbeit soll sich im Sinne des Professionalisierungsstrebens an hochschulgebundener Lehre orientieren. Mit der Einrichtung von Fachhochschulstudiengängen vollzog Österreich mit jahrzehntelanger Verspätung den ersten Schritt zur Akademisierung seiner Sozialen Arbeit. Damit konnte auch die Soziale Arbeit Österreichs durch die neu errichteten Fachhochschulen ihre Teilhabe am internationalen, akademischen Diskurs zu einer wissenschaftlichen Theorieentwicklung Sozialer Arbeit aufnehmen.

Die aus diesem Kontext sich entwickelnde Lehre, so inhomogen sie auch sein mag, bringt jedenfalls keine „diplomierten SozialarbeiterInnen" hervor. AbsolventInnen eines Studiums aus Sozialer Arbeit können zwar als SozialarbeiterInnen tätig werden – deren sozialwissenschaftlicher Kompetenzrahmen beschränkt sich jedoch nicht auf das Berufsfeld der Sozialarbeit in klassischem Sinne. Viel eher ist diese aus sozialwissenschaftlicher Erkenntnis in Frage zu stellen und aus dem Erkenntnisrahmen Sozialer Arbeit zu ergänzen, zu erneuern und in Aspekten wohl auch abzulösen. In dieser wesentlichen Abgrenzung liegen weder Standesdünkel noch terminologische Kleinlichkeit, sondern ein zentraler Aspekt der ersten Identitätsprägungen im Selbstverständnis Sozialer Arbeit.

Die zurückzuweisende Kennzeichnung Sozialer Arbeit als diplomierte Sozialarbeit verbirgt nicht nur die wissenschaftlich weitgehend unstrittigen kritischen Reflexionen des historischen Praxiskontexts der ArmenfürsorgerInnen, FürsorgerInnen und gehobenen Fürsorgefachkräfte mit seinen weitgehend außerwissenschaftlichen Erklärungs- und Deutungsmustern.

Vielmehr noch bieten Berufsbild- und Standesgruppenbezeichnung einen Trugschluss an, die Ausbildung an Sozialakademien sei einfach in neue Gebäude übersiedelt, die den modischen Launen halber mit „Hochschule" beschildert wurden. Doch dieser Trugschluss stellt den Paradigmenwechsel in Abrede, der Soziale Arbeit im 21. Jahrhundert ausmacht. Diese umfasst einen weitaus breiteren Deutungshorizont, als er der Praxeologie der Sozialarbeit zu Eigen ist, die lediglich einen Aspekt in den Subsumtionsprozessen des Systems Soziale Arbeit beschreibt, auf den sich zu beschränken einen Rückschritt in vorige Jahrhunderte bedeutete.

Daher kann das Praktischwerden der jungen, sich erst ausbuchstabierenden Disziplin einer Sozialarbeitswissenschaft in einer neuen Profession Sozialer Arbeit, deren Teilaspekt Sozialarbeit ist, keinesfalls in einem Berufsbild „Diplomierter SozialarbeiterInnen" erfasst werden.

Freilich ist festzuhalten, dass die seit 1997 unternommenen umfangreichen Bemühungen, den Entwurf als Gesetzesinitiative des Ministerrates in den parlamentarischen Prozess zu bringen, deutlich vor dem Beginn der Disziplinbildung durch die Einrichtung von Fachhochschulen erfolgten. Doch fand auch nach Konstituierung der Hochschulkollegien keine fachöffentliche Auseinandersetzung mit der institutionalisierten Theorie Sozialer Arbeit statt, womit ein Berufsgesetzesentwurf vorliegt, zu dem nicht auf einen Konsens mit den Institutionen der Lehre verwiesen werden kann. Letztlich scheiterte der Entwurf bislang jedoch (zumindest vordergründig) am verfassungsrechtlichen Tatbestand der Länderkompetenz in Fragen der Sozialarbeit. Interessanterweise wurde jedoch die Möglichkeit einer §15a-B-VG-Vereinbarung zwischen den Ländern und dem Bund nicht Gegenstand der Verhandlungen[5].

So wurde am 22. 1. 2009 der Entwurf des OBDS von der Freiheitlichen Partei Österreichs (FPÖ) in der 24. Gesetzgebungsperiode als Initiativantrag unter der Zahl 428/A in den österreichischen Nationalrat eingebracht und nach erster Lesung am 21. 4. 2009 dem Ausschuss für Arbeit und Soziales zugewiesen, der die Behandlung dieses Initiativantrages auf die Tagesordnung des 12. 5. 2010 setzte und bei dieser Sitzung vertagte.[6]

Bereits aus den Wortmeldungen zur ersten Lesung[7] wird sichtbar, dass sich die Parlamentsparteien zwar in der Notwendigkeit einer sozialarbeitsberuflichen Normierung einig scheinen, aber sowohl in der Frage der §15a B-VG Vereinbarung als auch hinsichtlich der Inhalte des Entwurfs Verhandlungsbedarf feststellen, wobei darauf verwiesen wird, dass der von der FPÖ vorgebrachte Entwurf nicht den letzten Stand der OBDS-Forderungen darstellte. So war etwa die Modifikation der Mindestausbildungsdauer nach Einführung der Bakkalaureatsstudiengänge nicht übernommen worden. Auch wurde kritisiert, dass die FPÖ die geschlechtneutrale Schreibweise des OBDS-Entwurfes nicht übernommen hatte.

Selbst wenn der dem Nationalrat vorliegende Entwurf nicht dem letzten Stand der OBDS-Forderungen entspricht, stellen doch alle bisherigen Entwürfe

---

[5] Bund und Länder binden sich gem. §15a Bundesverfassungsgesetz in wechselseitigen Vereinbarungen über Angelegenheiten ihres jeweiligen Wirkungsbereiches. So haben sich z. B. die Länder auf Initiative des Bundes diesem gegenüber zur Beschlussfassung bundeseinheitlicher Berufsnormen für Sozialbetreuungsberufe verpflichtet.

[6] Siehe Parlamentskorrespondenz (online: http://www.parlament.gv.at/PG/DE/XXIV/A/A_00428/pmh.shtml).

[7] Siehe stenografisches Protokoll der 19. Sitzung des NR in der 24. GP, S. 288ff.

zum Berufsgesetz eine legistisch unstrukturierte „Mixtur" aus Grundrechtsforde-rungen, Standesrecht, Verfahrensnorm und Berufsgesetz dar, in der viele berech-tigte Anliegen ohne viel Systematik in einen Gesetzesentwurf gepresst wurden.

Bezüglich der Grundrechtsforderungen wird der Einfluss des „Code of Ethics" der International Federation of Social Workers (IFSW) deutlich. Durch die – an sich begrüßenswerte – Orientierung an diesem ethischen Codex gelan-gen allerdings Bestimmungen in einen als Einfachgesetz konzipierten Normvor-schlag, die Grundrechtsnormen ausformulieren – wie z. B: „Sozialarbeiter[innen] sind den Prinzipien sozialer Gerechtigkeit verpflichtet." Wie diese Bestimmung, würde sie denn je Gesetzeskraft erlangen, auszujudizieren wäre, bleibt wohl eine offene Frage. Was allerdings nicht judizierbar ist, sollte nicht Gesetz werden.

Grundrechtsanliegen sollten viel eher in jenen rechtspolitischen Prozessen vertreten werden, die sich mit der Ausgestaltung von Verfahrens- und Referenz-bestimmungen zu UN-Sozialpakt und UN-Zivilpakt, zum Staatsgrundgesetz, den ILO-Konventionen usw. auseinandersetzen. Ein Berufsgesetz ist aber kein ge-eigneter Anlass, der Rechtsordnung bestehende und ev. teilweise nachlässig umgesetzte Grundrechtsnormen als „trojanisches Pferd" noch einmal unterjubeln zu wollen.

Weiters deutlich wird die Orientierung der Entwürfe an den gesetzlichen Standesvertretungen anderer Berufsgruppen wie z. B. den ÄrztInnen[8] und der Versuch, eine vergleichbare Struktur zu entwerfen. Der OBDS verweist in einem „Argumentationspapier" von 1999 auch dezidiert auf die berufsständischen Re-gelungen anderer Sozial- und Gesundheitsberufe:

> „Wenn sich alle verwandten Sozial- und Gesundheitsberufe in Berufsgesetzen reg-lementieren, kann die Sozialarbeit – ohne mittelfristig ihre Existenz aufzugeben – nicht auf Reglementierung in einem Berufsgesetz verzichten ..."[9]

So sieht der dem Parlament vorliegende Entwurf eine kammeräquivalente Orga-nisationsstruktur mit Pflichtmitgliedschaft, weitreichendem Disziplinarrecht (Zurücknahme der Berufsberechtigung) und Zertifizierungspflicht der FH-Studiengänge als zugelassene Grundausbildung durch die berufsständische Ver-tretung vor. Analog zu den kammerorganisierten freien Berufsgruppen (ÄrztIn-nen, AnwältInnen, NotarInnen, ZivsittechnikerInnen) wird in der Festlegung der Aus- und Fortbildungsstandards der Abschluss eines mindestens vierjährigen (FH)-Studiums vorgesehen, (die Berücksichtigung der Bakkalaureats-Studien

---

[8] Vgl. ÄrzteG, PsychologenG, PsychotherapieG, Rechtsanwaltsordnung, aber auch z. B. Gesund-heits- und KrankenpflegeG; SozialbetreuungsberufeG der Länder, usw.
[9] http://www.wien-sozialarbeit.at/Aktuelles2004/2004039_BerufsgesetzDoku.PDF (Zugriff 11. 6. 2010)

wurde von der FPÖ übersehen). Damit resultiert aus dem berufsständischen Anliegen der am weitesten entwickelte Teil des Entwurfes, wenngleich nicht geklärt ist, wie die Strukturen geschaffen werden sollen, die in den Verfahrensbestimmungen dieses Teils genannt werden.

Nicht deutlich wird, worin der – den Berufsständen freier Berufe eigene – Tätigkeitsvorbehalt liegen soll. In den Bestimmungen, die der Berufsfeldbeschreibung (unter der Zielsetzung des Berufsschutzes) gewidmet sind, bleibt der Entwurf eher allgemein und referiert mit Beliebigkeit Schlagwörter aus dem Alltagshandeln von SozialarbeiterInnen, ohne dass erkennbar wäre, wie und ob diese sich an der Terminologie zumindest jener Methodenlehre orientierten, die in der Disziplin weitgehend anerkannt wird und damit als genuin „sozialarbeiterisch" erkannt werden können. So kann z. B. *„methodische Beratung"*, *„ganzheitliches Erfassen von sozialen Situationen"*, *„Konfliktregelung"* oder *„Abfassen von Schriftstücken mit oder für KlientInnen"* niemals einen Tätigkeitsvorbehalt schaffen.

Es stellt sich eher die Frage, ob nicht einzelne der Bestimmungen potentiell mit bestehendem Recht kollidieren (z. B. Zivilrechts-Mediations-Gesetz). Der Hinweis im Gesetzesentwurf, dass andere Berufsgesetze durch dieses Berufsgesetz nicht berührt würden, geht ins Leere, sind doch hier bereits Vorrechte anderer Berufsgruppen geschützt.

Gänzlich zurückzuweisen ist in diesem Zusammenhang der Tätigkeitsvorbehalt in der Lehre. Eine Profession Sozialer Arbeit orientiert sich, wie professionelle Sozialarbeit auch, am Deutungs- und Erklärungswissen von Leit- und Bezugsdisziplinen. Die hierzu nötigen akademischen Lehrbefugnisse sind keinesfalls, gleich einer Zunftordnung, durch ein Standesgesetz zuzugestehen, sondern gemäß den Normen und Regeln von Hochschulordnungen zu erwerben.

Insgesamt erreicht dieser Teil des Entwurfes somit keinesfalls die für ein legistisch brauchbares Berufsgesetz nötige Qualität taxativer Aufzählungen, nötigenfalls unterteilt in eigen- und mitverantwortliche bzw. multiprofessionelle Tätigkeitsbereiche[10].

Dieser Umstand bedeutet hinsichtlich der legistischen Qualität des Entwurfes einen groben Mangel. Der ist allerdings m. E. weniger auf ein legistisches als auf ein professionsbezogenes Problem zurückzuführen: Soziale Arbeit verfügt (noch) nicht über eine klare professionelle Identität.

---

[10] Siehe z. B. Gesundheits- und Krankenpflegegesetz 1997.

3 Zur rechtstheoretischen Problematik einer Identitätsstiftung per Gesetz

Besonders in der Praxis der Sozialarbeit wird bisweilen das Bild einer bereits ausdifferenzierten Profession entworfen, obschon unter Berücksichtigung der Lehre eben nicht davon ausgegangen werden darf, „dass es bislang zu einer eindeutigen, kollektiv geteilten Übereinkunft hinsichtlich ihrer Genese und ihres Gegenstandes gekommen wäre" (Harmsen 2009, S. 255).

Die Forderung nach einer berufs- und standesrechtlichen Normierung der Tätigkeit von SozialarbeiterInnen ist wohl auch wegen dieser fehlenden *eindeutigen, kollektiv geteilten Übereinkunft* Teil der Professionalisierungsdebatte, wenn z. B. Kleve Sozialarbeit beschreibt als

> „...nicht eindeutig fassbar, nicht klar identifizierbar, weil sie von vielen Widersprüchen durchwachsen, von Paradoxien des professionellen Handelns besonders stark betroffen, vielfältigen Ambivalenzen ausgesetzt, ja aus erkenntnis-, wissenschafts-, sozial- und praxistheoretischer Perspektive strukturell ambivalent ist" (Kleve 2001, S. 16).

Diese Ambivalenzen, Paradoxien und Widersprüche werden nun nicht nur als Konstruktionsproblem der Identität Sozialer Arbeit im disziplinären Diskurs wirksam (vgl. Harmsen 2004), sie stellen SozialarbeiterInnen in der Praxis auch vor Fragestellungen und Entscheidungsanforderungen, die in Ermangelung *eindeutiger, kollektiv geteilter Übereinkunfte* vom Einzelnen in Eigenverantwortung zu lösen sind. Darum soll hier nun der Staat Gegenstand, Forschung, Ausbildung und Methoden regeln, ungeachtet der weithin nicht ausverhandelten Gegenstandsbestimmungen Sozialer Arbeit, eines fehlenden Konsensus zu einem genuin sozialarbeitswissenschaftlichen Erkenntnisprogramm und ungeachtet der Ermangelung einer ausbuchstabierten Methodenlehre, aus der sich etwa berufliches Handeln lege artis beurteilen ließe (vgl. Kleve 2001).

Aus den Problemstellungen der Praxis ist die Forderung mit einem Berufsgesetz, Rechtssicherheit zu schaffen, verständlich, um berufliches Handeln in einem bestimmten Handlungsverständnis zu legitimieren. Die Forderung nach einem Berufsgesetz, das dem Einzelnen in seinen Fragestellungen Anleitung und in seinen Haftungen Rechtssicherheit geben soll, ist nachvollziehbar. Doch problematisch bleibt, angesichts des nicht abgeschlossenen Konsensus zur Identitätsbildung Sozialer Arbeit, die (mehr oder weniger beabsichtigte) Wirkung einer gesetzlichen Normierung vermittels derer entscheidend in den vielfältigen Theorie-, Konzept- und Methodenstreit der sich eben erst entwickelnden Sozialarbeitswissenschaft eingegriffen würde.

Um dieses Problem zu verdeutlichen sei z. B. auf § 2 Abs. 2 des OBDS-Ent-wurfes verwiesen. Dort heißt es:

> „Spezifische Methoden der Sozialarbeit sind u. a.: Soziale Einzelfallhilfe, Soziale Gruppenarbeit, Soziale Gemeinwesenarbeit und Methoden, die sich daraus ergeben: Soziale Forschung und Soziale Planung."[11]

Folgte der Gesetzgeber diesem Entwurf, entschiede er – abgesehen von der Frage, was angesichts „spezifischer Methoden" unter unspezifischen Methoden zu verstehen sein könnte – zugunsten eines Methodenverständnisses (der sogenannten klassischen Methodentrias) das innerhalb des disziplinären Diskurses nach dem Stand der Lehre umstritten ist (vgl. Galuske 2001). Auf diese Weise würde durch einen Rechtssetzungsakt des Gesetzgebers dem – zeitlich und sachlich offenen – Ergebnis des wissenschaftlichen Diskurses vorgegriffen.

Es stellt sich als grundlegende rechtstheoretische bzw. -dogmatische Problematik die Frage nach der Legitimität einer solchen Norm. Mit Adorno lässt sich sehr trefflich eine Grundsatzposition zeigen:

> „Die Dringlichkeit einer Frage kann keine Antwort erzwingen, sofern keine wahre zu erlangen ist; weniger noch kann das fehlbare Bedürfnis, auch nicht das verzweifelte, der Antwort die Richtung weisen." (Adorno 1966, S. 200)

Was nun – z. B. in der Beantwortung der Methodenfrage – „wahr" ist, unterliegt in einer aufgeklärten und ausdifferenzierten Gesellschaft der Deutungsmacht der wissenschaftlichen Disziplinen und nicht der Verordnungsmacht des Gesetzgebers, der sich darauf beschränkt, dem, was als „wahr" erkannt wird, kraft Gesetz Wirklichkeit zu verschaffen.

Wenn nun allerdings innerhalb der Deutungsmacht allgemein Dissens über das herrscht, was als „wahr" gelten soll, bleibt der Rechtsnorm die Legitimation der Vernunft verwehrt, die in den wissenschaftlichen Disziplinen institutionalisiert ist. Somit kann auf dem Weg der Rechtserzeugung nicht rechtsdogmatisch unzweifelhaft in den Identitätsbildungsprozess der Profession Sozialer Arbeit eingegriffen werden.

Vielmehr müssten die Vorgaben, die vom Gesetzgeber verlangt werden, davor in den Theoriebildungsprozessen verortet werden – und zwar mit jener Verbindlichkeit, die erst eine *eindeutige, kollektiv geteilte Übereinkunft* innerhalb der Disziplin herzustellen imstande ist – besonders in den Fragestellungen der Berufsethik, des Berufsbildes und des Methoden- und Aufgabenkreises. Diese

---

[11] http://www.wien-sozialarbeit.at/Aktuelles2004/2004039_BerufsgesetzDoku.PDF (Zugriff 11. 6. 2010)

Forderung kann auch nicht dadurch umgangen werden, die Deutungsmacht der Disziplin in ihren akademischen Institutionen abzulehnen, bleibt doch die Bindung des Handlungswissens einer Profession an das Anleitungs- und Erklärungswissen ihrer Leitdisziplin Kriterium der Professionalität. So gehen denn auch einstimmige Beschlüsse von Praxisgremien zu den oben genannten Fragen ins Leere, sofern diese nicht den – herzustellenden – Konsens der Disziplin beschreiben.

Die Hoffnung also, ein Berufsgesetz könne mitunter ein Weg zur Klärung der professionellen Identität Sozialer Arbeit sein, verbietet geradezu, in diesen Klärungsprozess allgemein rechtserzeugend einzugreifen. Vielmehr müsste ein allfällig zu beschließendes Berufsgesetz diese Grundsatzfrage zumindest vorläufig ungeklärt lassen.

4   Gesetzliche Normierungsalternative für die sozialberufliche Praxis

Angesichts der nicht eindeutigen Identität Sozialer Arbeit als Profession könnten anstelle einer allgemeinen Berufsberechtigungsnorm einzelne, praktisch, theoretisch und legistisch bereits deutlicher ausdifferenzierte Handlungsfelder der Sozialen Arbeit mit entsprechenden Berufsberechtigungsbestimmungen ausgestattet werden. Damit würden Erwartungskanones an Soziale Arbeit wie Sozialarbeit normiert, die aufgrund der je interdisziplinären Orientierung in den professionellen Querschnittsaufgaben der Handlungsfelder, wenn schon nicht alleine aus der in Dissens befindlichen Theorieentwicklung Sozialer Arbeit per se, so zumindest interdisziplinär begründbar und damit aus den Disziplinen legitimiert sind.

Solche bereits deutlicher ausdifferenzierte Handlungsfelder finden sich neben der Jugendhilfe (Jugendwohlfahrtsgesetz) z. B. in der Berufshilfe (Arbeitsmarktservicegesetz), der Bewährungshilfe (Bewährungshilfegesetz) u. v. m. Der Forderung nach Qualitätssicherung in der Sozialen Arbeit kann legistisch entsprochen werden, wenn die Normierungen zu den Handlungsfeldern die Methoden- und Tätigkeitsvorbehalte sowie -berechtigungen der SozialarbeiterInnen in Abgrenzung zu den Nachbar-Professionen festlegten. Dafür hätte dann ein Sozialarbeitsgesetz in Analogie zum Sozialbetreuungsberufegesetz konkret und taxativ die zur Wahrnehmung der jeweiligen Vorbehalte und Berechtigungen vorauszusetzenden Qualifikationsanforderungen etc. handlungsfeldbezogen zu normieren.[12]

Ähnlich wie im Fall des Sozialbetreuungsberufegesetzes, dessen berufsrechtliche Bestimmungen erst in den jeweiligen Normen zur Organisation der

---

[12] Altenhilfe, Familienhilfe, Behindertenhilfe.

Handlungsfelder[13] praktisch werden, böte sich auch in einem Sozialarbeitsgesetz die Möglichkeit, solche Handlungsfelder auszudifferenzieren, für die bereits Organisationsnormen gesetzt sind (Jugendwohlfahrtsgesetz, Bewährungshilfegesetz, usw.). Allerdings wären in diesen Organisationsnormen die jeweiligen Referenzbestimmungen zu einem Sozialarbeitsgesetz vorzusehen.

Eine solche Regelung schüfe auch keine „Benachteiligung" gegenüber den Nachbarprofessionen Sozialer Arbeit: Das Ärztegesetz, z. B., kann zwar auf einem weitgehend ausbuchstabierten Konsens darüber aufbauen, was Humanmedizin sei – das ius practicandi gilt aber nicht dem/der MedizinerIn, sondern nach medizinischen „Handlungsfeldern" differenziert, im Rahmen einer, dem Studium folgenden, Berufsausbildung dem/der ÄrztIn. Gegebenenfalls ließe sich sogar in dem einen oder anderen Handlungsfeld der Sozialen Arbeit einem verstärkt interdisziplinären Charakter Rechnung tragen, orientierte man sich an anderen standesrechtlich normierten Berufsfeldern wie z. B. jenem der SteuerberaterInnen und WirtschaftstreuhänderInnen. Deren Standesvertretung – ebenfalls in einer Kammer organisiert – anerkennt verschiedene, facheinschlägige Studienabschlüsse als Zugangsvoraussetzung für die nach dem Studium „handlungsfeldbezogene" Berufsausbildung.

Mit solch einer an Handlungsfeldern statt an generalisierten professionellen Identitäten ausgerichteten Sozialarbeitsgesetzgebung wäre einerseits dem Anliegen zur rechtssicheren Definition des Aufgabenkreises und der Methoden- und Tätigkeitsvorbehalte bzw. -berechtigungen der SozialarbeiterInnen im weitaus überwiegenden Anteil ihrer beruflichen Möglichkeiten entsprochen, ohne andererseits per Gesetz in den Theorieentwicklungsprozess zur Identitätskonstitution Sozialer Arbeit per se einzugreifen.

Einzugreifen wäre in einigen konkreten Detailfragen: Wenn auch die Frage der Verschwiegenheitspflicht bereits jetzt als eindeutig geregelt gelten müsste[14], wäre eine zentrale Regelung hier sicher von Vorteil. Die Frage des Verschwiegenheitsrechtes ist dagegen in der Tat höchst uneindeutig geregelt, wodurch die vorgeschlagenen Bestimmungen auch hier eine notwendige Innovation darstellten und Rechtssicherheit auch für die KlientInnen schüfen. Es spricht auch nur das legistische Anliegen der Eindämmung der Gesetzesflut dagegen, in der bestehenden Rechtslage ausreichend normierte Haftungsfragen oder Grundrechtsnormen noch einmal explizit für Soziale Arbeit auszudrücken.

---

[13] Z. B. Gewerbeordnung, Hausbetreuungsgesetz, Pflegeheimverordnungen und -gesetze, Heimaufenthaltsgesetz, Heimvertragsgesetz, usw.

[14] Siehe u. a. § 1 (1) Datenschutzgesetz 1999, § 79 Vertragsbedienstetengesetz, § 46 Beamten-Dienstrechtsgesetz, § 157 (1) lit. 3 Strafprozessordnung, § 6 Vereinssachwalter-, Patientenanwalts- und Bewohnervertretergesetz, § 10 (2) Heimaufenthaltsgesetz, §27 Arbeitsmarktservicegesetz, § 9 Jugendwohlfahrtsgesetz, § 460a Allgemeines Sozialversicherungsgesetz ASVG, etc.

Ein dem Stand der Theorieentwicklung Sozialer Arbeit nicht vorgreifendes und den Anforderungen der Rechtsdogmatik folgendes Berufsgesetz sollte aber nicht normieren, was Berufsethik, Berufsbild, Methoden- und Aufgabenkreis Sozialer Arbeit im Allgemeinen sind, sondern was sie jeweils im Besonderen der je gesetzlich normierten Handlungsfelder sein sollen, damit nicht Antworten des Gesetzgebers erzwungen werden, wo „Wahrheiten" noch nicht ausverhandelt sind und die Legistik nicht Identitäten schafft, die dem Sein ihrer AdressatInnen wahrscheinlich nicht entsprechen.

Literatur

Adorno, Theodor W. (1966): Negative Dialektik. Frankfurt am Main.

Galuske Michael (2001): Methoden der Sozialen Arbeit. Juventa Verlag, Weinheim/München.

Harmsen Thomas (2009): Konstruktionsprinzipien gelingender Professionalität in der Sozialen Arbeit. In: Becker-Lenz, Roland/ Busse, Stefan/ Ehlert, Gudrun/ Müller, Silke (Hg.): Professionalität in der Sozialen Arbeit. Standpunkte, Kontroversen, Perspektiven. VS, Wiesbaden. S. 255–264.

Harmsen Thomas (2004): Die Konstruktion professioneller Identität in der Sozialen Arbeit. Carl-Auer-Systeme Verlag, Heidelberg.

Kleve Heiko (2001): Sozialarbeit als Beruf ohne (eindeutige) Identität – eine postmoderne Umdeutung, ihre Begründung und Auswirkung. In: Forum Sozial, Nr. 3. S. 15–17.

Röschner, Rolf/ Morlok, Martin (Hg.) (1997): Rechtsphilosophie und Rechtsdogmatik in Zeiten des Umbruchs. Franz Steiner Verlag, Stuttgart.

Professionelle Jugendkulturarbeit – ein Handlungsfeld der Sozialen Arbeit?

Raphael Schmid

1 Das Jugendkulturförderungsprojekt „Young City Recording"

Folgend wird, bevor eine theoretische Auseinandersetzung mit dem Themenbereich Jugendkulturarbeit passiert, anhand eines konketen Projektes – der Musikwerkstätte „Young City Recording" in Klagenfurt, Österreich – dargestellt, wie ein Kompetenzerwerb über jugendkulturelle Praxen, als Herzstück professioneller Jugendkulturarbeit, unterstützt werden kann. Die Einrichtung besteht seit Januar 2006, wird vom „Verein zur Förderung der Klagenfurter Jugendkultur" betrieben und ist in Auftrag gegeben und vollfinanziert durch die Stadt Klagenfurt (Abteilung Jugend/Soziale Dienste) sowie durch das Land Kärnten (Referat Jugend).

Um diese österreichweit einzige Einrichtung ihrer Art näher beschreiben zu können, behelfe man sich mit dem Bild eines klassischen Tonstudios bestehend aus Aufnahmeräumen mit einer Vielzahl an Mikrofonen und Kabeln, einem Bearbeitungsplatz mit Computer und „Zauberkasterln" zur Nachbearbeitung des aufgenommenen Liedmaterials, einem Aufenthaltsraum zum Entspannen, Planen, Essen und Diskutieren und einem Proberaum, in dem an letzten Details des Arrangements der Lieder gearbeitet werden kann.

Die Zielgruppe des Projekts ist durch Parameter eingegrenzt, die zusammen mit den finanzierenden Stellen erarbeitet wurden. So steht das Angebot allen musikinteressierten Jugendlichen unter 25 Jahren zur Verfügung, die einen Wohnsitz im Bundesland Kärnten und noch keinen Plattenvertrag haben, sowie ihren überwiegenden Lebensunterhalt nicht mit der ausgeübten musikalischen Tätigkeit verdienen. Über diese Zugangsmerkmale wird geregelt, dass es sich um förderungswürdige Jugendliche handelt und dass sie in den regionalen Bereich der zuständigen Auftraggeber fallen. Neben dieser Hauptzielgruppe hat sich im Laufe der vergangenen drei Jahre eine zweite Zielgruppe herauskristallisiert. So gab es vermehrt Anfragen von Jugendlichen, die das Angebot als MusikerInnen in Anspruch genommen haben, ob es denn möglich wäre, auch als MusikwerkstättenbetreuerIn tätig zu werden. Diese Interessenslage ist einerseits sicherlich durch die technisch sehr hochstehende Infrastruktur begründbar – kaum ein Jugendlicher hat die Möglichkeit, auf die im Projekt vorhandenen Gerätschaften, die durchwegs auch in professionellen Tonstudios Verwendung finden und dementsprechend üblicherweise nicht dem Budget eines durchschnittlichen Jugendlichen entsprechen, zurückzugreifen. Andererseits zeigte sich in einer kleinen empirischen Untersuchung[1], dass es auch noch eine weitere, nicht materiell begründete Motivationslage gibt, die dieses Interesse an Mitarbeit begründen lässt.

Einer der Interviewten antwortet auf die Frage, warum er sich denn dazu entschlossen habe, sich im Projekt ehrenamtlich zu engagieren:

> „Weil ich vor allem einmal meine, dass das eine richtig gute Idee ist, und weil, als wir das erste Mal da waren, uns das so gefreut hat zu hören, dass das nichts kostet und wir gehört haben, dass hier alles so super ist – es war also die irrste Möglichkeit (…) Ja also es gibt ja – da nehmen Bands auf, die wirklich noch nie, null Erfahrung haben, bis Bands, die eigentlich echt super sind und aber halt noch keine Chance gehabt haben, irgendwie aufzunehmen und das ist doch dann ganz cool.“
>
> (22 Jahre, männlich)

Durch diese Aussagen wird deutlich, dass dieser Jugendliche das Angebot des Projekts als sehr wertvoll empfunden hat, und dass er diese Erfahrung auch anderen Jugendlichen ermöglichen will.

Somit lässt sich diese zweite Zielgruppe festhalten, die nach eingehender Schulung im Bereich der Tontechnik, wie auch der Jugendarbeit und Kommunikationstechniken, durchgeführt durch das Kernteam, weitgehend Verantwortung für die Durchführung von Aufnahmeprojekten mit der Zielgruppe zugesprochen bekommt. In diesem Bereich wird eine aktive Partizipation in Entscheidungsprozessen und Strategieentscheidungen ermöglicht, da die Jugendlichen als gleichwertige Teammitglieder, ab dem Zeitpunkt der Beendigung der Einschulung, in das Kernteam aufgenommen werden.

1.1 Angebote und Ziele

Das Hauptangebot der Musikwerkstätte beinhaltet die Arbeit mit den JungmusikerInnen an ihrem Liedmaterial. Hierbei werden Liedarrangement sowie Textformulierungen mit Hilfe der MusikwerkstättenbetreuerInnen be- und erar-

---

[1] Qualitative Befragung von drei Jugendlichen, die das Projekt durchlaufen haben und in späterer Folge ehrenamtliche Tätigkeiten übernahmen; durchgeführt durch Studierende des Bachelorstudiengangs Soziale Arbeit an der Fachhochschule Kärnten, im Rahmen der Lehrveranstaltung „Konzeptentwicklung“: Judith Kollau, Laura Marambio Escudero, Susanne Weber.

beitet. Am Ende der maximal eine Woche dauernden Aufnahmen erhalten die JungmusikerInnen daraufhin eine fertiggestellte und „gemischte" CD[2].

Flankierend zu diesem Hauptangebot können die Jugendlichen eine Beratung hinsichtlich musikrelevanter Themen in Anspruch nehmen. Behandelt wird hierbei,

- dass es eigene Verwertungsgesellschaften gibt, bei denen die Jugendbands ihre Lieder urheberrechtlich schützen können, wodurch es auch zur Auszahlung von Tantiemen kommen kann;
- wie Werbung für die eigene Band gemacht werden kann, um zu mehr Auftritten oder zu Auftritten mit namhaften Gruppen zu kommen;
- wie Konzerte organsiert werden können, wo diese veranstaltet werden können und woran dabei alles gedacht werden muss (Beispiele zur Veranschaulichung: Anmeldung bei öffentlichen Stellen und oben genannter Verwertungsgesellschaft, Abgaben, die zu leisten sind, Sponsormöglichkeiten).

Neben diesen regelmäßigen Angeboten werden durch das Projekt jährlich Konzerte veranstaltet, sodass die jungen MusikerInnen eine Möglichkeit haben, ihr Können der Öffentlichkeit zu präsentieren. Geachtet wird bei diesen Veranstaltungen darauf, dass der Eintritt frei ist. Dadurch wird auch sozial benachteiligten Jugendlichen mit geringen finanziellen Mitteln eine kulturelle Teilnahme ermöglicht, ohne an den monetären Zugangshürden des Erlebnismarktes zu scheitern.

Die Ziele der Musikwerkstätte sind in Handlungs- und Wirkungsziele nach dem Modell von Hiltrud von Spiegel unterteilt (vgl. von Spiegel 2004, S. 138f.). Auf der Ebene der Wirkungsziele – die, verkürzt dargestellt, beschreiben, was auf Seiten der KlientInnen durch in Inanspruchnahme des Angebots „bewirkt" werden soll – werden folgende Ziele verfolgt:

- Steigerung der Reflexionskompetenz; der Teamfähigkeit; der musikalisch-kreativen Kompetenzen; der Fremd- und Selbstwahrnehmung; der Konfliktfähigkeit; und des Selbstbewusstseins über die Möglichkeit der Selbstinszenierung und durch eine gesteigerte Selbstwahrnehmung.

Die Handlungsziele der Einrichtung beziehen sich in weiterer Folge darauf, was von den Fachkräften getan werden soll, dass die intendierten Wirkungen erreicht werden können:

- Schaffen von Raum für jugendkulturelle Aktivität; Ermöglichung einer kostenfreien DEMO-CD-Aufnahme; Unterstützung einer *sinn(e)vollen*

---

[2] Tontechnikerjargon für eine fertig nachbearbeitete CD: Vereinfacht und verkürzt dargestellt werden Frequenzharmonisierungen und Lautstärkenanpassungen durchgeführt.

Freizeitgestaltung; und Beratung im musikalischen und persönlichen Kompetenzbereich, wobei in diesem letzten Punkt der Fokus auf das Einüben von konstruktiven Kommunikations-, Feedback- und Interaktionsformen gelegt wird, sodass die Jugendlichen Techniken erlernen, die Arbeitsfähigkeit als Gruppe (im Fall der Jugendlichen in der Einrichtung, bezogen auf das gemeinsame Musizieren) aufrechterhalten zu können.

1.2 Statistiken

In dem Zeitraum zwischen Jänner 2006 und September 2010 konnte das ehrenamtliche BetreuerInnenteam 85 Jungbands Musikwerkstättenaufenthalte ermöglichen, die durchschnittlich pro Band acht Tage dauerten. Insgesamt konnten somit ca. 400 Jugendliche das Angebot in Anspruch nehmen, wobei sich die Warteliste ständig bei etwa 20 Jungbands einpendelt, was dem Jahresarbeitspotenzial des Projekts entspricht. Neben der Kerntätigkeit konnten bisher drei ein- oder mehrtägige Musikfestivals und vier szenenübliche Konzertveranstaltungen realisiert werden. Aus den Erträgen der Konzertveranstaltungen wurde eine Doppel-CD, auf der 40 Jugendbands und SolokünstlerInnen des Projekts vertreten sind, produziert, wodurch die musikalischen Produkte der Jugendlichen im regionalen Raum noch wirksamer der Öffentlichkeit präsentiert werden können. Darüber hinaus fanden Aufnahmeworkshops mit SchülerInnen aus Volks- und Hauptschulen statt, um ihnen einen lebendigeren Musikunterricht zugänglich machen zu können, wie auch Kooperationen mit Einrichtungen der Jugendwohlfahrt und der mobilen Jugendarbeit aufgebaut werden konnten, die mit musikinteressierten Jugendlichen das Angebot der Musikwerkstätte in ihre Fallarbeit integrierten.

Im folgenden Abschnitt soll auf die innovative theoretische Fundierung der beschriebenen Einrichtung eingegangen werden, um die dargestellte Konzeption des Projekts „Young City Recording" und hier hauptsächlich die formulierten Zieldimensionen nachvollziehbar zu machen. Hierdurch soll auch das Verständnis der Einrichtung als keine reine freizeitpädagogische Maßnahme, sondern als eine Einrichtung der Jugendsozialarbeit und somit der Jugendkulturarbeit als Teilbereich der Sozialen Arbeit legitimiert werden.

2   Jugendkulturarbeit – definiert und theoretisch verortet

Wenn wir von Jugendkulturarbeit sprechen, muss in einem ersten Schritt der Begriff „Jugendkultur(en)" definieren werden.

Jugendkulturen können als Lebensstilkollektive verstanden werden, die sich über ihre je eigenen Werte, Normen, Rituale und Symbole darstellen, welche wiederum den je verschiedenen Rastern der Wirklichkeitswahrnehmung und -deutung entspringen, woraus sich auch die je divergierenden sozialen Verhaltensweisen und ästhetischen/kulturellen Ausdrucksformen ergeben. Die verschiedenen Typen der Jugendkulturen unterscheiden sich darüber hinaus über ihren unterschiedlichen Grad der Eintritts- und Austrittsmöglichkeit und sind zudem immer in ihrem geografischen und zeitlichen Kontext zu sehen.

Man kann sich Jugendkulturen somit als Gemeinschaftsformen mit unterschiedlich strengen Grenzziehungen vorstellen, die sich bewusst von der Hegemonialkultur (dominanten Erwachsenenkultur) sowie untereinander abgrenzen und eine eigene Sicht auf Welt und Gesellschaft haben, die sich in den Verhaltensweisen und den kulturellen Produkten der Jugendkulturen widerspiegelt. Diese Produkte sind künstlerische Ausdrucksweisen wie Musik, Graffiti, Tanzformen sowie Sprache und bilden in den meisten Jugendkulturen das identitätsstiftende Kernstück.

Wenn man nun die kreative, künstlerische Betätigung der Jugendlichen in Jugendkulturen beleuchtet, kann festgestellt werden, dass diese nicht nur reine Freizeitgestaltung darstellt, sondern ganz spezielle Qualitäten in sich birgt. Diese Qualitäten liegen darin begründet, dass die jugendkulturelle, künstlerische Praxis Kompetenzaneignungsmöglichkeiten für die Jugendlichen eröffnet.

In den theoretischen Überlegungen zu Jugendkulturen lassen sich in den letzten Jahren erste Andeutungen zu einem Verständnis von Jugendkulturen als wertvollen Erfahrungs- und Lernraum finden. So beschreiben Ronald Hitzler und Michaela Pfadenhauer

> „die Funktion der Szene als ein[en] ‚Ort', an dem die Entwicklung von Kompetenzen auf der Basis besonderer bzw. besonderter Verhaltensweisen, Deutungsmuster und Werthaltungen insbesondere Jugendlicher maßgeblich beeinflusst wird, und an dem Identitäten und Relevanzen, ja ganze Sinnwelten aufgebaut und interaktiv stabilisiert werden" (Hitzler/Pfadenhauer, 2004, S. 15).

Eine theoretische Betrachtungsweise, die diesen Überlegungen gegenübersteht, wird durch das deutsch-österreichische Jugendkulturforschungsinstitut „jugendkultur.at" und Bernd Heinzlmaier maßgeblich vertreten. Diese gehen davon aus, dass sich Jugendliche in jugendkulturelle „Parallelwelten" flüchten, in denen es hauptsächlich um das „gute Aussehen und um das Spiel" geht (vgl. Heinzlmaier

2009, S. 5). Einer so formulierten Inhaltsentleerung von Jugendkulturen soll das nachfolgend betrachtete Kompetenzaneignungsmodell kritisch entgegen stehen.

Ein solcher Kompetenzerwerb über jugendkulturelle Praxis, von dem ich für die weiteren Überlegungen ausgehe, kann als selbstsozialisatorischer Aneignungsprozess von Fähigkeiten und Fertigkeiten in einem jugendkulturellen Setting verstanden werden. Pädagogisch gesehen handelt es sich hierbei um Bildungsprozesse in einem non-formalen Setting außerhalb der Sozialisationsinstanzen Schule und Familie durch jugendkulturelle ästhetische Handlungen. Im nächsten Abschnitt sollen nun einige dieser – über jugendkulturelle Praxis aneigenbaren – Kompetenzen dargestellt und jugendkulturell-argumentativ eingebettet werden.

3   Kompetenzbereich „Selbstwahrnehmung, Selbstakzeptanz und Selbstbewusstsein"

Die Lebensphase Jugend ist eine Zeit des Umbruchs und der Veränderung. Die Jugendlichen sind herausgefordert, sich in und mit diesen elementaren Veränderungen zu akzeptieren (*Selbstakzeptanz*) und diese idealerweise als positiv und chancenreich zu bewerten (*Selbstbewusstsein*). Angesichts der medialen Inszenierung von Schönheitsidealen und Staridolen wird dies zu einem riskanten Unterfangen.

Ich gehe davon aus, dass jeder Mensch Bedürfnisse der Ästhetik und der Produktivität hat. Man ist gerne „schön" (im Sinne dessen, was von anderen als attraktiv bewertet wird, aber auch im Sinne der Selbstbewertung), und man leistet gerne „Außergewöhnliches" (im Sinne dessen, was als erstrebenswert gilt und dennoch als schwer erreichbar gesehen wird, auch im Sinne der Selbstbewertung). Hinter beiden Aspekten steht das Bedürfnis, wertvoll bzw. bedeutungsvoll zu sein – *Anerkennung* und *Wertschätzung* zu erhalten (vgl. dazu Keupp et al. 2002). Dem versucht das Individuum, oft über die Fremdbewertung (d. h. durch andere) der eigenen Leistung, des eigenen Erscheinungsbildes, etc., gerecht zu werden. Jugendliche sind jedoch, um Selbstakzeptanz und Selbstbewusstsein ausbilden zu können, herausgefordert, eine ausgeglichene *Selbstwahrnehmung* zu entwickeln, in welche zwar Fremdbewertungen des Selbst mit einbezogen werden, aber nicht unreflektiert als eigene Bewertungen übernommen werden. Die Selbstwahrnehmung sollte somit einerseits von der Anerkennung und Wertschätzung anderer, zu einem wesentlichen Teil jedoch auch vom „sich Selbst Erleben und Bewerten" bestimmt sein – sie sollte somit einen gewissen *autonomen* Charakter aufweisen.

Jugendkulturen können durch ihren Schwerpunkt der künstlerischen Betätigung einen hilfreichen Beitrag zur Aneignung von Selbstwahrnehmungskompetenzen leisten. Das Erleben des eigenen Körpers als ästhetisch – beispielsweise durch die Bewegung und Koordination beim Tanz, den Ausdruck beim Theater oder die Körperbeherrschung beim Gesang – trägt ebenso zu einer positiven Selbstwahrnehmung bei, wie das Erleben der eigenen Kreativität und Produktivität – beispielsweise, wenn die eigenen Bilder im Rahmen einer Vernissage ausgestellt werden, wenn die Band gemeinsam einen Song komponiert und arrangiert und, wie im Beispiel der Musikwerkstätte, auf einen Tonträger aufnimmt, oder wenn zur selbst organisierten Theatervorstellung 200 Besucher erscheinen (vgl. dazu Jäger/Kuckhermann 2004).

Für die Jugendkulturarbeit ist entscheidend, dass Jugendliche in ihr einen Freiraum vorfinden, in dem Unterschiedlichkeiten bejaht werden. Die künstlerische Produktion stellt einen solchen Freiraum dar, da sie von genau diesen Unterschiedlichkeiten und Eigenheiten lebt. Die Eigenart der Kunstschaffenden soll im Kunstwerk wieder erkennbar sein, weil es somit an Charakter gewinnt.

Eine positive Selbstwahrnehmung stärkt das Vertrauen darin, dass das eigene Leben bewältigbar ist. Dies ist ein zentraler Faktor für die jugendliche Identitätsarbeit (vgl. dazu Stauber 2004), da durch die gegenwärtige Komplexität der Gesellschaft die Bewältigungsanforderungen an das Individuum gewachsen sind.

Zu diesem Kompetenzbereich konnten in der eingangs erwähnten Befragung Hinweise gefunden werden. Die Interviewten reagierten auf die Frage, ob sie ihre musikalische Tätigkeit verändert habe, mit folgenden Angaben:

> „Ahm, von den Auftritten her, also mehr Selbstvertrauen und so etwas und mehr Ideen, viel kreativer und mehr Ideen generell im Leben, also von der Musik her, merkt man halt, wenn man in einer Band spielt, dass man viele Ideen hat nachher wenn man das in den Alltag umsetzt (…) und durch die Musik eben und durchs auf der Bühne stehen, mit den Leuten reden war es echt so, dass ich mich überwinden musste, vor Leuten zu reden und das war irgendwie auch etwas, was mir in der Schule weitergeholfen hat, bei den Präsentationen und dem Ganzen, dass ich nachher genau gewusst habe, wie ich mich verhalten muss, und da hat man sich eben daran gewöhnt."

> (20 Jahre, männlich)

4 Kompetenzbereich „Selbstinszenierung"

> „Das Selbstbewusstsein ist die Bedingung für die Möglichkeit der Selbstgestaltung; nur das Selbst, das fähig ist, sich reflexiv auf sich selbst, die eigenen Strukturen und die Strukturen, in denen es lebt, zu wenden, gewinnt den Spielraum, der ihm erlaubt, sich selbst zu gestalten." (Schmid 1998, S. 241)

Selbstgestaltung verstehe ich in diesem Zusammenhang als Synonym für Selbst-
inszenierung. Systemtheoretisch gesprochen ist es also – als Voraussetzung für
Selbstinszenierung – für das Individuum notwendig, eine stets aktuelle System-
Umwelt-Unterscheidung in das System einzuführen.

Selbstinszenierung kann als die Darstellung der je eigenen Werte, Normen,
ästhetischen Vorlieben und Ausdrucksformen über Handlungen, Erscheinungs-
bild und Kommunikation verstanden werden. Selbstinszenierung passiert somit
nicht nur über Kleidung, Sprache und Verhalten – wobei man sich leicht vorstellen kann, dass Jugendkulturen hierbei eine sehr fruchtbare Spielwiese darstellen
– sondern, speziell in Hinsicht auf das Feld der Jugendkulturarbeit, auch maßgeblich über die künstlerische Produktion. Man inszeniert sich selbst und will
präsentieren, was man geschaffen hat. Das Präsentieren der Kunst ist mindestens
gleich wichtig wie das Schaffen dieser, wenn man bedenkt, dass es erst über die
Präsentation möglich wird, Feedback von Gleichaltrigen und „Gleichgesinnten"
zu bekommen, um somit aus dem Erfolg und auch aus dem Misserfolg lernen zu
können. Aufgabe der Jugendkulturarbeit ist es, hierbei einen geschützten Rahmen für die Selbstinszenierung zu schaffen, in dem die Jugendlichen die Möglichkeit vorfinden, sich frei zu entfalten und zu inszenieren, ohne sich den Defi-
nitionsgesellschaften der vorherrschenden Hegemonialkultur auszusetzen, die sie
möglicherweise im Vorhinein negativ *label* würden. Die Musikwerkstätte „Young City Recording" bietet hier einen Erprobungs- und Unterstützungsraum, in
dem aufgrund der technischen Möglichkeiten viele JungmusikerInnen zum ersten Mal das eigene Schaffen in allen Details zu hören bekommen; in einer De-
tailtreue, die die Proberaumsituation im Gegensatz zur „Tonstudio"-Situation
nicht bieten kann. Darüber hinaus unterstützt das Endprodukt des Musikwerk-
stättenaufenthalts die Fremd- wie auch Selbstbewertung, da die Ergebnisse – also
das Werk, die künstlerischen Produkte – auf CD gebannt sind und diese danach
in den meisten Fällen nicht in die verschlossene Schublade wandert, sondern
dem Bekanntenkreis vorgeführt wird, um deren Stimmmeldungen dazu zu erhalten.

5   Kompetenzbereich „Selbstreflexion"

Die Erfahrungswerte, die aus der Tätigkeit der Musikwerkstätte gewonnen wurden, weisen auf eine signifikante Steigerung der Selbstreflexionsfähigkeit der
Jugendlichen hin. Worin liegt nun die Eigenart der künstlerischen Produktion,
die eine Steigerung der Selbstreflexionsfähigkeit positiv beeinflussen kann?

Bei dem Schaffen von Kunst – sei es Musik, Text, Bild, Skulptur, etc. – bedarf es eines Themas, etwas, was den Kunstschaffenden inspiriert bzw. beschäf-

tigt. In den meisten Fällen bedient man sich hierfür Themen, von denen man selbst betroffen ist. Wenn man sich also im Prozess des Schaffens eines künstlerischen Produktes in der Themenfindungsphase befindet, bedarf es eines inspirativen Elements, wobei starke Emotionen (Liebeskummer, Angst, Hass, Freude, etc.), die sich aus selbst durchlebten Situationen bzw. Befindlichkeiten ableiten, am Naheliegendsten sind. Durch diese Bearbeitung der eigenen Befindlichkeiten zu gewissen Themen wird eine metaperspektivische Sichtweise sich selbst gegenüber eingenommen. Es handelt sich hierbei um Prozesse der Beobachtung zweiter Ordnung, also um selbstreflexive Prozesse. Die besondere Güte dieser selbstreflexiven Betrachtungsweise liegt darin, dass die so genannten „blinden Flecken" – also die Teile der Persönlichkeit bzw. in unserem Fall der Handlungen, die man gesetzt hat, die uns selbst verborgen bzw. „unbewusst" sind – durch die metaperspektivische Betrachtung der eigenen Handlungen und Verhaltensweisen erkannt werden können und der Hergang von vergangenen Situationen subjektiv besser verständlich wird. Die dadurch ermöglichte Erkenntnis über die je eigenen Handlungen und Verhaltensweisen trägt maßgeblich zur subjektiven Problembewältigung und dem zukünftigen Verhalten in Konflikt- und Belastungssituationen bei.

Nachfolgend kann erkannt werden, dass eine kritische Auseinandersetzung mit dem eigenen Leben und der eigenen Position im Gesellschaftssystem von Seiten der Jugendlichen über das Mittel der jugendkulturellen Praxis (in diesem Beispiel das Verfassen von Songtexten) passiert:

> „Die Texte sind oft sehr gesellschaftskritisch ... gehen eben auch über Fairtradehandel ... gehen über Tiermissbrauch, gehen über politische Geschichten teilweise, gehen aber auch über unser eigenes Leben ... und es ist nicht immer todernst ... es gibt auch immer wieder Texte, die über irgendwelche lustigen Sachen erzählen; einfach aus unserm Leben, Sachen, die wir erlebt haben; ganz klar."
>
> (23 Jahre, männlich)

> „Ja, bei der Band ist es eben auch so, dass wir Texte schreiben mehr oder weniger, wie das Leben ist, dass das Leben schön sein kann, aber dass es eben auch dunkle Momente im Leben gibt, dass eben [schiebt den Aschenbecher hin und her und spricht langsamer] nicht immer alles wunderbar schön ist, ahm, wie schnell a Beziehung aus sein kann, wenn man ausgeschlossen wird und so Sachen, also von dem her gehen mir die Texte von meiner eigenen Band auch selbst zu denken."
>
> (20 Jahre, männlich)

6   Kompetenzbereich „Kritik- und Konfliktfähigkeit"

Unter einer Steigerung der Kritik- und Konfliktfähigkeit ist zu verstehen, dass es erreicht wird, als Individuum in einer Kritik- oder Konfliktsituation zwischen Sach- und Beziehungsebene unterscheiden zu können. Es gilt, sich in der Sache zu einigen, was wiederum nur auf der Sachebene funktionieren kann, da bei einer Bearbeitung auf der Beziehungsebene der Konflikt nicht als gelöst und die Kritik nicht als produktiv angesehen werden kann.

Das Feld der Jugendkulturen und der Jugendkulturarbeit und deren Angebote im besonderen Maße stellen in Bezug auf diese Thematik einen geschützten Rahmen dar, in dem man vermehrt mit Kritik zu tun hat. Kunst ist ein Ergebnis der kommunikativen Bewertung von Gegenständen und Handlungen. Kunst ist also nicht per se Kunst, sondern wird erst als solche individuell bewertet. Im Rahmen der künstlerischen Produktion sind die AkteurInnen – in unserem Fall die aktiven Jugendlichen – einer sachbezogenen Kritik ausgesetzt, da andere ihr Produkt (Lied, Graffiti, Tanzstil, Texte) bewerten. Da bei dieser Kritik die Kunst das Thema darstellt – und nicht etwa Wesenszüge und individuelle Eigenheiten – und im Optimalfall der Prozess durch ProfessionistInnen der Jugendkulturarbeit begleitet wird, kann dieser Prozess der Kritik oder des gegenseitigen Feedbacks als ein Prozess angesehen werden, der im geschützten Rahmen auf Kritik- und Konfliktsituationen abseits der Jugendkulturarbeit vorbereitet.

Eine weitere Dimension der Förderung der Kritik- und Konfliktfähigkeit in der Jugendkulturarbeit stellt die Verarbeitung von jugendaltersspezifischen, aber auch altersunspezifisch-persönlichen Konflikten und Problemen sowie der Ausdruck von Kritik über das Medium der Kunst dar. Als ein bereits dargestelltes Merkmal der meisten Jugendkulturen kann die Abgrenzung der jeweiligen Jugendkultur gegenüber anderen (Jugend-)Kulturen bzw. gegenüber vorherrschenden Hegemonialideologien und gesellschaftlicher sowie politischer Entwicklungen und Auffassungen gesehen werden. Um dieser Abgrenzung eine Basis geben zu können, müssen die Mitglieder der Jugendkulturen ihre Kritik kommunizieren, Konflikte produktiv führen wie auch verarbeiten können. Als Hauptmedium hierfür werden Künste eingesetzt – sei es über Liedtexte, Schreibstücke, Graffitis, Ausdruckstanz, um nur einige Beispiele zu nennen.

Durch die Transformation von Kritik und von Emotion in ein künstlerisches Produkt kommt es zu einer tiefgehenden und mit hoher Reflexionsleistung verbundenen Auseinandersetzung mit dem jeweiligen Thema. Umso wertvoller ist diese Auseinandersetzung deshalb, da es in den meisten Fällen um die Verarbeitung eigener Konflikte und eigener kritischer Gedanken geht.

„(…) gerade auch im Metal und Hardcore und Punk und so ist ja ganz viel – gibt's ja ganz viel Hintergrund auch Gedanken so wie ja, ähm, Menschlichkeit, ähm, Tierrechte vor allem ganz arg und so, das fließt auch wenn's passiv irgendwie – also auch wenn du nicht der ärgste Menschenrechtler bist oder, so aber wenn du dir solche Bands anhörst und immer wieder merkst – he, die stehen da voll so dahinter, irgendwie berühmte Bands, irgendwie denk verändert das schon auch dein Denken weil das macht dich einfach aufmerksam und ich hör Bands wie *Rise against* oder *Anti Flag*; das sind eigentlich Punkbands aus Amerika und die sind voll da dabei – die sind da bei Tierrechts ähm Organisationen wie *PETA*, Menschrechtsorganisationen und so Sachen und in jedem Video wird halt voll drauf aufmerksam gemacht und das Anti Staat wie *Anti Flag* ist halt voll gegen die amerikanische eigentlich Gesellschaft und vor allem Politik und ja die machen halt schon voll aufmerksam und hätt ich das alles nie so mitbekommen, dann wär mir das wahrscheinlich egal. Und so ist es nicht egal."

(22 Jahre, männlich)

„In dem Lied von uns geht's jetzt mal (…) was soll es bedeuten, Leute schicken Soldaten, um Frieden zu stiften oder peace keeping."

(22 Jahre, männlich)

Neben der dadurch entstehenden Fähigkeit zur Äußerung von Kritik können Konflikte und Aggressionen durch die Ausübung von Kunst bearbeitet und gelöst werden. Man kann somit jugendkultureller künstlerischer Produktion eine kathartische Wirkungsweise zuschreiben. Ein Kompetenzerwerb bzw. eine Kompetenzsteigerung auf diesen Gebieten trägt maßgeblich zur Bearbeitung der jugendaltersspezifischen Entwicklungsaufgaben bei, da eine Steigerung des Problembewusstseins auftritt und somit der Jugendliche Probleme erkennen, bearbeiten und lösen kann, welche ihm/ihr vor dem Kompetenzgewinn nicht in diesem Maße bewusst bzw. zugänglich waren.

„Vielleicht ist Musik wirklich eine Möglichkeit, wo man sich in gewisser Art und Weise abreagieren kann … das denk ich mir schon."

(23 Jahre, männlich)

7   Weitere Kompetenzbereiche in knapper Darstellung

7.1   Kommunikationsfähigkeit

Versteht man Kunst als Kommunikation, so liegt es nahe, dass durch die künstlerische Produktion Kommunikationskompetenzen angeeignet werden können.
Die künstlerische Betätigung ist nicht nur Ausdrucksform der Kultur, sondern genauso auch Ausdrucksform des Individuums. Emotionen, Meinungen und Gedanken können über die künstlerischen Medien externalisiert werden. Die Kunst kann als alternative Kommunikationsform entdeckt werden. Dies wiederum kann dazu führen, dass das herkömmliche Verständnis von Kommunikation erweitert wird. Bei Theater und Tanz wird beispielsweise die nonverbale Kommunikation besonders stark betont. Jugendliche können dabei diese reflektieren bzw. üben und dadurch bewusster kommunizieren. In der bisher von mir wahrgenommenen jugendkulturellen Poesie und Musik spielt eine Art argumentativer Kommunikation eine besondere Rolle. Bei beiden Kunstformen findet man immer wieder gesellschaftskritische Elemente. Wenn also Jugendliche durch ihre künstlerische Produktion Gesellschaftskritik transportieren wollen, müssen sie sich auch mit diskursiver Kommunikation (vgl. dazu Habermas 1981) auseinandersetzen.

7.2   Politisches und ethisches Bewusstsein

Wie in den vorangegangenen Kompetenzbereichen bereits deutlich geworden ist, nehmen Gesellschaftskritik und alternative Lebensentwürfe inhaltlich eine zentrale Bedeutung für die meisten Jugendkulturen ein. Durch den Abgrenzungsdrang der Jugendkulturen gegenüber der vorherrschenden Dominanzkultur werden auch deren Schwachstellen von den Jugendkulturen analysiert und thematisiert. Dabei konstruieren die Jugendlichen eigene Werte- und Normensysteme sowie politische und ethische Auffassungen. Dies nimmt in sozialpsychologischen und soziologischen Auslegungen von zu bewältigenden Aufgaben des Jugendalters eine zentrale Rolle ein.

> „Wir sind, wie gesagt, sehr gesellschaftskritisch, haben eine gewisse politische Einstellung, bewegen uns meist in veganen Kreise, sprich, von der Ernährung her, Fairtrade Geschichten, also so in die Richtung."
>
> (23 Jahre, männlich)

7.3 Steigerung der Selbstbestimmung

Neben der Möglichkeit zur positiven Erfahrung durch die selbstbestimmte künstlerische Tätigkeit finden Jugendliche im Rahmen der Jugendkulturarbeit ein Setting, das sie auf ihre eigenen Ressourcen und deren Erschließung aufmerksam macht und das sie darin unterstützt, über die Jugendkulturarbeit hinaus auch externe Ressourcen zu nutzen. Somit kann die künstlerische Produktion auch einen Beitrag zur Steigerung der Selbstbestimmung Jugendlicher leisten.

7.4 Interaktions- und Beziehungskompetenzen

Gerade dadurch, dass viele Medien der künstlerischen Produktion das Zusammenwirken von mehreren AkteurInnen erfordern – beispielsweise bei einem Theaterstück oder einer Band (insbesondere in einer Aufnahmesituation in einem Tonstudiosetting) – stellt die Jugendkulturarbeit ein brauchbares Lern- und Übungsfeld für Interaktions- und Beziehungskompetenzen dar. Integrationsfähigkeit, Rollenkompetenzen oder Kompetenzen wie Verbindlichkeit, Empathie, Akzeptanz und Toleranz werden durch die gemeinsame Schaffung und Darbietung künstlerischer Produkte herausgefordert und deren Weiterentwicklung unterstützt.

7.5 Organisatorische und kreativ-handwerkliche Kompetenzen

Auch organisatorische und kreative-handwerkliche Kompetenzen können über jugendkulturelle Praxis erprobt werden. Organisatorische Kompetenzen werden in vielfältiger Weise gestärkt: Die Jugendlichen erschließen sich Räume, in denen sie ihre künstlerischen Produkte darbieten können, sie tätigen damit zusammenhängende behördliche Wege, kümmern sich um Sponsoring sowie um die Verpflegung für die Mitarbietenden und organisieren sich einen Proberaum und das nötige Equipment.

Die kreativ-handwerklichen Kompetenzen werden in den meisten Fällen autodidaktisch angeeignet und können sich mit Fortlauf der Zeit, in der man die Tätigkeit ausübt (tanzen, musizieren, bildnerische oder poetisch-lyrische Betätigung) bei entsprechender Reflexion und Unterstützung verbessern.

Vor dem Hintergrund der skizzierten Kompetenzaneignungsbereiche kommen der Jugendkulturarbeit zwei wichtige Aufgaben zu: die Bereitstellung von Ressourcen, die das Aneignen von Kompetenzen ermöglichen, und die Übernahme eines politischen Mandats für die Anliegen und Bedürfnisse der Jugendlichen, um in letzter Konsequenz eine realistischere Chance darauf zu haben, die angesprochenen Ressourcen auch bereitstellen zu können. Aber diesen Ansprüchen wird die derzeitige Praxis der Jugendkulturarbeit leider weitgehend nicht gerecht.

8   Konsequenzen und Zukunftsperspektiven

Aus dem skizzierten theoretischen Modell des Kompetenzerwerbs über jugendkulturelle Praxis einerseits und feststellbaren Defiziten in der Theoriebildung und im Handlungsfeld der Jugendkulturarbeit (siehe hierzu Lieberherr/Schmid, 2007, Kapitel 2.4.3.2) andererseits ergibt sich die Notwendigkeit verstärkter Forschungs- und Entwicklungsaktivitäten, mit dem Ziel, eine empirisch belegte und sozialpädagogisch/sozialarbeiterisch ausgerichtete theoretische Basis für eine professionelle Jugendkulturarbeit als Teilbereich der Sozialen Arbeit etablieren zu können. Durch die Unterstützung der skizzierten Potenziale der jugendkulturellen Ausdrucksweisen im Rahmen einer theoretisch fundierten Jugendkulturarbeit könnte sich deren Wirkungsbereich über die bisherigen Grenzen der Freizeitpädagogik hinweg erweitern und als unterstützender Ansatz in der konkreten Fallarbeit der Sozialen Arbeit mit Jugendlichen aufgenommen werden.

Literaturverzeichnis

Deinert, Ulrich (Hg.) (2005): Sozialräumliche Jugendarbeit. VS, Wiesbaden.
Habermas, Jürgen (1981): Theorie des kommunikativen Handelns. 2. Bd. Suhrkamp, Frankfurt am Main.
Hitzler, Ronald/ Pfadenhauer, Michaela (2004): Unsichtbare Bildungsprogramme? Zur Entwicklung und Aneignung praxisrelevanter Kompetenzen in Jugendszenen. Expertise im Auftrag des Ministeriums für Schule, Jugend und Kinder des Landes NRW. Verfügbar unter: http://www.callnrw.de/broschuerenservice/download/1211/Expertise%20Hitzler%20Druckfassung.pdf (Datum der Abfrage: 8. 10. 2009).
Heinzlmaier, Bernd (2009): In Zeiten einer präfigurativen Kultur. In: Sozialpädagogische Impulse, Ausgabe 3. S. 4–6.
Jäger, Jutta/ Kuckhermann, Ralf (Hg.) (2004): Ästhetische Praxis in der Sozialen Arbeit. Juventa, Weinheim/München.
Keupp, Heiner/ u. a. (2002): Identitätskonstruktionen. Das Patchwork der Identitäten in der Spätmoderne. Rororo, Reinbek bei Hamburg.
Kollau, Judith/ Marambio Escudero, Laura/ Weber, Susanne (2009): Beforschung hinsichtlich der Auswirkung der jugendkulturellen Ausdrucksweise Musik anhand der Zielgruppe des Jugendkulturförderungsprojekts „Young City Recording". Unveröf-

fentlichter Forschungsbericht im Rahmen der LV „Konzeptentwicklung" an der FH Kärnten – Studienbereich Soziales, Feldkirchen.

Lieberherr, David/ Schmid, Raphael (2007): Qualitätsstandards in der Jugendkulturarbeit. Unveröffentlichte Diplomarbeit, Feldkirchen.

Müller, Renate (2004): Musiksoziologische Grundlagen. In: Hartogh, Theo/ Wickel, Hans Hermann (Hg.): Handbuch Musik in der Sozialen Arbeit. Juventa, Weinheim/München. S. 71–82.

Schmid, Wilhelm (1998): Philosophie der Lebenskunst. Eine Grundlegung, Suhrkamp, Frankfurt am Main.

Stauber, Barbara (2004): junge frauen und männer in jugendkulturen. selbstinszenierungen und handlungspotenziale. Leske + Budrich, Opladen.

Thiersch, Hans (2000): Lebensweltorientierte Soziale Arbeit. Juventa, Weinheim/München.

Von Spiegel, Hiltrud (2000): Jugendarbeit mit Erfolg. Votum Verlag, Münster.

Von Spiegel, Hiltrud (2004): Methodisches Handeln in der Sozialen Arbeit. Ernst Reinhard Verlag, München.

Die Lehrlingsausbildung (k)ein Zukunftsthema? – Historische, kritische und zukunftsweisende Anmerkungen zu einem bedeutenden österreichischen Berufsbildungssektor[1]

Martin Klemenjak

1 Einleitung

Soziale Arbeit und Lehrlingsausbildung

Welche Themen tangieren die Soziale Arbeit? Arno Heimgartner (2009, S. 178) verweist darauf, dass die möglichen Themen breit gestreut und nicht begrenzt sind. Nach seinen Ausführungen könnte eine Auswahl von Themen folgendermaßen aussehen:

> „Alltag, Arbeit, Beruf, Bewegung, Bildung, Ernährung, Erziehung, Drogen, Familie, Freizeit, Freunde, Geburt, Geld, Gender, Glaube, Kommunikation, Kultur, Kunst, Liebe, Migration, Nachbarschaft, Partnerschaft, Persönlichkeit, Politik, Recht, Schule, Schwangerschaft, Sexualität, Spielen, Sprachen, Sterben, Weiterbildung, Wohnen usw." (Heimgartner 2003, S. 178)

„Als ein grundlegendes Merkmal (…) kann die breite Themen- und Problemvielfalt gesehen werden, die sich aus dem Alltagsleben und den biografischen Entwicklungen ergibt", so Heimgartner (2009, S. 179) in seiner Analyse.

Wie sieht es nun mit der Lehrlingsausbildung aus? Ich vertrete die These, dass es sich dabei um eine „Querschnittsmaterie" handelt. Die Ausbildung von Jugendlichen tangiert zahlreiche der oben aufgelisteten Themen. Darüber hinaus könnten weitere Themen gefunden werden, die mit der Lehrlingsausbildung in einem direkten Zusammenhang stehen. Daher kann davon ausgegangen werden, dass es sich bei der Lehrlingsausbildung um einen Bereich der Sozialen Arbeit handelt.

---

[1] Dieser Beitrag basiert auf der Publikation „Die Lehrlingsausbildung (k)ein Zukunftsthema? Das innovative Netzwerk ‚Interkommunaler Ausbildungsverbund Kärnten'" von Martin Klemenjak (2006).

Ausgangslage

Mehr als 40 Prozent der österreichischen Erwerbsbevölkerung geben als höchste abgeschlossene Ausbildung einen Lehrabschluss an (vgl. Lenz 2005, S. 10). Trotz des Rückgangs an Lehrplätzen stellt die Lehrlingsausbildung einen bedeutenden Berufsbildungssektor dar und bildet die Hauptstütze der Ausbildung des Nachwuchses an Facharbeiter/inne/n in Österreich (vgl. Gruber 2004, S. 17). So sind beispielsweise 90 Prozent der FacharbeiterInnen AbsolventInnen einer Lehre (vgl. Nowak/Schneeberger 2005, S. 10).

„Gleichzeitig finden hier die größten Einbrüche, Umbrüche und Veränderungen statt. Dementsprechend hoch ist der Reflexionsbedarf, dem man allerdings (…) eher zögerlich und unter starken ideologischen Vorbehalten nachkommt (…)." (Gruber 2004, S. 17) Erich Ribolits (1992a, S. 75) verweist in diesem Kontext darauf, dass im Gegensatz zu anderen Schul- oder Ausbildungsbereichern kaum eine pädagogisch-wissenschaftliche Reflexion stattfindet.

Forschungsfragen

Diese Befunde von Elke Gruber und Erich Ribolits werden von mir zum Anlass für eine intensivere wissenschaftliche Diskussion genommen und daher formuliere ich folgende Forschungsfragen:

- Wo liegen die Wurzeln der Lehrlingsausbildung und wie hat sich diese im Laufe der Zeit verändert?
- Welchen Wandlungsprozessen ist sie (heute) ausgesetzt?
- Wie kann ein zukunftsweisendes Modell in der (kommunalen) Lehrlingsausbildung aussehen, das auch von Praxisrelevanz ist?

Aufbauend auf diese Forschungsfragen erfolgt in einem ersten Schritt eine Auseinandersetzung mit der historischen Entwicklung der Lehrlingsausbildung in Österreich. Darauf aufbauend werden die Wandlungsprozesse in unserer Gesellschaft skizziert und deren Auswirkungen auf die Lehrlingsausbildung beleuchtet. In einem nächsten Schritt werden Ansätze für eine Lehrlingsausbildung mit Zukunft beschrieben. Schließlich erfolgt die Darstellung des innovativen Netzwerkes „IKAV Kärnten" (Interkommunaler Ausbildungsverbund Kärnten).

Danach sollte es möglich sein, die zentrale Fragestellung: *Die Lehrlings ausbildung (k)ein Zukunftsthema?* zu beantworten.

2 Historische Entwicklung der Lehrlingsausbildung

Die Wurzeln der Lehrlingsausbildung liegen im Mittelalter (vgl. Gruber 2004, S. 21). Organisatorisch betrachtet, waren dabei Handwerksgemeinschaften bzw. Zünfte von zentraler Bedeutung (vgl. ebd., S. 21; Gruber 1992, S. 13). Aus methodisch-didaktischer Sicht stand die Weitergabe von Fertigkeiten in Form von Vormachen, Nachmachen und Üben auf der Tagesordnung (vgl. ebd., S. 24ff.).

Im 17. und 18. Jahrhundert finden wir die ersten Formen einer schulischen Ausbildung für Lehrlinge in Österreich. An dieser Stelle kann insbesondere auf die Grundlegung der Fortbildungsschule im Reformzeitalter unter Maria Theresia und Joseph II. verwiesen werden (vgl. Rohringer 1970, S. 14ff.). Ein weiterer zentraler Meilenstein war die Aufhebung des Zunftwesens Mitte des 19. Jahrhunderts (vgl. Gruber 1992, S. 13f.).

Die Fortbildungsschule sollte ihren Namen bis in die Zeit des Nationalsozialismus tragen. Denn während des Zweiten Weltkriegs wurde die Bezeichnung „Fortbildungsschule" durch den Namen „Berufsschule" abgelöst (vgl. Engelbrecht 1988, S. 323). Schließlich kam es im letzten Drittel des 20. Jahrhunderts zur Einführung des Berufsausbildungsgesetzes, welches in seinen Grundsätzen noch heute gültig ist (vgl. Gruber 2004, S. 23f.).

3 Wandlungsprozesse in unserer Gesellschaft

Die Ausführungen zur historischen Entwicklung der Lehrlingsausbildung haben gezeigt, dass die Lehrlingsausbildung auf einige Wandlungsprozesse Rückschau halten kann. Jedoch ist festzustellen, dass sich die Lehrlingsausbildung – abgesehen von der Einführung einer begleitenden schulischen Ausbildung und der Aufhebung des Zunftwesens – in ihrer Grundstruktur nicht wesentlich verändert hat.

In unserer heutigen Zeit unterliegen wir hingegen großen gesellschaftlichen Wandlungsprozessen, die sich auch auf die Lehrlingsausbildung auswirken. Schlagworte wie Individualisierung (vgl. Gruber 2001, S. 49), Globalisierung (vgl. u. a. ebd., S. 72ff.), Regionalisierung (vgl. Benz/Fürst/Kilper/Rehfeld 1999, S. 28ff.), Flexibilisierung (vgl. Gruber 2001, S. 87f.) oder Entfremdung (vgl. u. a. Ribolits 1995, S. 218) sind nicht mehr wegzudenken.

Alle diese Schlagworte können unter dem Begriff „Modernisierung" zusammengefasst werden. Gruber (2001, S. 27) verweist in diesem Zusammenhang auf den paradoxen Charakter von Modernisierungsprozessen. Beispielsweise kann die Flexibilisierung einer Person Vorteile und einer anderen Nachteile bringen.

4   Auswirkungen auf die Lehrlingsausbildung

Duales Berufsausbildungssystem – eine Problemanalyse

Wie wirken sich die gesellschaftlichen Wandlungsprozesse auf die Lehrlingsausbildung aus? Karlheinz Geißler und Frank Michael Orthey (1998, S. 167)
beschreiben vier Veränderungsprozesse, die sie für die Krise der Lehrlingsausbildung verantwortlich machen:

- Von der Meisterschaft zur Qualifikationscollage
  Geißler vertritt die These, dass die Meisterschaft durch eine „Collage aus-
  tauschbarer und schnell erwerbbarer und ersetzbarer Qualifikationen" abge-
  löst wird (vgl. Orthey 1999, S. 91).
- Die Berufsausbildung wird zur Vorschule der Weiterbildung
  Damit ist gemeint, dass eine erfolgreich abgeschlossene Berufsausbildung
  „nur" mehr für die Teilnahme am lebenslangen Lernprozess qualifiziert.
  Das Ziel und der Inhalt der Ausbildung ist das Lernen des Lernens. Auch
  fällt das Ende der Ausbildung mit dem Beginn der Weiterbildung zusammen (vgl. Geißler/Orthey 1998, S. 178).
- Grenzenloser Bildungsverkehr
  Unter dem Gesichtspunkt des Wettbewerbs wird die kostenintensive Erst-
  ausbildung zum Standortproblem. Die Perspektive der Europäischen Union
  scheint „der qualifizierte Angelernte mit flexibler Spezialisierung" zu sein
  (vgl. ebd., S. 181).
- Lean-Ausbildung
  Die betriebliche Berufsausbildung wird vom Prinzip der Rationalisierung
  unter Druck gesetzt. Die Zielsetzung, die Kosten zu senken und die Gewin-
  ne zu steigern, führt dazu, dass weniger finanzielle Mittel in die Lehrlingsausbildung fließen. Die Rekrutierung des betrieblichen Nachwuchses erfolgt
  vielfach aus externen Qualifikationssystemen wie zum Beispielen aus berufsbildenden höheren Schulen (vgl. ebd., S. 182f.).

Nachdem die Lehrlingsausbildung noch immer auf den Lebensberuf ausgerichtet
ist, trägt sie nur bedingt zur Bewältigung des zukünftigen mehrmaligen Berufs-
wechsels bei. Inhaltlich betrachtet steht die Vermittlung von begrenzten Fach-
qualifikationen im Vordergrund. Dies entspricht – vor allem im Dienstleistungs-
bereich – nicht den Kompetenzanforderungen des Fachkräftenachwuchses (vgl.
Gruber 2004, S. 32).
    Aufgrund der vorangegangenen Ausführungen kann nicht geleugnet wer-
den, dass sich die Lehrlingsausbildung in einer Krise befindet. Geißler geht so

weit, die Legitimation und den Bestand des dualen Systems gefährdet zu sehen, ihm einen verblassenden Glanz zu attestieren und schließlich von einer System-krise zu sprechen (vgl. Orthey 1999, S. 91).

Konsequenzen für die Lehrlingsausbildung

Meiner Ansicht nach ist vor einer vordergründigen Betrachtung zu warnen. Alle Initiativen, die „nur" die Schaffung zusätzlicher Lehrplätze zum Ziel haben – um die Statistik zu verbessern –, greifen zu kurz. Aufgrund der gerade skizzierten Probleme muss es darum gehen, weitreichende Schlüsse zu ziehen, um darauf aufbauend adäquate Rahmenbedingungen zu schaffen, die eine qualitativ hoch-wertige und zukunftsweisende Lehrlingsausbildung ermöglichen.

Gruber (2001, S. 203) weist darauf hin, dass Qualifikationen erforderlich sind, die konträr zum traditionellen Berufe-Konstrukt stehen: eine hohe Qualifi-kation auf möglichst allgemeiner Basis; eine breite Qualifikation, die unter-schiedliche berufliche Dimensionen miteinander verknüpft; die Fähigkeit, sich rasch spezielle Qualifikationen aneignen zu können; die Verinnerlichung von modernen Arbeitstugenden wie Flexibilität, Mobilität und Kreativität.

5 Ansätze für eine Lehrlingsausbildung mit Zukunft

Von der Unterweisung zur handlungsorientierten Ausbildung

In früheren Zeiten war es selbstverständlich, dass das Erlernen beruflicher Fer-tigkeiten nach dem Schema „Vormachen, Nachmachen und Üben" abzulaufen hatte. Aufgrund der geänderten Anforderungen ist es aber notwendig, von der ausbildner/innenzentrierten Form der Lehrlingsausbildung abzugehen und den Auszubildenden die Verantwortung für den Lernprozess zu übertragen (vgl. Ribolits 1992b, S. 145ff.).

Auch Gruber (2004, S. 35) argumentiert in diese Richtung. Sie vertritt die These, dass es einer Änderung traditioneller Konzepte beruflichen Lernens be-darf. Im Zentrum stand bisher das Konzept der Wissensvermittlung, bei der der Lernende eine Instruktion durch die Lehrperson erhielt und erst nach längerer Zeit in die Selbstständigkeit entlassen wurde. Dieser Ansatz muss durch eine offene, handlungsorientierte Ausbildung abgelöst werden, bei der von Beginn an die Selbstständigkeit der Lernenden gefordert wird.

In weiterer Folge ist bei Elke Grubers Argumenten anzusetzen, und es wer-den von mir an dieser Stelle weitere Empfehlungen formuliert:

Teilnehmer/innenorientierung

Was kann darunter verstanden werden? Für Horst Siebert (2004, S. 97) heißt Teilnehmer/innenorientierung, „möglichst viel über Lerngewohnheiten und Interessen erkunden". Es geht dabei darum, die Vorkenntnisse und Lernmotive der Teilnehmer/innen herauszufinden und zu berücksichtigen. Das heißt aber nicht, uneingeschränkt deren Wünsche zu erfüllen. Insbesondere ist in diesem Zusammenhang auf die Nutzung spezieller Erfahrungen und Kenntnisse – wie zum Beispiel Hobbys und Talente – der Teilnehmer/innen zu achten.

Projektorientierung

Bei Projekten geht es darum, über einen themen- bzw. problemorientierten Weg einen Zugang zu berufspraktischen Lerninhalten zu vermitteln. Die fertigkeitsbezogenen Kenntnisse werden anhand der Herstellung eines konkreten, für die Lernenden sinnvollen und brauchbaren Produktes vermittelt. Dabei sollen vor allem Lernformen überwunden werden, die auf die isolierte Bewältigung von Teilaufgaben gerichtet sind, zum Beispiel die Aufspaltung in praktische Unterweisung und theoretischen Unterricht, die Bindung an Regeln oder die Orientierung an Einzelleistungen, die von höheren Instanzen kontrolliert und bewertet werden (vgl. Ribolits 1992b, S. 156).

Schlüsselqualifikationen

Sabine Archan und Elisabeth Tutschek (2002, S. 12) weisen darauf hin, dass Schlüsselqualifikationen nicht wie fachliche Fähigkeiten erlernt bzw. gelernt werden können. Im Rahmen der betrieblichen Ausbildung werden diese – wenn bestimmte Grundsätze eingehalten werden – durch „learning by doing" automatisch neben fachlichen Fähigkeiten vermittelt. Weiters werden diesbezüglich von den Autorinnen drei Grundsätze beschrieben. Dabei handelt es sich um:

- den Einsatz von aktivierenden Lernmethoden, wie z. B. der Projektmethode, des Rollenspiels oder der Diskussion,
- die Schaffung eines freundlichen Arbeitsklimas und eines guten, persönlichen Verhältnisses zwischen Ausbilder/in und Lehrling,
- die Beseitigung von Entwicklungshemmern, wie z. B. starren Hierarchien, lückenloser Überwachung, Geringschätzung, Misstrauen, Über- oder Unter-

forderung sowie überwiegend anleitender Methoden (vgl. Archan/Tutschek 2002, S. 12ff.).

Anerkennung nichtformeller Bildung

Wie kann die Anerkennung nichtformeller Bildung aussehen? Um diese Frage zu beantworten, ist ein Blick ins „Weißbuch zur allgemeinen und beruflichen Bildung – Lehren und Lernen auf dem Weg zur kognitiven Gesellschaft" aus dem Jahr 1996, das von der Europäischen Kommission herausgegeben wurde, zu empfehlen. Darin heißt es: „Mobilität, lebenslanges Lernen, Nutzung neuer technologischer Instrumente ... Diese größere Flexibilität beim Wissenserwerb macht es schließlich notwendig, über neue Arten der *Anerkennung – ob mit oder ohne Abschlussdiplom – erworbener Kenntnisse* nachzudenken" (Europäische Kommission 1996, S. 8).

> „Warum sollte man nicht ‚persönliche Kompetenzausweise' einführen, auf denen die Kenntnisse und Fertigkeiten des Inhabers aufgeführt werden, ob es sich dabei nun um grundlegendes Wissen (Sprachen, Mathematik, Recht, Informatik, Wirtschaft usw.) handelt oder um Fachkenntnisse oder berufliche Fertigkeiten (Buchführung, Finanztechnik usw.)?" (ebd., S. 9)

Modularisierung

Mit Modularisierung ist die Portionierung von Bildungsgängen und Lernbeziehungen in abschlussorientierte Lerneinheiten gemeint. Auch handelt es sich dabei um zertifizierbare Qualifikationen, die als Teil eines Ganzen gesehen werden können (vgl. Gruber 2001, S. 231).

Netzwerke

Geißler und Orthey (1998, S. 195) verweisen darauf, dass es kommunale/regionale Netzwerke zwischen Berufsschulen, Betrieben und überbetrieblichen Bildungsanbietern sind, die eine Lösung versprechen. In solchen Netzwerken könnten die klassischen Grenzen zwischen Betrieben und Berufsschulen, zwischen Schul- und Erwachsenenbildung sowie zwischen Zuständigkeiten (Bund vs. Länder, öffentliche vs. private Träger) überwunden werden.

Personalentwicklung (PE)

Karl Lechner, Anton Egger und Reinbert Schauer (1997, S. 145) fassen unter PE alle betrieblichen Maßnahmen für Mitarbeiter/innen zur beruflichen und persönlichen Förderung zusammen. In diesem Kontext wird zwischen mehreren Maßnahmen unterschieden, auf welche nachfolgend exemplarisch eingegangen werden soll:

- PE into the job
  Darunter sind Maßnahmen zu verstehen, die inhaltlich auf einen neuen Beruf vorbereiten bzw. zu einer neuen Tätigkeit hinführen, wie zum Beispiel Trainee- bzw. Einführungsprogramme (vgl. Scholz 2000, S. 513f.).
- PE on the job/PE along the job
  Dabei handelt es sich um direkte Maßnahmen am Arbeitsplatz, bei welchen die unmittelbare Verknüpfung von Theorie und Praxis im Vordergrund steht. Als Beispiele können in diesem Kontext die Projektarbeit, das „Job Rotation" (Arbeitsplatztausch) oder die Laufbahn- und Karriereplanung angeführt werden (vgl. ebd., S. 515ff.).
- PE near the job/PE off the job
  Unter diesen Maßnahmen werden alle arbeitsplatznahen Trainingsmethoden – sowohl während als auch außerhalb der Arbeitszeit – verstanden (vgl. ebd., S. 511ff.).

6   Das innovative Netzwerk „IKAV Kärnten"

Ausgangssituation: Das „St. Veiter Modell"

Mit knapp 14.000 Einwohner/inne/n ist die Stadtgemeinde St. Veit/Glan die sechstgrößte Stadt in Kärnten. Die kommunalen Aufgaben werden von rund 180 Mitarbeiter/inne/n und zehn Lehrlingen wahrgenommen. Aufgrund der geänderten Anforderungen an öffentliche Verwaltungen – erwähnt seien an dieser Stelle die Schlagworte Kund/inn/en- und Dienstleistungsorientierung – hat die Stadtgemeinde St. Veit/Glan ein eigenes Aus- und Weiterbildungskonzept für ihre Mitarbeiter/innen und Lehrlinge konzipiert und umgesetzt (vgl. Klemenjak/Kogler 2004, S. 23f.).

Die Umsetzung erfolgte in zwei Phasen. Zwischen diesen wurde ein Reflexionsprozess – in Form von schriftlichen Mitarbeiter/innen- und Lehrlingsbefragungen sowie moderierten Workshops – durchgeführt. Die Zielsetzung des

Reflexionsprozesses bestand in der Überarbeitung und der Weiterentwicklung des Aus- und Weiterbildungskonzeptes (vgl. ebd., S. 24f.). Dessen „Bausteine" können wie folgt zusammengefasst werden (in Anlehnung an Kogler/Klemenjak 2004, S. 32):

- PE into the job: Die „Herzlich willkommen"-Veranstaltung wird für neu eintretende Mitarbeiter/innen und Lehrlinge organisiert. In diesem Kontext werden Basisinformationen zur Stadt, zur Organisation der Gemeinde sowie zu allgemeinen dienstlichen Angelegenheiten gegeben. Zusätzlich erhalten die Mitarbeiter/innen und Lehrlinge eine „Herzlich willkommen"-Mappe, in der alle besprochenen Informationen dokumentiert sind. In weiterer Folge findet der Einführungslehrgang statt. Dieser vermittelt Basiswissen zur Arbeit in der Gemeinde, insbesondere in den Bereichen: Das politische System Österreichs, Gemeindeorganisation/Kärntner Gemeindeordnung, Gemeindehaushalt und Modernes Verwaltungsmanagement.
- PE near the job/PE off the job: Nach der Absolvierung des Einführungsprogramms – in Form der „Herzlich willkommen"-Veranstaltung und des Einführungslehrganges – werden den Mitarbeiter/inne/n und Lehrlingen Module in den Bereichen Fach- und Sozialkompetenz angeboten. Zu diesem Zweck findet eine Kooperation mit Bildungseinrichtungen statt. Um die Fremdsprachenkompetenz zu fördern, werden Sprachkurse – wie z. B. Englisch – organisiert und durchgeführt. Spezifische Lehrgänge für die unterschiedlichen Zielgruppen runden das Aus- und Weiterbildungsangebot ab.

Zusätzlich wurde eine Art „persönlicher Kompetenzausweis" eingeführt, nämlich in Form eines „Fortbildungspasses" für Mitarbeiter/innen und Lehrlinge (vgl. Klemenjak/Kogler 2004, S. 24). Damit wird der Empfehlung der Europäischen Kommission nach „Anerkennung nichtformeller Bildung" Rechnung getragen.

Für den Bereich der Lehrlingsausbildung erfolgte die Konzeption und Umsetzung spezifischer „Instrumente". Dabei handelt es sich (in Anlehnung an Kogler/Klemenjak 2004, S. 31) um folgende:

- Von jeder Abteilung und von jedem Betrieb wurden „Ausbildungsziele" definiert, welche die Grundlage für die Lehrlingsausbildung darstellen.
- PE on the job/PE along the job: Das Prinzip der „Job Rotation" besagt, dass jeder Lehrling im Berufsbild „Verwaltungsassistent/in" alle sechs Monate die Abteilung bzw. den Betrieb wechselt, um möglichst viele Aufgabenbereiche der Stadtgemeinde St. Veit/Glan kennen zu lernen. Außerdem wird

damit die Ausbildungsvielfalt garantiert. Zusätzlich besteht im dritten bzw. vierten Lehrjahr die Möglichkeit einer Spezialisierung.

- Die Auszubildenden haben ein „Lehrlingstagebuch" zu führen, in welchem sie ihre Tätigkeiten dokumentieren.
- Der neu eintretende Lehrling erhält eine/n Ansprechpartner/in zur Seite gestellt, der ihn während der gesamten Ausbildung begleitet.
- Mit dem Ziel der Potenzialentwicklung findet – zwischen der jeweiligen Führungskraft und dem einzelnen Lehrling – ein individuelles Coaching statt. In diesem Zusammenhang können auch die Einführungs- und Schlussgespräche erwähnt werden, die bei jedem Abteilungs- bzw. Betriebswechsel stattfinden.

Vom „St. Veiter Modell" zum „IKAV Kärnten"

Im Frühjahr 2004 wurde von der Gemeindeabteilung des Amtes der Kärntner Landesregierung unter den 132 Kärntner Gemeinden eine Umfrage durchgeführt. Diese brachte das Ergebnis, dass 67 Lehrlinge von insgesamt 23 Kärntner Gemeinden ausgebildet wurden (vgl. Amt der Kärntner Landesregierung/ Gemeindeabteilung 2004, o. S.). Aufgrund dieser Umfrage wurde deutlich, dass nicht einmal jede fünfte Gemeinde Lehrlinge ausbildet.

Dieses Ergebnis nahmen der damals zuständige Gemeindereferent Landesrat Ing. Reinhart Rohr und der St. Veiter Bürgermeister Gerhard Mock im Sommer 2004 zum Anlass, eine „Initiative zur Förderung der Lehrlingsausbildung in den Kärntner Gemeinden" zu starten. Dabei wurde jede zusätzliche Lehrstelle in einem Gemeindeamt bzw. -betrieb mit € 5.000 gefördert und – auf der Grundlage des „St. Veiter Modells der Lehrlingsausbildung" – der „IKAV Kärnten" (Interkommunale Ausbildungsverbund Kärnten) ins Leben gerufen.

Im September 2004 konnte mit der Projektvorbereitung zur Schaffung des „IKAV Kärnten" begonnen werden. In einem ersten Schritt erfolgte eine Bedarfserhebung. Dabei wurden alle Kärntner Gemeinden kontaktiert und es wurde gefragt, ob Interesse an einer Zusammenarbeit in Sachen Lehrlingsausbildung besteht. Die Bedarfserhebung hat ergeben, dass 88 Prozent aller Gemeinden, die Lehrlinge ausbilden, an einer Zusammenarbeit mit dem „IKAV Kärnten" interessiert waren und dies auch schriftlich zum Ausdruck brachten.

Weiters wurden die inhaltlichen Vorschläge bei der Konzeption des „IKAV Kärnten" berücksichtigt, die im Rahmen der Bedarfserhebung erfolgten. Zusätzlich sind zahlreiche Gemeinden, die bisher keine Lehrlinge ausbildeten, in einen Diskussionsprozess zur Schaffung von Lehrstellen eingetreten.

Der Netzwerkansatz: Von der Theorie in die Praxis

Im März 2005 konnte schließlich der „IKAV Kärnten" seine Arbeit aufnehmen. Dabei handelt es sich um einen freiwilligen Ausbildungsverbund für Lehrlinge in Kärntner Gemeindeämtern und -betrieben. Auf Basis der einzelnen Berufsbilder findet die Ausbildung der Lehrlinge in den Gemeinden statt. Die Aufgabe des „IKAV Kärnten" besteht in der Vermittlung spezieller und darüber hinaus gehender Fähigkeiten und Kenntnisse. Der „IKAV Kärnten" versteht sich insbesondere als Netzwerk jener Gemeinden, die sich bereits in der Lehrlingsausbildung engagieren bzw. engagieren wollen.

Folgende Zielsetzungen wurden formuliert: Die Schaffung von Lehrstellen in den Kärntner Gemeindeämtern und -betrieben, die Optimierung der Qualität der Ausbildung, die Förderung des interkommunalen Lernens und die Schaffung eines Netzwerkes für Ausbilder/innen.

Die Leistungen des „IKAV Kärnten"

Auf Basis der Erkenntnisse aus dem Kapitel „Ansätze für eine Lehrlingsausbildung mit Zukunft", in Kombination mit den Rückmeldungen aus den Gemeinden, wurde nachfolgendes Leistungsangebot konzipiert und umgesetzt:

Beratung und Service:

- Rechtliche Grundlagen in der Lehrlingsausbildung
  Dieses Angebot ist vor allem für Gemeinden gedacht, die das erste Mal Lehrlinge ausbilden. Speziell sei auf das Berufsausbildungsgesetz, die Lehrberufsliste, die Ausbildungsordnungen sowie die arbeits-, sozial- und schulrechtlichen gesetzlichen Bestimmungen verwiesen, die im Rahmen der Lehrlingsausbildung zum Tragen kommen.
- Personalentwicklung in der Lehrlingsausbildung
  Hier steht die pädagogische Gestaltung der Lehrlingsausbildung im Vordergrund. Als Grundlage dient das „St. Veiter Modell" mit den definierten „Ausbildungszielen", der „Jobrotation", dem „Lehrlingstagebuch", dem „Patenschaftsmodell" und dem individuellen „Coaching". Auf Basis dieses Modells werden den Gemeinden individuelle und maßgeschneiderte Lösungen angeboten.

Aus- und Weiterbildungsveranstaltungen für Lehrlinge (primäre Zielgruppe):

- Fachkompetenz
  In diesem Bereich werden Basisqualifikationen auf möglichst allgemeiner Basis vermittelt. Diese Seminare geben einen Einblick in die Bereiche, die in fachlicher Hinsicht von Bedeutung sind. Damit wird der Grundstein für die weitere Beschäftigung mit diesen Thematiken gelegt. Weiters sollen diese „zur rascheren Aufnahme von speziellen Qualifikationen" (Gruber 2001, S. 203) in der weiteren Ausbildung und nach Abschluss der Lehre befähigen.
- Sozialkompetenz
  In diesem Kontext geht es um die Vermittlung von Schlüsselqualifikationen, insbesondere um die Erlangung von personaler Kompetenz als Vorstufe zur sozialen Kompetenz.
- Projektorientiertes Lernen
  In diesem Bereich werden die Jugendlichen mit den Grundlagen des Projektmanagements vertraut gemacht. Darauf aufbauend erarbeiten die Lehrlinge Projekte. Dabei geht es um die Überwindung von Lernformen, die ausschließlich auf die Erledigung von isolierten Teilaufgaben gerichtet sind: Einer Gruppe von Lehrlingen wird eine komplexe Aufgabenstellung übertragen. Die Planung, Durchführung und Kontrolle dieses Projektes wird von diesen selbstständig und eigenverantwortlich durchgeführt.
- Praxisorientiertes Lernen
  Hier steht die Verbindung von Theorie und Praxis im Vordergrund. Fachinhalte, die in Form von Seminaren vermittelt werden, können in der Praxis kennengelernt werden. Zum Beispiel finden Exkursionen in den Kärntner Landtag oder in kommunale Betriebe statt.

Aus- und Weiterbildungsveranstaltungen für Ausbilder/innen (sekundäre Zielgruppe):

Zusätzlich zum Beratungs- und Serviceangebot finden in regelmäßigen Abständen sogenannte „Praxistage für Lehrlingsausbilder/innen" statt. Dabei werden rechtliche, pädagogische und psychologische Themen, die für die Lehrlingsausbildung relevant sind, behandelt.

Zusätzliche Leistungen:

- Aus- und Weiterbildungsprogramm (Modularisierung)
  Jeweils für die Dauer eines Lehrjahres wird vom „IKAV Kärnten" ein eigenes Aus- und Weiterbildungsprogramm herausgegeben. Die Gliederung erfolgt nach Qualifizierungsbereichen (d.h. Fach- oder Sozialkompetenz bzw. projekt- oder praxisorientiertes Lernen). Weiters liegt diesem Programm das Prinzip der Modularisierung zu Grunde. D.h. jede Bildungsveranstaltung ist in sich abgeschlossen und kann unabhängig von den anderen Angeboten absolviert werden. Somit kann für jeden Lehrling ein individuelles und maßgeschneidertes Paket zusammengestellt werden.
- Bildungspass (Anerkennung nichtformeller Bildung)
  Aufbauend auf die Empfehlungen der Europäischen Kommission zum Thema „persönliche Kompetenzausweise" und den Erfahrungen, die im Rahmen des „St. Veiter Modells" gemacht wurden, erhält jeder Lehrling einen Bildungspass, in dem die besuchten Aus- und Weiterbildungsveranstaltungen dokumentiert werden.
- Bildungsdatenbank
  Zusätzlich zum Bildungspass eines jeden Lehrlings wird eine Bildungsdatenbank geführt, in der alle Aus- und Weiterbildungsveranstaltungen zentral verzeichnet werden.

7 Resümee

Die Lehrlingsausbildung (k)ein Zukunftsthema? – so lauteten die zentrale Fragestellung und der Titel dieses Beitrages. Anhand von drei Forschungsfragen wurde versucht, die zentrale Fragestellung zu präzisieren und zu beantworten. In diesem Kontext vertritt Karlheinz Geißler folgende Position:

> „Es (das System der dualen Berufsbildung) ist als kultureller Gegenstand zum Bewahren und Vorzeigen freigegeben. Man kann es besichtigen. Kein Zweifel, es hat Erfolge vorzuweisen – aber diese, so meine These, liegen eher in der Vergangenheit als in der Gegenwart und wahrscheinlich noch weniger in der Zukunft." (Geißler 1990, S. 2, zit. nach Gruber 1992, S. 45)

Ausgehend vom Mittelalter, wo die Wurzeln der Lehrlingsausbildung liegen, wurde der Bogen bis in unsere heutige Zeit gespannt. Während in früheren Zeiten die Orientierung am Lebensberuf Erfolg versprechend war, stellt sich dies – vor dem Hintergrund mehrerer Berufswechsel – als Problem dar. Denn heute sind vielmehr Flexibilität und die Kombination von Fach- und Sozialkompetenz gefragt. Somit komme ich zur Erkenntnis, dass es sich bei der Lehrlingsausbildung um ein Zukunftsthema handeln kann. Dies gilt vor allem dann, wenn sie sich aktiv mit den gesellschaftlichen Modernisierungsprozessen auseinandersetzt, deren Auswirkungen berücksichtigt und zukunftsweisende Ansätze in die Ausbildungspraxis umsetzt. Genau das soll mit „IKAV Kärnten" bewiesen werden.

Mit diesem – theoretisch verorteten sowie praktisch erprobten – Praxisbeispiel kann der These von Geißler über die Krise der Lehrlingsausbildung widersprochen werden.

Literatur

Archan, Sabine/ Tutschek, Elisabeth (2002): Schlüsselqualifikationen. Wie vermittle ich sie Lehrlingen? Institut für Bildungsforschung der Wirtschaft, Wien.

Amt der Kärntner Landesregierung/Gemeindeabteilung (2004): Umfrage zum aktuellen Stand der Lehrlingsausbildung in den Kärntner Gemeinden. Unveröffentlichtes Manuskript, Klagenfurt.

Benz, Arthur/ Fürst, Dietrich/ Kilper, Heiderose/ Rehfeld, Dieter (1999): Regionalisierung – Theorie – Praxis – Perspektiven. Leske + Budrich, Opladen.

Engelbrecht, Helmut (1988): Geschichte des österreichischen Bildungswesens – Erziehung und Unterricht auf dem Boden Österreichs. Bd. 5: Von 1918 bis zur Gegenwart. Österreichischer Bundesverlag, Wien.

Europäische Kommission (1996): Weißbuch zur allgemeinen und beruflichen Bildung. Lehren und Lernen auf dem Weg zur kognitiven Gesellschaft. Amt für Amtl. Veröff. d. Europ. Gemeinschaften, Luxemburg.

Geißler, Karlheinz A./ Orthey, Frank Michael (1998): Der große Zwang zur kleinen Freiheit – Berufliche Bildung im Modernisierungsprozess. Hirzel, Stuttgart.

Gruber, Elke (1992): Zwischen Zunft und Manufaktur – Ein Streifzug durch die handwerkliche Berufsausbildung vom Mittelalter bis zur beginnenden Industrialisierung. In: Gruber, Elke/ Ribolits, Erich (Hg.): Bildung ist mehr... Aufsätze zur beruflichen Qualifizierung. Profil-Verlag, München/Wien, S. 11–48.

Gruber, Elke (2001): Beruf und Bildung – (k)ein Widerspruch? Bildung und Weiterbildung in Modernisierungsprozessen. Studien-Verlag, Innsbruck/Wien/München.

Gruber, Elke (2004): Berufsbildung in Österreich – Einblicke in einen bedeutenden Bildungssektor. In: Verzetnitsch, Fritz/ Schlögl, Peter/ Prischl, Alexander/ Wieser, Regine (Hg.): Jugendliche zwischen Karriere und Misere – Die Lehrausbildung in Österreich, Innovationen und Herausforderungen. ÖGB-Verlag, Wien, S. 17–38.

Heimgartner, Arno (2009): Komponenten einer prospektiven Entwicklung der Sozialen Arbeit. Lit-Verlag, Wien/Berlin/Münster.

Klemenjak, Martin (2006): Die Lehrlingsausbildung (k)ein Zukunftsthema? Das innovative Netzwerk „Interkommunaler Ausbildungsverbund Kärnten". KVERLAG, Klagenfurt.

Klemenjak, Martin/ Kogler, Waltraud (2004): Aus- und Weiterbildung – (k)ein Thema für die öffentliche Verwaltung? Das Bildungskonzept der Stadtgemeinde St. Veit/Glan. In: Die Österreichische Volkshochschule – Magazin für Erwachsenenbildung, 55. Jg., Heft 214. S. 23–26.

Kogler, Waltraud/ Klemenjak, Martin (2004): Aus- und Weiterbildung in der Stadtgemeinde St. Veit/Glan. In: Österreichische Gemeinde-Zeitung, Nr. 9/2004, S. 30–32.

Lechner, Karl/ Egger, Anton/ Schauer, Reinbert (1997): Einführung in die Allgemeine Betriebswirtschaftslehre. Linde-Verlag, Wien.

Lenz, Werner (2005): Portrait Weiterbildung Österreich. Bertelsmann, Bielefeld.

Nowak, Sabine/ Schneeberger, Arthur (2005): Lehrlingsausbildung im Überblick – Strukturdaten zu Ausbildung und Beschäftigung (Edition 2005). Institut für Bildungsforschung der Wirtschaft, Wien.

Orthey, Frank Michael (1999): Zeit der Modernisierung – Zugänge einer Modernisierungstheorie beruflicher Bildung. Hirzel, Stuttgart.

Ribolits, Erich (1992a): Patentrezept „Duales Lehrlingsausbildungssystem"? Zum Widerspruch zwischen Bildung und Verwertungsinteressen am Beispiel des österreichischen Systems der Facharbeiterausbildung. In: Gruber, Elke/Ribolits, Erich (Hg.): Bildung ist mehr... Aufsätze zur beruflichen Qualifizierung. Profil-Verlag, München/Wien, S. 73–90.

Ribolits, Erich (1992b): Neue Methoden in der beruflichen Aus- und Weiterbildung. In: Gruber, Elke/ Ribolits, Erich (Hg.). Bildung ist mehr... Aufsätze zur beruflichen Qualifizierung. Profil-Verlag, München/Wien, S. 145–162.

Ribolits, Erich (1995): Die Arbeit hoch? Berufspädagogische Streitschrift wider die Totalverzweckung des Menschen im Post-Fordismus. Profil-Verlag, München/ Wien.

Rohringer, Josef (1970): Die österreichische Berufsschule. Beltz, Weinheim.

Siebert, Horst (2004): Methoden für die Bildungsarbeit – Leitfaden für aktivierendes Lehren. Bertelsmann, Bielefeld.

Scholz, Christian (2000): Personalmanagement. Informationsorientierte und verhaltenstheoretische Grundlagen. Vahlen, München.

Teil 4

Forschungsprojekte und Wissenschaftskooperationen

Berufsfeldforschung: Soziale Arbeit in Kärnten[1]

Mario Johannes Bokalič

1 Einleitung

Ausgangspunkt dieses Beitrags ist das Fehlen einer empirisch fundierten Datenlage zum Berufsfeld der Sozialen Arbeit in Kärnten. Gegenwärtig gibt es keine zufriedenstellenden Daten zur Form, Größe und Beschaffenheit der Institutionslandschaft und/oder der Beschäftigtensituation. Durch die im Prozess befindliche Forschungsarbeit soll diese Informationslücke geschlossen werden. Die Leserin/den Leser erwarten folgende den Beitrag strukturierende Bereiche: Nach einführenden Begriffsdefinitionen wird eine Auswahl ähnlich gelagerter Forschungsergebnisse vorgestellt. Danach wird das geplante Forschungsdesign präsentiert. Der Beitrag wird durch einen Ausblick abgerundet.

2 Einführende Begriffsdefinitionen

Zunächst werden die für die Arbeit relevanten, zentralen Begriffe *Beruf, Berufsfeldforschung* und *Soziale Arbeit* definiert.

Der Begriff „*Beruf*" ist ein tradiertes Konzept zur Beschreibung von Tätigkeitsmustern in unserer Gesellschaft und verfügt über eine lange Geschichte. Martin Luther führte den Begriff in seiner Bedeutung als Berufung bzw. Berufensein zur Ausübung einer geistlichen Tätigkeit (Wingren 1952, S. 6) in den deutschen Sprachraum ein. Seit damals hat sich dessen Bedeutung verändert. Aus der Perspektive unterschiedlicher Wissenschaften betrachtet, wird er jeweils unterschiedlich definiert. Beispielhaft werden folgend die Perspektiven der Berufspädagogik, der Berufsbildung, der Berufssoziologie und der Wirtschaftswissenschaften, die sich für das Konzept, das hinter dem Begriff „Beruf" steckt, vorgestellt.

---

[1] Dieser Beitrag basiert auf einem Dissertationsprojekt mit dem Titel „Berufsfeldforschung: Soziale Arbeit in Kärnten", das unter Betreuung von Ao.Univ.-Prof. Mag. Dr. Gerald Knapp im Sommersemester 2009 am Institut für Erziehungswissenschaft und Bildungsforschung an der Universität Klagenfurt begonnen wurde.

Die Berufspädagogik zählt die Bereiche der vorberuflichen Bildung, der Berufsausbildung, der beruflichen Fortbildung und der beruflichen Umschulung zu
ihren Aufgabenfeldern (vgl. Schelten 2004, S. 49). Der Fokus berufspädagogi-
scher Zugänge liegt in den Zusammenhängen von Aus-, Fort- und Weiterbil-
dungsmaßnahmen und den beruflichen Anforderungen, Belangen und Tätigkeiten. Die berufspädagogische Sicht auf die Bedeutung des Begriffs „Beruf" fasst
die Elemente von „Arbeitstätigkeiten zu Berufen, qualifikatorische Voraussetzungen sowie die wirtschaftliche Bedeutung der Berufsausübung für den Einzelnen und die Volkswirtschaft" (Kraus 2006, S. 160) zusammen.

Voss (1994) versteht aus berufssoziologischer Sicht, dass mit dem Begriff
Beruf „eine soziale Form spezialisierter Fähigkeiten (‚erlernter Beruf') und/oder
Tätigkeiten (‚ausgeübter Beruf'), die auf der Basis spezifischer Ausbildungen,
relativ dauerhaft (oft lebenslang) von Personen im Rahmen der gesellschaftlichen Funktionsdifferenzierung übernommen werden" (Voss 1994, S. 128) einhergehen.

Petersen (2006) vertritt die berufsbildungsspezifische Ansicht, dass in der
Forschung klar zwischen „Erwerbsberufen" und „Ausbildungsberufen" unterschieden wird (vgl. Petersen 2006, S. 68). Unter dem Begriff „Erwerbsberuf"
werden „Berufe im Sinne ausgeübter beruflicher Tätigkeiten verstanden" (ebd.,
S. 73), während unter dem Begriff „Ausbildungsberuf" die durch Bildungsmaßnahmen erzeugten Berufsbezeichnungen gesammelt werden. Zwischen den beiden Kategorien gibt es sowohl Überschneidungen als auch Unterscheidungen.

Die Definition von Petersen (2006) nähert sich inhaltlich sehr der Einordnung von Voss (1994) an und wird dem vorliegenden Beitrag zu Grunde gelegt,
da sie dem forschungsrelevanten Ansatz der Untersuchung von Zusammenhängen und Abgrenzungen zwischen Erwerbsberufen und Ausbildungsberufen nahe
kommt.

Die *Berufsfeldforschung* ist einer von mehreren Zugängen, wenn es um die
Untersuchung von Berufsfeldern geht. An dieser Stelle werden noch weitere
Ansätze wie die Berufsforschung, die Berufsbildungsforschung, die Qualifikati-
onsforschung, die Berufsschulforschung u. v. m. genannt. Diese Forschungsan-
sätze können sich sowohl in ihrem grundlegenden Forschungsinteresse, in ihrer
Intention sowie in ihren forschungsmethodologischen Herangehensweisen unterscheiden (vgl. z. B. Rauner 2006).

Die Berufsfeldforschung interessiert sich ihrem Selbstverständnis nach für
verschiedene Attribute eines bestimmten Berufsfeldes. Dabei werden Rahmenbedingungen und Ziele der Berufe, Arbeitsfelder und Tätigkeitsgruppen untersucht (vgl. Heiner 2007, S. 32).

Dem empirischen Vorgehen der „Berufsfeldforschung: Soziale Arbeit in Kärnten" wird die Definition von Howe (2006) zu Grunde gelegt. Dort wird der Begriff der Berufsfeldforschung unter Einbezug zweierlei Relevanzen definiert:
Erstens wird die geschichtliche Komponente des Begriffs hervorgehoben. In der historischen Berufsfeldforschung ist es das zentrale Anliegen, „die Entstehung und Entwicklung von Berufsfeldern und Berufen zu analysieren" (Howe 2006, S. 118). Die Berufsfelder sollen in ihrer spezifischen Gewordenheit, in ihren Besonderheiten, Traditionen und Rahmenbedingungen betrachtet werden. Über diese historische Komponente hinaus hat die Berufsfeldforschung aber auch noch einen bedeutsamen gestaltungsorientierten Ansatz. Es geht auch um eine „kritische Betrachtung und Einschätzung von Potenzialen, Chancen, Barrieren und Bedarfen im Hinblick auf die zukünftige Gestaltung von Berufen und Berufsfeldern" (Howe 2006, S. 118).

Was aber wird unter dem Begriff „Soziale Arbeit" verstanden und warum wurde er gewählt? Diese Fragen sollen als nächster Schritt Beantwortung finden, in dem das verwendete Verständnis des Begriffs „Soziale Arbeit" vorgestellt wird. Warum ist ein so zentraler Begriff, der eine ganze Wissenschaft (mit Fragezeichen) und ein Berufsfeld kennzeichnet, überhaupt erst zu definieren? Derzeit gibt es kein einheitliches Begriffsverständnis von Sozialer Arbeit und kein klar abgegrenztes Berufsfeld. Galuske (2007) meint, dass sich durch eine „Allzuständigkeit" der SozialarbeiterInnen Konturprobleme und Unüberschaubarkeiten einstellen. Schütze (1992) erklärt dazu:

"Der Unterschied der Sozialarbeit zu den übrigen Professionen liegt im wesentlichen nur in dem Umstand, daß diese angesichts der Komplexität, Totalität und Vielschichtigkeit ihrer Problembereiche ... nie ein in ihrem Tätigkeitsbereich vorherrschendes, eindeutig abgegrenztes Paradigma entwickeln konnte." (Schütze 1992, S. 163)

Heiner (2007) bringt dazu eine interessante Sichtweise auf den Facettenreichtum Sozialer Arbeit ein:

„Man arbeitet mit Kindern, Erwachsenen oder alten Menschen, hilft in Notlagen, fördert persönliche Entwicklungen, regelt Konflikte, vermittelt Gelder, Unterkünfte, Dienstleistungen und hat dabei mit vielen Organisationen zu tun. Man kann sich als Seelsorger oder Manager, als Trainerin oder Ersatzmutter, als Anwalt der Benachteiligten oder als Sozialtherapeut verstehen. All dies stimmt – mehr oder weniger." (Heiner 2007, S. 17)

Im Folgenden wird auf die drei Faktoren – historische Genese, gesellschaftliche Veränderungen und die Ausbildungslandschaft – näher eingegangen. Diese Faktoren sind auch maßgeblich daran beteiligt, dass Soziale Arbeit keine allgemein anerkannte Begriffsbestimmung und kein konturscharfes Berufsfeld hat.

Die geschichtliche Entwicklung der Stränge Sozialpädagogik und Sozialarbeit (Thole 2005; Hering/Münchmeier 2000; Wendt 1995; u. a.) im deutschsprachigen Raum, bis hin zu einer noch nicht allerorts durchgesetzten Sozialen Arbeit, haben für die Konturierung und inhaltliche Bestimmung der Sozialen Arbeit wesentliche Bedeutung. Auch die Diskussionen um eine einheitliche Begriffsdefinition und -verwendung in der Sozialen Arbeit sind rückbezogen in breit angelegte, historisch verwurzelte Diskurse um die Vereinbarkeit und Abgrenzung von Sozialpädagogik und Sozialarbeit (vgl. Mühlum 1996: Rauschenbach 1999; Thiersch 2002; u. a.).

Aber auch Veränderungen innerhalb der Sozialen Arbeit selbst sind zu beachten. Thiersch (1992) spricht in seinem Aufsatz „Das sozialpädagogische Jahrhundert" von quantitativer Expansion und qualitativer Differenzierung der Gegenstandsbereiche Sozialer Arbeit. Soziale Probleme haben sich durch die Etablierung des modernen Wohlfahrtsstaats zu sozialpädagogischen Problemen verschoben (vgl. Thiersch 1992; Rauschenbach 1999). Wenn alle sozialen Probleme zum Gegenstand Sozialer Arbeit werden, erweitern sich folglich auch die Arbeitsfelder der Sozialen Arbeit. Das bringt aber auch ein Konturproblem mit sich. Was ist dann Soziale Arbeit, wo fängt ihre Zuständigkeit an und wo endet sie?

Die Anforderungen an die Beschäftigten haben sich durch die Ausweitung der Zuständigkeitsbereiche, aber auch durch Bestrebungen der Professionalisierung (vgl. Dewe/Otto 2001; Dewe/Ferchhoff/Radtke 1992; Knapp 2002; u. a.) gesteigert.

Diesen gesteigerten Anforderungen wird mit einer inhaltlichen Ausdifferenzierung der Ausbildungsangebote begegnet. Die unterschiedlichen Ausbildungsformen, die AbsolventInnen verschiedenster Prägung und Bezeichnung hervorgebracht haben, tragen auch ihren Teil dazu bei, dass im Feld der Sozialen Arbeit Beschäftigte über unterschiedlichste Qualifikationsniveaus, Kompetenzprofile, Berufsbezeichnungen und Wissensbestände verfügen (vgl. Spitzer 2008; Popp 2003; Scheipl/Heimgartner 2004)

Eine gewisse Unüberschaubarkeit stellt sich also ein. Rauschenbach beschreibt als eine Gemeinsamkeit der Personengruppe der Berufstätigen dieses Feldes, dass es sich dabei „durchwegs um ausgebildete Personen handelt" (Rauschenbach 2000, S. 673). Doch selbst hierbei gibt es Gegenpositionen. Diese weisen auf die Gruppe der Ehrenamtlichen und auf Personen hin, die ohne facheinschlägige Ausbildung im unterstützenden und administrativen Bereich der Sozialen Arbeit arbeiten (vgl. Cloos/Züchner 2002, S. 706f.).

Die vorgestellte Arbeit verwendet das integrative Verständnis Mühlums (1996), das die Stränge von Sozialpädagogik und Sozialarbeit subsummiert, und nimmt dieses bunte Nebeneinander im Feld als Ausgangspunkt für die Erforschung des Berufsfelds der Sozialen Arbeit in Kärnten.

3 Auswahl ähnlich gelagerter Forschungsergebnisse

Nach den einführenden Begriffsbestimmungen der relevanten Begriffe von *Beruf, Berufsfeldforschung* und *Soziale Arbeit* wird nun auf bestehende Forschungsergebnisse eingegangen:

Der Großteil der veröffentlichten Publikationen zum Thema „Berufsfelder der Sozialen Arbeit" beschäftigt sich mit Fragestellungen zu qualitativen Merkmalen wie Inhalten, Ausdifferenzierungen, Definitionen, Zuständigkeiten, Kompetenzen, usw. Über quantitative Attribute (z. B. Anzahl von SozialarbeiterInnen in den diversen Handlungsfeldern) gibt es für den Raum Kärnten keine vorgelegten Arbeiten. Folgend wird auf ähnliche Forschungsarbeiten bzw. auf vorliegende Statistiken unter dem Fokus der Verwendbarkeit für die vorgestellte Arbeit Bezug genommen:

„Berufstätigkeit und Beschäftigungssituation von Pädagogen" (Altrichter 1979)

Altrichter (1979) untersuchte in seiner Arbeit „Berufstätigkeit und Beschäftigungssituation von Pädagogen" das Berufsfeld von PädagogInnen in Österreich. Dabei wurden Tätigkeitsbereiche, Aufgaben der Beschäftigten und der institutionellen Bedingungen der Berufsausübung beforscht (vgl. Altrichter 1979, S. 3). In der Erhebung wurde als Grundgesamtheit die Summe aller AbsolventInnen von österreichischen universitären Studiengängen mit dem Hauptfach Pädagogik gewählt (vgl. ebd., S. 133). Durch die Anlage dieser Forschungsarbeit kann aber nicht auf die Gesamtheit der Beschäftigten im Berufsfeld der Sozialen Arbeit geschlossen werden, da nur PädagogInnen mit einem entsprechenden universitären Abschluss erfasst wurden. Mit diesem Zugang ist das Erreichen aller im Feld Tätigen nicht sichergestellt, da nicht alle beschäftigten Personen auch über einen universitären Abschluss verfügen. Der Zugang der geplanten Berufsfeldforschung hebt sich deutlich davon ab, auch hat sich seit dem Jahr 1979 in den Berufsfeldern Sozialer Arbeit einiges verändert.

Arbeitsmarktspezifische Statistiken (AMS und Statistik Austria 2008)

Eine quantitative Bestimmung der Grundgesamtheit aller beschäftigten Personen in den Berufsfeldern der Sozialen Arbeit in Kärnten ist auch aufgrund vorliegender arbeitsmarktspezifischer Publikationen oder Statistiken nicht möglich. Daten aus diesen wirtschaftlich orientierten Studien lassen keine Rückschlüsse auf die Beantwortung der zentralen Fragestellungen der „Berufsfeldforschung: Soziale Arbeit in Kärnten" zu. In arbeitsmarktspezifischen Untersuchungen werden Erwerbstätige nach normierten Vorgaben (ÖNACE 2008 und ÖNACE 2003) verschiedenen „Wirtschaftsbereichen" zugeordnet. Beschäftigte aus dem Berufsfeld der sozialen Berufe können beispielsweise den Abschnitten J – Information und Kommunikation; O – Öffentliche Verwaltung, Verteidigung, Sozialversicherung; P – Erziehung und Unterricht; Q – Gesundheits- und Sozialwesen oder S – Erbringung von sonstigen Dienstleistungen (vgl. Statistik Austria 2008, S. 30) zugeordnet sein. Die Zuteilung hängt davon ab, in welchen Wirtschaftsbereich die beschäftigende Organisation eingeordnet wurde. Arbeitslose werden ebenso in Bezug auf die Gruppierungen der ÖNACE 2008 kategorisiert (vgl. AMS Kärnten 2008).

Diese arbeitsmarktspezifische Kategorisierung hilft in Bezug auf die Bestimmung der Grundgesamtheit also nicht weiter. Diese Systematisierung ist mit dem der Forschungsarbeit zugrunde liegenden Verständnis von „Sozialer Arbeit" nicht kompatibel, da Beschäftigungsverhältnisse von SozialarbeiterInnen nicht selten quer zu den Wirtschaftsklassen liegen (vgl. Laskowski/Loidl-Keil/Posch 2007, S. 465) und in arbeitsmarkspezifischen Statistiken der Bereich der ehrenamtlich Tätigen nicht berücksichtigt ist.

Beispielhafte deutsche Untersuchung (Cloos und Züchner 2002)

Cloos und Züchner (2002) betiteln ihren Bericht über die Untersuchung des Personals Sozialer Arbeit mit „Größe und Zusammensetzung eines schwer zu vermessenden Feldes". Damit wird auch angedeutet, dass ähnliche Schwierigkeiten, wie sie hier vorherrschen auch in der deutschen Situation vorliegen. Berichtet wird über die eben dargestellte Unschärfe in arbeitsmarktspezifischen Statistiken, von der Unterscheidung zwischen Erwerbs- und Ausbildungsberuf und von der Trennung von beruflich und ehrenamtlich beschäftigten Personen. Diese „Schwierigkeiten" werden anschaulich in einem dreidimensionalen Achsenmodell zusammengestellt (vgl. Cloos/Züchner 2002, S. 706). An den beiden gegenüberliegenden Enden der Achsen sind folgende drei Begriffspaare definiert:

- einschlägig fachlich qualifiziert vs. nicht einschlägig fachlich qualifiziert,
- ehrenamtlich beschäftigt vs. beruflich beschäftigt,
- in der Sozialen Arbeit tätig vs. nicht in der Sozialen Arbeit tätig (vgl. ebd.).

Diese Fakten werden in der Berufsfeldforschung Eingang finden, jedoch können die statistischen Werte vom deutschen Kontext nicht auf den Kärntner Raum umgelegt werden, da die Institutionslandschaft von Deutschland nicht mit der Situation in Kärnten verglichen werden kann und die Gesetzgebung ebenfalls andere Erfordernisse mit sich bringt, wie auch die Schwerpunktsetzung in sozialer Hinsicht differiert.

Eine österreichische Untersuchung (Mayrhofer/Raab-Steiner 2007)

Mayrhofer und Raab-Steiner (2007) untersuchten in ihrer Studie die Wissens- und Kompetenzprofile von SozialarbeiterInnen. Dabei setzten sie den räumlichen Fokus auf den Großraum Wien, während der inhaltliche Fokus nicht auf der Beschreibung der Konturen des Berufsfeldes Sozialer Arbeit lag. Es wurden vielmehr die Verknüpfungen von erforderlichen Kompetenzen von SozialarbeiterInnen mit zu vermittelnden Wissensbeständen erforscht. Ähnlich wie in der geplanten „Berufsfeldforschung: Soziale Arbeit in Kärnten" kam eine Kombination von qualitativen und quantitativen Forschungsmethoden zur Anwendung.

4 Forschungsdesign

Im folgenden Abschnitt wird auf das Forschungsdesign der geplanten Forschungsarbeit „Berufsfeldforschung: Soziale Arbeit in Kärnten" eingegangen. Dabei werden vier zentrale Arbeitsbereiche vorgestellt:

Arbeitsbereich – Untersuchung der Ausbildungslandschaft

Die Ausbildungslandschaft des sozialen Bereichs in Kärnten wird im Hinblick darauf betrachtet, aus welchen Institutionen, wie viele AbsolventInnen (sowohl insgesamt als auch periodisch und gegliedert nach allgemeintypischen Merkmalen) hervorgegangen sind. Weiters ist von Interesse, worin sich die Ausbildungen inhaltlich, formal und in deren Ausrichtung an den zu bedienenden Handlungsfeldern unterscheiden.

Methodisch wird so vorgegangen, dass im ersten Arbeitsschritt durch Literatur-
arbeit eine Übersichtsdarstellung der Ausbildungslandschaft des sozialen Bereichs in Kärnten erstellt wird. Der Begriff „sozialer Bereich" wird verwendet,
um durch ein breites Gegenstandsverständnis möglichst viel von den Ausbildungen abzudecken, die in den Handlungsfeldern der Sozialen Arbeit wiedergefun-
den werden können. Inkludiert sind Ausbildungen für SozialarbeiterInnen, Sozi-
al- und IntegrationspädagogInnen, PsychologInnen, PädagogInnen, Kleinkind-
und KindergartenpädagogInnen, HortbetreuerInnen, Fach- und Diplom-SozialbetreuerInnen (Behindertenbegleitung und Altenarbeit), AltenfacharbeiterInnen,
SozialbetreuerInnen, usw.

   In einem zweiten Schritt werden Veröffentlichungen der Ausbildungsinstitutionen auf forschungsrelevante Merkmale untersucht. Diese werden mit entsprechenden Kontaktadressen, die für die weiterführende Forschungsarbeit benötigt werden, in einer Datenbank dokumentiert. Dieses Vorgehen soll sicherstel-
len, dass die Ausbildungslandschaft für den sozialen Bereich in Kärnten kontu-
riert wie auch inhaltlich differenziert dargestellt wird.

Arbeitsbereich – Untersuchung der Institutionen

Die Institutionen eines weiten Verständnisses von Sozialer Arbeit werden beforscht. Dabei gibt es zwei zentrale Fragestellungen:
   Die erste Frage legt die Gegenstandsdefinition fest: „Welche Institutionen
können dem Feld der Sozialen Arbeit in Kärnten zugeordnet werden?" Festzuhalten ist an dieser Stelle, dass das empirische Vorgehen nicht von Ausbildungsberufen (z. B. AbsolventInnen der einzelnen Ausbildungseinrichtungen oder
Angestellte der Träger) oder den Berufstätigen (z. B. aus Daten arbeitsmarktspezifischer Statistiken), sondern von dem Versuch der Erfassung der Gesamtheit
aller Institutionen der Sozialen Arbeit in Kärnten ausgeht und sich dadurch erst
in einem weiteren Schritt eine mögliche Grundgesamtheit der Beschäftigten
(Erwerbsberufe) in den verschiedenen Tätigkeitsfeldern der Sozialen Arbeit in
Kärnten ergibt. Ein von Heiner (2007) eingeführtes Darstellungsschema zur
Gliederung der Institutionslandschaft der Sozialen Arbeit wird in Bezug auf die
Spezifik der Situation in Kärnten adaptiert und liefert so ein Kategorisierungs-
muster, das den Ausgangspunkt der Bearbeitung der nächsten zentralen Fragestellung darstellt:
   Diese zweite Frage lautet „Wie viele und welche Einrichtungen in den ver-
schiedensten Aufgabenfeldern der Sozialen Arbeit gibt es in Kärnten?" Dazu
werden mehrere Zugänge miteinander kombiniert: Untersuchung von Adressda-
tenbänken, ExpertInneninterviews und Internetrecherchen sollen eine umfassen-

de Erschließung sowohl qualitativer wie auch quantitativer Daten ergeben. Folgende quantitativen und qualitativen Fragestellungen werden untersucht:

Bereich A) Allgemeine Institutionsdaten wie Bezeichnung der Institution, Unternehmensform, private oder öffentliche Trägerschaft;

Bereich B) Beschreibende Institutionsdaten wie Tätigkeitsfeld(er) der Institution, Anzahl und Typisierung der beschäftigten Professionen, Quantifizierung der nach allgemeintypischen Merkmalen gegliederten und institutionellen Professionsbereichen zugeordneten Beschäftigtenzahlen;

Bereich C) Untersuchung des Bereichs (der Bereiche) Sozialer Arbeit innerhalb der Institution und Positionierung der Sozialen Arbeit in der Organisation (inkl. quantifizierender Daten);

Arbeitsbereich – Untersuchung der Beschäftigten

Nachdem der eben dargestellte zweite Arbeitsbereich untersucht wurde, kann in einem dritten Schritt des Forschungsprozesses die Situation der Beschäftigten im Berufsfeld der Sozialen Arbeit in Kärnten genauer untersucht werden. Geplant ist eine standardisierte schriftliche Befragung, die folgende Parameter untersucht: Personenbezogene Daten, Beschäftigungsdauer, Arbeitszeitausmaß, Ausbildungshintergründe der MitarbeiterInnen, Standesbezeichnung (Mag.[a], Dr.[in], DSA.[iii], ASA.[iii2], Soz.päd.[in], …), Bezeichnung der Position in der Institution (z. B. ErzieherIn, SozialpädagogIn, …), Angaben zu den Aufgaben der Position. Außerdem sollten nach Möglichkeit die verwendeten und erforderlichen Kompetenzen/Methoden/professionellen Orientierungen erfragt werden.

Arbeitsbereich – Ergebnisdarstellung

In einem vierten Arbeitsbereich werden die Ergebnisse der oben dargestellten Teile trianguliert und münden in einer umfassenden Ergebnisdarstellung zur Ausbildungs- und Institutionslandschaft sowie zur Beschäftigungssituation der Sozialen Arbeit in Kärnten.

---

[2] DSA steht für DiplomsozialarbeiterIn, ASA für Akademische SozialarbeiterIn.

Ausblick

Zur Spezifik der Kärntner Soziallandschaft gehört die Tatsache, dass bis 1999 für die Ausbildung zur/zum Sozialarbeiter/-in keine spezifische Ausbildungseinrichtung (Sozialakademie) zur Verfügung stand. Erst ab dem Jahr 2000 wurde an der Universität Klagenfurt der Universitätslehrgang „Soziale Arbeit" angeboten. Im Jahr 2002 installierte die FH Kärnten einen Diplomstudiengang „Soziale Arbeit", der ab dem Jahr 2008 in das duale System von Bachelor und Master überführt wurde. Dieser Prozess hatte natürlich Auswirkungen auf die Qualifizierung der beruflichen Praxis.

Gegenwärtig gibt es eine bunte Palette an Ausbildungsmöglichkeiten für den Bereich Sozialer Arbeit auf universitärem, hochschulischem, aber auch berufsbildendem höherem und mittlerem Niveau. Weitere Lehrgänge und eine Vielfalt von Weiterbildungsangeboten ergänzen das Bild der Aus- und Weiterbildungslandschaft Kärntens.

Um einen Ausblick auf die noch zu erarbeitenden Ergebnisse zur beruflichen Praxis zu liefern, werden ein paar Zahlen, die auf vorab durchgeführten Erhebungen basieren, angeführt:

Unter anderem sind gegenwärtig im klassischen Bereich der Referate für Jugend und Familie und der Referate für Soziales bei den acht Bezirkshauptmannschaften und den zwei Magistraten in Kärnten 197 Personen beschäftigt. Inkludiert sind hier AbteilungsleiterInnen, SozialarbeiterInnen, SachbearbeiterInnen und AdministratorInnen. 140 Kindergärten und 65 Einrichtungen der Jugendwohlfahrt bieten weitere Betätigungsfelder für SozialarbeiterInnen.

In 15 von den insgesamt 22 Krankenhäusern Kärntens gibt es zum jetzigen Zeitpunkt 28 KrankenhaussozialarbeiterInnen. 15 Streetworker/-innen arbeiten an fünf verschiedenen Standorten im Handlungsfeld der Mobilen Jugendarbeit in Kärnten.

Diese Werte stellen aber nur einen kleinen Teilbereich der Sozialen Arbeit in Kärnten dar.

Literatur

Altrichter, Herbert (1979): Berufstätigkeit und Beschäftigungssituation von Pädagogen: eine exemplarische Analyse eines akademischen Berufsfeldes. Institut für Arbeitsmarkt- und Berufsforschung, Nürnberg.
Cloos, Peter/ Züchner, Ivo (2002): Das Personal der Sozialen Arbeit. Größe und Zusammensetzung eines schwer zu vermessenden Feldes. In: Thole, Werner (Hg.): Grundriss Soziale Arbeit. Ein einführendes Handbuch. Leske + Budrich, Opladen. S. 705–724.

Dewe, Bernd/ Otto, Hans-Uwe (2001): Profession. In: Otto, Hans-Uwe/Thiersch, Hans: Handbuch Sozialarbeit/Sozialpädagogik. Luchterhand, Neuwied/Kriftel. S. 1399–1423.

Dewe, Bernd/ Ferchhoff, Wilfried/ Radtke, Frank-Olaf (1992): Erziehen als Profession – zur Logik professionellen Handelns in pädagogischen Feldern. Leske+Budrich, Opladen.

Galuske, Michael (2007): Methoden der sozialen Arbeit – eine Einführung. Juventa, Weinheim/München.

Heiner, Maja (2007): Soziale Arbeit als Beruf. Fälle – Felder – Fähigkeiten. Ernst Reinhardt Verlag, München.

Hering, Sabine/ Münchmeier, Richard (2000): Geschichte der sozialen Arbeit: Eine Einführung. Juventa Verlag, Weinheim/München.

Howe, Falk (2005): Historische Berufsfeldforschung. In: Rauner, Felix (Hg.): Handbuch Berufsbildungsforschung. WBV Bertelsmann, Bielefeld. S. 118–122.

Knapp, Gerald (2002): Professionalisierung in der Sozialen Arbeit. In: Eckstein, Kristin/ Thonhauser, Josef (Hg.): Einblicke in Prozesse der Forschung und Entwicklung im Bildungsbereich. Studien-Verlag, Innsbruck. S. 111–128.

Kraus, Katrin (2006): Vom Beruf zur Employability? Zur Theorie einer Pädagogik des Erwerbs. VS, Wiesbaden.

Laskowski, Wolfgang/ Loidl-Keil, Rainer/ Posch, Klaus (2007): Die Potentiale einer multi-methodischen Analyse der Bedarfs- und Akzeptanzlagen zur Sozialarbeit. In: Knapp, Gerald/ Sting, Stephan (Hg.): Soziale Arbeit und Professionalität im Alpen-Adria-Raum. Hermagoras, Klagenfurt/Ljubljana/Wien.

Mayrhofer, Hemma/ Raab Steiner, Elisabeth (2007). Wissens- und Kompetenzprofile von SozialarbeiterInnen. Berufspraktische Anforderungen, strukturelle Spannungsfelder und künftige Herausforderungen. Forschungsprojekt im Auftrag der Diplomstudiengänge für Sozialarbeit an der FH Campus Wien. FH Campus, Wien.

Mühlum, Albert (1996): Sozialpädagogik und Sozialarbeit. Ein Vergleich. Eigenverlag des Deutschen Vereins für Öffentliche und Private Fürsorge, Frankfurt am Main.

Petersen, A. Willi (2006): Berufe und Berufsfelder: Systematisierung aus internationaler und nationaler Sicht. In: Rauner, Felix (Hg.): Handbuch Berufsbildungsforschung. W. Bertelsmann Verlag, Bielefeld. S. 68–75.

Popp, Reinhold (2003): Qualifizierung für die Soziale Arbeit in Österreich. In: Lauermann, Karin/ Knapp, Gerald (Hg.): Sozialpädagogik in Österreich. Perspektiven in Theorie und Praxis. Hermagoras, Klagenfurt/Ljubljana/Wien. S. 492–501.

Rauschenbach, Thomas (2000): Sozialpädagogik/Sozialarbeit: Ausbildung und Beruf. In: Stimmer, Franz (Hg.): Lexikon der Sozialpädagogik und Sozialarbeit. Oldenbourg, München/Wien/Oldenburg. S. 673–679.

Rauner, Felix (2005): Handbuch Berufsbildungsforschung. WBV Bertelsmann, Bielefeld.

Rauschenbach, Thomas (1999): Das sozialpädagogische Jahrhundert. Analysen zur Entwicklung sozialer Arbeit in der Moderne. Juventa Verlag, Weinheim/München.

Scheipl, Josef/ Heimgartner, Arno (2004): Ausbildung für Soziale Berufe in Österreich. In: Hamburger, Franz/ Hirschler, Sandra/ Sander, Günther/ Wöbcke, Manfred (Hg): Ausbildung für Soziale Berufe in Europa. Band 1. Ohne Verlagsangabe, Frankfurt am Main. S. 114–139.

Schelten, Andreas (2004): Einführung in die Berufspädagogik. Dritte, vollständig neu bearbeitete Auflage. Franz Steiner Verlag, Stuttgart.

Schütze, Fritz (1992): Sozialarbeit als „bescheidene" Profession. In: Dewe, Bernd/ Ferchhoff, Wilfried/Radtke, Frank-Olaf (Hg.): Erziehen als Profession: zur Logik professionellen Handelns in pädagogischen Feldern. Leske+Budrich, Opladen. S. 132–170.

Spitzer, Helmut (2008): Soziale Arbeit in Österreich. Anmerkungen zum Verhältnis von Sozialarbeit und Sozialpädagogik. In: Gstettner, Peter/Haupt, Gernot (Hg.): Menschenwürde statt Almosen – Sozialarbeit, Schule, Gesellschaft. Studien-Verlag, Innsbruck/Wien/Bozen. S. 18–30.

Thiersch, Hans (1992): Das sozialpädagogische Jahrhundert. In: Rauschenbach, Thomas/ Gängler, Hans (Hg.): Soziale Arbeit und Erziehung in der Risikogesellschaft. Luchterhand, Neuwied/Kriftel/Berlin. S. 9–24.

Thiersch, Hans (2002): Positionsbestimmungen der sozialen Arbeit. Gesellschaftspolitik, Theorie und Ausbildung. Juventa, Weinheim/München.

Thole, Werner (2005): Soziale Arbeit als Profession und Disziplin. Das sozialpädagogische Projekt in Praxis, Theorie, Forschung und Ausbildung – Versuche einer Standortbestimmung. In: Ders. (Hg.): Grundriss Soziale Arbeit. Ein einführendes Handbuch. Leske + Budrich, Wiesbaden. S. 15–60.

Voss, Günther (1994): Berufssoziologie. In: Kerber, Harald (Hg.): Spezielle Soziologien. Rowohlt, Reinbek bei Hamburg. S. 128–148.

Wendt, Wolf Rainer (1995): Geschichte der sozialen Arbeit. Enke-Verlag, Stuttgart.

Wingren, Luther (1952): lära om kallelsen. Luthers Lehre vom Beruf. Kaiser Verlag, München.

Internetquellen

AMS-Kärnten (2008): Halbjahresbericht 2008. In: http://www.ams.at/_docs/200_ hj_08.pdf (abgerufen am 24. 3. 2009).

Statistik Austria (2008): Arbeitsmarktstatistik, 3. Quartal, Mikrozensus-Arbeitskräfteerhebung, Schnellbericht 5. 08. 2008. In: http://www.statistik.at /web_de/dynamic/ statistiken/arbeitsmarkt/publikationen?id=3&webcat=3& nodeId=64&frag=3&listid =3 (abgerufen am 24. 3. 2009).

Internationale Kooperation und Forschung am Beispiel einer Hochschulpartnerschaft Österreich – Tansania

Helmut Spitzer

1 Einleitendes

Im vorliegenden Beitrag wird eine vielschichtige Kooperation zwischen dem Studienbereich Soziales der Fachhochschule Kärnten, Österreich, und dem Institute of Social Work in Dar es Salaam, Tansania, beschrieben. Inhaltlich geht es dabei um Studierenden- und Lehrendenaustausch, kooperative Forschungsprojekte sowie einen transkontinentalen Fachdiskurs, bei dem beide Seiten vom jeweils anderen System Sozialer Arbeit lernen können (vgl. Spitzer 2009). Dieser dialogische Lernprozess ermöglicht letztlich – ebenfalls für beide Seiten – *Entwicklung*. Die fachliche und öffentliche Diskussion in Österreich erfordert es, konsequent auf dieses dialogische Prinzip hinzuweisen, da ja der Terminus der Entwicklung, sobald von „Afrika" gesprochen wird, nicht selten mit jenem der Hilfe assoziiert wird und so unmittelbar in das Unwort der *Entwicklungshilfe* mündet. Dieser Begriff ist zu einseitig konnotiert und kaschiert (mögliche) hegemoniale Interessenslagen, die sich hinter einem altruistisch konstruierten Beziehungsmodell von Hilfe und der Ausblendung struktureller Ungleichheitsverhältnisse verstecken.[1] Davon distanziert sich das hier beschriebene Modell einer internationalen Wissenschaftskooperation.

Gleichwohl sind die Voraussetzungen für die Partnerschaft sehr unterschiedlich: Soziale Arbeit ist in Österreich, in einem der reichsten Staaten dieser Erde, mit völlig anderen Problemlagen und Herausforderungen konfrontiert als im ostafrikanischen Partnerland, das nach dem Index für die menschliche Entwicklung der Vereinten Nationen auf Platz 151 von 182 Ländern rangiert.[2] Auch

---

[1] Auch der Begriff der *Entwicklungszusammenarbeit*, der jenen der Entwicklungshilfe im Fachjargon abgelöst hat, hat eher semantisches als inhaltliches Veränderungspotenzial.

[2] Der HDI (Human Development Index) setzt sich aus den drei Komponenten *Lebenserwartung* (Gesundheitsindikatoren wie Kindersterblichkeit), *Bildungsstand* (Alphabetisierungs- und Schulbesuchsrate) und *Lebensstandard* (reale Kaufkraft pro Kopf als ökonomischer Indikator) zusammen. Zum Vergleich: Österreich liegt gemessen am HDI weltweit auf Platz 14 (vgl. UNDP 2009).

die historischen Entwicklungsprozesse der Profession, die Struktur des Ausbildungswesens sowie die sozialpolitischen Rahmenbedingungen divergieren sehr stark zwischen den beiden kulturellen Kontexten. Darin liegen für beide Seiten aber auch große Herausforderungen und Chancen: für die Studierenden der Sozialen Arbeit, die sich im Rahmen von Praktikums- und Studienaufenthalten im jeweiligen Gastland erproben können, sowie für die Bereiche Lehre, Forschung und Theorieentwicklung.

2 Kontextuelle Einbettung: Internationale Soziale Arbeit, Bildungs- und Wissenschaftskooperation und Entwicklungsforschung

Die Projektaktivitäten der skizzierten Hochschulpartnerschaft lassen sich innerhalb dreier Diskursfelder verorten: erstens im Kontext *Internationaler Sozialer Arbeit*, zweitens im Zuge eines in Österreich geführten entwicklungspolitischen Diskurses um *internationale Bildungs- und Wissenschaftskooperation* sowie drittens im Feld der recht jungen Disziplin der *Entwicklungsforschung*. Zu diesen drei Bereichen sollen nachfolgend jeweils ein paar Stichworte geliefert werden.

Kontext 1: Internationale Soziale Arbeit

Silvia Staub-Bernasconi (2007, Teil IV) hat darauf aufmerksam gemacht, dass die Soziale Arbeit seit Beginn ihrer Professionalisierung eine internationale Dimension aufweist. Bemerkenswert ist, dass im gegenwärtigen (deutschsprachigen) Fachdiskurs trotz augenscheinlicher globaler wirtschaftlicher, politischer und kultureller Verflechtungen und komplexer Interdependenzen der Weltgesellschaft nur sehr verhalten auf internationale bzw. globale Fragen eingegangen wird. Soziale Arbeit bleibt im Wesentlichen nationalstaatlich konnotiert (vgl. Homfeldt, Schröer & Schweppe 2008, S. 7). Mit dem Aufbau der Kooperationsschiene mit dem tansanischen Partnerinstitut ist die Intention verbunden, den eigenen nationalgesellschaftlichen Referenzrahmen zu überschreiten und sich explizit mit Prozessen und Entwicklungen zu beschäftigen, die nicht nur in eine umfassende Globalisierungsdynamik eingebettet sind, sondern sich speziell im Kontext der Beziehungen zwischen so genannten Entwicklungsländern und Industrienationen zeigen.[3] Die Reflexion von wirtschaftspolitischen Macht- und Abhängigkeitsstrukturen sowie ungleichen Lebensbedingungen sind immanenter Bestandteil dieser Auseinandersetzung. Lynne Healy (2001) liefert für unsere

---

[3] Aus Platzgründen verzichte ich in diesem Beitrag auf die Problematisierung bestimmter begrifflicher Platzhalter wie Entwicklungsländer, Dritte Welt usw.

Belange eine anknüpfungsfähige Definition von internationaler Sozialer Arbeit und unterteilt sie in vier Dimensionen:

> „[I]nternational social work is defined as international professional action and the capacity for international action by the social work profession and its members. International action has four dimensions: internationally related domestic practice and advocacy, professional exchange, international practice, and international policy development and advocacy." (Healy 2001, S. 7)

Ohne auf die einzelnen Bereiche im Detail einzugehen, kann festgehalten werden, dass die in diesem Beitrag vorgestellten Aktivitäten in allen vier Bereichen ihre Relevanz finden:

- in der Sozialen Arbeit im eigenen Land (in unterschiedlichen Handlungsfeldern interkultureller Sozialer Arbeit, in der Arbeit mit Asyl suchenden Menschen, in der Bewusstseins- und Öffentlichkeitsarbeit im Hinblick auf das Bild von Menschen aus afrikanischen Ländern, usw.),
- im internationalen professionellen Austausch (um Wissen und Erfahrungen aus anderen Ländern für die Verbesserung sozialer Dienstleistungen und sozialpolitischer Programme im eigenen Kontext zu nutzen),
- in der internationalen Praxis Sozialer Arbeit (z. B. im Bereich der Entwicklungszusammenarbeit, der humanitären Hilfe oder im Kontext Internationaler Organisationen), wobei auch Sozialarbeitspraktika in einem „Dritte-Welt-Land" und der Austausch von DozentInnen wichtige Komponenten sind,
- im Hinblick auf politische Einflussmöglichkeiten und internationale anwaltschaftliche Tätigkeiten (z. B. im Bereich der Menschenrechtsarbeit, oder – wie im Fall der dargestellten Kooperation – die politische Sensibilisierung für die prekäre Lebenssituation alter Menschen). Obwohl von Lynne nicht explizit erwähnt, spielt in dieser Dimension auch die Forschung eine wichtige Rolle, liefert sie doch die empirischen Grundlagen für die sozialpolitische Relevanz der Argumentation.

David Cox und Manohar Pawar (2006) erweitern dieses Spektrum internationaler Sozialer Arbeit noch um einen fünften Bereich, nämlich die weltweite Etablierung der Profession an sich. Diese Forderung basiert vor allem auf der Annahme, dass in den weniger entwickelten Ländern dieser Erde Soziale Arbeit noch sehr schwach ausgeprägt ist, zum Teil noch an ihrer kolonialen Hypothek laboriert und mit westlichen Theorien, Konzepten und Methoden überfrachtet ist (was mit Ausnahme der Republik Südafrika auf die meisten afrikanischen Länder zutrifft, vgl. Spitzer 2011). In unserem Partnerland Tansania wird Soziale Arbeit bei-

spielsweise als „adopted child" bezeichnet[4] – die Profession kämpft um gesellschaftliche Anerkennung und ein eigenes *indigenes* Profil, das kulturell relevant
ist und auch adäquate Antworten auf die großen sozialen Probleme wie Massen-
armut, Arbeitslosigkeit, mangelnde Bildungschancen, HIV/AIDS, fehlende soziale Sicherheit usw. liefern kann. Überdies gibt es ein eklatantes Missverhältnis
zwischen der Ausbildungssituation und den Anforderungen der Praxis: In einem
Land mit etwa 40 Millionen EinwohnerInnen gibt es nur das seit 1973 existie-
rende Institute of Social Work als einzige tertiäre Ausbildungsstätte für Soziale
Arbeit![5] Auch diese fünfte Dimension spielt in unserer Hochschulpartnerschaft
eine bedeutsame Rolle (siehe Kapitel 6).

Kontext 2: Internationale Bildungs- und Wissenschaftskooperation

Die Hochschulpartnerschaft ist des Weiteren in einen Prozess eingebettet, in dem
institutionelle Kooperationen zwischen österreichischen Hochschulen und For-
schungseinrichtungen mit jenen in den entwicklungspolitischen Partnerländern
gestärkt werden sollen. In der österreichischen Entwicklungszusammenarbeit
wurde 2009 im Bereich Bildung eine strategische Neuausrichtung vorgenommen. Die traditionelle Form der Stipendienprogramme nach dem Prinzip der
Individualförderung (einzelne Studierende werden bei Studienaufenthalten in
Österreich subventioniert) wurde zurückgeschraubt und stattdessen wurden finanzielle und inhaltliche Schwerpunkte in Richtung einer strukturellen Förderung des tertiären Bildungssektors in den Partnerländern gesetzt. Damit soll ein
Beitrag zur Armutsminderung in den Partnerländern und zur Erreichung der so
genannten Millennium Development Goals (mit dem übergeordneten Ziel der
weltweiten Halbierung der Anzahl in absoluter Armut lebender und an Hunger
leidender Menschen) geleistet werden (vgl. ADA 2009). Vor diesem Hintergrund, und zum Teil in kritischer Distanz dazu, wurden von AkteurInnen des
österreichischen Hochschulwesens und der entwicklungspolitischen Zivilgesell-
schaft Initiativen zur Stärkung internationaler Aktivitäten im tertiären Bildungswesen gesetzt, wobei inhaltlich eine Erweiterung der traditionellen Bildungszusammenarbeit hin zu einer „internationalen Bildungs- und Wissenschaftskooperation" vorgenommen wurde (vgl. Kernegger 2009). In einem solchen ver-
schränkenden Verständnis sollen konzeptuell sowohl individuelle Bildungsförde-
rung als auch institutionelle Zusammenarbeit in Lehre und Forschung möglich

---

[4] Mündliche Mitteilung meiner Kollegin Zena Mabeyo vom Institute of Social Work in Dar es
Salaam.
[5] Seit ein paar Jahren gibt es auch in Kigoma am Tanganyika-See eine privat geführte Ausbildungseinrichtung, die für *social work* qualifiziert.

sein. Allerdings bedarf es aus der Sicht der österreichischen Universitäten und Fachhochschulen hierfür – neben dem Ausbau der strukturellen Aktivitäten in den Partnerländern – auch einer entsprechenden breiten Förderung des Hochschulsektors im Inland (vgl. Thöni 2009, S. 149).

An der Fachhochschule Kärnten wurde in diesem Zusammenhang 2009 ein eigenes Büro gegründet, dass die „Afrika-Aktivitäten" des Studienbereichs Soziales institutionell bündeln soll: das *Büro für Wissenschaftskooperation und Bildungszusammenarbeit mit Afrika* (OSECA – Office for Scientific and Educational Cooperation with Africa). Das Büro versteht sich als Drehscheibe zur Vernetzung von österreichischen und afrikanischen Einzelpersonen und Institutionen in den Bereichen Soziale Arbeit, Soziale Entwicklung und Entwicklungsforschung. Auf den letztgenannten Bereich wird hier abschließend Bezug genommen.

Kontext 3: Entwicklungsforschung

Unter dem Begriff Entwicklungsforschung wird gemeinhin als Rekurs auf die englischsprachige Version der „development studies" ein interdisziplinär ausgerichtetes Forschungsfeld der Sozialwissenschaften verstanden (vgl. Langthaler 2009, S. 8). Mit Bezug auf die österreichische Situation kann zwischen drei Hauptsäulen der Entwicklungsforschung unterschieden werden: einer *Forschung über Entwicklung* (worunter vor allem sozialwissenschaftliche Ansätze zur Analyse von Entwicklungsprozessen fallen), einer *Forschung für Entwicklung* (im Sinne des anglophonen Pendants „research for development" mit dem Fokus auf naturwissenschaftlicher und technischer Forschung, die einen konkreten Beitrag zu Entwicklungsprozessen leisten will) sowie einer *Forschung über und für Entwicklungspolitik und Entwicklungszusammenarbeit* („development policy research") (vgl. ebd.). Obwohl die an unserem Studienbereich praktizierte Entwicklungsforschung einen eindeutig sozialwissenschaftlichen Schwerpunkt hat, bietet diese breite Definition durchaus einen geeigneten Referenzrahmen, zumal auch die Handlungsebene mit einbezogen wird. Andreas Novy (2007) verortet Entwicklungsforschung im Kontext einer kritischen und strukturverändernden Einmischung in bestehende Herrschaftsverhältnisse und – angelehnt an die praxeologischen Konzepte der Bewusstseinsbildung nach Paolo Freire – als Teil einer „Entwicklung als Freiheit und Befreiung" (Novy 2007, S. 47).

„Entwicklungsforschung darf sich nicht auf das Sammeln von Daten und Fakten beschränken, sondern sie muss sich auch ein Kontext- und Strukturwissen über die Wurzeln von Gesellschaften aneignen. Entwicklungsforschung muss *Tiefenstruktu-*

ren verstehen und Perspektiven für strukturveränderndes Handeln geben können."
(ebd., S. 48)

Um dies leisten zu können, erfordert Entwicklungsforschung die kritische Überprüfung (zumeist latenter) ethnozentrischer Forschungsaspekte sowie die Reflexion der eigenen Rolle und (nicht selten unbewussten) Verstrickung im interkulturellen Forschungsprozess. Gerade die aus der ernsthaften Selbstreflexion der
Forscherrolle generierten Erkenntnisse und Einsichten, die im akademischen
Konkurrenzmilieu zumeist ausgeblendet bleiben, sind für das hermeneutische
und interpretative Verstehen, aber auch für die eigene Handlungsfähigkeit im
Prozess der Forschung immens wichtig (vgl. Ottomeyer/Preitler/Spitzer 2010).

Im Zusammenhang von kooperativer Forschung zwischen europäischen und
afrikanischen PartnerInnen ist noch ein weiterer Aspekt bedeutsam – jener der
Partizipation. Bei den bisherigen Forschungsprojekten in Tansania und anderen
ostafrikanischen Kontexten war es mir stets ein sehr großes Anliegen, dass die
weiteren Beteiligten im Forschungsprozess (ForschungskollegInnen, PraxispartnerInnen, Zielgruppen) gleichberechtigt eingebunden sind, und zwar vorzugsweise von der Konzeption der Forschungsidee über die Planung und Umsetzung
eines Forschungsprojekts bis hin zu Entscheidungen im Hinblick auf den Verwendungszusammenhang. Letzteres betrifft zum Beispiel Fragen der Veröffentlichung von Forschungsergebnissen (insbesondere, wenn es um sensible Daten
geht), Fragen von *Ownership* bei Publikationen, Feedback-Schleifen mit politischen Entscheidungsträgern, usw. (Im Hinblick auf einen partizipativen Forschungsanspruch in der Arbeit mit Straßenkindern in Tansania vgl. Spitzer
2006).

Für die Soziale Arbeit ist das breite Feld der Entwicklungsforschung noch
relativ unerschlossen. Dabei bietet gerade die Multiperspektivität der Sozialen
Arbeit als Forschungszugang interessante Möglichkeiten. Dazu gehören Ansätze
transdisziplinären Forschens und Denkens, aber auch ein neugieriger und letztlich parteiischer Blick, der soziale Gerechtigkeit, gesellschaftliche Teilhabechancen und Empowerment von benachteiligten Bevölkerungsgruppen als immanente
Forschungsperspektiven analytisch im Auge behält.

Ausgehend von dieser kurzen theoretischen Rahmung wird nachfolgend ein
Überblick über die konkreten Aktivitäten im Rahmen der Hochschulpartnerschaft gegeben.

3   Alter und Soziale Arbeit – eine Studien- und Begegnungsreise nach Ostafrika

Im Februar 2007 wurde – gewissermaßen als Auftakt zu den noch folgenden Aktivitäten – mit acht Studierenden der Sozialen Arbeit eine dreiwöchige Reise nach Uganda und Tansania durchgeführt.[6] Dem forschenden und lernenden Aufenthalt im fremdkulturellen Kontext gingen mehrere intensive Vorbereitungsblöcke voraus; ebenso wurden die Erfahrungen in einem Reflexionsworkshop nachbereitet und evaluiert. Das inhaltliche Motto der Reise lautete „Alter und Soziale Arbeit", demgemäß wurden Einrichtungen der Altenhilfe (mehrere Nichtregierungsorganisationen und Selbsthilfegruppen sowie das Regionalbüro der internationalen Organisation HelpAge International in Dar es Salaam), der Entwicklungszusammenarbeit (die österreichische Organisation Horizont3000) und des Ausbildungsbereiches für Soziale Arbeit besucht (an der Universität Makerere in Kampala sowie am Institute of Social Work in Dar es Salaam). Mit beiden Ausbildungsinstitutionen wurden in der Folge Partnerschaftsabkommen unterzeichnet. Da fünf Studierende den Plan hatten, gleich im Anschluss an die Studienreise ihr Langzeitpraktikum in Tansania zu absolvieren, konnten auch die diesbezüglichen Praxiseinrichtungen im Bereich der Kinder- und Jugendhilfe in das Reiseprogramm aufgenommen werden.

Für die Studierenden und auch für mich selbst bedeutete diese Studienreise zweifellos ein Highlight, das nachhaltige Lern-, Erfahrungs- und Kooperationsprozesse ermöglichte.[7] Sozialpädagogisch relevante Themen wie Armut, soziale Exklusion, AIDS, (Alters-)Diskriminierung oder die völlige Absenz sozialer Sicherheit, die für die Betroffenen einen täglichen Überlebenskampf bedeutet, wurden konkret erfahrbar und in einem kritischen Reflexions- und fachlichen Rückkoppelungsprozess in einem breiteren Kontext verstehbar. Dabei ist es uns an unserem Studienbereich wichtig, dass die durchgeführten Projekte und die Ergebnisse aus Forschungen nicht nur der Fachwelt, sondern auch einer interessierten Öffentlichkeit kommuniziert werden. So wurden in den letzten Jahren u. a. die Veranstaltungen „Habari Afrika?" (bei der die Studienreise präsentiert wurde), „Africa meets Austria" (offizielle Festveranstaltung zur Hochschulpart-

---

[6] Ich hatte in beiden Ländern bereits wissenschaftlich gearbeitet und kannte die beiden Kontexte recht gut (vgl. Spitzer 1999 und 2006). Die Studienreise wurde des Weiteren von Hartwig Hinteregger begleitet, der beruflich aus dem Bankbereich kommt und durch seine Tätigkeit im entwicklungspolitischen Verein „AfriCarinthia" ebenfalls mit der Region vertraut ist. Diese FH-externe Position erwies sich insofern als bereichernd, als dass den ansonsten sehr „sozial" fokussierten Diskussionen und Reflexionen während der Reise eine inhaltlich breitere, manchmal auch etwas nüchternere Perspektive verliehen wurde.

[7] Das Konzept der Studienreisen wurde inzwischen an unserem Studienbereich weiter ausgebaut (vgl. den Beitrag von Hubert Höllmüller über die Westsahara in diesem Band).

nerschaft mit dem tansanischen Sozialarbeitsinstitut) und „Austria needs Africa" (Vorstellung eines gemeinsamen Forschungsprojekts über soziale Sicherheit alter Menschen in Tansania sowie Präsentation von fachspezifischen Diplomarbeiten, Auslandspraktika, usw.) durchgeführt. Diese Veranstaltungen sind jeweils in einen feierlichen Rahmen mit Musik und Kulinarik aus Afrika eingebettet und ermöglichen einen Begegnungsraum zwischen Studierenden, Lehrenden, der einheimischen Bevölkerung sowie VertreterInnen aus der regionalen *African community*. Vor allem der Titel der letztgenannten Veranstaltung verweist auf ein wichtiges binnenperspektivisches Kriterium im Gesamtkonzept unseres Afrika-Schwerpunkts: Es geht auch um die Sensibilisierung der Öffentlichkeit für globale Zusammenhänge, um die Dekonstruktion stereotyper Vorstellungen über „Afrika" sowie um eine Reflexion über die Lebensbedingungen und den öffentlichen und politischen Umgang mit Menschen afrikanischer Herkunft in Österreich.

Dabei wird – manchmal explizit, vielfach auch indirekt oder spielerisch – mit einem Kulturbegriff gearbeitet, der für viele Menschen zunächst befremdlich ist. Die Öffentlichkeits- und Bildungsarbeit zielt auf ein Infragestellen und die behutsame Überwindung von Denkkategorien ab, die Kulturen in klar voneinander abgrenzbaren Einheiten begreifen. Theoretischer Hintergrund ist dabei ein Konzept von *Transkulturalität*, das für eine kulturübergreifende, kulturtranszendierende Perspektive steht (vgl. Leiprecht/Vogel 2008, S. 28ff.). Der Kulturbegriff wird prozesshaft und dynamisch ausgelegt, oder als „kultureller Kompromiss" akzentuiert, der einen offenen und instabilen Prozess des Aushandelns von Bedeutungen beschreibt (vgl. Wimmer 2005, S. 32ff.). Das irritiert zunächst einmal, besonders in einem sozialräumlichen Kontext wie dem Bundesland Kärnten, das von einem seit Jahrzehnten währenden, politisch geschürten Konflikt geprägt ist, in dem die kulturellen und sprachlichen Differenzen zwischen der deutschsprachigen Mehrheit und der slowenischen Minderheit künstlich hochgehalten werden und die de facto-Mischidentität vieler Kärntnerinnen und Kärntner kategorisch ausgeblendet wird. Es scheint, als könnten sich manche deutschsprachige KärntnerInnen leichter mit dem Gedanken anfreunden, menschheitsgeschichtlich gesehen ostafrikanische Urahnen zu haben (das ist doch schon etwas lange her), als sich die große Wahrscheinlichkeit einzugestehen, in der eigenen Familie bei entsprechenden Recherchen slowenischsprachige Wurzeln zu entdecken.

4   Studierenden- und DozentInnenaustausch zwischen Österreich und Tansania

Seit dem Sommersemester 2007 wird der Austausch von Studierenden und Lehrenden als fixer Bestandteil der Hochschulpartnerschaft praktiziert, allerdings in beiden Bereichen jeweils sehr einseitig. Während bis dato etwa 40 österreichische StudentInnen entweder ein Praxis- oder Studiensemester (oder beides) in Tansania verbracht haben, waren es umgekehrt erst zwei Studentinnen der Partnerhochschule, die ein Praktikum in einer Sozialeinrichtung in Österreich machen konnten. Der umgekehrte Transfer scheitert zumeist an finanziellen Hürden. Andererseits hat meine tansanische Kollegin Zena Mnasi Mabeyo schon seit ein paar Jahren regelmäßig einen Lehrauftrag an unserem Studiengang, während sich noch kein hiesiger Kollege für eine Gastlehre in Ostafrika erwärmen konnte (ich selbst reise zwar regelmäßig in die Region, allerdings zu Forschungs-, nicht zu Lehrzwecken).

Die Praktika in Tansania sind in ein österreichweites Projekt eingebunden, an dem alle Fachhochschulstudiengänge für Soziale Arbeit beteiligt sind: Es geht dabei um die konzertierte Organisation von Sozialarbeitspraktika in Entwicklungsländern (das Projekt *„Sozial. EZA-Praktika in Afrika, Asien und Lateinamerika"*). Über das OSECA-Büro hat unser Studienbereich inzwischen österreichweit die Vermittlung und fachliche Begleitung von Praktika der Sozialen Arbeit in Ostafrika übernommen.

Aus den Auslandserfahrungen sind in der Vergangenheit eine Reihe fachspezifischer Diplom- und Bachelorarbeiten entstanden. Dabei setzten sich die Studierenden vor dem Hintergrund der Erfahrungen, die sie während ihrer Praktika machten, engagiert mit Themen der internationalen Sozialen Arbeit, mit Kinder- und Menschenrechten oder den Sozialarbeitsstrukturen in Tansania auseinander.

Im Bereich der Lehre stellen die Lehrveranstaltungen der tansanischen Kollegin eine große Bereicherung für die Studierenden dar. Die ungewohnte englische Unterrichtssprache, der fremde kulturelle Blickwinkel, eine manchmal ungewöhnliche fachliche Perspektive, die Reflexion sozialer Problemlagen im Kontext eines Entwicklungslandes, aber auch eine andere „Kultur" des Lehrens und der Kommunikation im Seminarraum stellen Aspekte in unserem Partnerschaftsprogramm dar, die den Studierenden in der Regel eine enorme Horizonterweiterung ermöglichen und ihnen wichtige Perspektiven internationaler Sozialer Arbeit erschließen.

5   Kooperative Forschung über alte Menschen

Von 2008 bis 2009 wurde im Rahmen der Hochschulpartnerschaft ein Forschungsprojekt über eine sozial- und entwicklungspolitisch stark vernachlässigte
Bevölkerungsgruppe durchgeführt. Alte Menschen in Tansania machen gegenwärtig etwa fünf Prozent der Gesamtbevölkerung aus (entspricht ca. zwei Millionen Menschen). Bevölkerungsprognosen gehen davon aus, dass sich ihre Anzahl bis zum Jahr 2050 auf mehr als sieben Millionen erhöhen wird – ein demo-
graphischer Wandel, der große gesellschaftliche Herausforderungen mit sich
bringt, was die Versorgung dieser rapide anwachsenden Populationsgruppe betrifft. Die Lebenssituation alter Menschen muss im Zusammenhang mit gesamtgesellschaftlichen Transformations- und Modernisierungsprozessen, dem Wandel von Familien- und Generationsverhältnissen sowie allgemeinen sozialen und
ökonomischen Desintegrationsentwicklungen gesehen werden. Als analytischer
Rahmen für das Forschungsprojekt wurde das Konzept sozialer Sicherheit herangezogen, wobei folgende hypothetische Fragestellung erkenntnisleitend war:
Wie überleben alte Menschen angesichts des beinahe völligen Fehlens sozialstaatlicher Sicherungssysteme?

   Das Projekt basierte in erster Linie auf der Formulierung des Forschungsbe-
darfs aus der Sicht des tansanischen Partners. Nach der Zusage durch den österreichischen Fördergeber[8] wurden in einem mehrtägigem Workshop in Dar es
Salaam in einem partizipativen Prozess die wichtigsten Forschungsfragen konkretisiert und das Forschungsdesign ausgearbeitet. Dabei waren sechs tansanische KollegInnen und ich selbst beteiligt. Die Forschung wurde in einem Stadt-
Land-Vergleich durchgeführt (in der Metropole Dar es Salaam und in der südli-
chen Region Lindi) und umfasste sowohl quantitative als auch qualitative Zugänge.[9]

   Die wichtigsten Ergebnisse dieses herausfordernden kooperativen Forschungsprojekts lassen sich in aller Kürze wie folgt zusammenfassen (vgl. Spit-
zer/Rwegoshora/Mabeyo 2009; Spitzer 2010; Spitzer/Mabeyo 2011): Auf der
Ebene formaler Sicherungssysteme stellte sich heraus, dass nur 5,5 % der alten
Menschen eine Pension beziehen (wobei die Bezüge allesamt unter der absoluten
Armutsgrenze liegen). Bei diesem wie bei fast allen anderen Bereichen zeigten
sich große Stadt-Land-Unterschiede sowie Gender-Disparitäten. Gleichzeitig
wurde durch die Forschungsergebnisse deutlich, dass auch informelle Systeme

---

[8] Das Forschungsprojekt „The (Missing) Social Protection for Older People in Tanzania" wurde von
der österreichischen Kommission für Entwicklungsfragen finanziert.
[9] Auf eine genaue Darstellung wird in diesem Beitrag verzichtet. Für interessierte LeserInnen ist der
Forschungsbericht online verfügbar: http://www.kef-online.at/images/stories/downloads/Projekt
berichte/p163_endbericht_tansania.pdf.

sozialer Sicherung und Unterstützung alter Menschen – familiäre und gemein-schaftliche – signifikant schwächer werden. 46 % der befragten alten Menschen gaben an, ohne familiäre Unterstützung auskommen zu müssen (33 % in Dar es Salaam und fast 60 % im ländlichen Vergleichskontext). Hinter diesem hohen Prozentsatz verstecken sich Migrationsfaktoren (hohe Landflucht), die Auswirkungen der AIDS-Pandemie (die die Anzahl an Unterstützungsleistern für alte Menschen schrumpfen lässt und die ältere Generation in eine Versorgungsverantwortung für verwaiste Enkelkinder drängt) sowie allgemeine Verarmungs- und Deprivationsphänomene (die sich negativ auf die Solidarität mit Älteren auswirken).

In Tansania ist unser Forschungsprojekt in einen breiteren gesellschaftlichen Diskussionsprozess eingebettet, in dem in den letzten Jahren die Frage der Einkommenssicherheit alter Menschen durch die Einführung eines allgemeinen Pensionssystems sukzessive auf die politische Agenda gesetzt werden konnte (vgl. Ministry of Labour, Employment and Youth Development/HAI 2010). Bei einer fachöffentlichen Präsentation in Dar es Salaam konnten die empirischen Forschungsresultate politischen Entscheidungsträgern sowie anderen relevanten Akteuren in der Arbeit mit alten Menschen vorgestellt und somit ein Beitrag zur Sensibilisierung für die Belange alter Menschen geleistet werden. Am Institute of Social Work ist es darüber hinaus gelungen, die theoretischen und empirischen Erkenntnisse des Projekts curricular aufzugreifen und mit der Perspektive Sozialer Arbeit zu verschränken.

In Österreich lag der Schwerpunkt der Kommunikation der Ergebnisse dieses Forschungsprojekts darin, möglichst viele AkteurInnen im Bereich der Entwicklungspolitik und Entwicklungszusammenarbeit zu erreichen. Schließlich konnte Anfang 2010 durch das Lukrieren öffentlicher Gelder im wirtschaftlich und infrastrukturell benachteiligten Süden Tansanias ein Pilotprojekt zur sozialen Sicherheit alter Menschen und ihrer Angehörigen initiiert werden.[10] Inhaltlich handelt es sich bei dem Projekt um ein so genanntes Ziegenkreditprogramm, das von alten Menschen aus einer ausgewählten dörflichen Gemeinde konkret vorgeschlagen wurde. Das Projekt sieht eine Kreditvergabe an alte Menschen in Form von zwei Ziegen vor. Dabei erfolgt die „Rückzahlung" des Kredits in Form von Jungtieren. Diese werden wiederum an andere alte Menschen weitergegeben, so dass mit diesem Prinzip letztlich ein nachhaltiger Effekt sozialer Überlebenssicherheit erreicht werden soll.

---

[10] Das Projekt wird von der Kärntner Landesregierung finanziert und in Kooperation mit dem österreichischen Förderverein AfriCarinthia, dem Institute of Social Work in Dar es Salaam sowie der lokalen Altenhilfeorganisation CHAWALI operativ umgesetzt.

6   Erforschung und Stärkung Sozialer Arbeit in Ostafrika

Für ein weiteres Kooperationsprojekt, das gleichermaßen Forschungselemente und Professionsbezüge Sozialer Arbeit vereint, konnte ebenfalls 2010 die Initialzündung gesetzt werden. Bei diesem Vorhaben geht es im Wesentlichen um drei Kernbereiche:

- Forschungsaktivitäten im Kontext der Millennium Development Goals mit dem Ziel, den spezifischen Beitrag der Sozialen Arbeit empirisch zu verdeutlichen;
- darauf aufbauend Maßnahmen zur Lehrplanentwicklung im Ausbildungssektor, die gezielt(er) auf Armutsbekämpfung und soziale Entwicklung abgestimmt sind;
- Initiativen zur Stärkung der Profession mit dem Ziel einer berufsgesetzlichen Grundlage.

Bei diesem neuen Projekt spielt auch die regionale Netzwerkbildung eine wichtige Rolle: Neben dem tansanischen Sozialarbeitsinstitut sind drei weitere Hochschulen aus Uganda, Kenia und Ruanda beteiligt.[11] Die Rolle des österreichischen Partners konzentriert sich auf das Projektmanagement, die Forschungskoordination und die finanzielle Abwicklung (inklusive der Organisation der Fördergelder zur Durchführung des Projekts).[12]

Soziale Arbeit ist in der ostafrikanischen Region nicht sehr anerkannt. Es gibt nur wenige Ausbildungseinrichtungen, an den Universitäten kämpfen die Abteilungen (die zumeist mit anderen Disziplinen wie Soziologie verknüpft sind) um knappe Ressourcen, und in der Praxis gibt es viel zu wenig und nur unzureichend qualifiziertes Personal. Noch immer dominieren im Ausbildungsbereich „westliche" Theorien, die angesichts der gesellschaftlichen Problemlagen in Europa und den Vereinigten Staaten konzipiert und in der postkolonialen Epoche in die afrikanischen Länder exportiert wurden. Osei-Hwedie (1993) betrachtet

---

[11] Die weiteren Partner sind die Makerere University in Kampala, Uganda (Department of Social Work and Social Administration), die University of Nairobi, Kenia (Department of Sociology and Social Work) und die National University of Rwanda (Department of Social Sciences/Social Work Option).

[12] Das Projekt befindet sich zur Zeit der Drucklegung dieses Buches noch in einer Pilotphase. Es konnte im Rahmen des neuen österreichischen entwicklungspolitischen Hochschulkooperationsprogramms APPEAR (Austrian Partnership Programme in Higher Education and Research for Development) eine Anbahnungsfinanzierung zu unserem Projekt erreicht werden. Bei einem Intensivworkshop in der kenianischen Landeshauptstadt Nairobi wurde im Juli 2010 in einem kooperativen Arbeitsprozess – ausgehend von den artikulierten Erfordernissen und Vorstellungen der afrikanischen PartnerInnen – das Projektdesign ausgearbeitet.

diese Kluft zwischen importierten Konzepten und Methoden und den realen Anforderungen an die Praxis als zentrales Strukturproblem Sozialer Arbeit in Afrika. Entsprechend konzentrieren sich die theoretischen Diskurse auf zwei maßgebliche Orientierungslinien: zum einen auf die Forderung nach einer „Indigenisierung" Sozialer Arbeit, womit in der Regel ein Anpassungsprozess gemeint ist, in dem importierte Ideen und Praktiken modifiziert werden, um sie den kulturellen afrikanischen Kontexten anzupassen. Zum anderen werden gegenwärtig Konzepte favorisiert, die Soziale Arbeit in einem breiteren theoretischen Rahmen von „Sozialer Entwicklung" verorten. Damit ist (stark verkürzt) ein Entwicklungsverständnis gemeint, in dem in einem Prozess geplanten sozialen Wandels soziale und ökonomische Ansätze miteinander kombiniert werden. Das Ziel ist die Förderung des Wohlergehens sowohl der Familien und Gemeinschaften auf der Mikroebene als auch der Gesamtgesellschaft auf der Makroebene (vgl. z. B. Midgley 1995).

Sowohl der Indigenisierungsdiskurs als auch die Orientierung Sozialer Arbeit an Ansätzen und Strategien Sozialer Entwicklung werden in der internationalen Fachdiskussion breit rezipiert (vgl. aktuell Gray/Coates/Yellow Bird 2008 bzw. Midgley/Conley 2010). Im deutschsprachigen Raum ist dieser Diskurs bisher noch kaum wahrgenommen worden. Ausnahmen bilden einige interessante Publikationen, die sich mit Sozialer Arbeit in Afrika (z. B. im Kontext einer „Sozialarbeit des Südens"; vgl. Rehklau/Lutz 2007) und mit dem Verhältnis von Sozialer Arbeit und Sozialer Entwicklung (vgl. Reutlinger 2008; Homfeldt/ Reutlinger 2009) beschäftigen.

Vor dem Hintergrund der in diesem Beitrag vorgestellten internationalen Kooperationsschiene mit ostafrikanischen AkteurInnen Sozialer Arbeit kann festgehalten werden: Wir können vom Auseinandersetzungsprozess unserer afrikanischen KollegInnen im Wissenschafts-, Ausbildungs- und Praxisbereich nur profitieren.[13] Nicht zuletzt deuten schwierige und komplexe Prekarisierungs- und Verarmungsprozesse in Europa darauf hin, dass sich auch die Soziale Arbeit nach alternativen Konzepten umsehen muss, um für diese neuen Herausforderungen gewappnet zu sein.

---

[13] Für an diesem Diskurs Interessierte sei auf die Zeitschrift „Journal of Social Development in Africa" verwiesen. Auch die Teilnahme an einer *PanAfrican Social Work Conference* (findet leider nur in sehr unregelmäßigen Zeitabständen statt) kann aus meiner Sicht nur empfohlen werden.

Literatur

Austrian Development Agency (ADA) (2009): Hochschulbildung und Wissenschaftsko-operation. Strategie. Wien 2009.

Cox, David/ Pawar, Manohar (2006): International Social Work. Issues, Strategies, and Programs. Sage Publications, Thousand Oaks/London/New Delhi.

Gray, Mel/ Coates, John/ Yellow Bird, Michael (2008) (Hg.): Indigenous Social Work around the World. Towards Culturally Relevant Education and Practice. Ashgate, Aldershot.

Healy, Lynne M. (2001): International Social Work. Professional Action in an Interdependent World. Oxford University Press, New York/Oxford.

Homfeldt, Hans Günther/ Schröer, Wolfgang/ Schweppe, Cornelia (2008): Transnationalität und Soziale Arbeit – ein thematischer Aufriss. In: Dies. (Hg): Soziale Arbeit und Transnationalität. Herausforderungen eines spannungsreichen Bezugs. Juventa, Weinheim/München. S. 7–23.

Homfeldt, Hans Günther/ Reutlinger, Christian (Hg.) (2009): Soziale Arbeit und Soziale Entwicklung. Schneider Verlag Hohengehren, Baltmannsweiler.

Kernegger, Margarete (2009): Bildungszusammenarbeit – BZA im Kontext der Österreichischen Entwicklungszusammenarbeit. Bericht zum Positionspapier 2006. Kontaktkomitee Studienförderung Dritte Welt, Salzburg.

Langthaler, Margarita (2008): Entwicklungsforschung in Europa. Trends und aktuelle Diskussionen. Working Paper 22. Österreichische Forschungsstiftung für Internationale Entwicklung, Wien.

Leiprecht, Rudolf/ Vogel, Dita (2008): Transkulturalität und Transnationalität als Herausforderung für die Gestaltung Sozialer Arbeit und soziale Dienste vor Ort. In: Homfeldt, Hans Günther/ Schröer, Wolfgang/ Schweppe, Cornelia (Hg.): Soziale Arbeit und Transnationalität. Herausforderungen eines spannungsreichen Bezugs. Juventa, Weinheim/München. S. 25–44.

Midgley, James (1995): Social Development. The Developmental Perspective in Social Welfare. Sage Publications, London/Thousand Oaks/Dehli.

Midgley, James/ Conley, Amy (Hg.) (2010): Social Work and Social Development: Theories and Skills for Developmental Social Work. Oxford University Press, New York.

Ministry of Labour, Employment and Youth Development/ HelpAge International (HAI) (2010): Achieving income security in old age for all Tanzanians: a study into the feasibility of a universal social pension. Dar es Salaam.

Novy, Andreas (2007): Entwicklung gestalten. Gesellschaftsveränderung in der Einen Welt. Brandes & Apsel, Frankfurt am Main.

Osei-Hwedie, Kwaku (1993): The Challenge of Social Work in Africa: Starting the Indigenisation Process. In: Journal of Social Development in Africa 8 (1). S. 19–30.

Ottomeyer, Klaus/ Preitler, Barbara/ Spitzer, Helmut (Hg.) (2010): Look I am a Foreigner. Interkulturelle Begegnung und psychosoziale Praxis auf fünf Kontinenten. Drava, Klagenfurt/Wien.

Rehklau, Christine/ Lutz, Ronald (Hg.) (2007): Sozialarbeit des Südens. Band 2 – Schwerpunkt Afrika. Paolo Freire Verlag, Oldenburg.

Reutlinger, Christian (2008): Social development als Rahmentheorie transnationaler Sozialer Arbeit. In: Homfeldt, Hans Günther/ Schröer, Wolfgang/ Schweppe, Cornelia (Hg.): Soziale Arbeit und Transnationalität. Herausforderungen eines spannungsreichen Bezugs. Juventa, Weinheim/München. S. 235–249.

Spitzer, Helmut (1999): „Kindersoldaten" – Verlorene Kindheit und Trauma. Möglichkeiten der Rehabilitation am Beispiel Norduganda. Südwind, Wien.

Spitzer, Helmut (2006): Kinder der Straße. Kindheit, Kinderrechte und Kinderarbeit in Tansania. Brandes & Apsel, Frankfurt am Main.

Spitzer, Helmut (2009): Soziale Arbeit zwischen Tansania und Österreich. Anmerkungen zu einem transnationalen Projekt. In: SiO Sozialarbeit in Österreich 3/09. S. 31–33.

Spitzer, Helmut (2010): Überleben ohne Sicherheit. Begegnungen mit alten Menschen in Uganda und Tansania. In: Ottomeyer, Klaus/ Preitler, Barbara/ Spitzer, Helmut (Hg.): Look I am a Foreigner. Interkulturelle Begegnung und psychosoziale Praxis auf fünf Kontinenten. Drava, Klagenfurt/Wien. S. 110–132.

Spitzer, Helmut (2011): Soziale Arbeit in Afrika. In: Otto, Hans-Uwe/ Thiersch, Hans (Hg): Handbuch Soziale Arbeit/Sozialpädagogik. Aktual. Neuauflage. Ernst Reinhardt Verlag, München. S. 1310–1318.

Spitzer, Helmut/ Rwegoshora, Hossea/ Mabeyo, Zena Mnasi (2009): The (Missing) Social Protection for Older People in Tanzania. A Comparative Study in Rural and Urban Areas. Feldkirchen/Dar es Salaam. (Forschungsbericht)

Spitzer, Helmut/ Mabeyo, Zena Mnasi (2011): In Search of Protection. Older People and their Fight for Survival in Tanzania. Drava/Mkuki na Nyota, Klagenfurt/Dar es Salaam.

Staub-Bernasconi, Silvia (2007). Soziale Arbeit als Handlungswissenschaft. Systemtheoretische Grundlagen und professionelle Praxis – Ein Lehrbuch. Haupt Verlag, Bern.

Thöni, Erich (2009): Grundlegende Bemerkungen zur Kohärenz der Bildungszusammenarbeit in der Entwicklungszusammenarbeit und zur (veränderten) Rolle von Universitäten als EntwicklungsakteurInnen. In: ÖFSE (Hg.): Internationalisation of Higher Education and Development. Zur Rolle von Universitäten und Fachhochschulen in Entwicklungsprozessen. Südwind-Verlag, Wien. S. 143–153.

United Nations Development Programme (UNDP): Human Development Report 2009. Overcoming barriers: Human mobility and development. Palgrave Macmillan, Basingstoke/New York.

Wimmer, Andreas (2005): Kultur als Prozess. Zur Dynamik des Aushandelns von Bedeutungen. VS, Wiesbaden.

Forschen in der Flüchtlingsgesellschaft der Saharawis

Hubert Höllmüller

Am Studienbereich Soziales der FH Kärnten gibt es seit einigen Jahren einen Afrika-Schwerpunkt und im Bachelorstudiengang ein Wahlpflichtfach mit dem Titel „Internationalität/Interkulturalität". Im Zuge eines Studienprojektes wurde die Thematik der Saharawis[1] und deren Situation in den Langzeitflüchtlingslagern in der algerischen Steinwüste bearbeitet. Dazu fand im April 2009 eine Reise in die Lager statt, und in zahlreichen Interviews wurde der Fragenkomplex behandelt, wie die saharawische Gesellschaft, die sich erst in der Flüchtlingsexistenz strukturierte, diese jahrzehntelange Ausnahmesituation plus die Kriegs- und Flüchtlingstraumata eines Großteils ihrer Mitglieder verarbeitet. Im Juni 2010 fuhr eine Projektgruppe des Studienbereichs mit einem PKW und einer Kiste von Hilfsgütern von Feldkirchen in die Flüchtlingslager. Die Reise führte über Marseille mit der Autofähre in die algerische Hafenstadt Oran und von dort

---

[1] Die eingedeutschte Version lautet „Saharaui". Nachdem die meiste Fachliteratur in englischer Sprache verfasst ist, verwende ich die international verwendete Form.

mit algerischer Begleitung 1.550 Kilometer über den Atlas durch die Steinwüste Hammada bis zur algerischen Grenzstadt Tindouf.

Die Grundfrage war und ist: Was sind die Faktoren, die eine offene und – trotz Waffenstillstand und Besatzung von siebzig Prozent der Heimatgebiete – auch relativ gewaltfreie Gesellschaft mit frauenfreundlicher Orientierung und liberalem Islam ermöglichen?

Es gibt keine sozialwissenschaftliche Theorie, die einer Gesellschaft mit diesen Rahmenbedingungen eine positive soziale Entwicklung vorhersagen kann, geschweige denn eine solche planen ließe.

1   „Westsahara" als letzte afrikanische Kolonie

Die historischen und rechtlichen[2] Fakten sind eindeutig (ausgenommen die Perspektive Marokkos):

Nachdem die Kolonialmacht Spanien sich Anfang 1976 aus ihrer afrikanischen Kolonie „Westsahara" zurückzog, ohne diese, wie von der UNO mehrfach gefordert, formell in die Unabhängigkeit zu entlassen, besetzten Marokko und Mauretanien Teile dieses von der UNO „non-self-governing territory" als Synonym für „Kolonie" genannten Landes. Marokko brachte hunderttausende ZivilistInnen in die Westsahara, um quasi eine marokkanische Bevölkerung zu schaffen. Die ansässige Bevölkerung floh zum Großteil zuerst aus ihren Ortschaften. Nachdem die Flüchtlingszüge von Marokko – unter anderem mit Napalm und Phosphor – bombardiert wurden, überschritten sie die Grenze nach Algerien, wo nahe der Stadt Tindouf Flüchtlingslager errichtet wurden, die seitdem – also seit 34 Jahren – bestehen. Tindouf liegt am Rande der Hammada, einer Art Steinwüste, die zu den unwirtlichsten Gegenden der Welt gehört.

Der militärische Kampf gegen die Besatzer brachte 1979 den Rückzug Mauretaniens und einen Waffenstillstand mit Marokko 1991, der seitdem von der UNO mit einer eigenen Mission, der MINURSO, überwacht wird. In diesem Waffenstillstand wurde festgehalten, dass über den Status der Westsahara (Unabhängigkeit oder Provinz Marokkos) die ursprüngliche Bevölkerung eine Abstimmung durchführt. Zehn Jahre lang versuchte die UNO, entsprechende Listen

---

[2] Als Beispiel für die Klarheit Internationalen Rechts die „Conclusion" von Jaume Saura Estapa: „It has to evolve around: acknowledgement by all concerned parties that the Western Sahara issue in one of self-determination of the Saharawi people; the notion that the territory is in a factual and legal situation of occupation; determination of the Saharawi people according to the 1974 Spanish census (…) and full respect by the parties and the international community of the outcome of the popular consultation. In the meantime, there should be full respect for all human rights of all inhabitants (…) and full respect for the principle of the territory's permanent sovereignty over natural resources – in land and sea." (Arts/Pinto Leite 2007, S. 327)

zu erstellen. Bis heute hat Marokko eine Abstimmung verweigert. Auch ein Alternativplan, erst nach einer Übergangszeit unter marokkanischer Oberherrschaft eine Abstimmung durchzuführen, wurde 2003 von Marokko abgelehnt. Mit Hilfe der USA und Frankreich wurde ein verminter Grenzwall errichtet, der die Küste und ca. zwei Drittel des Landes von der restlichen Westsahara abschirmt.

Seit der Besetzung beutet Marokko die bedeutenden Phosphatvorkommen aus und hat seit einigen Jahren die Fischgründe vor der Küste der Westsahara an die EU verpachtet. (Eine entsprechende UNO Resolution verbietet die Nutzung der Ressourcen eines „non-self-governing territory", wenn dies nicht der ursprünglichen Bevölkerung zu Gute kommt.)

Schon 1973 wurde von den Saharawis, den ursprünglichen BewohnerInnen der Westsahara, eine Unabhängigkeitsbewegung gegründet, die Frente POLISARIO (Frente Popular para la Liberación de Saguía el Hamra y Río de Oro – Volksfront zur Befreiung von Saguia el Hamra und Rio de Oro, zwei Regionen, die für das Gebiet der Westsahara stehen), die zuerst gegen Spanien und dann gegen die Besatzerländer kämpfte. Im Exil wurde die DARS, die demokratische arabische Republik Westsahara gegründet, die als Staat von mehr als 80 Ländern anerkannt ist und einen Sitz in der OAU, der afrikanischen Union hat (weshalb Marokko austrat). In Europa haben nur zwei Länder die DARS anerkannt: Albanien und Ex-Jugoslawien.

Die Saharawis sind dreigeteilt: ein Teil blieb in den besetzten Gebieten zurück[3]; ein Teil lebt im nicht-besetzten, befreiten Gebiet und der dritte Teil lebt in den Flüchtlingslagern bei Tindouf. (Zusätzlich leben einige Tausend Saharawis als ArbeiterInnen in Spanien. Genaue Zahlen gibt es zu den – temporär – Ausgewanderten nicht.) Die Lager werden seit Beginn selbstverwaltet und die Hilfslieferungen, auf die die Saharawis angewiesen sind, werden selbstorganisiert verteilt. Mundy beschreibt diese so:

> „These camps are a unique phenomenon in the world of forced migration: though dependent on international aid, especially for food, they are entirely self-administrated." (Mundy 2007, S. 275)

Vor Beginn der Unabhängigkeitsbestrebungen waren die Saharawis eine teilnomadische Clan- bzw. Stammesgesellschaft, weder eine Nation noch eine funkti-

---

[3] Die Menschenrechtssituation ist dort, vorsichtig formuliert, problematisch. Frankreich – als ein Herkunftsland der Menschenrechtsidee – hat in diesem Jahr bei der Abstimmung im Weltsicherheitsrat über die Verlängerung der MINURSO Mission mit einem Veto verhindert, dass diese neben dem Waffenstillstand auch die Menschenrechtssituation in der besetzten Westsahara überwachen solle.

onal differenzierte Gesellschaft. Die relativ gleichberechtigte Rolle der Frau lässt
sich historisch begründen:

> „The beduine tradition (Arab nomads) always assigned a decisive role to woman in
> the management of assets and in the functioning of nomad communities. In ancient
> times, almost all desert nomads were matrilinear und matrilocal communities. These
> characteristics of family organization allowed woman to maintain certain movement
> autonomy reflected, for instance, in the possibility to receive visits both feminine
> and masculine even if they were home alone, and coming out and in their home on
> their will (...) These customs were certainly unthinkable to other Muslim peoples of
> the area. Nowadays, they have maintained important elements of those traditional
> values favourable to woman (...)." (Belloso 2009, S. 165)

Die Westsahara war ein Mischgebiet arabischer BerberInnen und schwarzafrika-
nischer Stämme. Der arabische Dialekt „Hassaniyyah" wird auch in Mauretanien
und im Norden von Mali gesprochen. Erst die – ironischerweise biblisch anmutende – Vertreibung in die algerische Steinwüste Hammada zwang die Bevölkerung zu einer Selbstorganisation als Nation und Staat.

Die Perspektiven sind derzeit nicht sehr positiv: Anstatt auf die Vereinbarungen zu bestehen und die Menschenrechte in den besetzten Gebieten umzusetzen, beschränkt sich die UNO darauf, das Problem zu verwalten und die drei
„global players" in der Region (USA, EU und Frankreich) haben andere Interessen. Die USA sehen in den Saharawis eine fundamentalistische Bedrohung,
Frankreich verdächtigt die Saharawis, von Algerien instrumentalisiert zu sein.

> „For France, too, preservation and protection of the Moroccan regime was and is
> important in terms of maintaining French economic, political, military and cultural
> influence in North, West and Central Africa. Again, given the choice between siding
> with Rabat or with a movement supported by Algeria – with all the baggage of the
> Franco-Algerian relations – the choice was obvious." (Shelley 2004, S. 199)

Und die EU hat kürzlich den Fischereivertrag mit Marokko verlängert, der ihren
Flotten erlaubt, die saharawischen Fischgründe auszubeuten.

2   Forschung und Soziale Arbeit

Am Anfang eines Forschungsinteresses, im Besonderen, wenn die Perspektive
die der Sozialen Arbeit ist, stand das Erstaunen darüber, wie es eine Flüchtlings-

gesellschaft von 120.000 bis 200.000 Mitgliedern (die Zahlen sind nicht klar[4]) zu Stande bringt, in einer extremen Ausnahmesituation zu überleben und soziale Strukturen auszubilden, anstatt zu kollabieren, auseinanderzubrechen oder in Apathie zu erstarren.

Erschwerend kommt hinzu, dass die Eltern und die Großelterngeneration (38+) eine schwer traumatisierende Flucht hinter sich haben. Die Flüchtlingszüge wurden von Marokko mehrmals bombardiert; darauf folgten sechzehn Jahre Krieg und der Verlust von Angehörigen, Freunden und Bekannten.

Zusätzlich sind Angehörige zahlreicher Familien in den besetzten Gebieten zurückgeblieben und damit Kontakte über Jahrzehnte verunmöglicht worden. (Die UNO versucht in einem Programm einmal pro Jahr Besuche in den besetzten Gebieten zu ermöglichen.) Die problematische Menschenrechtslage in Marokko und seiner Kolonie für die Angehörigen in den Lagern stellt eine zusätzliche Belastung dar.

Die saharawische Gesellschaft in den Flüchtlingslagern weist trotzdem eine signifikante Stabilität auf, die sie eigentlich bei diesen Rahmenbedingungen und Perspektiven nicht haben dürfte. Soziologische und sozialpsychologische Theorien würden hohes Aggressionspotential, massiven individuellen Rückzug und Apathie der Bevölkerung nahelegen.

Die Probleme sind zweifellos vorhanden. Die Hoffnung, die mit dem Waffenstillstand einherging, wurde in den neunzehn erfolglosen Jahren mehr als strapaziert. Die Rückkehr ist keine kurzfristige Perspektive mehr. Auf der einen Seite fördert dies die Ausbildung bürgerschaftlicher Strukturen in den Lagern. Obwohl die Hammada ein wirtschaftsleerer Raum ist, führte das Auftauchen von Geld zur Ausbildung kleinster Dienstleistungs- und Handelsbetriebe.

„Zum einen erhält eine bestimmte Zahl an Menschen Pension aus Spanien für ihre Dienste in der Kolonialzeit bei der spanischen Armee. Zum anderen kommen die Menschen zu Einnahmen durch Rücküberweisungen von emigrierten Verwandten, die im Ausland, zumeist in Spanien, einer Arbeit nachgehen. (…) Schließlich trägt auch das Projekt *Vacaciones en paz* einen beachtlichen Teil zu dieser Veränderung bei. Die spanischen Gastfamilien unterstützen die Kinder und deren Familien häufig auch über die Sommerferien hinaus finanziell. Oft handelt es sich dabei um mehrere Hundert Euro, die bei den Unkosten, die eine Familie normalerweise im Flüchtlingslager hat, eine sehr hohe Summe darstellt. Die direkte Folge dieses Anstiegs an baren Zahlungsmitteln in den individuellen privaten Haushalten führte zur Monetarisierung der Gesellschaft, der Bildung eines lagerinternen und externen Marktes sowie zu neuen Konsumverhalten." (Smajdli 2008, S. 63)

---

[4] „While the UNHCR and WFP recognize a number of 116.530 refugees (2009), other sources such as the CIA's World Factbook rise the number of estimated refugees as to 405.210 (including soldiers and nomads living in the so called ‚liberated territories'." (Belloso 2009, S. 176)

Andererseits steigt besonders bei jungen Erwachsenen der Wunsch nach Emigration. Teilweise mit einem Hochschulabschluss einer ausländischen Universität ausgestattet, gibt es kaum Arbeitsmöglichkeiten in den Lagern.

> „Nach einer anspruchsvollen akademischen Ausbildung in Kuba, Syrien, Algerien oder Spanien sitzen viele junge Menschen in den Lagern fest, ohne ein Ausreisevisum zu erhalten. Viele hoffen darauf, nach einigen Jahren im Dienste ihres Volkes, doch noch ein Leben im Ausland führen zu können. Solange, bis die Westsahara ihre Unabhängigkeit wiedererlangt hat und sie in ihrer ursprünglichen Heimat eine Anstellung finden können." (Smajdli 2008, S. 61)

Eine Alternative zur Emigration, die von der POLISARIO stark eingeschränkt wurde[5], ist die Radikalisierung. Während die politischen Eliten versuchen, das internationale diplomatische Parkett zu meistern und dabei dem Lageralltag teilweise entkommen können, wird in der empfundenen Ausweglosigkeit der Hammada der militärische Kampf wieder eine Option.

Die Pläne für Bildung und Gesundheitsversorgung stoßen an massive materielle Grenzen[6]. Zwei Beispiele: Ein Kindergarten ist für 300 Kinder zuständig, hat aber kaum für mehr als die Hälfte Platz. Auf Grund der Mangelernährung gibt es eine hohe Diabetesrate. Es fehlen die Diagnose- und Messmöglichkeiten und das entsprechende Insulin.

Eine Beforschung dieser Gesellschaft stößt schnell an Grenzen: Quantitative Erhebungen (Was passiert mit den 120 Kindern, die keinen Platz im Kindergarten haben? Wie groß ist das Diabetesproblem in den Lagern?) bräuchten umfangreiche Ressourcen und können auf Grund fehlender Daten nicht an bestehendes Material anschließen. Das Generieren von Daten wiederum könnte mit sicherheitspolitischen Bedenken kollidieren. Die DARS ist im Waffenstillstand mit dem militärisch weit überlegenen Gegner Marokko: alle Zahlen über Bevölkerung, Problemlagen, Organisationsaspekte unterliegen auch dieser Perspektive. Qualitative Befragungen sind durch Sprachbarrieren begrenzt. Gespräche und Interviews sind trotzdem die Grundlage der bisherigen verfügbaren wissenschaftlichen Arbeiten. Bestimmte Bereiche der saharawischen Gesellschaft lassen sich damit nur bedingt erfassen. Über die Realität des Justizsystems (Welche Kompetenzen hat die saharawische Polizei? Wie sieht die Praxis der Gefängnisse

---

[5] „Gerade durch die intensiven persönlichen Kontakte nach Spanien, war es vielen jungen Saharauis möglich, sich in Spanien niederzulassen – mit dem bereits erwähnten Resultat, dass die *Polisario*Regierung verkündete, dass Fachkräfte in den Lagern fehlen und sie inzwischen keine Pässe mehr ausstellt." (Smajdli 2008, S. 63–64)

[6] „The rate of anaemia among newborns (6–59 months) is above 60%, and almost as high among woman aged 15–49 (UNSCN 2005). It is estimated that between 40% and 50% of pregnancies end in miscarriage because of malnutrition. (UNIFEM 2005)." (Mundy 2007, S. 293)

aus? Wie ließe sich ein Korruptionsindex erstellen?) und etwaige Diskrepanzen zwischen politischen Programmen und sozialen Verhältnissen ist kaum etwas erfasst.

Als weitere plausible Methode bleibt die teilnehmende Beobachtung. Das „Klima" in den Lagern, die Offenheit, mit der Menschen einem dort begegnen, die Art, wie auf Fragen geantwortet wird, ermöglichen Rückschlüsse auf das Funktionieren der sozialen Strukturen. Um dabei eine voyeuristische Perspektive zu vermeiden, hat die Soziale Arbeit mehr Möglichkeiten als andere sozialwissenschaftliche Disziplinen. Sie kann Forschung mit Empowerment verbinden. Und das weit über aktivierende Befragungen hinaus.

Konkret hat der Studienbereich Soziales mit dem Bildungsministerium der DARS eine Bildungspartnerschaft entwickelt. Damit wird die saharawische Flüchtlingsgesellschaft von einem Forschungsgegenstand zu einem Kooperationssubjekt.

In einem ausführlichen Gespräch mit der Bildungsministerin Mariam Salek Hmada wurden sechs ihrer Anfragen für den Beginn einer Bildungspartnerschaft aufgegriffen:

1. eine Kooperation beim Aufbau einer eigenen saharawischen Universität in Tifariti (ein Ort im von der POLISARIO kontrollierten Gebiet in der Westsahara);
2. Abklärung, unter welchen Voraussetzungen saharawische Studierende am Studienbereich Soziales der FH Kärnten studieren können;
3. ein Englischkurs für MitarbeiterInnen des Ministeriums;
4. weitere PC-Ausstattung für die Grundschulen;
5. motopädagogische Materialien für Kindergärten und Grundschule;
6. Seminarangebote für GrundschullehrerInnen und KindergärtnerInnen im Bereich Frühförderung, Motopädagogik, Theaterpädagogik. Bei den KindergärtnerInnen lässt sich an andere österreichische Kooperationen anknüpfen: 52 saharawische Frauen haben ihre Grundausbildung in Österreich erhalten und verfügen über zum Teil basale Deutschkenntnisse.

3   Hypothesen

Die ersten Eindrücke bei den Besuchen in den Lagern und den zahlreichen Gesprächen mit Saharawis lässt erste mögliche Begründungen für die Stabilität der sozialen Strukturen in den Flüchtlingslagern zu:

- die De-facto-Selbstverwaltung sowohl gegenüber den UNO-Hilfsmaß-
  nahmen als auch gegenüber Algerien und die damit verbundene Selbstakti-
  vierung vom Zeitpunkt der Fluchtbewegung an;
- die Strukturierung der Lager (insgesamt ca. 120. 000 BewohnerInnen) nach
  Wohnblöcken, Straßen, Vierteln etc. und die Organisation der BewohnerInnen nach dem Prinzip direkter Vertretung (und nicht repräsentativer Wah-
  len);
- die spirituelle Ordnung eines liberalen Islams;
- die hohe Internationalisierung der Kinder und Jugendlichen beiderlei Geschlechts (Sekundär- und Tertiärausbildungen in Algerien und anderen
  Ländern, Ferienprogramme in EU-Staaten);
- die höchste Alphabetisierungsrate in ganz Afrika;
- der hohe Frauenanteil in den Lagern (80% bis zum Waffenstillstand) und
  ihre damit verbundene zentrale Stellung in der Organisation der Lager[7];
- die Schaffung einer nationalen Identität über die gemeinsame Geschichte
  der Besatzung, der Vertreibung und des Widerstands.

Für Fragen zur Sozialen Arbeit in Afrika ist das Beispiel der Saharawis von
mehrfacher Bedeutung:

- Es zeigt die Resilienz einer Flüchtlingsgesellschaft, sofern sie ein hohes
  Maß an Selbstbestimmung in ihrer Flüchtlingsexistenz hat.
- Es zeigt ein „best practice modell" für die Indigenisierung sozialer Interven-
  tionskonzepte.
- Es zeigt die zentrale Bedeutung der Rolle der Frauen und der Bildung bei-
  derlei Geschlechts für die soziale Stabilität.

4   Die Westsahara als Lehrbeispiel für Globalisierung

Die Situation der Saharawis veranschaulicht die Mechanismen, nach denen
Weltpolitik funktioniert. Rhetoriken der involvierten Mächte lassen sich an den
realen Verhältnissen der Flüchtlinge, an den ökonomischen Effekten und den
historischen Fakten spiegeln. Das Europa der EU erkennt die DARS nicht als
legitime Vertretung an, obwohl die UNO Resolutionen hinsichtlich der Illegiti-

---

[7]Mit der teilweisen Demobilisierung im Zuge des Waffenstillstandes hat sich der Männeranteil in den
Lagern erhöht. Auch zum Nachteil der Frauen. „Nach der Rückkehr vieler Männer scheinen sie
einige ihrer Machtbereiche wieder abgegeben zu haben, doch immer noch spielen sie eine für islami-
sche Frauen sonst eher ungewöhnlich aktive gesellschaftliche Rolle." (Smajdli 2008, S. 62)

mität der marokkanischen Präsenz in der Westsahara eindeutig sind. Ganz anders bei der Kosovo-Frage: Hier haben viele EU-Länder einen neuen Staat anerkannt, obwohl die Legitimität der Eigenstaatlichkeit noch nicht restlos geklärt ist.

Frankreich als ein „global player" in der Region boykottiert die Menschenrechtsfrage in den besetzten Gebieten, weil es die eigene Geschichte im Bezug auf Algerien noch nicht aufgearbeitet hat. Es ist für Frankreich als einem Gründungsland der EU schwer nachzuvollziehen, dass dieses ein paar Tage nach Ende des Zweiten Weltkrieges in seiner damaligen Kolonie Algerien Massaker an Zivilisten durchführte – und das Jahre vor Beginn des Unabhängigkeitskriegs. Gemeint sind die Massaker von Sétif, Guelma und Kherrata am 8. Mai 1945. Ausführlich beschreibt Bernhard Schmid in seinem Buch über das koloniale Algerien die damaligen Ereignisse. Auch Spanien beginnt erst, die Franco-Ära, die ja am Anfang der Neukolonialisierung der Westsahara stand, aufzuarbeiten.

Die ökonomischen Effekte verweisen auf eine hochtechnisierte EU-Fischfangflotte, die auf einem leergefischten Mittelmeer kein Auslangen mehr findet und ihre Investitionen wieder „hereinfischen" muss. Und europäische Energiekonzerne planen Solarkraftwerke in der Wüste, wo, so wie früher Staatsgrenzen, Stromleitungen mit dem Lineal gezogen werden.

Regional gibt es den Konflikt zwischen Marokko und Algerien, die sich noch immer nicht über einen Gutteil ihrer gemeinsamen Grenze einigen konnten und sich gegenseitig der Kriegsabsichten bezichtigen.

Internationale Soziale Arbeit muss genau diese Dimensionen thematisieren, um Armutsrevolten in Marokko, genauso wie bürgerkriegsähnliche Zustände in Algerien, zu verstehen.

Das Bemerkenswerte der Flüchtlingslager der Saharawis in der unwirtlichen Hammada führt über das Problem hinaus, Opfer eines vergessenen Konflikts und eines mehrfachen internationalen Rechtsbruchs zu sein. Die saharawische Flüchtlingsgesellschaft ist für die Soziale Arbeit ein mögliches Lernfeld, wie unter widrigsten Bedingungen Menschen konstruktive und dauerhafte soziale Strukturen ausbilden. Es stellt sich hier nicht die Frage, ob wir etwas von dieser Gesellschaft lernen können, sondern wie. Dazu ist Forschung unerlässlich.

Literatur

Arts, Karin/ Pinto Leite, Pedro (2007): International Law and the Question of Western Sahara. International Platform of Jurists for East Timor, Oporto.

Belloso, Maria Lopez/ Mendia Azkue, Irantzu (2009): Local Human Development in contexts of permanent crisis: Woman's experiences in the Western Sahara. In: Journal of Disaster Risk Studies, Vol. 2, No. 3. S. 159–176.

Mundy, Jacob A. 2004: Performing the nation, pre-figuring the state: the Western Saharan refugees, thirty years later. In: Journal of Modern African Studies, 45 (2). S. 275–297.

Schmid, Bernhard (2006): Das koloniale Algerien. Unrast Verlag, Münster.

Shelly, Toby (2004): Endgame in Western Sahara – What Future for Africa's last Colony? Zed Books, London/New York.

Smajdli, Judith (2008): Ferien in Frieden. Die Auswirkungen transkultureller Erfahrungen saharauischer Kinder auf ihre Gesellschaft. Magisterarbeit am Institut für Historische Ethnologie der Johann Wolfgang Goethe-Universität, Frankfurt am Main.

Verzeichnis der Autorinnen und Autoren

Arnold, Helmut
FH-Prof. Dr., seit 2008 Professur für Soziale Arbeit an der FH Kärnten. Arbeitsschwerpunkte in Lehre, Forschung und Praxisberatung liegen im Bereich Erwachsenenalter/Erwerbsleben und der Sozialpolitik.

Bliemetsrieder, Sandro
Dr. phil., Promotionsstudium der Grundschulpädagogik und Diplom-Studium der Sozialen Arbeit. Seit 2008 Professor für Soziale Arbeit mit dem Schwerpunkt Kindesalter und Jugendalter an der FH Kärnten. Arbeitsschwerpunkte: Professionelle Identität, Diagnostik in der Sozialen Arbeit, Handlungsfelder Kindheit/Jugend, Kindheits- und Jugendforschung (insbes. Armut), Ethische Schulbildungskultur.

Bokalič, Mario Johannes
Mag. (FH), geb. 1979. Von 2002 bis 2006 Diplom-Studium der Sozialen Arbeit an der FH Kärnten. Seit 2007 wissenschaftlicher Mitarbeiter am Studienbereich Soziales der FH Kärnten. Seit 2009 Dissertation zum Thema „Berufsfeldforschung: Soziale Arbeit in Kärnten" an der Alpen-Adria-Universität Klagenfurt.

Chudoba, Gregor
Mag. phil., Professur Englisch in Sozialer Arbeit. Angewandter Sprachwissenschafter. Universitätslektorate in Kroatien, Ungarn und Österreich. Seit 2002 an der FH Kärnten. Publikationen und Arbeitsschwerpunkte in Sprachdidaktik, Linguistik und Dramapädagogik.

Dungs, Susanne
FH-Prof.[in] Dr.[in] phil., Magister-Studium der Philosophie und Diplom-Studium der Sozialen Arbeit. Seit 2007 Professorin für Ethik und Sozialphilosophie der Sozialen Arbeit an der FH Kärnten. Arbeitsschwerpunkte: Ethik, Sozialphilosophie, Berufsethik der Sozialen Arbeit, ethische und soziale Aspekte der Biowissenschaften.

Höllmüller, Hubert
FH-Prof. Dr., Professur für Soziale Arbeit mit dem Schwerpunkt Jugendalter an der FH Kärnten, Beauftragter für Internationales, stellvertretender Studienbereichsleiter. Mitbegründer und Leiter der Jugendnotschlafstelle Kärnten.

Hönig, Barbara
Mag.^{a} Dr.^{in}, Studium der Soziologie, Philosophie und Geschlechterforschung. Von 2005 bis 2010 wissenschaftliche Mitarbeit an der FH Kärnten. Lehrbeauftragte an der Universität Graz und an der Fachhochschule Joanneum in Graz. Arbeitsschwerpunkte: Wissens- und Wissenschaftssoziologie, Soziologie sozialer Ungleichheit, Methoden der Sozialforschung, Soziologie-Entwicklung im europäischen Kontext.

Klemenjak, Martin
Mag. (FH) Mag. phil., geb. 1977 in Klagenfurt. Studierte Kommunales Management an der FH Kärnten und Pädagogik im Studienzweig Erwachsenen- und Berufsbildung an der Alpen-Adria-Universität Klagenfurt. Seit 2002 Mitarbeiter der Stadtgemeinde St. Veit/Glan in den Bereichen Organisations- und Personalentwicklung sowie Projektmanagement. Seit 2009 Professur für Soziale Arbeit mit dem Schwerpunkt Erwachsenenalter und Erwerbsleben an der FH Kärnten in Feldkirchen. Arbeits- und Forschungsschwerpunkte: Lehrlingsausbildung, Erwachsenen- und Berufsbildung sowie Politische Bildung.

Neubert, Daniela
Mag.^{a}, Diplomierte Gesundheits- und Krankenschwester, Studium der Erziehungs- und Bildungswissenschaften. Regionalmanagerin extramuraler Dienste der Sozialpsychiatrie (Kärnten). Von 2008–2010 Dozentin am Studienbereich Soziales der FH Kärnten mit dem Lehr- und Forschungsschwerpunkt Alter und Altern.

Reismann, Hendrik
Dr., Diplom-Pädagoge, Diplom-Sozialwirt. Studium von Pädagogik, Soziologie und Psychologie an der Universität Münster, Sozialmanagement an der FH-Münster. Nach verschiedenen Tätigkeiten in der universitären und außeruniversitären Forschung und Beratung der deutschen Kinder- und Jugendhilfe sowie der Leitung einer Akademie der beruflichen Bildung. Professur für „Sozialwirtschaft und Sozialmanagement" an der FH Kärnten.

Scheu, Bringfriede
FH-Prof.[in] Dr.[in], geb. 1957; Studium der Erziehungswissenschaft/Sozial-pädagogik an der Eberhard-Karls-Universität Tübingen. Forschungsschwerpunk-te: Gewalt/Rassismus und Theoretisierung des Sozialen. Leiterin des Studienbe-reichs Soziales der FH Kärnten.

Schmid, Raphael
Mag. (FH), geb. 1984, Studium an der FH Kärnten im Diplomstudiengang Sozia-le Arbeit, Diplomarbeit zur Thematik „Qualitätsstandards in der Jugendkulturar-beit". Konzipierte und installierte im Jahr 2006 das Jugendkulturförderungspro-jekt „Young City Recording" in Klagenfurt – österreichweit einzigartige Einrich-tung. Seit 2007 wissenschaftlicher Mitarbeiter am Studienbereich Soziales der FH Kärnten mit Haupteinsatzbereich im Gebiet der Lehre (Jugend[sozial]arbeit, Konzeptentwicklung, Kreativität). Seit 2008 Doktoratsstudium der Philosophie im Fachbereich Pädagogik an der Alpen-Adria-Universität Klagenfurt mit dem Dissertationsvorhaben „Kompetenzerwerb über jugendkulturelle Praxis".

Spitzer, Helmut
FH-Prof. Dr., geb. 1966. Professur für Soziale Arbeit mit dem Schwerpunkt Alter(n) und Internationale Soziale Arbeit. Langjährige Erfahrung in psychosozi-aler Arbeit und interkultureller Forschung. Lehrbeauftragter am Institut für Er-ziehungswissenschaft und Bildungsforschung sowie am Institut für Psychologie der Alpen-Adria-Universität Klagenfurt. Arbeits- und Forschungsschwerpunkte: Soziale Altenarbeit, Internationale Soziale Arbeit mit dem Schwerpunkt Afrika, professionelle Methoden und Handlungskompetenzen Sozialer Arbeit.

Suppan, Bernd
Mag. iur., geboren in Graz, Studium der Rechtswissenschaften an der Karl Fran-zens Universität Graz. Danach 15-jährige berufliche Praxis in der Geschäftsfüh-rung eines sozialwirtschaftlichen Betriebes. Berufsanwärter in einer Wirtschafts-treuhandkanzlei. Teilnahme an zahlreichen EU-Projekten (Employment und Equal). Seit 2008 Professur für Recht an der Fachhochschule Kärnten im Studi-enbereich „Soziale Arbeit".

Wetzel, Konstanze
FH-Prof.[in] Dr.[in], Professur für Bildung und Jugend im Studienbereich Soziales der FH Kärnten. Arbeits- und Forschungsschwerpunkte: Pädagogische Hand-lungstheorie, Kinder- und Jugendarbeit, Kooperation zwischen Schule und Sozi-aler Arbeit, Sozialfotografie/Sozialreportage.